U0487446

〔美〕詹姆斯·C. 斯科特（James C. Scott）/著
王晓毅/译
胡　搏/校

社科文献学术译库

国家的视角

那些试图改善人类状况的项目是如何失败的

SEEING LIKE A STATE:
HOW CERTAIN SCHEMES TO IMPROVE
THE HUMAN CONDITION HAVE FAILED

（修订版）

社会科学文献出版社
SOCIAL SCIENCES ACADEMIC PRESS (CHINA)

James C. Scott
Seeing Like a State: How Certain Schemes to Improve the Human
Condition Have Failed
© 1998 by Yale University

本书根据耶鲁大学出版社 1998 年版本译出

社科文献学术译库学术委员会

(以姓氏笔画为序)

王 名　王 巍　李 扬　李 强　李永全　李剑鸣
李培林　张宇燕　张异宾　陆建德　陈春声　卓新平
罗志田　季卫东　周 弘　胡正荣　俞可平　黄 平
曹卫东　蔡 昉　潘家华　薛 澜

《社科文献学术译库》 出版者话

中国现代哲学社会科学的发展是同解放思想，改革开放，吸收世界各国的先进文明成果密不可分的，其中国外优秀学术著作的引进、译介和出版成为一个重要的组成部分，发挥着前导、推动和促进的作用。对于欧美现代哲学社会科学的引进和译介可以追溯到1839年林则徐组织翻译的《四洲志》和1842年魏源汇编的《海国图志》。但较为系统地介绍和传播西方学术文化及其方法论和世界观，则肇始于19世纪末和20世纪初，其代表人物是严复、梁启超、蔡元培和高君武等一批著名思想家。他们的学术活动和对于译著的积极倡导，取得了丰硕成果，为中国的民主革命运动做了舆论和理论准备。毛泽东在《论人民民主专政》中把严复与洪秀全、康有为、孙中山并列，称之为"代表了中国共产党出世以前向西方寻找真理的一派人物"。而马克思主义经典著作的引进和译介在中国革命历史上的丰功伟绩更不待言。毛泽东曾经称赞《反杜林论》的译者"功不在禹下"。早在延安时代，中共中央就做出了"关于翻译工作的决定"。回顾从清末民初到"五四"运动，从中国共产党建立到20世纪30年代，从抗战胜利到中华人民共和国的诞生，从共和国初期到"文革"前夕，从"拨乱反正"到改革开放，从反对教条主义和极"左"思潮到今天的文化和学术的进一步繁荣的整个历程，体现了"解放思想、实事求是、与时俱进"作为马克思主义精髓的伟力，同时也可以看到国人的思想解放、心智跃升与哲学社会科学领域里的国际交流、吸纳、融合、批判、抵御和斗争形成一种密切的互动态势。

社会科学文献出版社以"创社科经典、出传世文献"为己任，在创建之初就把编辑出版反映当代国外学术思潮，特别是马克思主义的发展、哲学社会科学新兴学科、边缘学科及跨学科研究等学术动态的译著，作为其重点之一，先后推出了《社会理论译丛》、《资本主义研究丛书》、《政治理论译丛》、《当代西方学术前沿论丛》、《全球化译丛》、《阅读中国》等系列丛书，单书品种达300有余，产生了广泛的社会影响，形成了自己的品牌特色。本着选择精品，推陈出新，持之以恒的精神，以及权威、前沿、原创的原则，以

20周年社庆为契机，我们在整合、提升和扩充既有资源，开拓创新的基础上，隆重推出《社科文献学术译库》，作为奉献给学术界和广大读者的新礼物。

《社科文献学术译库》作为一项长期的系统工程，力求展示三方面的主要特色。其一是时代意识。众所周知，20世纪特别是第二次世界大战结束以来的半个多世纪中，在科学认识的普遍进步和一浪高过一浪的科技革命的推动下，国际学术界思潮迭起，此消彼长，哲学社会科学经历着不断分化和整合的过程，无论在理论和方法论方面，或者在研究的方式、工具和手段上，都发生了革命性的变革。《社科文献学术译库》将突出当代的这种革命性变革，把译介比较系统、深入地梳理和论述这种变革的富有代表性的著述，当作首要的努力方向。

其二是问题意识。哲学社会科学领域里的理论内容的突破，引起理性认识和理论思维的基本方式的改变，促使科学认识中自觉的主体性原则日益突出，并导致整体认识论与个体认识论的融合，使人们有可能以具体化和定量化的方式来描述世界的普遍联系，从而要求学科知识本身的不断革新，学科之间——不仅是哲学社会科学本身的各个学科之间，而且包括哲学社会科学与自然科学的各个学科之间——的开放和广泛合作，以及问题意识、跨学科意识和应用意识的不断加强。《社科文献学术译库》将以问题、思潮及其代表人物为主线，打破学科的单一界限和分类，整合成多个系列，突出理论和方法论研究本身的多重视角。

其三是开放意识。科学发展的意义本质上在于从不知到知的飞跃，逐步超越认识的局限性和相对性，不断接近客观真理。开放性成为一切科学研究的显性特征，尤其是在科学技术飞跃发展，社会变革不断深化，全球化浪潮席卷世界的今天。《社科文献学术译库》坚持在马克思主义理论和方法指导下的开放和兼容并蓄的编辑方针，促进不同学派之间及每个学派内部的不同观点的对话和讨论，激励新见解、新观点和新思想的涌现。同时，在学科的类型布局上，也不拘泥于传统的范围和分类，更加侧重向多学科和跨学科综合性研究及著述开放。

我们将始终坚持把"弘扬科学精神，服务理论创新，译介世界精品，借鉴先进文明"作为编辑《社科文献学术译库》的基本理念。殷切期望学术界同仁、专家学者以及广大读者给予支持，不吝赐教和指正。

社会科学文献出版社
2005年6月

再一次永远地献给路易斯

欧　文：怎么了？

约兰德：我也不知道，但是我很关心我在其中的角色，那可以说是一种驱逐。

欧　文：我们正在编制六英寸的国家地图，那上面有什么不对的地方吗？

约兰德：不是在……

欧　文：我们将取消那些带来迷惑混淆的地名……

约兰德：谁迷惑了？人民迷惑了吗？

欧　文：我们将那些地名标准化，使它们尽可能地准确和清楚。

约兰德：有些东西却被侵蚀了。

——布赖恩·福瑞尔（Brian Friel），《翻译2.1》

中文版序言

能够为本书的中文版写作一个简短的序言是我的荣幸,同时它的出版也使我忐忑不安。

作为一个从事政治学和人类学研究近 40 年的学者,我感到长期和杰出的中国农村社会研究的知识传统使我受益匪浅。我从中吸收了大量知识,尽管只是通过翻译的著作。这不仅包括 20 世纪和 21 世纪的学术著作,而且包括中国的古典文学。我发现后者是极富启发意义的。比如,我最近发现,《水浒传》中充满了真知灼见,它表明在国家压迫下,人迹罕至的山地如何成为人们避难和复兴的场所。这一经验在很多方面也适用于我所研究的东南亚大陆山地与河谷之间的关系。

尽管我是从事东南亚问题研究,特别是从事印度尼西亚、马来西亚和缅甸问题研究的专家,但我最初曾计划成为中国问题专家。在我开始研究生学习的 1962 年,访问中国是根本不可能的,更不用说从事研究了。那时,我非常想在村庄从事田野工作,而不想成为"扶手椅上"的图书馆学者。为此,我转而学习马来语,后来在马来西亚从事了两年的田野工作,《弱者的武器:农民反抗的日常形式》(New Haven,1985)就是这一研究的成果。感谢威斯康星大学的爱德华·弗里德曼(Edward Friedman),他不仅是我的同事和教学伙伴,也是我知识上的良师,他使我能够一直与中国农村的最新研究成果同行,这也包括他自己[与毕克伟(Paul G. Pickowicz)和赛尔登(Mark Selden)]关于河北省饶阳县五公村的著作(《中国乡村:社会主义国家》,社会科学文献出版社,2002)。我也有幸培训了许多学生,他们现在出色地从事中国农村研究,并且与昆明可持续发展与地方知识研究所合作进行地方和俗语的识别。

读者将会清楚地看到,这本书的中心问题就是那些具有良好用意的领袖是如何为使其人民和景观能够现代化而设计出种种项目的。这些项目是如此巨大，如此忽视生态和社会生活的基本事实，甚至当其致命的结果已经显现出来以后，仍然被不顾一切地继续推行。这已经成为我所关注的占主导地位的问题。我的结论是，"作为宗教信仰的极端现代主义"、独裁的权力以及软弱的市民社会为社会灾难和自然灾难的泛滥提供了条件。我从科学林业、社会主义意识形态、城市规划（巴西利亚）、坦桑尼亚的"村庄化"（乌贾玛）、苏联集体化和工业化农业中都得出了这一结论。在每一个案例中我都指出了所谓的规划者对其所要改变的社会或生态所知之少，而地方上流行的知识及其在压迫下的适应和逃避在许多时候是如何成功地避免了完全的灾难。我知道，我这里的一些结论也可以被推广到现代中国的一些时期（也就是"大跃进"时期和李森科主义的农业进步时期）。我将这些工作留给我的那些有才华的中国读者。

这些项目的基石来自我所称的"清晰和简单化的设计"，这些设计是所有社会规划、图解和管理所不可或缺的。作为一种控制人口流动的知识形式的户籍制度就是一例。按照欧洲的标准，中国人在这方面是早熟的，早在汉代中国就出现了正式的宗族姓氏制度。在它们之中，以及它们本身，清晰和简单化活动所显现的只是抽象的"能力"。它们可以被负责和有益地使用（比如对于追踪和控制非典型肺炎所必要的全国流行病统计数字），也可以为了无意义的目的而被不负责任地使用。尽管我所讨论的几个例子都是以前的所谓"社会主义阵营"的规划，但是极端现代主义的狂妄及其带来的灾难（比如巴西利亚、科学林业、工业化农业）并非社会主义背景下独有的危险。它也同样可以是巨大并且强有力的组织在市场经济中的产物，当这些组织试图通过群体力量操纵自然和它们的人力以实现其控制范围最大化的时候，就会出现类似的结果。这部著作应被看作是对我所说的米提斯的赞颂：也就是对普通人所具有的关于他们周围社会和自然如何运作的实践和有用知识，以及他们抵制那些危害社会和自然的项目的能力的赞颂。在这个意义上，它也是对"没有等级制度的社会秩序和相互密切关系"的赞颂，这是早期无政府主义思想的一个重要倾向。后来在一般观念中，无政府主义代表了"无秩序和暴力"。秩序的建立不必压制地方的和流行的内容，压制地方和流行的东西往往会带来无序。

中文版序言

　　我将这部著作的出版看作一个开展与中国同事对话的机会，我期望从他们那里学习到的远比我所教授的更多。

詹姆斯·C. 斯科特
耶鲁大学政治学和人类学斯特林（Sterling）教授
农业研究项目主任
美国康涅狄格州纽黑文

目 录

导 言 ··· 1

第一部分 清晰化和简单化的国家项目

第一章 自然与空间 ··· 3
    国家和科学林业：一个寓言 ······························· 4
    社会事实：原始的和加工过的 ····························· 17
    铸造清晰性的工具：流行的度量，国家的度量 ······ 20
    土地制度：地方实践与财政简况 ·························· 29

第二章 城市、人民和语言 ······································· 51
    姓的创造 ·· 62
    标准的正式语言的指令 ····································· 72
    交通模式的集权化 ·· 74
    结 论 ··· 77

第二部分 转变中的视野

第三章 独裁主义的极端现代主义 ··························· 89
    社会的发现 ··· 93
    极端现代主义的激进权威 ·································· 97
    20 世纪的极端现代主义 ··································· 100

— 1 —

第四章　极端现代主义的城市：试验与批评 ………………… 107
　　总体的城市计划 ……………………………………………… 108
　　巴西利亚：建成的最接近极端现代主义的城市 …………… 124
　　勒·柯布西耶的昌迪加尔 …………………………………… 136
　　反对极端现代主义城市规划的一个例子：简·雅各布斯 … 138

第五章　革命的政党：计划和诊断 ………………………………… 153
　　列宁：革命的建筑师和工程师 ……………………………… 153
　　卢森堡：革命的内科医生和助产士 ………………………… 175
　　亚历山德拉·柯伦泰和工人对列宁的反对 ………………… 182

第三部分　农村定居和生产中的社会工程

第六章　苏维埃集体化，资本主义梦想 …………………………… 199
　　苏维埃-美国的迷信：工业化农场 ………………………… 203
　　苏维埃俄国的集体化 ………………………………………… 208
　　国家控制和征收的景观 ……………………………………… 225
　　独裁式极端现代主义的限制 ………………………………… 229

第七章　坦桑尼亚的强制村庄化：美学和微型化 ………………… 231
　　东非殖民化的极端现代主义农业 …………………………… 233
　　1973年以前坦桑尼亚的村庄和"改进的"农业 …………… 238
　　"到村庄中生活，这是命令" ………………………………… 243
　　"理想的"国家村庄：埃塞俄比亚的变异 …………………… 260
　　结　论 ………………………………………………………… 265

第八章　驯化自然：清晰和简单的农业 …………………………… 276
　　各类农业的简单化 …………………………………………… 278
　　极端现代主义农业问答 ……………………………………… 286
　　现代主义者的信念与地方实践 ……………………………… 288
　　极端现代主义的制度亲和力 ………………………………… 303

农业科学的简单化假设 ………………………………… 305
科学农业的简单化实践 ………………………………… 312
比较两个农业逻辑 ……………………………………… 318
结　论 …………………………………………………… 321

第四部分　失去的环节

第九章　薄弱的简单化和实践知识：米提斯 …………… 327
　　米提斯：实践知识的轮廓 ……………………………… 329
　　米提斯的社会背景和它的被破坏 ……………………… 354
　　一个反对知识帝国主义的例子 ………………………… 361

第十章　结语 ………………………………………………… 363
　　"那是无知，傻瓜！" …………………………………… 364
　　为抽象公民做的计划 …………………………………… 366
　　剥开事实见本质 ………………………………………… 368
　　图解的失败和米提斯的角色 …………………………… 371
　　一个亲和米提斯的制度案例 …………………………… 373

鸣　谢 ……………………………………………………… 379

插图来源 …………………………………………………… 386

索　引 ……………………………………………………… 388

再版译者后记 ……………………………………………… 399

导　言

　　这部著作产生于一次知识上的迂回旅行，它是如此吸引我，因而我决定完全放弃原来的旅程。当我做出这个似乎欠缺考虑的改变以后，沿途令人震惊的新风景和前途更为美好的信念说服我改变了我的全部计划。我想，新的旅程有自己的逻辑。如果在开始的时候我就有足够的智力想到这一点，这个旅行可能会更好。我清楚地看到，尽管这个旅程的道路比我所预见的更不平坦和曲折，但它会引我到更有价值的地方。当然，读者也许会找到一个更有经验的导游，但这是在人迹罕至的山路上的奇特旅行，一旦你走上了这条道路，你只能满足于你所能找到的那些当地的猎人做你的向导。

　　这里我想描述一下我的初衷。简单地说，最初我试图理解为什么国家看起来似乎总是"那些四处流动人群"的敌人。在东南亚，流动的刀耕火种的山民为一方，种植水稻的山谷王国为一方，上面的判断有助于理解这两方之间存在的由来已久的紧张关系。这已经不是简单的区域地理问题。游牧民和放牧人（如柏柏尔人和贝都因人）、狩猎和采集者、吉普赛人、流浪汉、无家可归者、巡游的工匠、逃跑的奴隶、农奴，往往被国家看作是眼中钉。将这些流动的人口定居下来（定居化）往往成为长期的国家项目——之所以是长期的，部分原因也在于这些项目很少有成功的。

　　我越研究这些定居化的努力，越感觉到这是国家试图使社会更为清晰、重新安排人口从而使古典的国家职能（如税收、征兵和防止暴乱）更为简单容易所做的努力。从这些概念出发，我开始看到，清晰性是国家机器的中心问题。前现代化国家在许多关键方面几乎是盲人。它对它的统治对象所知甚少：他们的财富，他们所有的土地及产出，他们的居住地以及他们的身份。它缺少任何类似详细地图一样的东西来记载它的疆域和人口。在很大程度上，它也缺少能够将它所知道的东西进行"翻译"的统一标准和度量单位，而这是概括总结的基础。结果，国家对社会的干预往往是粗劣的和自相矛盾的。

上面的观点是我迂回旅行的开始。国家对其统治对象及其环境的控制是如何逐渐加强的？固定姓氏的创建，度量衡的标准化，土地调查和人口登记制度的建立，自由租佃制度的出现，语言和法律条文的标准化，城市规划以及运输系统的组织等看来完全不同的一些过程，其目的都在于清晰化和简单化。在所有这些过程中，官员们都将极其复杂的、不清晰的和地方化的社会实践取消，如土地租佃习惯和命名习惯，而代之以他们制造出的标准格式，从而可以集中地从上到下加以记录和监测。

自然世界的组织也与此类似。事实上农业就是将植物群加以彻底的再组织和简单化，从而使之服务于人的目标。不管还有什么其他目的，科学林业和农业的设计、种植园的计划、集体农庄、乌贾玛（ujamaa）村庄、战略村落（strategic hamlets）等，所有这些的目的都在于使它的疆域、产品和它的劳动力更为清晰，因而更容易自上而下地加以控制。

在这里与养蜂做一个简单的类比会很有意义。在前现代化时代，采集蜂蜜是很困难的工作，甚至在蜜蜂都被关进稻草的蜂箱以后，采集蜂蜜仍然需要经常赶走蜜蜂，并经常损坏蜂群。每一个蜂箱的孵化格和储蜜格的布局都很复杂，不同蜂房之间各不相同，这使养蜂人无法将蜂蜜干净地抽取出来。而现代的蜂箱则不同，它的设计解决了采蜜人的问题。它使用一个"隔王板"的装置将下面的孵化格和上面的储蜜格分开，防止了蜂后将卵产在上面。此外，腊巢也被设计成垂直的框架，每一个蜂箱里面有9~10个蜂框，这使收集蜂蜜、蜂蜡和蜂胶等工作变得很容易。现在只要看一下"蜂的空间"，也就是蜜蜂飞来飞去所留出的蜂框之间的距离，就可以采蜜了，而不需要再建造相互交连的蜂巢来连接各个蜂框。从养蜂人的观点看，现在的蜂箱更整洁、更"清晰"，使养蜂人更容易观察蜂群和蜂后，（根据重量）判断蜂蜜的产量，用标准单元扩大或缩小蜂箱，将之转移到新地方，更重要的是可以在温和气温下抽取足够的蜂蜜从而使蜂群能够安全过冬。

我并不打算将这个类比延伸到不适合的地方，但是欧洲早期的现代国家似乎都在努力将那些"社会象形文字"加以理性化和标准化，从而使之成为更清晰、更便于管理的形式。社会简单化不仅导入了更精细的税收和兵役制度，而且极大地增强了国家的能力。这使国家可以有区别地介入各种各样的事务，如制定公共卫生标准、进行政治监督和救济贫困人口等。

导　言

　　我开始理解，现代国家机器的基本特征就是简单化，国家的简单化就像一张简略的地图。它们并未成功地表达它们所要描述的真实社会活动，它们的目的也不在此；它们只表达了官方观察员所感兴趣的片段。此外，它们还不仅仅是地图。如果说它们是地图，当它们与国家权力结合在一起时，就可以重新塑造它们所描述的事实。因此，国家制定地籍图册的目的是为了掌握那些要缴纳税收的财产所有者，它不仅仅记载了土地的租佃系统，而且创造了一个具有法律力量的分类系统。在第一章中我试图说明社会和环境如何被清晰化的国家地图改变。

　　这种观点并非仅限于对观察早期现代化国家有用。只要做一些适当的修改，就可以用来观察那些在贫穷的第三世界国家以及东欧国家所发生的众多巨大的发展失败。

　　我考虑到，用失败来形容这些发展的灾难是远远不够的。苏联的集体化，坦桑尼亚、莫桑比克和埃塞俄比亚的强制村庄化都是20世纪人类巨大的悲剧，无论是生命的丧失或生活无可逆转地被打乱。如果不特指这些特别引人瞩目的事件，而是就一般情况而言，在第三世界的发展过程中已经充满了大型农业项目和新城市（比如巴西利亚和昌迪加尔）失败的残骸，它们对当地居民产生了很大影响。种族之间、宗教派别之间和不同语言使用区之间的暴力冲突破坏了人们的生活。要理解为什么有这么多人的生活受到了这些暴力的影响并不难，但我们很难把握为什么那么多试图改善人类状态的项目只带来了悲剧式的结果。在这部著作中，我的目的在于解释这些20世纪乌托邦式的大型社会工程失败的背后所隐含的逻辑。

　　我将说明，那些国家发起的社会工程带来的巨大灾难产生于四个因素的致命结合。所有这四个因素结合在一起必然导致巨大灾难。第一个因素是对自然和社会的管理制度——也就是上面所说的能够重塑社会的国家的简单化。就其自身而言，它们只是现代国家机器很普通的工具。它们对于保持我们的社会福利和自由，与制造潜在的暴君一样，是至关重要的。它们支撑了公民概念并提供了社会福利，同时它们也支持了驱赶那些不受欢迎的少数民族的政策。

　　第二个因素是我所称的极端现代化意识形态，也可以说是一种强烈而固执的自信，他们对科学和技术的进步、生产能力的扩大、人们的需求不断得到满足，以及对自然（包括人类社会）的掌握有很强烈的信心。他们特别相信，随着科学地掌握自然规律，人们可以理性地设计社会的秩序。

毫无疑问，这种意识形态产生于西方，是前所未有的科学和工业进步的副产品。

一定不要将极端的现代主义与科学实践相混淆。正如"意识形态"一词所表明的，极端现代主义从根本上来说是一种信仰，其合法性来自于科学和技术的合法性。因此，它也是缺少批评和怀疑的，因而也是非科学地对人类居住和生产的综合计划可能性的盲目乐观。那些持极端现代主义的人倾向于以视觉美学的观点看待理性的秩序。在他们看来，一个有效率的、被理性组织起来的城市、村庄或农场是一个在几何学上显示出标准化和有秩序的城市、村庄或农场。如果一个极端现代主义者的计划失败或受到挫折，他们就会撤退到我所称的小型化中：在示范城市、示范村庄或示范农场中创造一个更容易控制的微观秩序。

极端现代主义既关注信念也关注"利益"。极端现代主义者，即便他们是资本主义企业家，也会要求政府采取行动以实现他们的计划。大多数情况下，他们是国家有权力的官员或首脑。他们热衷于某些类型的计划和社会组织的形式（如大型水坝、中央通信和交通枢纽、大型工厂和农场、网格状的城市），因为这不仅恰好符合他们的极端现代主义观点，而且也回应了他们作为国家官员的政治利益。说句比较中性的话，极端现代主义与许多国家官员的利益之间有着密切的关系。

像任何意识形态一样，极端现代主义也有特定的世俗和社会含义。在第一次世界大战中，交战国（特别是德国）动员国家经济时的出色表现使极端现代主义成为潮流。毫不奇怪，它肥沃的社会土壤来自计划者、工程师、建筑师、科学家或技师。作为新秩序的设计者，他们的技能和地位受到高度赞扬。极端现代主义者并不尊重传统的政治分野；无论在左派或右派中都可以发现他们，他们的共同点是特别希望使用国家的权力为人民的工作习惯、生活方式、道德行为、世界观带来巨大的、乌托邦式的变化。这种乌托邦想象本身并没有危害。当它在一个自由的议会制社会中启动规划的时候，计划者要与组织起来的国民讨论协商，就很可能会促进改革。

只有在第三个因素加入到前两个因素中以后，它们的结合才具有潜在的危害。第三个因素是一个独裁主义的国家，它有愿望而且也有能力使用它所有的强制权力来使那些极端现代主义的设计成为现实。处于战争、革命、危机或民族解放中的社会往往为第三个因素提供了肥沃的土壤。在这种情况下，紧急的状态往往导致对紧急权力的夺取，而这往往导致原有政权被推翻。这样的社会往往会涌现出一批新的精英，这些新的精英拒绝所有过去的东西，要为他们的人民做出革命性的设计。

第四个因素与第三个因素紧密相关：软弱的公民社会，这样的社会缺少抵制这些计划的能力。战争、革命和经济崩溃都会使公民社会更为软弱，并使平民更愿意接受新的体制。由于它们具有实施社会工程的渴望和残暴对待平民反抗的力量，后殖民的统治偶尔也会符合最后一个条件。

总之，社会的清晰性提供了大规模开展社会工程的可行性，而极端现代主义的意识形态提供了愿望，独裁的国家则有实现这一愿望的决定权和行动能力，而软弱的公民社会则提供了等级社会作为其实现的基础。

读者可能已经注意到，我还没有解释这些被独裁主义权力支持的极端现代主义的计划为什么最终会失败。我写这本书的第二个目的就是探讨他们为什么失败。

被设计或规划出来的社会秩序一定是简单的图解，它经常会忽略真实的和活生生的社会秩序的基本特征。严格服从规则的工作（work-to-rule）的失败可以清楚地说明这一点。它们表明，任何生产过程都依赖于许多非正式的和随机的活动，而这些活动不可能被正式设计在规划中。仅仅严格地服从制度而没有非正式和随机的活动，生产可能在事实上已经被迫停止。同样，那些规划城市、村庄或集体农庄所遵循的简单化规则也是不合适的，从中不能产生出有效的社会秩序。正式的项目实际上寄生于非正式的过程，没有这些非正式的过程，正式项目既不能产生，也不能存在。然而正式的项目往往不承认，甚至压抑非正式过程，这就不仅损坏了项目目标人群的利益，也最终导致了设计者的失败。

这本书可以看成一个反对极端现代主义的、人工设计社会秩序的帝国主义的一个案例。我在这里强调"帝国主义"一词是因为我在这里并不是制造一种情况来一般地反对科层制的规划或极端现代主义的意识形态，而是要反对那种帝国主义式的或霸权式的计划思想，在这种思想中，所有的地方知识或实用技术完全被排除在外。

在这本书中我要表明实践知识、非正式过程和在不可预见的偶发事件面前的随机行动的作用是不可替代的。在第四章和第五章中，我要将城市设计者和革命者的极端现代主义的理念和实践与强调过程、复杂性和开放性的带有批评眼光的理念加以比较。勒·柯布西耶（Le Corbusier）和列宁是前者的鼓吹者，而简·雅各布斯（Jane Jacobs）和罗莎·卢森堡（Rosa

Luxemburg）则成为他们严厉的批评者。第六章和第七章包括了对苏联集体化和坦桑尼亚强制村庄化的描述，这可以说明如果排除了地方实践中蕴涵的宝贵知识的支持，对于生产和社会秩序问题的简单和集权式的解决方案必然要失败（在最早的手稿中还包括了田纳西流域管理局的案例研究，这是美国极端现代主义的一个试验，也是所有地区发展规划的鼻祖。但最后为了不使这本书更厚还是忍痛割舍了，当然现在这本书还是很厚）。

最后在第九章，我要概括实践知识的特征，并将它与正式的、演绎的和认识论的知识相比较。在这里我从古典希腊语借用来一个混成词——米提斯（mētis）——来表达我的思想，这个词表示那些只能从实践经验中得来的知识。现在我还要表达我对无政府主义作者（克鲁泡特金、巴枯宁、马拉特斯塔、普鲁东）的感谢，他们强调在创造社会秩序的过程中，与强制的和分等级阶层的协调所不同的相互性的作用。他们对于"相互性"一词的理解与我所使用的米提斯一词的意思尽管还有一些区别，但大部分是相同的。

对社会组织的极度简单化设计与对自然环境的极度简单化设计具有同样的失败风险。树种单一的商业化森林和依靠基因工程与机械化的单一品种农业与集体农庄和人为规划的城市是一样脆弱和失败的。在这个层次上，我要证明社会和自然多样化所具有的弹性，还要证明我们对复杂的和活生生的规则的了解是十分有限的。我想也可能有人会利用这些观点来反对某一类演绎的社会科学，但这些已经超出了我的考虑范围，我将这些进一步的艰辛思考，还有我的祝福，留给别人。

我知道，要提出一个强有力的范式，我同样可能会显示出傲慢来，正像刚刚被批评的极端现代主义者那样。一旦制作出可以改变视野的透镜，你往往就会通过这个透镜来看所有的事情。但我还是想对两种指责做出辩护，因为我认为仔细地阅读还不足以支持我。第一种指责是说我的观点是毫无批判地崇拜那些地方的、传统的和习惯的知识。我知道，我所描述的实践知识在很多时候与占支配地位、垄断和排外的实践是密不可分的，这些活动与现代自由主义的感念是相抵触的。我的观点不是说实践知识是自然在神秘和平等状态下的产物。我所强调的是，如果没有正式项目所忽视的那些实践知识的参与，正式的规划是无法立足的。第二种指责是说我的观点是反对政府的无政府主义表现。如同我所清楚地阐述的，国家是一个令人苦恼的机构，一方面它保护我们的自由，另一方面又限制我们的自由。我的观点是，一个受到乌托邦计划和独裁主义鼓舞的，无视其国民的价值、希望和目标的国家，事实上会对人类美好生活构成致命的威胁。在一般情况下，国家并非如此残酷，但是我们需要权衡国家干预所带来的利益和付出的代价。

在完成这本书的时候，我发现，从1989年以后资本主义大胜利的观点看，书中对一些国家行为方式的批评就像是一个奇怪的考古学。许多有着我所批评的主张和权力的国家或者消失了，或者突然改变了它们的野心。然而，如同我在总体上分析科学农业、工业农业和资本主义市场时所清楚表明的，大规模的资本主义同国家一样，也是均值化、一致化、坐标化和大刀阔斧的简单化的推动者，不同的只是资本主义者的简单化必须为其带来利益。市场一定要通过价格机制将质的差异简化为量的差异，并推动标准化。在市场上起作用的是钱，而不是人。今天，全球的资本主义可能是推动同质化最强有力的力量，而国家则有时成了地方差异和多样性的保护者。[在《启蒙的觉醒》一书中，约翰·格雷（John Gray）提供了相似的有关自由主义的例子，他认为自由主义是自我限制的，因为它虽依赖文化和制度资本所提供的基础，却必然对其加以削弱。]广泛罢工带来的法国社会为了适应欧洲统一货币所做结构调整的"大中断"，只是大风中的一根稻草。坦率地说，我反对特定的某一类国家，并不表明我主张弗里德里希·哈耶克（Friedrich Hayek）和米尔顿·弗里德曼（Milton Friedman）所推动的政治上自由的市场协作。我们将会看到，从现代社会工程项目的失败中所得出的结论既适用于市场推动的标准化，也适用于科层制的同质化。

第一部分

清晰化和简单化的国家项目

第一章　自然与空间

　　国王在每年一个固定的时刻能够知道全部臣民的数量，以及各地的资源、富裕和贫困状况；不同区域的各类贵族和牧师、律师、天主教和其他宗教信徒的数量，以及他们在不同地区的分布，这不是一种很大的满足吗？……对于国王来说，坐在自己的办公室里用很短时间了解他所管理的这个王国过去和现在的情况，很确定地了解是什么构成了他的权威、财富和力量，这难道不是一件有意义，并且愉快的事情吗？

　　——马奎斯·德·沃班（Marquis de Vauban）：
　　《1686 年提交给路易十四的年度人口统计报告》

　　某些类型的知识和统治需要缩小视野。狭窄的管道式视野的最大好处就是可以在复杂和难于处理的事实面前只集中关注有限的一些特征。这种过分简单化反过来又会使处于视野中心位置的现象更清晰、更容易被度量和计算。简单化加上重复的观察可以对一些被选定的事实得出总体和概括的结论，从而形成高度简化的知识，并使操纵和控制这些事实成为可能。

　　18 世纪在普鲁士和萨克森出现的科学林业可以说是这个过程的一个典型。[1] 尽管从其自身来说科学林业有很重要的历史意义，但是在这里我只是将它作为一个比喻来说明那些具有明确利益并有很大权力的机构所特有的知识和操纵形式，国家官僚机关和大型商业公司可能是这种机构的典型代表。一旦我们了解在林业管理中简单化、清晰化和操纵（manipulation）

---

[1] Henry E. Lowood, "The Calculating Forester: Quantification, Cameral Science, and the Emergence of Scientific Forestry Management in Germany," in Tore Frangsmyr, J. L. Heilbron and Robin E. Rider, eds., *The Quantifying Spirit in the Eighteenth Century* (Berkeley: University of California Press, 1991), pp. 315 - 342. 以下的论述很多都来自劳乌德（Lowood）的出色分析。

是如何被运用的,也就可以了解现代国家在城市规划、农村定居、土地管理和农业中如何使用了相似的观察透镜。

国家和科学林业:一个寓言

> 我(吉尔伽美什)要征服那片雪松林……我要在那里动手砍伐雪松。
> ——《吉尔伽美什史诗》

11　　甚至在科学林业发展之前,早期现代欧洲国家就主要透过财政收入的透镜来看待森林。当然,官方管理也并没有完全忽略其他一些考虑,如造船或国家建设所需要的木材,以及为经济安全所需要的燃料。况且这些关注与国家的财政收入和安全也息息相关。① 但不无夸大地说,国王对森林的兴趣只是从财政收入的透镜来看一个数字:木材每年给他带来的财政收入。

评价被收缩的视野范围是不是太小的最好办法是看一看有哪些东西落到了视野之外。事实上,在财政收入数字的背后不仅仅是可卖到一定价格的上千板英尺(board feet)② 的可售板材和薪炭所代表的商业化木材,还有许多被忽略的内容,包括那些对国家财政收入几乎没有潜在价值的树、灌木和其他植物。甚至那些能够带来财政收入的树,也有许多不能转化为财政收入的部分,尽管这些部分对一般老百姓很有用,但也会被忽视。比如说可以作为饲料或盖屋顶的植物,可以作为人或家畜食物的果实,可以做床垫、篱笆、种植蛇麻草所需要的支柱和烧柴引火用的树枝,可以用于制药和皮革染料的树皮和树根,可以制造树脂的树液等。每一种树,甚至在每一种树的不同部分和不同的生长阶段都有不同的属性和不同的用途。17世纪一部很流行的关于本土植物百科全书的"榆树"条目记载了这种树的很多实际用途:

> 榆树有着不同一般的用途,特别是经常处于非常干或非常湿的不断

---

① 皇家对打猎这一"贵族游戏"供应(也就是猎鹿、野猪和狐狸)的关注,并进而保护它们的栖息地是一个突出的例外。为避免人们认为这只是前现代的一种怪癖,要提醒大家的是,对于埃里希·昂纳克(Erich Honeker)、尼古拉·齐奥塞斯库(Nicolae Ceaușescu)、格奥尔吉·朱可夫(Georgy Zhuvkov)、瓦迪斯瓦夫·哥穆尔卡(Wladystlw Comulka)和铁托元帅(Marshal Tito)这些现代"君主"来说,打猎仍然具有重要的社会意义。

② "A board foot"是一种度量单位(多用于木材),指厚度为一英寸的面积为一平方英尺的板材。——编者注

第一章 自然与空间

变化的环境中。所以特别适合用于水中的工作，如磨坊、车轮的支架和外缘、水泵、渡槽、在水下的船板……做车轮的工人还可以用它来做手锯柄、扶手和门。榆木不容易被劈开……适合作砧板、帽匠的模子、皮箱或皮盒内的衬板、棺材、梳妆台、大号的圆盘游戏桌；还可以给雕刻家或好奇的工人雕刻果实、树叶、盾牌、雕像，以及建筑上的许多装饰物。……最后……树叶，特别是雌树的树叶也不能被轻视，当冬天或炎热的夏天，干草和饲料都很昂贵的时候，这些树叶是牛的主要饲料……新鲜的榆树捣碎以后可以治愈新的伤口，加上树皮经过煮制，可以治愈骨折。①

在国家的"财政森林"中，有着多种多样用途的树都被单一木材和燃料的体积所代表的抽象的树取代。如果关于森林的概念仍然是实用主义的，那么也只是直接满足国家需要的实用主义。

从自然主义的观点来看，在国家狭窄的参考框架中，几乎所有东西都丢失了。大部分的植物，包括草、花、地衣、蕨、苔藓、灌木、藤都不见了。爬行动物、鸟、两栖动物，以及数量众多的各种昆虫也都不见了。除了皇室猎场看守所感兴趣的动物外，其他的动物也都消失了。

从人类学的观点看，在国家管道式的视野中，那些涉及人类与森林相互影响的事务也几乎全部被遗忘了。国家很关注偷猎，因为这会影响到木材所带来的财政收入以及皇家狩猎，但是有关森林其他众多的、复杂的、可协商的社会用途，如打猎、采集、放牧、打鱼、烧炭、挖设陷阱捕兽、采集食物和贵重矿物，以及森林在巫术、崇拜、避难等方面的重要作用往往都被忽视了。②

---

① John Evelyn, *Sylva, or A Discourse of Forest Trees* (London, 1664, 1679), p. 118, cited in John Brinckerhoff Jackson, *A Sense of Place, a Sense of Time* (New Haven: Yale University Press, 1994), pp. 97 – 98.

② 拉玛阐德拉·古哈（Ramachandra Guha）提醒我，"忽视"（ignore）这个动词在这里不是很合适，因为国家往往要控制、规范和消灭那些影响国家管理政策的实践。对于我早期林业史的教育（我承认是非常有限的）来说，我要特别感谢拉玛阐德拉·古哈和他的两本书：《不平静的森林：喜马拉雅的生态和农民的反抗》[The Unquiet Woods: Ecological and Peasant Resistance in the Himalaya (Berkeley: University of California Press, 1989)]和他与玛德哈夫·加吉尔（Madhav Gadgil）合著的《分裂的土地：印度生态史》[This Fissured Land: An Ecological History of India (Delhi: Oxford University Press, 1992)]。罗伯特·波格·哈里森（Robert Pogue Harrison）的著作《森林：文明的阴影》[Forests: The Shadow of Civilization (Chicago: University of Chicago Press, 1992)]对西方森林的文化含义的变化做了富有启发意义的广泛探讨。

如果那些实用主义的国家不能从（商业化）树木中看到真实存在的森林，如果它对森林的观点是抽象和片面的，那么这种抽象和片面也不足为奇。实际上所有的分析都需要一定的抽象，国家官员的抽象反映了他们雇主的首要财政兴趣也并不奇怪。在狄德罗的《百科全书》中，"森林"词条所关注的几乎全都是森林产品的公共效用（utilité publique），以及税收、财政收入和从中能够产生的利润。作为栖息地的森林消失了，取而代之的是可以被有效率和有效益管理的经济资源。① 在这里，财政和商业的逻辑恰好是一致的，它们建立在共同的基础上。

人们在组织自然中所使用的词汇往往会暴露出使用者特别的兴趣。事实上，实用主义者的话语中用"自然资源"代替了"自然"就反映了他们只关注自然可为人类有用的那些方面。当此类逻辑被应用到自然界中时，一些植物或动物就被认为是有实用价值的（通常可以成为市场上的商品），而与它们竞争，捕猎它们或者减少这些有实用价值物品产出的被划入另一类。有价值的植物是"庄稼"，与它们竞争的则被贬为"杂草"，吃它们的昆虫被贬为"害虫"。树有价值因为出产"木材"，而与它们竞争的则是"杂"树，或者"矮树丛"。对动物也采取了同样的逻辑。具有很高价值的动物是"打猎的猎物"或"家畜"，与它们相竞争和猎食它们的则被归为"食肉动物"或"有害兽"。

国家通过其官员在林业上所施行的抽象化和实用主义逻辑并非绝无仅有，其独特之处在于它视野的狭窄，以及按此标准归类的煞费苦心。当然，我们将会看到，更重要的是国家把这些逻辑强加于所观察到的现实上的程度。②

科学林业的发展起源于 1765~1800 年，主要在普鲁士和萨克森，最终它成为法国、英格兰、美国以及所有第三世界林业管理技术的基础。如果离开了当时中央集权制度形成的大背景就无法理解科学林业的出现。实际上，当时的林业科学是所谓的财政金融科学（cameral science）的一个分支，其目的是简化王国的财政管理，使之遵循科学的规律，从而可以进

---

① Harrison, *Forests*, p. 121.
② 最后的观点是海森堡原理的一种修正后的解释。海森堡原理讲的不是由于观测行为改变了被观测的现象，而是在理论上，观测态前的真实现象是不可能被确切测知的。在这里，（有目的的）观测作用随时间而改变。观测改变了现象本身，从而使现象本身更接近于观测棱镜所显示的简化后的抽象图像。

行系统的计划。① 在此之前，传统领地的林学都是将森林区分成大致相等的小区，这些小区的数量与设想的森林生长周期相一致。② 每年砍伐一块小区，因为每块小区的面积基本相同，所以出产的木材（价值）也被认为是基本相同的。但是因为没有很好的区域图，贵重的大型树木分布不均，以及成捆出售木材的标准很不准确，这种管理不适应财政计划的需要。

18 世纪后期，当财政官员们意识到木材越来越短缺时，对领地森林开发的精打细算变得更加必要。由于有计划和无计划的砍伐，许多原来的橡树、山毛榉、鹅耳枥树和椴树林都严重退化，而这些树的再生并不像所希望的那么迅速。产出量下降的前景引起了人们的重视，因为这将不仅仅威胁到财政收入，而且还会引起农民盗伐树木以解决燃柴问题。表示这种关注的信号之一是国家主办的为数众多的省柴灶的设计竞赛。

约翰纳·高特里伯·贝克曼（Johann Gottlieb Beckmann）的样本森林方（sample plot）的调查是最早尝试精确测量森林的实验。几个助手肩并肩地向前走，他们拿着分成几个方格的盒子，里面有五种颜色的钉子，分别代表大小不同的树。这些助手曾被培训来识别不同大小的树。每棵树都根据大小被钉上适当的钉子，直到整个样本森林方所有的树都被标完。因为每一个助手开始时的钉子数量都是一定的，从最初所有的钉子中减去剩下的钉子就可以很容易地得到整个样本区各类树的存量清单。样本森林方要仔细地选择那些有代表性的区域，使林务员可以计算出木材的产量，并根据一个假设的价格来计算整个森林所能提供的财政收入。对于林业科学家来说，主要的目标是"提供可能的最大恒定木材量"。③

---

① See Keith Tribe, *Governing Economy：The Reformation of German Economic Discourse*, *1750 - 1840*（Cambridge：Cambridge University Press, 1988）. 在法国学院（Collège de France）关于"政府管理（governmentality）"的讲座中，米歇尔·福柯（Michel Foucault）以"警察国家"（Polizeiwissenschaft）为题对 17 世纪和 18 世纪欧洲国家行政原理的一般编纂过程进行了考察。见 Graham Burchell, Colin Gordon and Peter Miller, eds., *The Foucault Effect：Studies in Governmentality*（London：Harvester Wheatsheaf, 1991），特别是第四章。

② 到 17 世纪晚期，让－巴普蒂斯特·柯尔贝尔已经有全面的计划对森林进行"理性化"的管理以防止偷猎和增加稳定的财政收入。为了这一目的，艾蒂安·德拉雷特（Etienne Dralet）在《森林系统的协议》（*Traité du règime forestier*）中已经提出了规范的森林分区（tire-aire），"这样森林的生长就比较有规律，并且容易保护"。尽管有这些想法，但在 1820 年德国新技术引入之前，法国在这方面还没有很大进展。见 Peter Sahlins, "Forest Rites：The War of Demoiselles in Nineteenth-Century France," *Harvard Historioal Studies*, no. 115（Cambridge：Harvard University Press, 1994）.

③ Lowood, "The Calculating Forester", p. 338.

数学家发现的锥体体积计算方法可以估算某一类树中一棵标准树所含的可售木材的量，从而进一步提高了计算的精确性。他们的计算通过样本树的实际体积被加以验证。① 这些计算最终的成果就是生成一个精确的表格，里面包括了在各种正常生长和成熟条件下的不同大小和不同树龄的树的数据。在将视野大规模地缩小到商业木材以后，国家的林业官员通过表格得到了整个森林的概貌。② 这虽然听起来自相矛盾，但表格所体现的狭窄视野是通过单一透镜了解整个森林的唯一方法。参考这些表格，再加上实地验证，林业官可以比较准确地推算出一片森林的存量、生长和产出。在林业科学家精心管理下的抽象森林中，计算和测量普遍流行起来，而常用的三个术语，如果用现在的说法，就是"最小多样性"、"收支平衡表"和"持续产出"。国家管理林业科学的逻辑实际上与商业开发的逻辑是一致的。③

尽管德国的林业科学在计算商业化木材的可持续产出量，并进而预测财政收入的标准化技术方面的成就很大，但是对于我们的目的来说，林业管理的下一个逻辑步骤才更有决定意义。这一步骤就是通过仔细地播种、栽植和砍伐，从而制造出一个便于国家林业官员清点、管理、测量和估价的森林。事实是，林业科学和几何学在国家权力的支持下获得了将真实、多样和杂乱的原生森林转变为新的、单一森林的能力，这种新的森林与其管理的技术格局相一致。为此，矮树丛被清除，树种被削减（往往是单一品种），树木栽种也是同一时间内在较大的林地中成行成排地进行。如同亨利·劳乌德所观察到的，这种管理活动"产生了单一树种的、同一树龄的森林，这最终使标准化的树从抽象变成了现实。德国的林业成为将杂乱

---

① 当时使用了各种办法，包括将树锯成小块，再把它们合并在一起以发现树的实际体积；还有把木头放到一个已知体积的桶中，在桶中加入经过测量的水，从而发现桶中还有多少空间没有被木头占满。

② 一些实用主义的框架可以用来强调森林其他可计算的"目标"——如猎物的数量，可做桅杆的树干，或者牧场面积。监督管理森林的不同机构有许多相互冲突的实用主义计划，从而导致政策不连贯，使当地人有空子可钻。见 K. Sivaramakrishnan, "Forests, Politics, and Governance in Bengal, 1794 - 1994" (Ph. D. diss., Department of Anthropology, Yale University, 1996)。

③ 关于森林的用途，我要补充说，国家的观点要比私营公司深远和广阔一些。后者可能，也曾经掠夺那些有长久历史的森林，然后为了不再缴税就卖掉或荒弃掉那些土地（比如世纪之交时美国中西部上游五州的砍伐）。但问题在于，当战争或财政危机的时候，国家经常与私营公司一样短视。

的自然转变为有秩序的科学建构的一个原型。实际目的鼓励了数学上的实用主义,反过来又将几何学上的完美作为了管理良好森林的外在标志,最终树木的理性化有序安排赋予了控制自然新的可能"。[1]

军团化成为一种趋势。森林中的树被成行成排地、按照一种方式紧密地排列在一起,它们被测量、计数、砍伐,并且按照新的排列和与征兵相似的名单被加以更新。像军队一样,为了不同的目标,它们也被分成上下不同的级别,并在一个指挥官的统辖之下。最终人们甚至不必看到森林本身,只需在森林官员办公室的图表上就可以精确地"读到"它们(见图1-1和图1-2)。

这些新的、被清理过的森林非常容易管理。同龄的树被整齐地排列成行,矮树丛被清理干净,砍伐、拖运和重新种植都已经成为常规流程。由于森林都具有高度的秩序,因此林业工人可以使用具有广泛适用性的成文培训文件。在新的森林环境中,那些非熟练,缺少经验的劳动力只要按照标准化的规则去做就可以正确完成他们的任务。砍伐大致一样粗细、长短的原木不仅可以成功地预测产出量,还可以为采伐队和商人提供大致相同的市场产品。[2] 在这里,商业逻辑和官僚制度逻辑是一致的;这是一套制度,它承诺在长时间内从单一的商品中获得最大的回报,同时也把自己纳入中央集权的管理设计中。

这些新的清晰化的森林更容易被实验性地操纵。现在复杂的原生森林已经被一个各种变量保持恒定的森林代替,在相同树龄和相同树种的林地中,化肥施用量、降雨、除草等变量的影响都很容易被观察到。这是那个时候最接近林业实验室的东西了。[3] 森林的简单化使在接近实验室条件下对森林管理的新领域进行评价第一次成为可能。

尽管呈几何学形状的、高度一致的森林是为了便于管理和采伐,但是很快就变为一种强大的美学概念。在德国以及德国科学林业所影响的许多

---

[1] Lowood, "The Calculating Forester", p. 341. 也可参见 Harrison, *Forests*, pp. 122–123。
[2] 近年来出现的使用树的母株做无性繁殖产生了一些基因一致的树种,这在一致性和控制的方向上走出了更惊人的一步。
[3] 这类试验所带来的创新之一是"金融循环"(financial rotation)的产生。对单纯林地一生中年生长率的密切关注,以及关于木材生长的可靠的知识都使林业官员可以精确地计算出新栽树木的增值部分(减去提前砍伐和再栽植逐年分摊的费用)超过原来树木一年生长增值的转折点。当然这种精确的计算是在同一木材单位和同样市场价格的前提下进行比较的结果。

图1-1 混合林，部分人工管理，部分天然更新

地方，管理良好的森林都显示出一种整齐和整洁的视觉特征。森林也可以像司令官在阅兵式中检阅部队一样被检阅，护林人的被检阅区域如果清理得不够整齐干净，就会像被阅士兵衣饰不整或跟不上节奏一样被惩处。地表上的秩序需要将所有的矮树丛砍伐干净，倒了的树和枝条也要被集中起

第一章 自然与空间

图 1-2 托斯卡纳人工管理的白杨林林间带

来拉走。任何未经批准的干扰，不管是来自火灾还是当地的人，都被认为是对管理制度潜在的威胁。森林越相同，越有可能采取集权的管理；管理多样性原生森林有多种多样的需求，现在所采用的固定程序大大减少了这种需求。

在新设计的人为控制环境中,科学林业可以带来许多好处,① 比如便于高级林业官员对森林进行概括性的调查;便于按照集权的长期计划进行监督和砍伐;提供稳定的、规格一致的商品木材,从而消除财政收入不稳定的一个主要因素;此外还可以创造一个清晰的自然地带,从而更便于操纵和进行试验。

当然科学林业的乌托邦梦想只是其技术的内在(immanent)逻辑,是根本不可能实现的。自然和人类两个方面的因素都会对此产生影响。现存的地形地貌,难以预测的火灾、风暴、枯萎病、气候的变化、害虫的数量、疾病都在妨碍林业官员的努力,并影响森林。此外,看管大面积森林有着不可克服的困难,居住在森林附近的人继续放牧,偷拾木材和引火木,烧炭,以及通过其他一些方式继续利用森林,这些都使林业官员的管理计划不能真正实现。② 尽管像所有乌托邦计划一样,他们远未达到目标,但重要的是一定程度上他们成功地在实际存在的森林上打上了其设计的印记。

在整个19世纪,科学林业的原理被严格或变通地应用到德国的许多大面积森林。挪威云杉成为商业化森林的主要树种,因为它的材质坚固、生长迅速、木材价格高。最初挪威云杉是作为补种的树种以恢复过度开发的混合树林,但是种植第一轮就带来了很好的商业利益,因此几乎没有人再试图回到混合林。对于农民来说,单一树种的森林是一个灾难,因为在过

---

① "重新设计"一词出自克里斯·玛瑟(Chris Maser)的重要著作《重新设计的森林》[*The Redesigned Forest* (San Pedro: R. and E. Miles, 1988)]。他主要的一些观点可以从书前面一些章节的标题中,特别是他强调的反对意见中推论出来,如"天然设计的森林是结果不可预测的实验……我们正试图设计一个有规律的森林";"天然设计的森林是长期的……我们正在试图设计一个绝对短期的森林";"天然设计的森林是多样性的……我们设计的森林是简单和高度一致的";"天然设计的森林中各种过程相互影响……我们正在设计基于孤立产品的森林"(第7页)。

② 例如,可参见 Honoré de Balzac, *Les Paysans* (Paris: Pleiades, 1949); E. P. Thompson, *Whigs and Hunters: The Origin of the Black Act* (New York: Pantheon, 1975); Dauglas Hay, "Poaching on Cannock Chase," in Douglas Hay et al., eds., *Albion's Fatal Tree* (New York: Pantheon, 1975); Steven Hahn, "Hunting, Fishing, and Foraging: Common Rights and Class Relations in the Postbellum South", *Radical History Review* 26 (1982): pp. 37 - 64。若想了解典型的德国案例,可参见 Peter Linebaugh 关于卡尔·马克思、莱茵兰盗窃木材与商业周期及失业之间关系的论文。见 Peter Linebaugh, "Karl Marx, the Theft of Wood, and Working-Class Composition: A Contribution to the Current Debate," *Crime and Social Justice* (6) 1976: pp. 5 - 16。

去林业生态中,他们可以放牧,获得各种食物、原材料和药品,但是现在这种权利完全被剥夺了。过去多样性的森林至少有 3/4 是阔叶林(落叶的),现在则大部分是针叶林,只有很少的树种,甚至是单一的树种,主要是挪威云杉和苏格兰松树。

在短时间内,将森林转变为商业化产品的简单化实验非常成功。如果考虑到一个单一的树种需要 80 年才能成熟,那么这无疑是一个比短期略长的时间。新森林的生产能力改变了国内木材供给下降的趋势,提供了更多相似的木材和有用的木质纤维,提高了林地的经济回报,并缩短了轮作的周期(也就是砍伐和再种植之间的时间)。① 像农田中成排的作物一样,那些新的针叶森林提供了惊人数目的单一商品木材。毫不奇怪,德国集约商业化林业的模式成为全世界的标准模式。② 吉福德·平肖(Gifford Pinchot)是当时美国第二任林业主管官员,他曾在法国南锡林业学校接受培训,当时这所学校像大多数美国和欧洲的林业学校一样都教授德国方式的课程。③ 英国雇佣的第一个评价和管理印度和缅甸巨大森林资源的迪特里希·布兰德斯也是一个德国人。④ 到 19 世纪末,德国的林业科学已经取得了霸权地

---

① 三期轮作大约需要 200 年,观察其结果可能需要六个林业官员连续一生的工作。如果将这种状况与玉米相比较,玉米仅需要 30 年。对于多数现代森林来说,第三轮的结果还没有出现。对于林业实验来说,实验的期限往往超出个人的生命周期。见玛瑟《重新设计的森林》。
② 在德国内部存在着我上面所描述的实用主义看法,也存在着反实用主义、反曼彻斯特主流思想的观点,后者的主要代表人物是卡尔·吉耶(Karl Geyer),他是混合多样化树林(Mischwald)与自然再生理论的积极拥护者。但是实用主义者短期内取得的胜利使单一树种的森林成为德国林业向外输出的主要模式。在这里我要感谢阿韦德·尼尔森(Avid Nelson),我从他那里获得以上信息,他还慷慨地与我分享了他对德国林业政策史的深刻理解。1868 年,在殖民地印度的林业总管迪特里希·布兰德斯(Deitrich Brandes)(德国人)提出设想,既鼓励种植社区的混合林,同时也种植为国家带来稳定财政收入的用材林,但这个计划的第一部分一出台就被英国的管理者们否决了。看来,国家官员关心的是从德国林业的传统中选出最利于清晰化、便于管理和产生收入的因素。
③ 平肖在南锡的学习结束以后访问了普鲁士和瑞士的森林。在美国建立了第一所林业学校的卡尔·申克(Carl Schenk)是德国的移民,在德国的大学受的教育。而伯恩哈德·佛瑙(Bernhard Fernow)毕业于门登(Meunden)的普鲁士林业科学院,在 1886~1898 年任联邦政府林业处处长(在平肖之前)。我感谢卡尔·雅各比(Carl Jacoby)提供了上述信息。
④ 对于印度的殖民地林业政策的详尽和深入分析解释可参见斯瓦拉玛克里什南《孟加拉的森林、政治和政府》(*Forests, Politics and Governance in Bengal*)。在第六章他阐明,随着印度有越来越多的知识积累,科学林业的三个主要原理——单一的商业木材树林要比混合林更好;林火是一个破坏因素,要加以避免;放牧和捡拾木柴只能威胁森林的管理工作——都已经被推翻。

位。

森林已经成为"单一商品的生产机器",这种高度的简单化使德国林业科学成为精密的技术和商业准则,这种技术和准则可以被编纂和教授。精密的基本条件是要将那些与人为选定的树种的产量,以及生长和砍伐的费用直接相关因素之外的所有因素的影响都排除掉,或者假设它们是永远不变的。就像我们将在城市规划、革命理论、集体化和农村定居中所看到的,"括号之外"的整个世界反过来阻碍这种技术观点的实现。

在德国的案例中,只有当针叶林被第二轮种植以后,那些单一树种森林在生态方面的负效应和商业上痛苦的结果才显现出来。"它们(负面效果)经过了一个世纪才清楚地显现出来。许多单一树种的小树林在第一轮中都生长得非常好,但是在第二轮中就显出了惊人的退化。这种现象出现的原因是很复杂的,这里只能给出一个简化的解释……这样整个营养物质的循环就脱出了常轨,最终甚至几乎停止……无论如何,单一云杉林在第二或者第三代中会降低一到两个林地等级(用来区分木材不同的质量级别)是众所周知的常见现象。这意味着要损失20%~30%的产量。"①

一个新的词语——森林死亡(waldsterben)进入了德文的词汇中以描述那些最坏的结果。很明显,包括土壤的恢复、营养的摄取,以及真菌、

---

① Richard Plochmann, *Forestry in the Federal Republic of Germany*, Hill Family Foundation Series (Corvallis: Oregon State University School of Forestry, 1968), pp. 24 – 25; quoted in Maser, *The Redesigned Forest*, pp. 197 – 198. 对于对这些相互影响有兴趣的读者来说,后面还有被省略的部分,"云杉林可以作为一个例子。我们云杉的根往往是很浅的。如果把云杉种植在原来种植硬木树的土壤中,那么第一代的云杉就会顺着原来硬木树根的孔隙长得很深。但到第二代,树根系统就会因为土壤的逐步压实而长得很浅,结果导致了可供吸收营养的减少。第一代云杉林可以从原来硬木树所形成的柔软的腐殖土吸收营养,但他们自身无法制造腐殖土。云杉的落叶比阔叶林的落叶更难腐烂,很难被土壤上层的动植物分解,因此在很多情况下产生了粗腐殖土。在我们潮湿的气候下,腐殖土中的酸开始沥滤土壤,并使土壤中的动植物大量消失。这导致了分解的不足和恶化,从而使粗腐殖质增长加快"。普洛赫曼(Plochmann)指出,单一人造的松树林的种植过程与此大致相同。我也向戴维·史密斯(David Smith)求证了这种模式。他在耶鲁大学林业和环境学院工作,是《造林学的实践》(*The Practice of Silviculture*)的作者,这是一部关于现代林业技术的重要参考著作。此外在南希·朗斯顿(Nancy Langston)的著作《林业梦想,林业噩梦:西部内陆旧增长的悖论》(*Forest Dreams, Forest Nightmares: The Paradox of Old Growth in the Inland West*, Seattle, University of Washington, 1995)一书中也对科学林业技术,特别是对林火的反感回避和对单一物种的偏爱如何对森林的健康和生产能力产生了负面影响做出了相似的解释。

昆虫、哺乳动物、植物之间的共生关系等这些我们过去没有，现在仍然还没有完全了解的极其复杂的过程被迫中断了，这种中断带来了严重的后果，而多数的后果都可以追溯到科学林业的极度简单化。

需要一篇关于生态的深入专题论文才能完全阐述出现了哪些错误，但是我们在此提出几个简单化所产生的影响，可以说明科学林业所排除的一些因素是如何产生致命影响的。德国林业强调正式秩序和便于管理及采伐，这使他们清除了矮树丛、枯死的树与灌木和残树桩（已经死亡但还没有倒下的树），这大大减少了昆虫、哺乳动物和鸟类的多样性，而它们是土壤恢复过程所必需的。[①] 新森林的地面上缺少杂物和木质生物群现在被认为是导致土壤贫瘠的主要原因。[②] 同样树龄、同样品种的树林不仅减少了森林的多样性，而且在大风暴面前也显得更为脆弱。同样的树龄和同样的树种，比如说挪威云杉，很容易导致那些专门以这种树种为生的"昆虫"的滋生。这种昆虫会迅速繁殖，从而降低产出，也增加了肥料、杀虫剂、杀菌剂和灭鼠药的用量。[③] 第一轮挪威云杉生长得非常好，很重要的原因是它们被种植在原来多样性原生林地长期积累的肥沃土壤中。当这些土壤资本被消耗掉，生长速度就会大大减缓。

作为科学林业的先驱，德国也是最早认识到并试图补救不良后果的国家，为此他们发明了所谓的"林业卫生学"。在那些原来啄木鸟、猫头鹰和其他树居鸟做窝的地方，林业官员提供了许多特别设计的盒子。蚁群被人为养护和引入，蚁穴则由当地学校的学生照顾。一些在单一树种的森林中已经消失的蜘蛛又重新被引入森林。[④] 他们这一努力最引人注目之处在于，他们为了生产的目的仍然在那些贫瘠的林地上

---

① 当速生树林的枯萎根株被清理以后，10%的野生动植物品种（不包括鸟类）将消失。如果枯枝和枯木（倒下的树）都被从集约管理的新生树林中清除的话，29%的野生动植物品种将被消灭。在被称为"集约木材管理"的简单一致化的概念指导下，各种杂物不断被清除，我们越来越接近现代林业的简单化观点——植树，或者是"圣诞树农场"（见玛瑟《重新设计的森林》，第19页）。

② 阿尔伯特·霍华德爵士（Sir Albert Howard）所研究的地下真菌与根的共生结构（菌根的结合）是这个过程的关键一步（见第七章）。

③ 这里所说的害虫包括"松树环蛾、松蝶、松毛虫、修女蛾、锯蝇、树皮甲虫、松针落菌、松树哮锈、蜜环菌、赤腐病"（见玛瑟《重新设计的森林》，第78页）。

④ 对于这些活动的简单描述可见蕾切尔·卡逊（Rachel Carson）《寂静的春天》[Silent Spring (Boston: Houghton Mifflin, 1962, 1987)]。卡逊赞扬这样的改进，因为这是依靠生物而不是农药进行防治的先驱。

种植单一的针叶树种。① 在这里,"恢复林业"试图创造出实际的生态,却仍然拒绝多样性,而多样性才是持续的主要条件。

上面是关于科学林业生产的一个简单叙述,其隐含的价值在于说明,将一个尚未被理解的复杂关系体和过程割裂开来,从而试图得到单一工具价值的做法是非常危险的。像雕刻刀一样锋利的对单一商品生产的特殊兴趣刻画出了新的、基本的森林。任何干扰关键商品有效生产的因素都要被清除。任何看起来与关键商品的生产没有关系的事物都被忽略。由于将森林仅仅看成商品,科学林业将森林变成了生产商品的机器。② 在林业中实用主义的简单化是一种有效的方式,可以在中短期内生产出最多的木材。但是最终,对产量和造纸利润的过分强调,所关注周期的相对短暂,尤其是下决心排除的许多因素都会反过来对科学林业产生很大的负面影响。③

在森林中不关注树,而是关注商品生产,关注科学林业最关注的木质纤维的生产,其严重的后果也会或早或迟地显现出来。许多后果都可以溯源到为了便于管理和经济回报而采取的根本简单化的措施,即单一树种种植。单一树种比混合林更脆弱,因而也更容易受到病虫害和天气因素伤害。正如理查德·普洛赫曼(Richard Plochmann)所表达的:"所有种植单一树种的树林都有一个典型的缺点,那就是自然的植物相互联合的生态平衡被打破了。当在自然生长地之外被种植在单一树种林中,树的物理状

---

① 为了单一商品林生产的最大化而建设森林的不幸后果现在已经成为全世界的经验。第二次世界大战以后,因为日本雪松生长迅速并具有商业价值,日本采取政策用单一的日本雪松林取代了许多原先作为燃料和建筑材料而被掠夺的森林。现在可以清楚地看出,绵延数英里同等高细的雪松导致了严重的水土流失和山体滑坡,降低了地下水位,并且很容易被暴风雨击倒。阳光很难穿透松林照射到地面,松林无法给动物群提供保护和食物。对于日本的城市居民来说,雪松林最大的短期问题是其季节性地释放出大量花粉,这引起人们严重的过敏反应。过敏反应只是极端简单化所带来的众多问题中最明显的一个。见 James Sterngold, "Japan's Cedar Forests Are a Man-Made Disaster", *New York Times*, January 17, 1995, C1, C10。

② 玛瑟:《重新设计的森林》,第 54~55 页。现在森林出产的商品已经不是木材本身,而是造纸的纸浆。生产理想的高质高量纸浆反过来促使采取基因工程或无性繁殖的方式生产新树种。

③ 如果用福利经济学的话说,科学林业的实践将没有在它自己收支平衡表上出现的大量费用外部化给社区,如土壤的损耗、保水能力和水品质的降低、野生动物的减少和生物多样性的损失。

态就会减弱，抗拒天敌的能力也随之降低。"① 任何没有管理的森林也同样要受到风暴、疾病、干旱、土壤脆弱以及寒冷的威胁，但是树林的多样性和复杂性，以及各种鸟、昆虫和哺乳动物的帮助使它们比单一品种的树林有更强的抵抗力——更能够经得起灾害和从灾害中恢复过来。正是多样性和复杂性使森林具有抵抗灾害的能力：风暴刮倒了某一品种的大树，一般来说不会影响到同品种小树和其他品种的大树。再比如说一种病虫害或昆虫会威胁橡树，但很可能不会损害椴树和鹅耳枥树。就像一个不能预期在海上会遇到什么风险的商人，他会派出型号、重量、船帆和导航设备都不相同的船，从而加大他的船队安全到港的机会。如果一个商人冒险将所有的货物都放在同一型号和同等大小的船上，他失去所有货物的危险就非常大。森林多样性就像是一个保险政策，而简单化的森林就像后面那个商人所经营的企业一样，是一个很脆弱的体系，特别是从长远看，对土壤、水、害虫数量的影响就能明显地表现出来。使用化肥、杀虫剂和杀菌剂也不能完全制止这些危险。简单化森林是只为生产木材的森林，也是非常脆弱的，因此越来越需要外部的投入。我们可以说这是管理人员的森林，种植这些森林需要外部投入，维护森林也需要外部的投入。②

社会事实：原始的和加工过的

　　社会在被量化之前一定要被重构。人类和各种事物一定要被重新分类定义，度量的标准一定要可以互相换算；土地和商品一定要能用等值的金钱重新表示；这里很多都是韦伯所称的理性化，还有大量的集权化。

　　——西奥多·M. 波特（Theodore M. Porter）:《标准化的对象》

---

① Plochmann, *Forestry in the Federal Republic of Germany*, p. 25. 当然也有自然产生的单一树种的树林，这经常出现在生态环境不好，包括那些被诊断为严重退化环境的地方。关于这方面的论述可参见 Matthew J. Kelty, Bruce C. Larson and Chadwick D. Oliver, eds., *The Ecology and Silviculture of Mixed-Species Forests: A Festschrift for David W. Smith* (Dordrecht and Boston: Kluwer Academic Publishing, 1992).
② 南希·朗斯顿做了更全球化的评价："任何一个试图改善森林努力的结果都只能使它们变得更差"（《林业梦想，林业噩梦：西部内陆旧增长的悖论》，第2页）。

管理人员的森林不可能是自然主义者的森林。即使是已经了解了森林中生态的相互影响，但由于它们是由非常复杂和多样的事实构成的，所以很难加以简单地描述。因此需要一个知识过滤器将复杂性过滤到可管理的程度，只保留满足国家商业木材和财政收入所需要的因素。

如果说自然世界的"原始"（raw）形式不管在人们使用过程中如何被重新塑造都不能完全被人类管理操纵，那么人类与自然相互作用的真实社会形态在其原始形态下也不能被理解。除非经过巨大的抽象和简化的计划过程，否则任何管理系统都没有能力描述任何现实存在的社会团体（social community）。当然这也不仅仅是能力的问题。像森林一样，人类团体也是复杂且多变的，很难将它的秘密简单地归结到官僚化的公式中。此外，还有另外一方面的问题，就是目的。就像科学林业官员没有任何兴趣详细地描述森林的生态一样，国家机构没有，也不可能有更多的兴趣描述整个社会现实。他们的抽象和简化都被锁定在很少的几个目标上，到19世纪，最突出的目标一般还是征税、政治控制和征兵。他们只需要拥有能满足这些任务的技术和理解就够了。我们在这里可以看到，现代的"财政林业"和现代纳税的土地财产之间有许多有意义的相似之处。前现代国家并不比现代国家更少关注税收，但是正像前现代国家的林业一样，前现代国家的税收技术和势力范围都不能使人满意。

17世纪专制主义的法国就是一个例子。[①] 政府更愿意征收间接税，如食盐和烟草的消费税、道路税、执照费以及出售官职和头衔的税。这些税更容易管理，而且也不需要掌握很多关于土地所有权和收入的信息。贵族和神职人员免税意味着很多土地都没有被课税，负担被转移到了富裕的平民农场主和小农身上。尽管对于农村的贫困人口来说，公共土地是非常重要的生存资源，但是它不产生财政收入。在18世纪，重农主义者基于两个前提反对公共土地：公共土地没有被有效地开发，并且不能带来财政收入。[②]

令所有观察者吃惊的是，专制主义的税收非常多变，不成系统。詹姆斯·科林斯（James Collins）已经发现，人们经常不缴纳最主要的直接税——

[①] 下面的简短描述摘自 James B. Collins, *Fiscal Limits of Absolutism: Direct Taxation in Early Seventeenth-Century France* (Berkeley: University of California Press, 1988)。

[②] P. M. Jones, *The Peasantry in the French Revolution* (Cambridge: Cambridge University Press, 1988), p. 17.

土地税（taille），所有社区缴税的土地税额都不会超过应缴纳税额的 1/3。① 这就使得国家不得不依靠一些临时的特殊措施来克服财政短缺以及应付一些新的支出，特别是军事行动的费用。王室索要"强制贷款"（rentes, droits aliénés）来代替那些有时兑付有时拖欠的年金；它出售官职和各种头衔（vénalités d'offices）；它还征收特别炉灶税（fouages extraordinaires）；最坏的事情是，它将军队直接安置在社区中，在这个过程中许多城镇被毁坏。②

作为前现代最常用的财政惩罚手段，驻扎军队与现代系统的税收形式之间的区别就像对企图杀害国王的人四马分尸（米歇尔·福柯在《规训与惩罚》一书的开始对此做了惊人的叙述）与现代系统的囚禁罪犯一样。国家并没有很多选择，它缺少必要的信息和管理坐标来制定符合其臣民真实能力，并能形成稳定财政收入的征税制度。这就像森林收入只能被很粗略地计算，而且其产出会经常变化一样。从财政角度说，用查尔斯·林德布洛姆（Charles Lindblom）最贴切的话说就是，前现代国家"只有拇指而没有其他的手指"，缺少细微调节的能力。

林业管理和征税的简单类比之间的区别从这里开始。因为缺乏关于可持续的木材生产信息，国家可能或无意中过量开发它的资源从而威胁到未来的供应，或者根本不知道森林的可持续开发水平。③ 无论如何，树不是政治行动者，但是向王室付税的臣民们肯定是。他们通过迁徙、各种形式沉默的抵抗和逃避，以及最极端的直接反叛来表达其不满。可靠的征税形式不仅要发现他们真实的经济状况，还要判断他们会激烈地反对什么苛捐杂税。

---

① 见 Collins, *Fiscal Limits of Absolutism*, pp. 201, 204。正是这种逃税的能力给予财政统治以没有预期到的弹性（至少从上层看来如此），并且使国家在多事的 17 世纪避免了许多反抗。

② J. L. 海尔布伦（J. L. Heilbron）记下一个英国上校在 1791 年责成一个英格兰教士寄给他整个教区的人口清单，以在他教区中驻扎军队为要挟。Introduction to Tore Frangsmyr, J. L. Heilbron and Robin E. Rider, eds., *The Quantifying Spirit in the Eighteenth Century* (Berkeley: University of California Press, 1991), p. 13.

③ 这里假设王室希望在未来长期实现生产的最大化。当出现政治或军事危机的时候，统治者往往将未来抵押出去，最大限度地榨取它的森林和臣民。在《压制、资本和欧洲国家（公元 990~1992 年）》（*Coercion, Capital, and European States, A. D. 990-1992*, Oxford: Blackwell, 1990）中，查尔斯·蒂利（Charles Tilly）对此做出了出色的综合分析。他强调了在国家形成过程中，战争准备和战争发动的影响，描述了从"进贡（tributary）国家"到直接从国民征税国家的转变过程。

国家机构是如何开始测量和编制整个王国各地的人口，他们的土地、粮食产量、财富、商品流通量等是多少？即使了解这方面最简单的知识也面临巨大的困难。我们这里可以将建立统一度量衡和使用土地图册来登录土地所需的奋斗作为分析的例子。每一项活动都需要大规模的、昂贵的和长时间的努力来消除各种反抗。反抗不仅仅来自一般的平民，也来自地方上掌权的人；过去他们从不同级别官场的不同利益和不同职责所带来的管理不一致中获得自己的利益。尽管各种运动和各地的特殊情况此起彼伏，最终采取一致的度量衡和土地图册还是被推广开来。

每一个行动都可以说明地方知识与实践作为一方，国家管理制度作为另外一方之间的关系模式，这一模式自始至终贯穿本书。从国家的角度看，在每一个事件中，在原来形式下的度量衡和土地所有权的地方实践都是"不清晰的"。它们显示出的多样性和复杂性所反映的不是国家利益，而是纯粹的地方利益。也就是说，如果不加以转变和简化，变成至少有一部分是虚构的简单表达，它们就不可能被国家的管理结构所吸收。就像在科学林业中一样，需要简化背后的原因是统治者急切的物质利益：财政收入、军事力量和国家安全。然而，像贝克曼标准化的树（Normal - bäume）一样，尽管不充分，但简化还是发挥了实际作用，而不仅仅是描述。通过记录、法庭以及最终强制等国家权力的支持，这些国家虚构的简化改变了它们要观察的现实，即使永远也不可能使实际情况完全适合国家的管理坐标。

铸造清晰性的工具：流行的度量，国家的度量

非国家的度量单位产生于地方实践的逻辑。尽管它们有很多让人迷惑的多样性，这些妨碍它们形成管理上的统一，但它们还是有一些相似的属性。感谢中古史学家维托尔德·库拉（Witold Kula）的综合，使我们可以清晰地了解地方度量单位活跃的原因。①

早期的度量多数是以人为单位的，从许多保留下来的用语中还可以看到这个逻辑，表示距离用"投石的距离"和"在听力范围之内"，表示体积用"一车"、"一筐"或者"一捧"。不同地方的车或筐的大小不同，不同人投石的距离也不相同，所以这些度量单位在不同地方和不同时期是不

---

① Witold Kula, *Measures and Men*, trans. by R. Szreter (Princeton: Princeton University Press, 1986).

同的。甚至那些被明显固定的度量单位也可能是不可靠的。比如在18世纪的巴黎，一"品特"（pinte）相当于0.93升，但在塞纳-蒙大拿省（Seine-en-Montagne）是1.99升，在普里斯-索斯-太尔（Precy-sous-Thil）居然达到了3.33升。欧恩（aune）是表示布匹长度的单位，但材料不同，长度也不同（比如丝绸的单位就比亚麻要小）。在整个法国，至少有17种大小不同的欧恩。①

地方的度量单位是相互关联，或者"可通约"的。② 事实上任何关于度量的问题都会因为询问时背景不同而得到不同的回答。在我熟悉的马来西亚一些地区，如果问"到下一个村庄还有多远"，回答往往是"煮三锅米饭的时间"。回答者想象问话的人是希望知道到那里需要多少时间，而不是有多少英里。当然，人们根本不可能用英里推算出在不同地区的旅行时间，特别是徒步旅行或者骑自行车旅行。同样，对时间的回答也是用在当地有意义的单位，而不是多少分钟，因为到目前为止，那里手表还是很少见的。所有的人都知道煮熟当地米饭需要多长时间。埃塞俄比亚人对烧菜需要加多少盐的回答可能是"需要烧鸡的一半"。这样的回答是基于人们都了解的标准。这些度量实践是地方化的，各地之间不可通约，因为地域不同，所食用的大米种类和烧鸡的方法不同，其结果也不同。

许多地方的度量单位与一些特殊的活动联系在一起。如同阿君·阿帕杜拉来所注意到的，马拉地农民用手的宽度来表示他们希望的种植洋葱的间距。当他们沿着田垄移动的时候，手是最方便的测量工具。同样编织绳索时常用的长度单位是拇指到臂肘的长度，因为在卷起绳索打成团的时候很方便。如同种植洋葱，测量过程已经被包括在种植活动中了，不需要另外一个单独的过程。这样的测量往往不需要很精确，只要满足眼前任务需要就可以了。③ 如果关心雨水的目的只是关注特定的农作物，那么只是充足或不充足就够了。如果用多少英寸的降雨来回答，不管如何精确，可能

---

① J. L. Heilbron, "The Measure of Enlightenment," in Tore Frangsmyr, J. L. Heilbron and Robin E. Rider, eds., *The Quantifying Spirit in the Eighteenth Century* (Berkeley: University of California Press, 1991), pp. 207 - 208.

② 关于这方面的富有启发意义的讨论可参见 Arjun Appadurai, "Measurement Discourse in Rural Maharastra," in Appadurai et al., *Agriculture, Language and Knowledge in South Asia: Perspectives from History and Anthropology* (forthcoming).

③ Arjun Appadurai, in Appadurai et al., *Agricalture, Language and Knowledge in South Asia: Perspectives from History and* Agriculture (forthcoming), p. 14.

都传达不出所需要的信息；它可能忽略了降雨时节这样关键的因素。对于许多具体的目的来说，那些明显含糊的度量要比精确的统计数字能够传达出更有价值的信息。耕地的农民如果只关注产量的变化范围，那么说他一块稻田的产量是 4～7 筐就比说 10 年的平均产量是 5.6 筐更精确。

除非我们了解了提出问题时一个地方所特别关注的意思，否则我们不可能给出一个包括了所有含义在内的正确回答。所以特殊的度量习惯受到特定的场合、时间和地理区域的限制。

各地都有的关于耕地的特殊习惯丈量法是最明显的。现代用公顷、英亩表示的，只关注土地表面积的抽象土地丈量单位对于依靠土地维持生活的农民来说太简单，缺少信息。告诉一个农民他租种了 20 英亩土地就像告诉一个学者他已经买了 6 公斤图书一样。因此习惯的土地丈量单位采用了许多种形式来满足对土地各方面的实践兴趣。当土地很多而人工或耕畜不足的时候，最有用的土地测量单位是耕地或除草所需要的天数。比如在 19 世纪的法国，一块土地的大小往往被表述为多少摩根（morgen）或折诺斯（journals）（都表示工作天数）以及需要哪些种类的工作（homée, bechée, fauchée）。如果用摩根表示，那么 10 英亩土地要多少摩根是不同的；在多石地区或很陡的斜坡上所需要的劳动力可能会比肥沃的河滩地多一倍。此外由于耕畜和作物种类不同，各地的摩根也不同；受到当时技术（犁头、轭和马具）的影响，人们每天所能完成的工作量不同。

土地还可以用所需要的种子量来衡量。如果土地肥沃，播种就会比较密集，而贫瘠的土地播种量就小。土地上的播种量是一个相对较好地反映土地平均产出的指标，因为播种都是根据预测的平均生长条件，而每年实际产量的变化会更大一些。在某种作物种植中，播种量，尽管可能很难反映耕种的困难程度和每年收成的变化，但大体可以反映出土地的生产能力。然而一块土地的平均产量也还是个抽象的数字。大多数在生存边缘的农民最希望知道的是一个农场是否可以稳定地满足他们基本的需求。所以爱尔兰的小农场被描述为"一头牛农场"或"两头牛农场"，从而向那些主要依靠奶制品和土豆的农民说明农场的放牧能力。农民感兴趣的是这个农场是否可以养活一个特定的家庭，而不是它所包括的物理面积。①

---

① 在爪哇农民民间的分层类别中也可以看到类似的动机：那些不足的人（Kekurangans）和那些已经足够的人（Kecukupans）。见 Clifford Geertz, *Agricultural Involution*（Berkeley, University of California Press, 1963）。

如果要掌握多种习惯的土地丈量法，我们必须设想几十种用多种不同方法来表示的"地图"，而不仅仅是表面积。我已经设想了一种地图可以像哈哈镜一样，按照人口数量而不是地理面积来划分一个国家在地图上的大小。中国和印度俨然超过了俄罗斯、巴西和美国，而利比亚、澳大利亚和格陵兰几乎等于不存在了。这些各种各样的习惯"地图"（种类繁多）不一定按照表面积，而是按照工作和产出的单位、土壤类型、可接近性以及满足生存的能力等建立景观。丈量单位是地方化、利益指向、具有特定背景和特定历史条件的。满足一个家庭生存的条件并不一定能满足另一个家庭。耕作制度、劳动力供给、农业技术、天气等因素使评估标准在不同地区和不同时代都不相同。正像国家所担心的，这么多的地图只能反映出地方标准无望的混乱不堪。它们不可能将自己统一到一个统计系列里面，从而使政府官员可以做出有意义的比较。

度量的政治学

以上关于地方度量实践的阐述可能会使人们认为，尽管这些关于距离、面积、体积等的地方概念多种多样，与国家所期望的抽象标准有很大区别，但它们也是为了度量的客观精确。这种印象会是错误的。任何一个度量行动都被打上了权力关系游戏的印记。如同库拉所说的，要理解现代欧洲早期的度量实践，必须要将它们与当时主要阶层的利益竞争联系在一起，包括贵族、教士、商人、工匠和农奴。

度量的政治很大程度上是从现代经济学家所称的封建租金"难题"（stickiness）开始的。贵族和教士经常发现，直接增加封建赋税是很困难的；不同的缴纳标准是长期斗争的结果，哪怕在习惯基础上很小的增加也被看作是对传统的严重危害。① 实际上，调整度量单位只是达到同一目标的迂回手段。地方领主可能用小筐借给农民谷物，但要农民用大筐归还。他在磨谷（领主垄断的）的时候可能偷偷地，甚至公开地用大袋子从农民那里接收谷物，而用小袋子来称量磨出的面粉；他还可以在收赋税的时候用大筐，而在付实物工资的时候用小筐。如果控制封建赋税和工资的正式习惯永远不改变（比如一块田在收割后缴纳多少袋小麦是不变的），实际

---

① 那些被看作是习惯的东西并不一定有很长的历史。它们往往代表了至少一个方面的利益，这些人担心变动会带来不利的结果，因而坚持已经存在的东西是神圣不可变化的。

交易会越来越有利于领主。① 这些小小欺骗的结果并不小。库拉估计，在所谓封建复辟（réaction féodale）时期的一段时间，也就是在1674~1716年，用于征收封建租金（平民税）的蒲式耳（boisseau）增加了1/3。②

甚至度量单位，比如说蒲式耳，已经被大家认可，但这仅是有趣事情的开始。在早期现代欧洲，关于如何改变筐的大小有多得数不清的微型政治。通过磨损、胀大、编织时的窍门，湿度以及边框厚度等许多手法来调整筐的大小。在一些地方，往往用金属做出当地标准的蒲式耳和其他的度量单位，由受人信任的官员掌管，或者在教堂和镇议事厅的石头上准确地雕刻下来。③ 事情并非到此为止。谷物是如何被倒进筐内（是从肩的高度还是从腰部的高度倒下？前者更紧密一些），是否潮湿，容器是不是要晃动使谷物更紧密，最后，筐上面是否要刮平或者保留高出的部分也经历了长期而痛苦的争论。有些安排是要谷物高出筐子，有些只是堆起一半，有些则只要与筐沿保持水平或者"压平"（ras）。这并非是一个小问题。一个封建领主如果要在收小麦或黑麦的蒲式耳上堆出尖来，那么他可以增加25%的地租。④ 如果习惯上蒲式耳的谷物都被压平，那么在用什么刮平器上也有许多微型政治争论。是用圆的或直边的？如果刮平器是圆的，那么在滚过蒲式耳时就会使谷物压紧。谁掌握刮平器？谁能值得信任来保存刮平器？

正像人们所想到的，围绕土地丈量单位也有类似的微型政治。通常被用来测量耕种面积长度的单位是厄尔（ell），农奴要以此为基础提供劳役。

---

① 有时权力的平衡也会摆向另外的方向。在这方面，法国什一税逐年下降就是一个例子。见 Emmanuel LeRoi Ladurie and Joseph Gay, *Tithe and Agrarian History from the Fourteenth Century to the Nineteenth Century: An Essay in Comparative History*, trans. by Susan Burke (Cambridge: Cambridge University Press, 1982), p. 27。

② 见 Kula, *Measures and Men*, p. 150。在20世纪20年代和30年代，下缅甸领主征收水稻实物地租的筐被称为"货车破坏者"（cart-breaker）[James C. Scott, *The Moral Economy of the Peasant: Rebellion and Subsistence in Southeast Asia* (New Haven: Yale University Press, 1976), p. 71]。

③ 例如，巴黎最著名的铁突阿斯（toise）就刻在大夏特莱监狱（Grand Chatelet）的一面墙上。见 Ken Alder, "A Revolution Made to Measure: The Political Economy of the Metric System in France," in Norton W. Wise, ed., *Values of Precision* (Princeton, Princeton University Prerss, 1995), p. 44。

④ 在17世纪追求精确的精神下，马森（Marsenne）计算了刮平的蒲式耳有172000粒小麦，而高出来则包括了220160粒（Kula, *Measures and Men*, p. 172）。如果是燕麦这种比较大的谷物，差别会少一些。

但是厄尔的长度和宽度也是"难题",是经过长期斗争才建立起来的。领主和监工都希望通过扩大厄尔来间接增加劳役。如果他们的企图能够成功,那么就可以在不打破封建劳役制度的情况下增加征收劳役的总数。在19世纪以前,面包的价格可能是所有度量中最难解决的。在前现代时期,面包是最关键的生存因素,可以作为生活消费指数使用。普遍的习惯是将面包的价格与城市的一般工资水平联系在一起。库拉详细地阐述了面包师担心违反了"公正的价格"而引起暴乱,因此为了补偿小麦和裸麦粉价格的变动,他们就不断改变面包的大小和重量。[1]

国家机器和度量的象形文字学

因为度量的地方标准与实际需要紧密地结合在一起,因为它们反映了特定的耕作模式和农业技术,因为它们在不同的气候和生态条件之下差别很大,因为它们是"权力的象征和保持阶级特权的工具",还因为它们处于"激烈的阶级斗争中心",所以对于国家机器来说,它们是非常难于处理的大问题。[2] 使度量单位简化或标准化的努力在法国的历史上就像主旋律一样被不断重复演奏,重复可以说明前面的失败。简单地将地方实践编纂起来,制定出一些换算表的努力很快就被基层的迅速变化所超越并失效。实际上,国王的大臣们面对的只是一堆经过编纂的各地度量标准拼凑起来的杂物,每一个都不相同,就像每一个地区都在说着外人难于理解的,并且不经宣布就随时变化的方言一样。国家或者要冒将地方情况严重估算错误的风险,或者要严重依赖地方追踪者的建议,也就是依赖国王议会中的那些贵族和教士,而他们立即就会抓住权力所能带来的利益。

对于君王来说,地方度量实践的不清晰不仅仅是管理上让人头痛的事情,它也危害到国家安全的一些重要和敏感的方面。食品供应是早期现代国家的阿喀琉斯之踵。除了宗教战争,其他任何事情都不如食品短缺,以及由此引发的社会动乱对国家的危害更大。没有可比较的度量单位,那么监测市场价格,比较不同地区基本商品的价格,或者有效地管理食品供应即使不是不可能,也是很困难的。[3] 由于国家只能在各种简单的信息、流

---

[1] 见 Kula, *Measures and Men*, pp. 73 – 74. 与其他对习惯度量的挑战一样,在这个事件中,城市统治者和平民都坚持对面包要有重量和大小的标准,以防止这类做法。

[2] Kula, *Measures and Men*, pp. 98 – 99.

[3] Kula, *Measures and Men*, p. 173.

言和反映自己利益的地方报告中摸索,因此它的反应往往是滞后和不恰当的。比如纳税的平等是另外一个很敏感的政治问题,但对一个很难掌握收成和价格真实情况的国家来说,它对此无能为力。如果国家只有不精确的情报,那么国家积极努力地征税、征用军队、缓解城市短缺,以及其他的一些措施,都会导致政治危机。即使没有威胁到国家的安全,度量的混乱还是会带来效率极大的降低,并且总达不到财政目标。[①] 如果没有标准化的、固定的度量单位,那么来自国家有效的监督和可控的比较都是不可能的。

度量的简单化和标准化

> 我们当代的征服者,不论是平民或王子,都希望他们的帝国有一个统一的表面,他们权威的眼睛可以在整个帝国巡视,不会遇到任何起伏不平从而妨碍他们的视线。同样编纂的法律,同样的度量单位,同样的规则,同样的语言(如果我们能够逐渐达到);这些就是我们所声称的社会组织的完美……当今最大的口号就是一致性。
> ——本杰明·康斯坦特(Benjamin Constant):《征服者的精神》
> *De l'espritde conquête*

如果说制造出简单化和清晰化森林的科学林业遇到了其使用权力受到挑战的村民反对,那么对于标准的和清晰的度量单位的政治反抗就更加顽强。制定和颁布地方度量标准的特权能为贵族和教士带来物质利益,他们不可能轻易放弃。他们阻碍标准化的能力是很明显的,那些试图达到某种程度一致性的专制君主的企图遭到了一系列失败。地方封建实践的特殊性以及它们对中央集权的排斥和抗拒保护了地方权力领域的自主性。

最终,有三个因素共同促成了库拉所说的"度量革命"。第一,市场交换的扩大促进了度量的一致。第二,世俗观点和启蒙哲学都希望在整个法国实现单一的标准。第三,法国大革命特别是拿破仑王朝的建立促进了法国,乃至整个帝国的度量系统的建立。

大规模的商品交易和长距离的贸易都鼓励度量的标准化。在相对较小的贸易中,粮贩只与几个农民打交道,他只要知道他们各自使用的不同度

[①] 事实上正是那些面临财政困难的地方对税收的积极逃避提供了一种拖延或回旋的余地,从而避免了不合理征税可能带来的反抗。

量单位就足够了。粮贩还可能从对众多度量单位的掌握中获利,就像走私犯从税收和关税的细微差别中赚取利益一样。但除了少数特殊情况,多数的商业都包括了很长的交易链条,在很远的距离,在互相不知道姓名的买者和卖者之间进行交易。重量和长度的标准化使贸易更简单而清晰。手工艺人的产品是由一个生产者为满足特殊顾客需要而生产的,价格也是特定的,而大众化商品则不是,其目的是满足任何一个购买者。在一定程度上,大众商品的好处就是其可靠的一致性。随着商业规模的扩大,交换的商品越来越标准化(一吨小麦,一打犁头,二十个车轮),人们越来越接受一致的度量单位。官员和重农主义者都相信统一的度量是创建民族市场和推动理性经济行为的前提条件。①

感谢封建复辟,在整个王国不断统一度量衡的国家计划在 18 世纪得到了普遍的支持。为了使他们不动产的回报最大化,封建领地的所有者,也包括一些暴发户,在一定程度上通过操纵度量单位达到了他们的目的。在法国大革命前夕为召开议会所准备的冤情录明显反映了这种被害的感觉。第三等级成员的记录表明,他们一致要求平等的度量(尽管这不是他们主要的不满),而教士和贵族却是沉默的,这表明他们对现状是满意的。下面来自布列塔尼的请愿是一个将统一度量标准的请求与对王室的忠诚等同的典型表达方式:"我们向他们(国王、王室以及他的主要大臣)请求,请你们与我们一同察看平民阶层被地方霸主暴政虐待的情况。平民阶层是善良和谨慎的,到目前为止他们还没有将他们的怨言呈递到国王脚下。现在我们请求国王建立公正,我们表达我们最强烈的愿望,希望一个国王、一个法律、一个重量以及一个度量制度。"②

对于中央集权的精英来说,公制米与古老的、特殊的度量实践就像官方语言与各种各样方言的关系一样。各种稀奇古怪的方言肯定要被普遍的最佳标准代替,就像专制主义的银行扫荡了封建主义的地方货币一样。公制单位系统立即成为中央集权管理、商业改革和文化进步的工具。革命后共和国的院士如同他们之前的皇家院士一样,将公制米看作

---

① 如同肯·阿尔德(Ken Alder)所指出的,缺少贯彻标准化的中央权威也并没有阻碍英国、德国和美国的民族市场的成长("A Revolution Made to Measure", p. 62)。流动和经济增长本身产生了交换的共同标准。更多的一般历史分析可参见 Frank J. Swetz, *Capitalism and Arithmetic: The New Math of the Fifteenth Century* (La Salle, Ill.: Open Court, 1987)。

② Kula, *Measures and Men*, pp. 203 - 204.

可以使法国"国库更充裕、军事更强大、更便于管理"的知识工具。①共同的度量制度被认为可以促进谷物贸易，使土地有更多的产出（因为可以更容易地比较价格和生产力），并且必然为国家编纂统一的税收文件提供基础。② 但是改革者还希望有真正的文化革命。"正像数学是科学的语言一样，公制度量系统就是工商业的语言"，他们统一并改变了法国社会。③ 一个理性的度量单位将促进理性公民的形成。

度量制度的简化有赖于现代社会其他革命性的政治简化：统一和一致的公民身份概念。只要每一个等级还在各自相互封闭的法律领域内活动，只要不同阶层的人在法律上的地位不同，那么他们在度量制度上的权利也不同。④ 众生平等的理念，也就是抽象的"无印记（unmarked）公民"，起源于启蒙时代并反映在百科全书学派的作品中。⑤ 对于百科全书学派来说，在度量系统、制度、继承法、税收以及市场法规中的不一致之处阻碍了法国人成为统一的人民。他们想象出许多集权和理性的改革，从而使法国成为统一的民族社区，同样编纂的法律、度量制度、风俗和信仰在全国各地通行。值得注意的是，这些活动推动了民族公民概念的形成——一个法国的公民在整个王国漫步的时候会像其他的同胞一样，受到公正和平等的待遇。从一个由一群不可比较，只有当地居民才熟悉而对外来者来说则是完全陌生的小社区所构成的社会中，产生一个清晰的单一民族社会，这种观点的支持者很清楚地知道，问题不仅是管理的方便，还有来自其人民的转变。"风俗、观点以及行为准则的一致性毫无疑问会引导出一个具有相同习惯和取向的大社区的产生。"⑥ 抽象的平等公民概念将创造出新的现实：法国的公民。

度量制度的统一只是更大简单化运动的一部分。国家保障所有法国人民在法律面前的平等；他们不再仅仅是领主和君主的臣民，他们都有不可

---

① Alder, "*A Revolution Made to Measure*", p. 48.
② Alder, "*A Revolution Made to Measure*", p. 54.
③ Alder, "*A Revolution Made to Measure*", p. 56. 公制米只是一系列度量制度改革的沧海一粟。当时还有协商要试图将一天分成 10 个小时，每小时 100 分钟，每一分钟 100 秒，还有倡议制订十二进位的，也就是以 12 为基础的数字系统。
④ Alder, "*A Revolution Made to Measure*", pp. 122 – 123.
⑤ 我相信，最近在法国关于穆斯林女生在课堂上是否允许戴面纱的热烈争论也是要在世俗学校中保护这种无印记非特殊公民的传统。
⑥ Alder, "*A Revolution Made to Measure*", p. 211.

剥夺的公民权。① 所有过去"自然的"差别现在都被"非自然化",并被废弃了,至少在法律上是这样。② 在史无前例的革命背景下,基于第一原理建立了全新的政治系统,但这一成就比起法制化地统一重量和度量似乎微不足道。革命的法令写道:"多少个世纪以来百姓希望有统一度量单位的梦想终于实现了! 大革命给人民带来公制米。"③

颁布统一的公制度量单位容易,而要使法国公民在日常生活中使用就困难了。国家可以坚持在法庭、公立学校以及在财产契约、法律合同和税收文件中必须使用公制。但在这些官方系统之外,公制单位推行得很慢。尽管颁布了法令禁止在商店中使用突阿斯尺,要用公制米尺代替它们,但是公众仍然使用旧的系统,经常在公制米尺上刻上旧的单位。甚至到1828年,新的度量单位还主要是在法律领域(le pays légal)而不是实际生活领域(le pays réel)应用。如同夏多布里昂(Chateaubriand)所说的,"如果你遇到一个人不是说阿邪(arpents)、突阿斯和法尺(pieds),而是说公顷、米、厘米,那么可以肯定,这是一个官员"。④

土地制度:地方实践与财政简况

早期现代国家的财政收入主要来自对商业和土地的征税,这是当时主要的财富来源。商业税主要包括货物税、通行税、市场税、许可证费和关税。而对于土地上的财富来说,这意味着要将所有纳税财产与有纳税责任

---

① 如同托尼·朱特(Tony Judt)已经敏锐地指出,由革命法令建立起来的公民权利与自然或个人权利之间的区别在于,前者依赖国家与它的法律,可以由国家法令取消,而后者是不能取消的。见 Judt, *Past Imperfect*: *French Intellectuals*, *1944 – 1956*(Berkeley: University of California Press, 1992)。

② 法国革命的公民概念清除了犹太社区一直在试图克服的法律障碍。凡是在大革命以后军队进入和拿破仑征服的地方,伴随着他们的到来,犹太人也被赋予了全部公民权。见 Pierre Birnbaum and Ira Katznelson, eds., *Paths of Emancipation*: *Jews*, *States*, *and Citizenship* (Princeton: Princeton University Press, 1995)。

③ Gianfranco Poggi, *The Development of the Modern State*: *A Sociological Introduction*(Stanford: Stanford University Press, 1978), p.78. 对于人权中平等公民权所带来的进步来说,值得注意的是,这一巨大的进步取消了国家与公民之间的中间结构,国家第一次直接接触其统治对象。平等的公民权不仅仅意味着法律上的平等和男性普选制,而且意味着普遍征兵,就像那些加入拿破仑军队的人所发现的。从国家的高度看,下层社会越来越为众多相同的个体(particuliers),国家只将它们作为统治对象、纳税人和潜在的兵源。

④ Kula, *Measures and Men*, p.286.

的个人或机构联系在一起。在现代国家的背景下,这个过程很简单,但是达到这样的目的至少有两个困难。首先,许多事实上存在的土地习惯占有制度实践经常是多样和错综复杂的,与纳税人或纳税财产之间清晰的一对一等式完全不同。其次,如同度量制度标准化一样,国家财政机关所希望的一致和透明的财产关系只会损害到一部分社会集团的利益。最后,集权的国家成功地制定了一套新的、从国家的角度看也是清晰的财产制度。如同科学林业官员的工作一样,这套制度不仅简化了其所要描述的实践,同时也改变了这些实践,使它们更符合那些简化和图解的读本。

一个例证

> 资本有其自身的秩序,村庄有自己的习惯(Negara mawi tata, desa mawi cara)。
>
> ——爪哇谚语

一个习惯土地制度的假想案例可以帮助说明将这些实践纳入到现代地籍图册的简单概括中有多么困难。我所要描述的模式是一个实践的混合体,可能是我在南亚的实地考察中遇到的,也可能是文献中记载的。尽管这是一个假想的案例,但有很大的真实性。

让我们设想这样一个社区,各个家庭都在主要的生长季节对一些农田有收益权。在地里只能种植特定的作物,每7年这些有收益的土地要根据每一个家庭成员和强壮劳动力的数量重新分配。当主要季节的作物收获以后,所有农田重新恢复为公共土地,任何家庭都可以拾穗、放牧家禽和家畜,甚至可以种植一些成熟期短的旱季作物。所有村内家庭都有在村庄公共牧地上放牧家禽和家畜的权利,但是所放养牲畜数量是根据家庭的规模被加以限定,特别是在缺少草料的干旱年份。那些不使用自己放牧权的家庭可以转移给其他村民,但是不能给村外的人。任何一个家庭都有拾柴的权利,村庄的铁匠和面包师被分配给更大的份额。村里的林地是不允许做商业出售的。

人工种的树以及树上的果实都属于种树家庭的财产,不管它们种在什么地方。从树上掉下来的果实属于拾到这些果实的人。如果一棵树被砍倒或者被风暴击倒,那么树干属于种树的家庭,树枝属于最近的邻居,"树顶"(树叶和小树枝)属于那些捡拾它们的贫困村民。要给带小孩的寡妇和士兵的家属预留出土地供其使用或出租。土地和树林的收益权可以被承包给村内所有的人，只有当社区内没有任何一个人提出要求的时候它们才能承包给村外的人。

当出现歉收导致食物紧张的时候，这些安排就要做许多调整。富裕的家庭要对他们的穷亲戚承担一些责任——与他们共同耕种土地、雇用他们或者提供食物。当食物仍然持续短缺的时候，由各家家长组成的村议会就要清点所有的食物，并开始定量供应。当出现严重短缺或饥荒的时候，那些嫁入本村但还没有生育孩子的妇女就得不到食物，并被希望回到娘家。后一个实践提醒我们，在地方习惯制度中经常存在着不平等。单身妇女、未成年男子和任何被排除在社区核心之外的人都明显处于不利的地位。

这个描述还可以进一步细化。尽管很简单，但是它也传达了地方风俗盛行的背景下事实存在的财产关系的复杂性。如果像现在这样将日常的实践描述得像法律一样，这本身就是种歪曲。习惯最好作为活生生的、协商的实践组成部分来理解，它们不断适应新的生态和社会环境——当然包括权力关系。习惯的土地制度不能被浪漫化，它们往往充满性别、社会地位和宗族之间的不平等。但是因为它们是极其地方化的、特殊的和有适应性的，它们的可塑性使它们可以做微小的调整，从而带动通行实践的改变。

假设有一个只关注土地实践的立法者，或者说，假设有一个试图反映复杂的财产关系和土地制度的成文法律体系，他们根本无法将这些实践简化成管理者能够明白的制度，写进法律条文、小条文和小小条文，更不用谈执行了。即使这些实践可以被编纂成文，但结果也会牺牲其弹性和微妙的适应性。有太多新环境要求去适应，在编纂过程中根本没有办法预期，更不用说一一列举说明了。编纂将在事实上冻结一个活生生的过程，为反映实践进步而设计的修正最多也只能是反射性的和机械的适应。

即使被加以编纂，那么第二第三个村庄又会如何？不管编纂者如何聪明和认真，都会发现，适合某一地方实践所发明的编纂方法很难被扩展到其他地方。每一个村庄都有其独特的历史、生态、耕作方式、亲属联盟以及经济活动，都需要一套新的制度。至少有多少社区就会有多少种法律编纂方法。

当然从管理的角度看，这众多复杂的地方财产关系会是一个噩梦。这不仅仅对那些地方实践的当地人是个噩梦，对于那些追求一致、均衡和全国性的管理法规的国家官员也是噩梦。就像那些"奇异"的重量和度量单位一样，地方的土地制度对于每天居住在这里的人来说是非常清楚的。尽管对这套制度细节，当地人也并不非常满意，可能还颇有微词，但对它们是完全熟悉的。当地居民很容易就可以掌握它的微妙之处，为了自己的目的而利用其有弹性的条款。相反，国家官员不可能在每一次司法活动中都能够破解并应用这些象形文字一般的财产制度。事实上，现代国家的先决条件就是假设一个简单和一致的财产制度的存在，它们是清晰的，因而可以自上而下加以操纵。

我使用"简单"一词来描述现代财产法看来像是用错了，财产法本身的复杂性已经为许多法律工作者提供了就业机会。对于普通的国民来说，财产法在许多方面肯定还是无法穿透的灌木丛。这里"简单"一词的使用是相对的和与观察视角有关的。现代的终身占有制度是由国家仲裁的，只有那些受到足够教育并掌握国家法律的人才可以理解。① 它的相对简单性对于那些不能破译法律的人是不存在的，正像对于村庄外的人，当地习惯的土地制度并不清晰。

所有现代国家在度量、法律编纂和简化土地制度方面的努力与科学林业对森林做出重新规划的方法是一样的，都是为了财政和管理目标。将各种不同的习惯土地制度归纳统一起来是根本不可能的。历史上，至少在自由主义国家，解决的办法往往是简单地将土地的所有权赋予个人。土地由合法的个人所有，他有广泛的使用权，包括继承、出售，他的所有权由统一的契约体现，并得到国家司法和警察制度的保障。正像森林中的植物被简化为标准化的树一样，习惯实践中复杂多样的土地制度也被简化为土地的完全所有权和可转让的契约制。在农业中，处于管理者视野中的是高度一致的地块，每一个地块都有一个合法的拥有者，也就是纳税人。现在从土地面积、土壤的等级以及正常的作物种类和预期产量来评价土地财产及其所有人比过去要破解复杂的公共产权和各种各样土地制度的混合物不知容易多少。

这种简化的最高成就就是土地清册。由受过专门培训的调查者按照给定尺度制向中央计做出的土地清册是比较完整和精确的对所有土地的调

---

① 如同 E. P. 汤普森（E. P. Thompson）在《辉格党和猎人：取缔流浪汉条例的起源》[Whigs and Hunters: The Origin of the Black Act (New York: Pantheon, 1975)] 中所写的，"18 世纪层出不穷的法律决定表明，律师已经皈依绝对财产所有权的观念，法律憎恶共存使用权的混乱复杂"（第 241 页）。

查。因为在土地清册背后的动机是制定便于管理和可靠的税收方式，因此土地清册与财产登记紧密地联系在一起，图上任何一个特定的地块（经常使用数字标明）都与一个有纳税义务的所有者联系在一起。土地清册和财产登记对于土地征税，就像科学林业官员手中的地图和表格对于开发林业的财政收入一样。

几乎被法制化的农村

大革命以后法国统治者所面对的农村社会是一个几乎无法穿透的封建和革命实践混合之网。在很短的时间内他们不可能为其复杂性编制一个目录，更不用说消灭它了。比如，承诺平等和自由的意识形态与习惯的农村契约就相互矛盾，手工业行会的契约中还使用"主人"（maître）和"雇工"（serviteur）等词语。作为新的国家，而不是王国的统治者，他们经常受困于缺少关于社会关系的一般法律框架。对某些人来说，新的民法已经覆盖了所有的法国国民，这似乎已经足够。① 但是大革命和大恐怖（La Grand Peur）所带来的地方混乱威胁了拥有农村财产的资产阶级以及他们的贵族邻居；在大胆和自治的农民攻势之下，需要一个清晰的法律化的农村以保障他们的安全。

最终，甚至在几乎所有其他领域都已充斥拿破仑法典的情况下，大革命后的农村法律也没有找到一个成功的组合。对我们来说，这种僵持的历史是有启发性的。1803～1807年起草的第一个法律草案扫除了多数传统的权利（如公共放牧、自由穿过其他人地产的权利），并根据资产阶级财产权和契约自由重建了农村的财产关系。② 尽管提出的法典的确预构了一些现代法国的实践，但是遭到许多革命者反对，因为他们担心不干涉的自由主义可能会使大土地所有者以新的名义重新制造出封建

---

① 除了承认巴黎谷地及以北地区富裕和有实力的大土地承租人，为他们制定了土地租佃指南（fermage）以外，民法并没有关于农业的明确规定。我要感谢彼得·琼斯，他使我注意到我们简短的讨论建立在以下的研究上。见 Sorge Aberdam, *Aus origines du code rural, 1789－1900: Un siècle de dèbat* (n. d., but probably, 1778－1780)。

② "En resumé, la ligne générale du project de 1807 est de refuser toute specificité au droit rural en ramenant, autant que possible, les rapports socieux à la campagne à la forme d'authorité légale que la bourgeoisie projette sur l'ensemble de la population"［简言之，1807年草案的主要政策是取消农村法律的特殊性，尽可能地将农村社会关系放到法律权威的背景下，也就是资产阶级所希望的适用于全体人口的法律权威（作者译）］。见 Serge Aberdam, *Aus origines du code rural, 1789－1900: Un siècle de dèbat*, p. 19。

依附者。①

拿破仑下令重新考察这个问题，考察由约瑟夫·沃内·普拉瑟（Joseph Verneilh Puyrasseau）主持。同时，副手拉劳特（Député Lalouettee）提议的做法恰恰与我前面假设的例子一样，当然也是根本不可能的。他建议系统地收集各种地方实践的信息，并加以分类和解释，最后以法令形式通过它们。这个法令将成为农村的法律。但是有两个问题使这些反映地方实践的农村法律无法出台。第一个困难在于，选择农村生产关系"多样性"的哪些方面使之被反映和被编纂进法律。② 因为甚至在一个特定区域内，不同农场和不同时代的实践都有很大差别，任何编纂都意味着一定程度的任意性和人为的静止。将地方实践加以编纂是一项政治行动。地方显贵可以打着法律的旗号批准他们所喜欢的，而其他人则失去了他们所依靠的习惯权利。第二个困难在于，拉劳特计划严重威胁了国家集权者和经济现代主义者，对他们来说，清晰的全民财产制度是进步的前提。正像瑟格·阿博丹（Serge Aberdam）所指出的，"拉劳特计划所带来的正是默林·德·杜埃（Merlin de Douai）以及资产阶级和革命法学家所努力避免的。"③ 不管是拉劳特，还是沃内所建议的法律都没有被通过，因为像1807年的前辈一样，他们的设计看来都要加强土地所有者的权力。

公共土地制度的模糊

如同我们所谈到的，前现代和早期现代国家在征税的时候主要是与社区，而不是与个人打交道。尽管一些明显的个人税，如俄国臭名昭著的"灵魂税"，是向所有臣民征收的，但事实上也是由社区直接缴纳，或者通

---

① 在殖民地不存在这些政治上的顾虑，在那里，公众意见和实践都只关注管理的便利和商业逻辑。见 Dennis Galvan, "Land Pawning as a Response to the Standardization of Tenure", chap. 4 of "The State Is Now Master of Fire: Peasant Lore, Land Tenure, and Institutional Adaptation in the Siin Region of Senegal" (Ph. D. diss., Department of Polrtical Science, University of Colifornia, 1996) 中的出色案例研究。

② Dennis Galvan, "Land Pawning as a Response to the Standardization of Tenure", chap. 4 of "The State Is Now Master of Fire: Peasant Lore, Land Tenure, and Institutional Adaptation in the Siin Region of Senegal", p. 18.

③ Dennis Galvan, "Land Pawning as a Response to the Standardization of Tenure", chap. 4 of "The State Is Now Master of Fire: Peasant Lore, Land Tenure, and Institutional Adaptation in the Siin Region of Senegal", p. 22.

过臣民的领主缴纳。如果税收的总数不够，集体就会受到惩罚。① 定期到每家每户和其耕地层面进行征税的人员只是负责征收封建赋税和宗教什一税的当地贵族和教士。在这方面，国家既缺少管理工具，也没有足够信息进入这个层次。

导致国家缺少这方面知识的原因之一是地方生产的复杂性和多变性，但这并不是最重要的原因。集体的赋税形式意味着，尽可能少缴税和少征兵的作假符合地方官员的利益。为此，他们会少报人口数量，系统地漏报耕地面积，隐瞒新的商业利润，在风暴和干旱灾害之后夸大农作物的损失等。② 土地图册和土地登记的目的都是为了消除财政上的封建主义，使国家有合理的财政收入。就像科学林业官员需要森林清册以掌握森林的商业价值一样，财政改革者也需要详细的土地产权登记以保障其最大的稳定财政收入。③

假设国家希望挑战地方贵族和精英的抵抗，并且也有足够的财源支持土地调查（这是很费时间和金钱的），它们仍然会遇到其他障碍，特别是因为一些公共土地无法通过土地清册被充分表现出来。在 17 世纪和 18 世纪早期的丹麦，农村居民被组织为俄吉拉甫（ejerlav），所有成员都有权利使用当地的耕地、荒地和林地。在这样的社区中，不可能把某一块土地与某一个家庭或个人联系起来。挪威的大农场（gard）也有同样的问题。每个家庭都有权调用农场的一部分价值（skyld），但对任何一块土地都没有占有权，共同拥有者中的任何一人都不能说农场的一部分属于自己。④ 尽管可以估计一个社区的耕地，并估算出作物产量、生存需求，从而计算出大致的税赋，但是村民生计中的很大部分是从公共资源获得的，如打鱼、砍伐木材、采集

---

① 在殖民地越南，人头税是按照预想的人口数向整个社区征收。如果总数达不到，警察就会拍卖他们所能拿到的一切，如水牛、家具、珠宝等，直到凑足了税收总数。这套系统给村内的有财物可被拿走的权贵以压力，使他们保障按时缴纳税收。

② 对于现代社会主义集体农业，这一概括也是正确的。当匈牙利成立集体农场的时候，大量的土地从登记册中"消失"了。见 Istvan Rev, "The Advantages of Being Atomized: How Hungarian Peasants Coped with Collectivization," *Dissent* 34 (198): 335 – 349。中国在可怕的"大跃进"之后，许多集体农场为了地方的生存利益，向中央系统地隐瞒产量。见 Daniel Kelliher, *Peasant Power in China* (New Haven: Yale University Press, 1992)。

③ 大采邑的贵族领主也可能进行土地调查，他们相信可以借此发现还未发现的应纳税土地和臣民。

④ 丹麦和挪威的例子都出自 Roger J. P. Kain 和 Elizabeth Baigent 书中有价值的历史分析，*The Cadastral Map in the Service of the State: A History of Property Mapping* (Chicago: University of Chicago Press, 1992), pp. 165 – 169。

树脂、打猎以及烧柴。监督这样的收入是不可能的。通过粗略地估算公共土地所带来的价值也不能解决这个问题,因为附近其他村的农民也分享这些公共土地的价值(尽管这是不合法的)。这种社区中的生产方式与土地登记图册所清晰反映的个人土地所有的假设是相矛盾的。尽管没有确凿证据,但人们往往认为公共土地比个人所有土地的生产能力低。① 国家反对公共土地所有制形式是基于一个正确的观察,那就是对于财政来说,它是不清晰和生产能力低的。与倒霉的拉劳特不同,在历史上,国家不是依据现实制定地图,而是强加一个与其财政格局相一致的财产制度。

当存在大量没有财政价值的公共财产的时候,所有权的不清晰并不是问题,但当它变得紧缺的时候(当"自然"成为"自然资源"的时候),它就成为法律上财产权的对象,不论是属于国家的或是属于公民的。财产权演变的历史表明,过去被认为是自然赐予的免费礼物,包括森林、猎物、荒地、草原、地下矿藏、水与河道、空气权(对建筑物和土地上空的空气享有的权利)、呼吸的空气,甚至基因排列等,都会不可避免地被纳入财产范畴。在土地的公共产权例子中,完全所有权的强加是为了使税务官员和土地投机商有一个清晰的认识,而不是为了当地居民——对他们来说,习惯产权结构已经很清楚。土地清册使国家权力有了更多的文本知识,为国家和地方之外的市场概括地了解土地情况提供了基础。②

---

① 在北部大平原各州和加拿大的胡特尔派谷物生产者的高效生产是许多相反的证据之一。详情可见 George Yaney, *The Urge to Mobilize: Agrarian Reform in Russia* (Urbana: University of Illinois, 1982), pp. 165–169。

② Sergio Zendejas, "Contested Appropriation of Governmental Reforms in the Mexican Countryside: The Ejido as an Arena of Confrontation of Political Practices", in Sergio Zendejas and Pieter de Vries, eds., *Rural Transformation as Seen from Below: Regional and Local Perspectives from Western Mexico* (La Jolla, Calif.: Center for U.S-Mexican Studies, University of California, San Diego, 1997) 中分析了当代墨西哥的例子。赞德加斯(Zendejas)指出,墨西哥革命以后出现的合作农场(Ejido)系统在很大程度上使国家无从了解全国 28000 个艾基多的农业生产模式、居住区和公共土地所有制的知识。米却肯州(Michoacán)的村民认为全国开展的对每一块土地调查、登记和命名都是产权个人化、分配公共土地和征收财产税的前兆,因此他们反抗丈量土地。被修正的宪法 27 条设想了全国全部产权的土地市场,从而证实村民的担心是有道理的。正像一个农民所说的,"有没有这些证明文件我们不都一直在出卖或租赁小块艾基多吗?"实际上并不是建立地方土地市场的问题,而是在国家的支持下创建区域和全国的土地市场问题。为此国家首先要建立清晰的土地制度,因为革命所取得的地方自治使土地制度变得不透明。关于这方面的材料还可参见 Luin Goldring, *Having One's Cake and Eating It, Too: Selective Appropriation of Ejido Reform in an Urbanizing Ejido in Michoacán* (forthcoming)。

举一个例子可能会帮助我们弄清建立一个新的、更清晰财产制度的过程。俄国革命前的两个村庄为我们提供了最典型的例子，说明国家如何为了保持农业增长和管理秩序而试图建立个人土地所有制。俄国许多农村甚至到1861年解放农奴后还是处于典型的财政模糊状态。自成一体的各种地方土地制度流行，关于谁耕种哪一块条田，产量是多少，收入是多少，国家基本上没有任何知识。

诺夫斯洛克（Novoselok）村有多种经济，包括农业、牧业和林业，而扩提尼撒（Khotynitsa）村主要是农牧业（见图1-3和图1-4）。各个条田相互混杂是为了保障每家在每一个生态区域中都有一块条田。一个家庭可能会有10~15块条田，各自代表不同的生态区域和小气候。这种土地分配分散了家庭的风险，随着家庭规模的扩大或缩小，土地也在随时调整。①

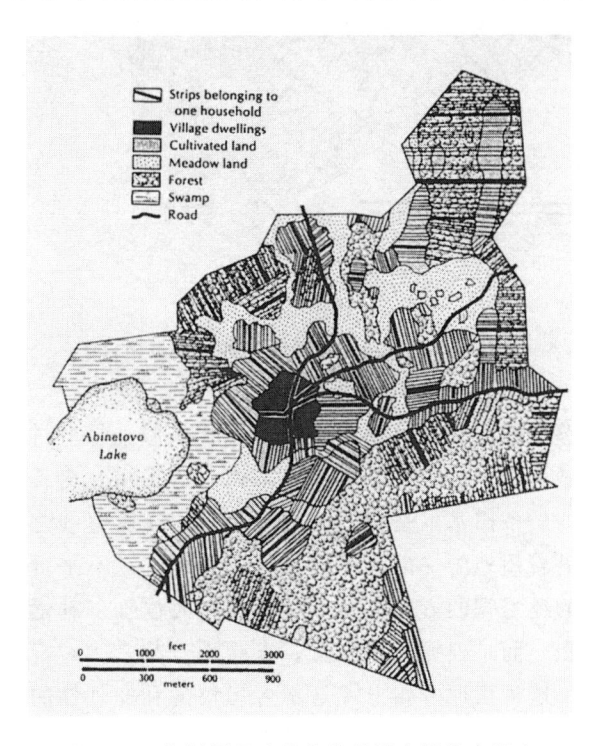

图1-3　斯托雷平改革之前的诺夫斯洛克村庄

---

① 这里我制造了一致性的假象。事实上存在着许多的土地再分配，甚至在俄国"黑土地"的许多村庄并未重新分配土地（Yaney, *The Urge to Mobilize*, p. 169）。

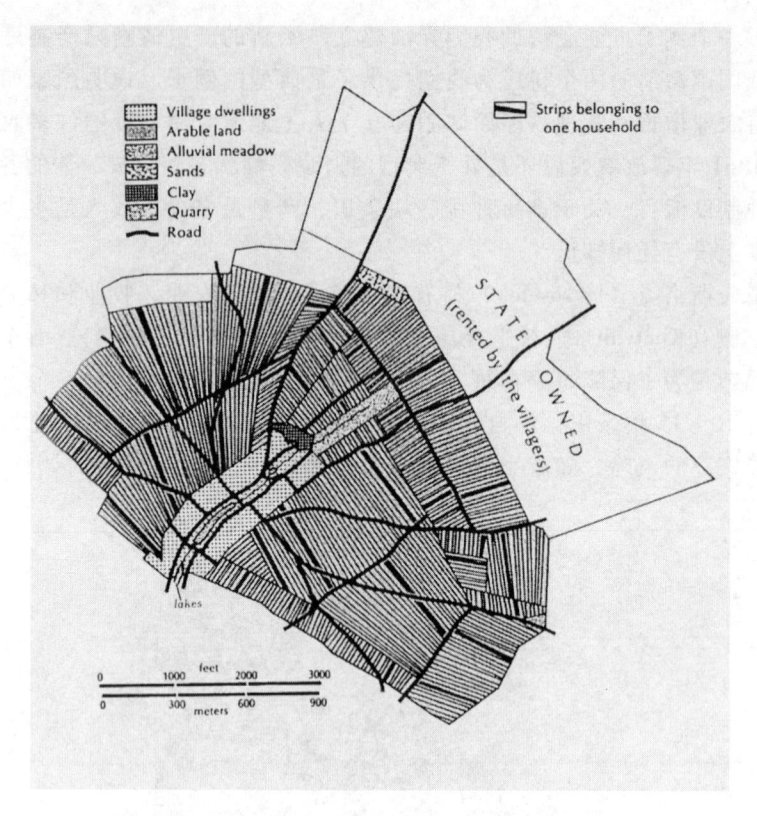

图 1-4 斯托雷平改革之前的扩提尼撒村庄

　　这已经足够使地籍调查员糊涂了。乍看起来似乎每个村庄都需要一队职业的调查员做调查。但是对于村里人来说，这种相互交叉的条田体系实际上是很简单的。条田基本是直的，相互平行。在调整的时候根本无须考虑面积，只要沿着田地的一面移动界桩就可以了。在不平行的一面则根据田地是朝向窄的还是宽的方向，在移动界桩的时候加以补偿。不规则的田地不是根据面积，而是根据产量分配。直观地看起来，对于那些参与地籍调查的人来说，这种田地分布方式是不可思议的和非理性的。但是对于熟悉它的人来说，它很简单，同时又能很好地达到目的。

　　至少在解放农奴以后，国家的官员和农业改革者的梦想就是将开放的土地制度转变为西欧模式的统一和独立的农庄。他们希望打破社区对个体农户的控制，将社区集体的纳税转变成个体所有者纳税。如同在法国一样，财政目标与占统治地位的农业进步观念密切相关。如同乔治·

延内（George Yaney）所说的，在谢尔盖·维特伯爵（Count Sergei Witte）和彼得·斯托雷平（Peter Stolypin）的改革计划中，关于现实情况的认识和需要如何做有许多共同的看法。"第一个场景，那些拥挤在村庄的贫穷农民忍饥挨饿，在他们小块条田上辛勤地劳作。第二个场景，农业专家带领少数进取的农民转移到新的土地上，留下更多的土地给剩下的人。第三个场景，转移出去的农民不再受条田的束缚，在新的地方建立了库特（khutor）（农场和住房建在一起），并采用了最新的方法。那些留下来的农民也不再受村庄和家庭的制约，开始投身到需求经济中，变得越来越富有，生产量提高，城市得到保障，农民没有被无产阶级化。"① 显而易见，关于条田的偏见主要来源于俄国村庄自治、对于外界来说的不清晰的、普遍流行的科学农业教条，以及缺少明确的证明。② 政府官员和农业改革者认为，只要给农民一小块完整的私有土地，他们马上就会希望致富，将家庭组织为一个有效率的生产单位，并接受科学农业。斯托雷平改革者施行了这个设想，改革之初就在两个村庄中实施了地籍登记（见图1-5和图1-6）。

在诺夫斯洛克村，17个独立的带住房农场（库特）被建立了起来，每一个家庭都有草场、耕地和森林。在扩提尼撒村，建立了10个库特和78个没有住房的农场（Otrub），后者的所有者还继续住在村里。由于进行了地籍登记，新的农场很容易被反映在地图上，对于上面的官员和村外的人来说很清晰，并且每一个农场都有一个明确的所有人，因而可以征税。

图1-5和图1-6会使人产生误解。这样模范的村庄似乎表明地籍调查队在农村高效勤奋的工作已经将混乱的敞田（open-field）转变为整齐的小农场。然而事实并非如此。实际上，只有在新开发的土地上才可能有这种整齐的、呈矩形的土地，调查员在这里不会遭遇地理和社会的阻挠。③ 尽管建立独立农场的推动力很大，但是改革者在很多地方还受到了巨大的挫折。尽管被禁止，但还是有很多不被认可的联合体存在；还有一些

---

① Yaney, *The Urge to Mobilize*, p. 212.
② 延内指出，在门诺教派中，条田与合并的农场有同样的生产效率（Yaney, *The Urge to Mobilize*, p. 160）。
③ 在新定居的土地之外，违反政府意愿的，在属于公共财产的群体定居也很普遍。

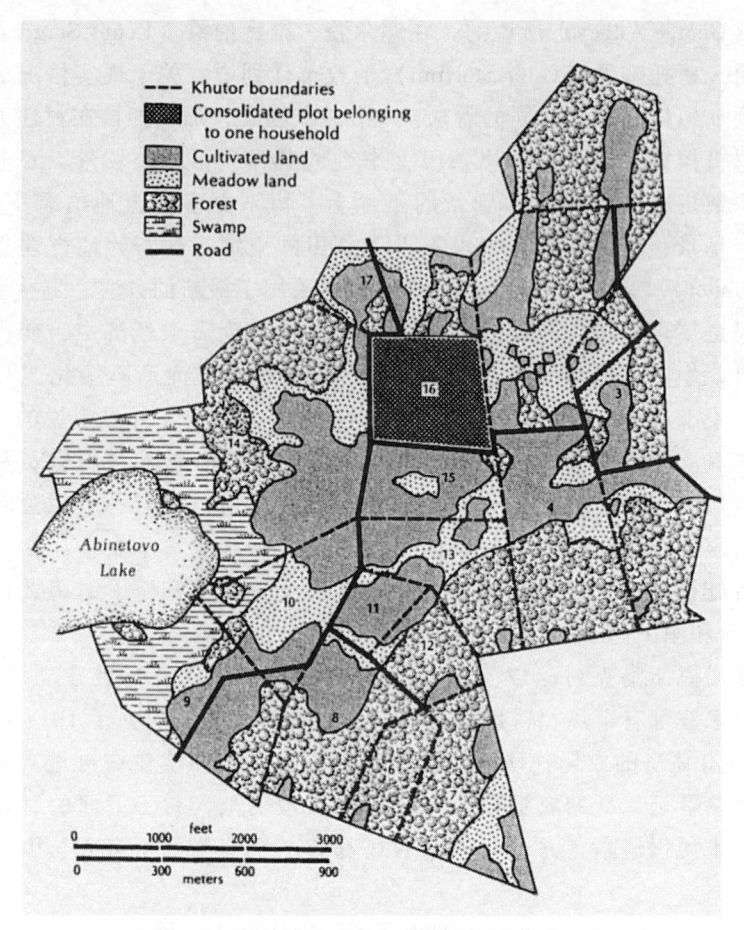

图 1-5 斯托雷平改革之后的诺夫斯洛克村庄

"纸上的联合体",新的农民像原来一样耕种他们的条田。① 事实上农业产权制度对于中央的税务官员来说仍然是不清楚的,最好的证据就是在第一次世界大战时沙皇政府的征用政策及其带来的巨大损失。没有人知道征收谷物和役畜的合理数量;结果,有些农民破产了,有些却能积存谷

---

① Yaney, *The Urge to Mobilize*, chaps. 7 and chaps. 8. 农民银行被要求向贫困农民提供贷款,不可避免地会倾向于回到旧的土地分配制度。银行需要有附属担保品作为欠款不还时的抵押,但是贫困农民的土地分配制度并不能提供作为抵押的土地。面对这种困境,银行发现向整个村庄,或耕种相邻土地的一群农民发放贷款才可以得到确切的土地抵押。值得注意的是,如同现代税收制度一样,现代信贷制度的运行也需要清晰的财产制度。

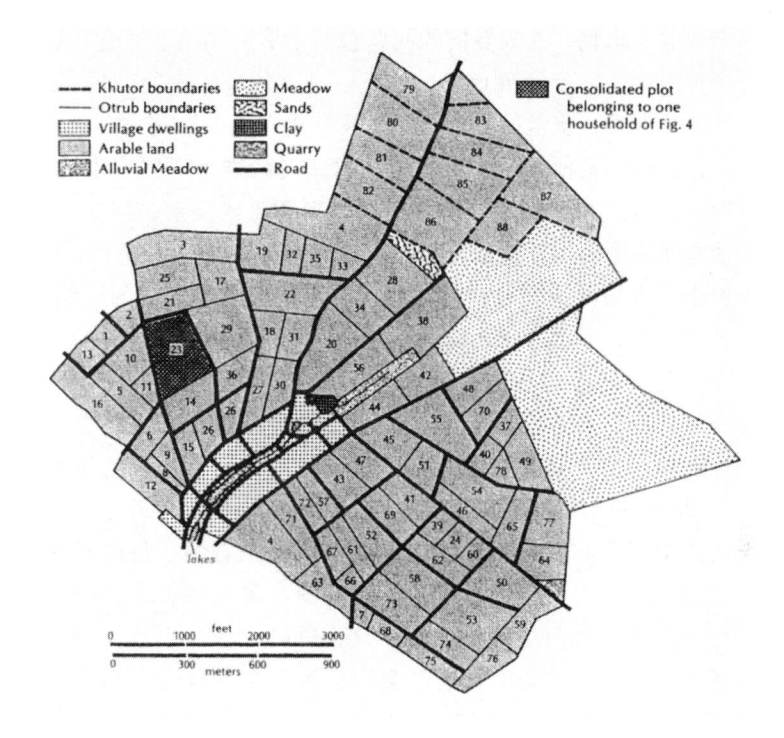

图 1-6 斯托雷平改革之后的扩提尼撒村庄

物和牲畜。① 这种在缺少对土地和财富了解的情况下进行的强制征收在十月革命以后的共产主义战争时期又重演了。②

为外人提供客观信息的地籍图

地籍图对于国家的价值在于其抽象和普遍性。不管具体的地方背景如何，地籍图提供了可以在全国普遍应用的标准，从而可以制作出有关全部土地财产的完整而清晰的地图。然而地籍图的完整依赖于其缺少具体细节的抽象结构——细薄性。它只反映了地块之间几何状的边界。关于地块内部是什么则完全空白，没有任何说明，因为这与地图的测绘没有关系。

当然关于一块土地有许多比其表面积和边界位置更重要的内容。对于一

---

① Yaney, *The Urge to Mobilize*, pp. 412-442.
② Orlando Figes, *Peasant Russia, Civil War: The Volga Countryside in Revolution, 1917—1921* (Oxford: Clarendon Press, 1989), chap. 6, "The Rural Economy Under War Communism".

个想购买土地的人来说，首先要问的问题包括土壤的类型、适合种植什么作物、耕种是否困难，以及距离市场的远近。一个估税人也会问同样的问题。从资本主义的观点看，土地的物理尺寸是没有意义的。但是只有确定了地块的位置，丈量以后，其他方面的质量才有意义（特别是对国家来说）。但是与确定位置和测量面积不同，对这些品质的判断比较复杂，容易受到欺骗，并受到其他方面的影响。作物的轮作和产量都有可能变化，新的工具和机器可能改进耕作，市场可能变化。与此相反，地籍调查是准确的、纲要式的、概括性的和统一的。不管有什么缺陷，税收制度的前提就是要将每一块土地与其所有者，也就是将纳税人完全联系在一起。① 在这种精神的指导下，荷兰1807年的调查（受到拿破仑法国的启发）强调所有的调查员必须使用同样的度量单位，工具要定期检查以保证统一，而且所有的地图都要使用统一的1∶2880的比例尺来画。②

一般的土地图册和特殊的地籍图是设计给外人看的，目的是使外人清晰地了解当地情况。对于当地人来说，地籍图是多余的。没必要了解精细的指标，每个人都知道河边的草地属于谁，可以产多少干草，以及所承担的封建税赋。在一个大领地的古老的契约中可能会发现文字写成的地籍册（"从大橡树，向北120英尺到河边，从此……"），上面还标明土地所有人对领地的义务。人们可能会认为这样的文件对刚接手领地管理的年轻继承人是有价值的。但是只有当土地市场活跃发展的时候，人们才开始使用地籍图。荷兰比较早开始制定地籍图是因为它早期的商业化，因为那些投资用风车排水造地的投机者想预先知道在新开垦的土地上哪一块将属于自己。对于那些刚拥有土地的资产阶级，地图非常重要，因为这可以使他们对大面积领域一目了然。当一个所有者有很多小块土地，或者不熟悉他的领域时，小型化的地图可以作为备忘录使用。

早在1607年，英国的调查专家约翰·诺旦（John Norden）就向贵族出售他的服务，前提是这些地图可以代替检察官的出行检查。"土地根据真实的信息被加以勾画和描述，从而领主坐在椅子上就可以完全了解庄

---

① 在综合的地籍调查之前，即使也有一些社会制度来安排其使用但一些土地是对所有人开放的而不属于任何人。在第一个地籍图册中，这样的土地往往被定为国有土地。所有的土地都被统计了，所有不是私有的东西都被划归国有。

② Kain and Biagent, *The Cadastral Map*, p.33. 海洋、河流和荒地被省略了，因为它们不能带来财政收入。全部的调查是按照《土地税务调查手册》（*Mode d'arpentage pour l'impôt foncier*）的指导进行的。

园，以及每一个部分和所有成员，可以看到他都拥有什么，拥有物在什么地方，而且知道每一件东西的用途和位置。"① 全国的税收管理也需要同样的逻辑：清晰和科层制的格式使新的官员在他办公室里就可以通过文献迅速掌握情况并进行管理。

这幅图片中失去了什么

> 管理者知道，他所认识的世界只是闹哄哄和非常混乱的现实世界的最简单化模型。他满足于这种巨大的简单化，因为他相信现实世界大半是空无的——现实世界的大多数事实与他所面对的特定环境没有任何关系，最重要的因果链接大都是直接和简单的。
>
> ——赫伯特·西门（Herbert Simon）

以赛亚·伯林（Isaiah Berlin）在他的托洛茨基研究中比较了刺猬和狐狸，前者只知道"一件大事"，后者知道许多事情。科学林业官员和地籍调查官员像刺猬。科学林业官员最感兴趣的是商品化木材，地籍调查官员只关注土地的财政收入，对单一利益高度集中的关注限定了他们只寻求对一个问题的明确回答。而自然主义者和农民像狐狸，他们了解森林和耕地的许多方面。尽管林业官员和地籍官员的知识范围很狭窄，但我们不能忘记，他们的知识是系统的和概括的，这使他们能够看到和理解许多狐狸不能掌握的事情。② 我这里想强调的却是，他们系统和概括的知识是在以静止和短视的观点来看待土地制度为代价的前提下取得的。

地籍图就像是一幅河流静止的照片，它所反映的是在调查的那一刻土地制度的安排和所有权。但河水在不停地流动，在社会发生巨大变革和进步的时期，地籍调查提供的是一幅冻结这些骚乱的场景。③ 地界在不断发

---

① Kain and Biagent, *The Cadastral Map*, p. 5.
② 正像彼得·范德吉斯特（Peter Vandergeest）指出的，由于在第三世界的地籍或土地利用图使用了全球定位的技术，使专家无须费力访问实际的地方就可以制定出土地利用的政策和规则 ["Mapping Resource Claims, or, the Seductive Appeal of Maps: The Use of Maps in the Transformation of Resource Tenure" (paper presented at a meeting of the Association for the Study of Common Property, Berkeley, June 1996)]。
③ 因为滑坡、土壤侵蚀、土地移位以及土地扩大等，土地有时也会移动。对于涉及土地"移动"问题的财产法解释，请参见 Theodore Steinberg, *Slide Mountain, or the Folly of Owning Nature* (Berkeley: University of California Press, 1995)。

生变化；继承和买卖使土地不断被分割或合并；新的河渠、道路和铁路的建立在划分土地；土地本身的用途也在不断变化；等等。因为这些特定的变化都会直接影响应纳税额，所以规定在土地地图和土地登记上要记录这些变化。当脚注和附注积累到一定程度时，地图也就变得不清晰了，于是我们就要再画一张更新（虽然仍是静止的）的地图，而这个过程会不断重复。

任何正常运行的土地纳税系统都不会仅仅停留在确认地块和所有权上。他们还会创造一些概括的静态指标来判断可持续的税收负担。土地可以根据土壤好坏、灌溉条件、作物种类以及预期的平均产量分成不同等级。平均产量可以通过抽样的方法得到。这些指标本身也在不断变化，或者只是掩盖了巨大差异的平均数。正像地籍图的静止照片一样，随着时间推移，它们越来越不真实，需要重新考察。

像所有的国家所进行的简单化一样，国家在上述领域的简单化也是静止的和概括的，不能反映他们所想反映的社会现象。农民很少能够获得平均产量、平均降雨或者平均产品价格。在早期欧洲，一方面是无法改变的纳税负担，另外一方面是农村人纳税能力大幅度起伏，双方的不适应成为各地农村抗税活动长期不断的主要原因。[1] 同时，除非基于稳定不变的测量和计算单位，否则甚至最公平和善意的地籍图也不可能被统一推行使用。科学林业官员的图表不能反映自然森林的复杂性，地籍图也不能反映农民经验的复杂性。[2]

同科学林业一样，在实用和具体的目标指导下，地籍图忽视了它所关注的视野之外的所有东西。在调查中细节的丢失就说明了这一点。瑞典最近的一个研究表明，调查员在调查过程中将土地画得远比实际更呈几何学的规则形状。忽略土地的拐角和曲线可以使他们的工作容易很多，并且对最终结果没有什么影响。[3] 正像商业林务官发现忽略次要的森林产品更方便一样，地籍官员容易忽略除了土地商业用途以外的所有内容。被标明种

---

[1] 在早期著作中，我以东南亚为背景详细地探讨了这个问题。见 Scott, *The Moral Economy of the Peasant*, chap. 4。

[2] 1785 年，奥地利的弗兰茨·约瑟夫（Franz Joseph）要决定选择使用纯收入还是使用总收入作为征税的基础。选择总收入是因为其简单（也就是每单位土地的平均产量×土地数量×谷物平均价格＝总收入）。在管理上可行的程序往往要牺牲其精确和公平。见 Kain and Biagent, *The Cadastral Map*, p. 193。

[3] Kain and Biagent, *The Cadastral Map*, p. 59。

植小麦和草料的土地同时也是生产草垫用秸秆、落穗、兔子、鸟、青蛙、蘑菇的重要来源。人们并非不知道这个事实，只是为了不使简单的管理模式有不必要的复杂而有意忽略。① 当然，最严重的忽略是地籍图和评估体系只关注作为生产资料和可出售商品的土地面积和价值。土地所具有的任何生存或生态的价值都被认为是美学的、仪式的和情感的价值而被排除在外。

变革与抗拒

> 地籍图是控制工具，它同时反映并强化了决定调查的那些人的权利。……地籍图也是武器，它所提供的信息使一些人获得利益而损害另外一些人的利益，在18世纪和19世纪的抗税斗争中，统治者和被统治者都明确意识到这一点。最后，地籍图是积极行动的：正像占领新世界和印度的一样，在勾画一个现实世界的同时也就消除了原来世界。
>
> ——罗杰·J. P. 凯（Roger J. P. Kain）、伊丽莎白·贝金特（Elizabeth Baigent）:《地籍图》（*The Cadastral Map*）

税务官员所借以了解现实世界的简单公式并不仅仅是观察的工具。通过一种财政领域的海森堡原理，它们经常有能力改变它所记录的事实。

一个典型的例子是法国的门窗税（door-and-window tax），它在督政府时期设立，在1917年被取消。② 最初的设计者肯定认为房屋门窗的数量与房屋的大小有关系。这样估税官无须进入房屋去测量，只要数数门窗就可以了。这是一个很简单又很有效的办法，但是它带来了另外的后果。农民在设计或重新装修住所时就尽可能少留门窗。尽管财政损失可以通过增加每个门窗的纳税额来补偿，但是对农村人口健康的影响却延续了一个多世纪。

国家制定的新土地制度要比门窗税带来更大的变革，它建立了一个全新的制度结构。不管新的土地制度对于官员来说如何简单和一致，农民却无可奈何地被投入到各种各样地契、土地管理办公室、缴费、评估和申请

---

① 对于上面的结论来说，地下的矿产权和矿产收入是一个例外。
② Eugen Weber, *Peasants into Frenchmen: The Modernization of Rural France, 1870 - 1914* (Stanford: Stanford University Press, 1976), p. 156.

中。他们要面对以土地官员、调查者、法官、律师等各种形式出现的有权力的新专家，他们制定的程序和决定对农民是陌生的。

新的土地制度是被植入的——也就是说，它们是被施行者所完全不熟悉的，它们是被外来征服者通过晦涩难懂的语言和不清楚的制度背景植入的，地方实践与私有土地制度没有任何共同之处——其影响是深远的。比如，在印度的长期殖民产生了一个新阶级，他们由于付了土地税而享有土地全部的继承和买卖权，这是当地从没有过的。① 与此同时，有数百万农民、佃农和雇工失去了使用土地和其产品的权利。在殖民地中，那些率先了解新土地管理制度的人获得了特殊的机会。在湄公河三角洲的法国官员与越南国民之间做中介的越南秘书和翻译就占据了很好的位置并能得到许多财富。由于注意力集中在地契和适当的付费等法律文书上，他们有时就成为全村农民的地主，而农民曾以为自己开垦的土地是可以任自己支配的公共土地。这些新的中间人有时也可能运用自己的知识引导其同胞安全地走过荆棘丛生的法律程序。不管他们的行为如何，他们可以熟练地使用那些专门为管理者设计的清晰透明的土地制度专业语言，再加上农村人口对新土地制度的不理解，这就带来了权力的重大转移。② 对于官员来说，专业语言是简单的东西，对于多数种田人而言，这种语言却是令人迷惑的。

完全产权和标准土地丈量之于中央税收和不动产市场，就像中央银行货币之于集市一样。③ 同样，它们会威胁到地方的权力和自治，所以遭遇

---

① 关于印度"长期殖民"过程和它知识根源的杰出分析，见 Ranajit Guha, *A Rule of Property for Bengal*: *An Essay on the Idea of Permanent Settlement* (Paris: Mouton, 1963)。正像古哈所说的，18世纪英国殖民统治者所遇到的原有土地制度是完全不可思议的："每一步都会遇到半封建权利和义务的抵抗，它们根本不能按照西方术语来解释。象形文字一般的波斯财产制度难倒了他们。他们不懂书写财产法所使用的古代或中世纪的语言只是困难的一方面；只存在于人们记忆中的传统，以及体现在各种地方日常习俗中的惯例与成文法具有同等的权威。"（第13页）
② 关于殖民地的法律如何改变了土地之争的解决、土地制度、社会结构的深刻而彻底的考察，见 Sally Falk Moore, *Social Facts and Fabrications*: "*Customary*" *Law on Mount Kilimanjaro, 1880-1980* (Cambridge: Cambridge University Press, 1986)。
③ 完整的地籍登记、完全产权和全国土地市场结合在一起带来了一定程度的清晰性，这既给土地投机家带来了利益，也给收税人带来了好处。从商品化的总体上看，使用通用货币来表示所有物品和服务带来了蒂利所称的"商品经济的可视性"。他认为，在一个只有很少的物品和服务被买卖的经济中会出现许多情况：收税人根本无法精确地观察和估价其资源，并且许多人都对特殊的资源有要求权（*Coercion, Capital, and European States*, pp. 89, 85）。

到积极的抵抗也就不奇怪了。在18世纪的欧洲,任何一次地籍调查都是中央集权的开始,地方教士和贵族们的收税权力和享受的豁免都必定要受到威胁。平民则将其看作增加地方税收的借口。专制主义的集权倡导者,让-巴普蒂斯特·柯尔贝尔提出在法国开展全国的地籍调查,但因为贵族和教士的共同反对于1679年失败。经过一个多世纪,在法国大革命以后,激进的弗兰西斯-诺尔·巴贝夫(Francois-Noël Babenf)在他的"永久土地登记制度"(project de cadastre pertetuel)中构想了一个完全平等的土地改革,每一个人都有相等的土地。① 他同样也失败了。

我们不仅要意识到国家通过简单化转变现实世界的能力,还要看到社会在修改、扰乱、阻碍,甚至颠覆外界强加的各种条款方面的能力。在这里区别纸上的事实和实际的事实是很有帮助的。正像萨利·法尔克·莫尔(Sally Falk Moore)和其他一些人强调过的,土地办公室的记录可以作为征税的基础,但它和实际的土地权利几乎没有关系,记录上的业主可能根本不是实际的所有人。② 我们看到,俄国的农民可能在纸上将土地总和登记,但实际上继续各自耕作条田。成功的土地侵蚀、强占公地或盗用土地的行为代表了纸上没有显示出来的实际土地权利。逃避和反抗使某些土地税或什一税变成一纸空文。③ 社会出现动乱和反叛的时候,可能是纸上的土地制度和实际的土地制度之间区别最大的时候。但即使在平静时期,在土地档案办公室的官方文件之下或之外也隐藏着另一个影子般的土地制度系统。我们永远不能假设地方实践与国家理论是一致的。

所有集权的国家都知道综合统一的地籍图的价值,然而完成地籍图是另外一回事。大体上说,如果一个强大的中央政权加诸相对较弱的市民社会,那么地籍图就可以完成得比较早且比较全面。相反,如果市民社会有很好的组织,国家相对较弱,地籍图的完成就会比较晚,经常是自发的和

---

① 当然平等也仅仅是面积上的平等。See Kain and Biagent, *The Cadastral Map*, p. 225. 1667年柯尔贝尔的森林法是在法国第一次有条理的尝试按照笛卡儿方法(Cartesian Lines)编纂林地面积。这方面的关系见 Sahlins, *Forest Rites*, p. 14。

② 在马来西亚,法律禁止中国人拥有某类农地。为了绕过这个禁令,中国人会用一个马来同盟者的名义作土地登记。为了保障马来同盟者不试图使用其正式财产权,他们同时签订一份远远超过土地价值的贷款合同,在合同中,中国人为债权人。

③ 法国大革命的立法并没有立刻废除什一税,而是逐步取消。最初采取临时的"赎买什一税",但是存在着无法对付的民众普遍反抗,最终赎买金也被取消。见 James C. Scott, "Resistance Without Protest and Without Organization: Peasant Opposition to the Islamic Zakat and the Christian Tithe," *Comparative Study in Society and History 29* (1987): 417-452。

不完整的。所以拿破仑时期的法国比英格兰的地籍图完成得早。在英国，地籍图威胁了地方的收入，所以受到了法律界长期的阻挠。同样的逻辑，在外来法令统治下的殖民地，完成地籍图比较早；而在城市国家则完成较晚。爱尔兰可能就是前者。如同伊恩·哈金所说，在克伦威尔征服爱尔兰以后，"为了促进英国1679年对爱尔兰的掠夺，在威廉·配第（William Petty）的主持下，爱尔兰所有的土地、建筑、人口和牲畜都被彻底做了调查。"①

在定居人口比较稀少的殖民地，如北美或澳大利亚，制作全面而统一的地籍图的障碍很小。这里的主要问题不是如何绘制出已有的土地利用类型，而是如何调查绘制那些将要赠送或卖给欧洲新移民的小块土地，以及如何忽略本地土著和他们的公共财产制度。② 受到启蒙时期理性主义的训练，托马斯·杰弗逊设想将俄亥俄河以西的美国分成"百单位"——10英里乘10英里的正方形——并且要求居民照此种植自己的土地（见图1－7）。

在杰弗逊设想中呈几何状的清晰不仅仅是美学的选择；他认为不规则的土地易带来欺骗行为。为了证实他的观点，他引用了马萨诸塞的经验。那里实际所有的土地都比契约上承认的要多10%～100%。③ 网格状的土地不仅对于税收官员是清晰的，同时也便于在土地交易中使用相同的土地单位。网格状土地促进了土地的商业化，同时也有助于税收和土地边界的计算。从管理角度看，这也是非常简单便捷的。一个没有任何当地知识的人在远方就可以做土地登记。④ 如果这个计划实现，它也会像林业官员的图表一样表现出非

---

① 见 Ian Hacking, *The Taming of Chance* (Cambridge: Cambridge University Press, 1990), p.17。配第是霍布斯（Hobbes）的学生，他从事了这一调查，特别关注于精确地评估财产的价值和生产力。他的政治经济理论反映在《政治算术》[*Political Arithmetik, or a Discourse Concerning the Value of Lands, People, Buildings...* (1691)] 一书中。

② 认为北美和澳大利亚的土地是空白的假设意味着土地不作为生产要素进入市场交换，这正是"重新分配土地"的基础。这个假设伴随了对苏格兰高地的清理，以及从美国土著人口、新西兰的毛利人、澳大利亚的土著居民、阿根廷的当地人口等那里征用土地的行为。

③ Heilbron, introduction to *The Quantifying Spirit in the Eighteenth Century*, p.17.

④ Theodore M. Porter, *Trust in Number: The Pursuit of Objectivity in Science and Public Life* (Princeton: Princeton University Press, 1995), p.22. 波特令人信服地阐明了"机械的客观性"如何作为官僚制度的工具，创造出一些看似民主和中性的，却是没有人性的决策规则，特别是在民主政治中，专家的判断和专家的意见总是被怀疑掩盖了个人自私的动机。

图1-7 北达科他州卡斯特顿被调查的土地景观

人性和机械的逻辑。但在事实上，杰弗逊计划（国会修改了计划，增加了矩形土地和36平方英里的城镇）中的土地登记并没有遵循原来所设想的模式。

19世纪60年代澳大利亚和新西兰制定的托伦斯土地登记制度提供了平面的、经过预先调查的网格状土地格式，其分配基于第一到达、第一分配原则。对于出售土地，这是一种最快捷和最经济的办法，以后被许多英国殖民地采用。这种几何学的网格状土地越整齐划一，也就越容易与不整齐的、自然的土地景观相冲突。新西兰的一首讽刺诗就很好地表达了这些令人吃惊事情发生的可能。

> 通过麦克尔田园的道路
> 尽管在地图上很漂亮
> 但是讲到实际用处
> 根本不用去说了

> 在漆黑的夜晚可能
> 出的问题可不少。
> 尽管在纸上计划很好
> 而且被全力推行
> 不论悬崖、陡坡和溪流
> 都是直接向前不管不顾
> 从来不想想人和骡马
> 要如何走路①

地籍调查只是功利主义的现代国家不断增长的军械库中的一个武器。② 前现代的国家能够有足够的情报保持秩序、征收税赋、招募军队就很满足了，但是现代国家进一步希望要掌握国家的物质和人力资源，并使之有更高的生产力。要达到这种效果需要国家机器很了解社会。而了解社会的合理起点就是有一个关于土地、人口、收入、职业、资源和各种偏差的总清单。"官僚国家越来越需要组织自己并控制资源，这促进了对各种重要或不重要的统计数字的收集；同时还促进了林学和理性农业，调查技术和精确的绘图学，以及公共卫生和气候学的发展。"③

尽管国家的目的在于扩张，但国家所希望了解的仍然只是与这些目标直接相关的内容。比如在 19 世纪的普鲁士，国家非常关注移民（包括移入和移出）的年龄和性别，而不是他们的宗教和种族；对于国家来说重要的是记录可能的逃避兵役者和保持兵役年龄的人口供应。④ 国家越来越关注生产力、健康、卫生、教育、交通、矿产资源、谷物产量和投资，这与其说是放弃了国家机器原有的目标，还不如说是在现代世界中扩大和深化了这些目标。

---

① Kain and Biagent, *The Cadastral Map*, p. 320.
② 这方面的研究者可能会奇怪我为什么没有讨论时间的简单化。我同样也没有讨论线性的时间在工作和管理中的理性化和商品化。我之所以在这里没有讨论，一方面是因为那会使这章太长了，此外 E. P. 汤普森（E. P. Thompson）在《时间、工作、纪律和工业资本主义》（"Time, Work, Discipline, and Industrial Capitalism"）[*Past and Present* 38（1967）] 中已经讨论了这个问题。关于具体的调查可参见 Ronald Aminzade, "Historical Sociology and Time", *Sociological Methods and Research* 20（1992）：456 - 480.
③ Heilbron, Introduction to *The Quantifying Spirit in the Eighteenth Century*, pp. 22 - 23.
④ 见 Hacking, *The Taming of Chance*, p. 145。拿破仑在 1806 年以后不再做人口统计，他担心调查结果会将他的战争给法国人口带来的灾难暴露出来。

第二章　城市、人民和语言

  制图学院制作了整个王国的地图，包括了整个王国，细节都相符合……但是接下来的人却认为这些普遍的地图是没有用处的，而且很轻蔑地将之弃于酷暑严寒之中。
  ——苏亚雷斯·米兰达（Suarez Miranda）：《谨慎人的旅行》
（1658）

  如果从空中俯瞰那些还没有被严重破坏的中世纪城市或中东地区城市中的古老商业区，会发现它们的样子是很奇特的。它们看起来杂乱无章，或者更准确地说，整个城镇并没有遵循一个全面的抽象形式。街道、小巷和交叉路口的角度都不同，街巷的密度也和有机过程的复杂性相类似。在中世纪，城镇的护卫需要城墙，甚至护城河，外墙套着内墙，就像树的年轮。1500年左右一幅描述布鲁日的图表现了这种模式（见图 2-1）。城市是由城堡的绿地、市场，以及作为这个纺织品贸易中心城市血液的河流和运河（直到淤塞之前）构成的。
  由于没有总体设计，城市布局缺少一致的几何逻辑，但这并不意味着当地居民也会迷惑。可以设想，城中的许多鹅卵石路其实就是人们不断走出来的。对于那些生长在城中不同地区的人来说，布鲁日是非常熟悉、非常清楚的。城中的大街小巷是最普通的每天行走的地方。然而，第一次来的陌生人或商人几乎都会感到迷惑，因为它缺少使生人可以自己找到方向的、在各地被重复的抽象逻辑。可以说1500年的布鲁日更重视地方知识，而不是外来知识，包括外来的政治权威。① 地方知识在空间上的作用就像那些难懂的方言在语言学上的作用一样。如同半渗透膜一般，它使城内的

---
① 正像人们所想象的，独立的城市比属于王室的城市更重视地方知识，后者是为了管理和军事秩序而设计的。

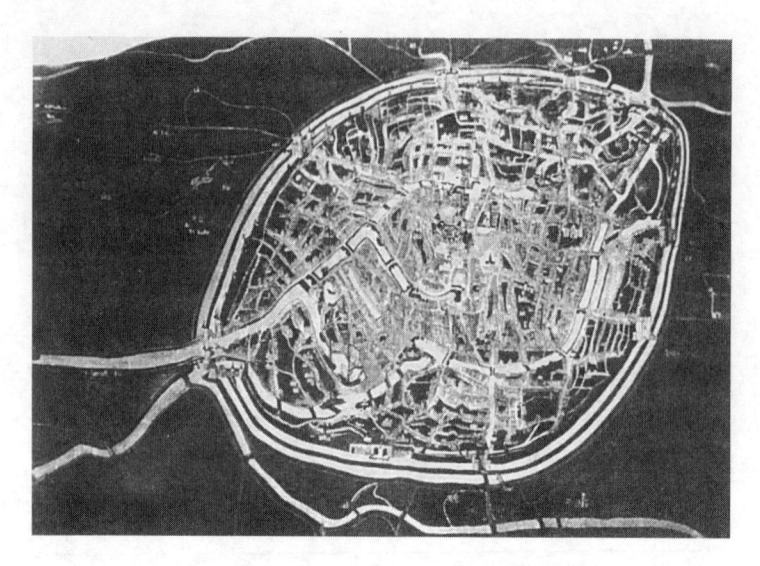

图 2-1 1500 年左右的布鲁日（来自布鲁日市政厅的一幅画）

人可以交流，而不在本地长大、不会说本地方言的人却根本不懂。

从历史上看，对相邻城市的外来者（或者是农村的对应物，如小山、沼泽和森林）保持相对模糊性可以提供政治安全的边界，从而不被外来精英控制。判断这一边界最简单的方法就是问一下外来者是否需要当地的向导（当地的追踪人）来找到要走的路。如果回答是肯定的，那么这个社区或小地域对外界的入侵至少有一些屏障。在完全不同的背景下，包括18世纪至19世纪早期欧洲城市中面包价格引起的骚乱、阿尔及利亚民族自由阵线在卡斯巴对法国的激烈反抗，① 以及帮助推翻伊朗国王的商人政治活动，这种屏障通过与地方团体格局相结合，发挥了重要的政治作用。模糊性意境，已经并仍将是保持政治自治的可靠资源。②

为了使城市更清晰（我们后面马上要讨论的问题），国家开始为复杂的老城市做出地图以协助警务和控制。法国的主要城市因此都成为详细的军事测绘（reconnaissance militaries）的对象，特别是在大革命以后。当城

---

① 卡斯巴的模糊性并非不可克服的。尽管付出了长期的政治成本，国民解放阵线（FLN）的反抗最终被警察的搜捕、酷刑和当地有组织的告密者网络联合镇压了。
② 美国许多市政当局不能有效地控制城市内核地区，因此试图以"社区警务"的方式恢复"巡警"。社区警务的目的在于选择一个熟悉社区布局和当地人口的当地警官。他的帮助对有效的警察工作至关重要。这一做法的作用在于将看来是外部的官员转变成内部的人。

市发生了骚乱，官方可以迅速到达正确的地点，从而可以有效地控制或镇压骚乱。①

不难预料，国家和城市的规划者努力克服城市空间的混乱，使之具有从外面看来的清晰透明。他们对于未经规划城市的杂乱无章的态度与林业官员对于未经规划森林的自然多样性的态度一样。网格状或呈几何状的定居模式很可能起源于简单的军事逻辑。根据罗马扎营学建立的方方正正、很有秩序的营地有很多好处。士兵很容易学会建设营地的方法，军官可以很清楚地知道他的下属和军队的部署，任何一个到达营地的罗马通信兵和军官都知道在哪里可以找到所要找的军官。我们还可以推测，在辽阔的和由多种语言组成的帝国中，营地和城镇被按照统一规则排列，这是秩序和权威的象征。在其他因素完全相同的情况下，被按照简单和可重复的逻辑建立的城市可以方便管理者和警察。

不管几何式的城市景观在政治和管理上是如何方便，启蒙主义在此之外还培养了对直线和可视秩序的审美热情。笛卡尔最清楚地表达了这种偏爱："那些曾经只是分散的村庄、后来演变成大都市的古代城市往往在城市规划上是非常粗糙的，远不能与按照工程师的设想在广阔平地上建立起来的有序城市相比。虽然，通过逐个考察第一种类型城镇中的建筑，人们会发现，比起第二种城镇，第一种城镇有更多的艺术价值。可是，通过观察如何安排建筑物——这里一个大的，那里一个小的建筑物——以及它们如何造成道路的崎岖不平和转弯抹角，人们会说，是偶然的机会，而不是人们的理性愿望造成了这个样子。"②

笛卡尔理论设想了与科学林业类似的城市：道路都是笔直的，交叉路口都是直角的，同样设计和同样大小的建筑物，所有这些都按照一个综合的计划建设。

强大的国家与统一设计的城市之间的密切关系是很明显的。城市形态史学家刘易斯·芒福德（Lewis Mumford）认为，在现代欧洲，意大利城邦国家空阔清晰的巴洛克风格是这种共生关系的开端。他用笛卡尔式的语言

---

① 感谢罗恩·阿敏扎德（Ron Aminzade）寄给我的关于两幅地图的解释。这两幅地图是军官在1843年为清楚了解图卢兹（Toulouse）城而准备的。它们来自巴黎军事档案（*Archives de l'Armée*, Paris, dossier MR 1225）。上面注明了难以横过的街道和地区、阻碍军事运动的河道、当地人的态度、难懂的口音、市场的位置，等等。

② René Descartes, *Discourse on Method*, trans. by Donald A. Cress (Indianapolis: Hackett, 1980), p. 6. Quoted in Harrison, *Forests*, pp. 111–112.

写道:"这是巴洛克思维的成功,空间被组织,使之连绵不断,并将其简化为标准和秩序。"① 此外,巴洛克用它的巨型建筑物、狭长的风景、广场以及对统一、比例和透视的强调重新设计了中世纪的城市,其意图也是反映君主伟大而令人敬畏的权力。对美学的关注经常超过对城市已有的社会结构和世俗功能的关注。"早在推土机发明之前很久",芒福德补充说,"意大利的军事工程师通过他们在破坏方面的专业技能,就已经发展了像推土机似的思维:人们可以铲除地面上的一切障碍物,从而使其不可变更的数学直线从一开始就很清晰。"②

对于抵御来自内部和外部的敌人,保证军事安全的考虑也强化了巴洛克城市的这种视觉霸权。因此阿尔贝蒂(Alberti)和帕拉蒂恩(Palladio)都将主要的大道作为军事道路(viae militaires)设计。这些道路必须是笔直的,或者按照帕拉蒂恩的观点,"道路的各段完全相同才更方便:也就是说不能有任何一段使军队行进不方便"。③

当然有许多城市接近笛卡尔的模型。因为各方面的原因,它们的大多数都被规划成为全新的乌托邦城市。④ 即使它们不是按照帝国的命令建立起来的,也是由其创建人设计的,并由四四方方的地块组成,以方便将来的居住。⑤ 19世纪后期芝加哥中心区(威廉·佩恩的费城和纽黑文也是同样的)的一幅鸟瞰图就是一个关于网格状城市的例子(见图2-2)。

---

① Lewis Mumford, *The City in History: Its Origins, Its Transformations, and Its Prospects* (New York: Harcourt Brace Jovanovich, 1961), p. 364.
② Lewis Mumford, *The City in History: Its Origins, Its Transformations, and Its Prospects* (New York: Harcourt Brace Jovanovich, 1961), p. 387.
③ Lewis Mumford, *The City in History: Its Origins, Its Transformations, and Its Prospects* (New York: Harcourt Brace Jovanovich, 1961), p. 369.
④ 比如,托马斯·莫尔的乌托邦城市是高度一致的,"一个人只要知道一个城市就了解了所有的城市。除了其自然位置不同以外,其他方面都完全一样"(More's *Utopia*, quoted in Lewis Mumford, *The City in History: Its Origins, Its Transformations, and Its Prospects*).
⑤ 圣彼得堡是一个最典型的经过规划的乌托邦首都,陀思妥耶夫斯基(Dostoyevsky)称之为"世界上最抽象的预先策划好的都市"。See Marshall Berman, *All That Is Solid Melts into Air: The Experience of Modernity* (New York: Penguin, 1988), chap. 4. 巴比伦人、埃及人,当然还有罗马人都建立了网格状的定居地。在启蒙运动以前,直角被看作文化优越的象征。正像理查德·赛内特(Richard Sennett)写的:"米利都(Miletus)的希波丹姆斯(Hippodamus)被认为是将网格状城市看作文化表达的最早城市建设者;他认为,网格状表达了文明生活的理性。在军事征服地,罗马人详细地对比了野蛮人粗糙无形的营地和他们自己的军事堡垒或营地"[*The Conscience of the Eye: The Design and Social Life of Cities* (New York: Norton, 1990), p. 47].

图 2-2　芝加哥中心区地图（大约 1893 年）

从管理者的观点看，芝加哥的基础规划基本上接近一个乌托邦。它使人们可以很快地欣赏全城，因为整个城市都是由直线、直角构成的，一个地方与另外的地方都相同。[①] 甚至河流都很少打破城市冷酷的对称。外来人或警察要找到一个地址是很容易的，不需要当地的向导。当地居民的知识并不比外人有特别优势。如果像上曼哈顿一样，所有的街道以及和它们交叉的大道都用连续的数字来表示，那么就会有更好的透明度。[②] 网格状城市的地上秩序也支持了地下秩序，也就是供水管道、排水沟、下水道、电缆、天然气管道和地下铁路的布局。它们的秩序对城市管理者有同样的重要性。送信、收税、人口普查、城内和城外的货物和人口运输、镇压暴动和起义、开挖水管和下水道、寻找罪犯和兵源（假设他们在提供的地址）、公共交通、供水、清运垃圾，所有这些都因为网格状的城市而变得简单很多。

这种人类定居的几何规律有三个特征引起人们的重视。第一个特征，

[①] 当然也有例外。有一些街道承袭了印第安人的小路，如林肯（Lincoln）、阿彻（Archer）和蓝岛（Blue Island），因此背离了几何逻辑。

[②] 也许读者已经想到，尽管有正式的秩序，但是曼哈顿和芝加哥的一些网状区域还是失控和危险的。再多的正式秩序也无法克服许多反作用的因素，如贫困、犯罪、社会混乱、敌视官员等。作为这些地区不清晰的迹象，人口普查局承认一个地区未统计的黑人数目是未统计的白人数目的六倍。统计不足意味着政治上的不确定，因为人口统计决定着州在国会中席位的数量。

不是在街道层面上,而是对于上级和外来者,它是最清楚的。就像队伍中的游行者,或自动流水线上的铆工,城市网格中的步行者并不能立即了解整个城市的设计。其对称性或者在一幅画像中显现,这就像给小学生一把直尺或一张白纸所能得到的;或者借助于直升机在高空中所看到的:简单地说就是从上帝的眼睛,或者一个绝对统治者的角度来看。这种空间上的分布可能是城市和建筑设计过程中固有的,在这个过程中,出资者和设计师就像在直升机上一样,可以从上而下地看到小型化或缩小的模型。① 除了这类小型化以外,也的确没有其他办法来预测这些大型建筑项目完成时的样子。因此,我相信,这些小型化规划的价值主要取决于它的雕刻特征和视觉秩序,而这个视角是一般观察者很难复制的。

由比例模型取得的城市或自然景观的小型化实际上由飞机实现了。如同芝加哥地图所反映的,制作鸟瞰图的传统不仅仅是习惯。由于是从高空俯瞰,地面上看起来混乱的布局在航空图上就成为有序的和对称的。飞机对于现代主义者的思想和计划所起的作用怎么估计都不会夸大。高空视角克服了地形不平坦,使之像油画布一样,这鼓励了"概要视野、理性控制、计划和空间秩序"野心的膨胀。②

第二个特点,对外来人来说城市规则很清楚,这是因为这些宏伟计划与当地居民生活经验规则没有任何关系。尽管一些政府的服务更容易提供,远方的地址更容易到达,这些明显的好处也会被其他坏处否定,比如缺少了集中的街区生活,方便了对当地有敌意的权威的进入,失去了使人们觉得安逸的空间随意性,失去了非正式群体娱乐的场所和邻里的感觉。呈几何状城市的正式规则仅仅是正式的规则。它的视觉组织带有仪式和意识形态的特征,就像阅兵场和军营的规则一样。尽管在城市管理中,这些规则对于城市和国家的权威肯定是起作用的,但并不能保证它们对公民也起作用。我们暂时还必须对正式的空间秩序和社会经验之间的关系保留一些怀疑态度。

第三个特征,同质的、几何的和统一的地产为其成为市场的标准商品

---

① 参见地理学家段义孚(Yi-Fu Tuan)的思想开放的著作,*Dominance and Affection: The Making of Pets* (New Haven: Yale University Press, 1984)。

② Denis Cosgrove, "The Measure of America," in James Corner and Alex S. MacLean, eds., *Taking Measures Across the American Landscape* (New Haven: Yale University Press, 1996), p.4. 麦卡托地图已经使人们习惯于巨大的、被小型化处理过的景观在平面上的投影。

提供了便利。就像杰弗逊的调查计划或托伦斯分配无主土地系统一样，网格状城市创造了规则的小区或街区，这很方便买卖。正由于它们是一个个抽象单元，脱离了生态和地形的实际，所以像货币一样，可以做无限的组合和分割。网格式的设计同样地适合调查者、规划专家和房地产投机者。在这个例子中，官僚逻辑与商业逻辑紧密地结合在一起。正像芒福德写的，"从商业立场看，这种机械模式的好处是明显的。对于工程师来说，没有了那些不规则图形和曲线带来的麻烦；办公室的员工很容易计算出街道空地和出售的土地有多少平方英尺；甚至律师事务所的办事员也可以通过在标准的文本上填写一些指标就能完成对出售合同的描述。最后，由于都是标准的地块、标准的街区、标准宽度的道路，无须经过任何建筑学和社会学的训练，城市工程师就可以拿着T形尺或三角板完成城市'设计'。正因为没有考虑适应特定的景观和人类需求，在一定程度上增加了它的广泛交换价值"。①

旧世界的城市绝大多数都是布鲁日和芝加哥的历史混合物。尽管不止一个政治家、独裁者和规划专家制订了计划要重新彻底修建已有的城市，但他们的梦想需要巨大的财政和政治成本，因此基本上是纸上谈兵。相反，小部分的重新规划则有很多。许多城市古老的中心区都像布鲁日一样被保留了下来，而城市周边较新的区域则可能带有不同规划留下的痕迹。有时，正像老德里和作为帝国首都的新德里之间的巨大差别一样，区别被形式化并固定了下来。

偶尔，统治者会采取强硬的措施翻新已有的城市。在路易·拿破仑王朝，塞纳省省长豪斯曼男爵（Baron Haussmann）主持的巴黎恢复就是一个从1853年延续到1869年的巨大社会公共工程。豪斯曼的巨大工程使用了前所未有的公债，迫使数万人迁移，只有那些不依靠选举的唯一最高权威才能完成这样的工程。

巴黎重建背后的逻辑与将古老森林转变成为单纯财政目的而设计的科学森林背后的逻辑是一致的。它们都同样强调简单化、清晰性、直线、中央集权管理和对整体的概括把握。与林业的例子一样，计划的大部分都实现了；但也有不同之处。第一个主要的不同之处在于，豪斯曼计划的主要目的不是财政收入，而是要影响巴黎人的行为和感觉。当然这个计划也同

---

① Mumford, *The City in History*, p. 442.

样为首都创造了更清晰的财政空间，但这只是为了使这座城市更便于统治、更繁荣和更健康，以及建筑更壮丽的副产品。① 第二个区别在于那些在第二帝国城市规划中被迫搬迁的人可以，也已经做了回击。我们将会看到，巴黎的花样翻新已经预示了我们马上要详细讨论的占统治地位的极端现代主义者规划中的矛盾之处。

图 2-3 重现了这个计划，它显示按照豪斯曼标准建设的新大道以及革命前的城内大道，按照规划后者都被加宽取直了。② 但是仅仅看到像一张新地图一样翻新的表面就大大低估了它所带来的实际变化。为了达到街道计划中的清晰就要破坏和建设，但是新格局必须要与古老的巴黎相互协调。比如，外城大道就是在 1787 年老海关（octroi）墙的基础建起来的。但是豪斯曼工程远不仅仅是一个交通改革。新的清晰的大道带来了日常生活的革命性变革：新的导水管、更有效的下水系统、新的铁路和车站、集中的市场（Les Halles）、煤气管道和电灯、新的公园和公共广场。③ 路易·拿破仑所创造的新巴黎成为受推崇的公共工程奇迹和海外未来设计师的圣殿。

路易·拿破仑和豪斯曼计划的核心是国家的军事安全。重新设计城市首先是为了方便镇压平民起义。豪斯曼写道："这个皇后之城的秩序是大众公共安全的主要前提和保障之一。"④ 在 1851 年前的 25 年中，街垒增加了 9 倍。路易·拿破仑和豪斯曼都看到了 1830 年和 1848 年的革命，更近一些，六月抗议（June Days）和对路易·拿破仑政变的反抗是那个世纪最大的起义。如同返乡的被放逐者，路易·拿破仑很清楚他的权力是很脆弱的。

---

① 这个计划不仅创造了更清晰的财政收入空间，更使一些圈内人因为掌握了内部知识而从房地产投机中发财。
② 巴黎的专制主义统治者，特别是路易十四以前的统治者，留下了一个古老的、计划不完全的巴洛克式的巴黎，但路易十四将自己的计划慷慨施予"新城市"——凡尔赛城。
③ 如同马克·吉罗亚德（Mark Girouard）说的，计划包括了公共设施和机构，比如公园，著名的有布洛涅森林（Bois de Boulogne）、医院、学校、大学、军营、监狱以及新剧院 [Cities and People: A Social and Architectural History (New Haven: Yale University Press, 1985), p. 289]。大约一个世纪以后，罗伯特·摩西（Robert Moses）在普遍不被看好的情况下对纽约进行了类似的翻新工作。
④ John Merriman, "Baron Haussmann's Two Cities" (typescript, p. 8), 后来其法文版作为 Merriman 的 Aux marges de la ville: Faubourgs et banlieues en France, 1815-1871 (Paris: Seuil, 1994) 的第 9 章出版。我这一部分讨论主要受益于梅利曼（Merriman）的详细解释。除非有特殊说明，所有翻译都是我自己做的。

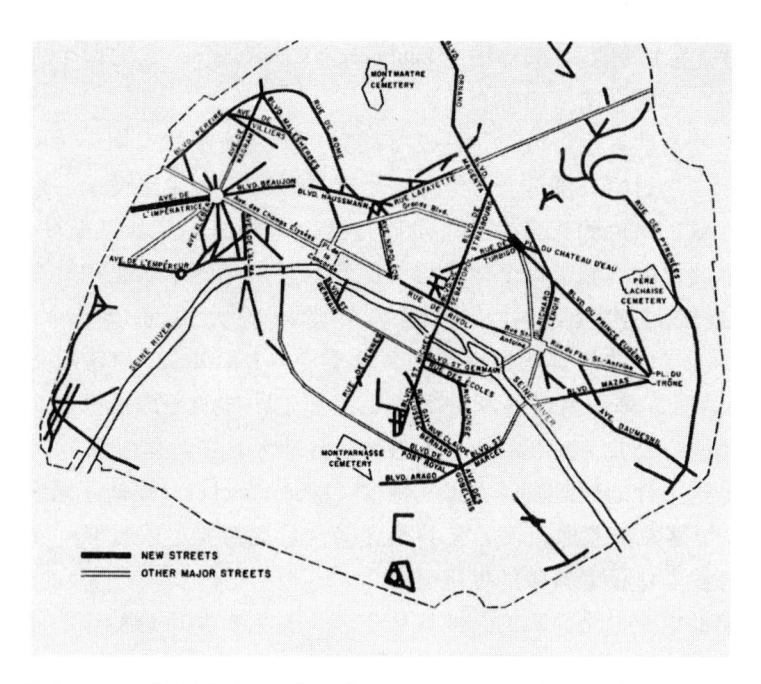

图 2-3　巴黎地图（1870 年，表明了 1850～1870 年建设的主要街道）

在巴黎，起义的地理分布也不是平均的。反抗主要发生在人口密集的工人阶级居住区，这里如同布鲁日一样，街道是复杂和不清晰的。① 1860 年"内郊区"（从海关墙到外城堡，共包括了 24 万居民）的合并明显是为了要控制那些从前远离警察控制的周边野蛮地区（ceinture sauvage）。豪斯曼将这个地区描述为"人口稠密的城郊带，属于 20 个不同的管辖区，任意的建筑，被不可救药的狭窄和转弯抹角的公共道路、小巷、死路网络所覆盖，这里居住着一些与土地（财产）没有联系的游民，缺少有效的监督，他们的人口高速地增长"。② 在巴黎有一些革命之炉，如玛莱区

---

① 芒福德写道，"巴黎那些古老的中世纪街道难道不是城市自由最后的避难所吗？难怪拿破仑三世批准打通狭窄的小巷和城市底层（culs-de-sac），并为了建设宽广的大道而不惜铲平整个地区。这是防御内部攻击的最好办法"（*The City in History*, pp. 369-370）。

② Louis Girard, *Nouvelle histoire de Paris: La Deuxième république et le second empire, 1848-1870* (Paris, 1981), p. 126. 原文出自 Merriman, *Aux marges de la ville*, p. 15. 这与后来的红色地带（ceinture rouge），也就是环绕巴黎的左派工人阶级郊区有惊人的相似。在南非种族隔离政策下建立起来的索韦托和其他黑人城市，尽管完全是为了隔离不同种族，也变成对于统治者是模糊和危险的地方。

(Marais),特别是圣安东郊区（Faubourg Saint-Antoine），这两个地方都是反抗路易·拿破仑国家的中心地区。

对这些暴动者聚居区——还没有被完全画入地图的空间——的军事控制是豪斯曼规划的一部分。① 在内城大道和海关墙之间建设了一系列道路以利于在城市周边的兵营和骚乱危险地区之间往来。正如豪斯曼看到的，他的新道路保障了城市每个地区与负责此地区秩序的军队之间有多种直接的铁路或公路连接。② 比如，巴黎东北的新大道可以使库尔贝沃（Courbevoie）驻扎的军队迅速移动到巴士底（Bastille），以镇压圣安东郊区的动乱。③ 许多铁路线和车站的选点都基于同样的考虑。只要可能，就用新的道路、公共空间和商业中心打破骚乱地区。在解释需要5000万法郎贷款开始这个计划的时候，雷恩·佛彻（Léon Faucher）强调了国家安全的需要："与健康的考虑相比，公共秩序的利益更需要尽快打开一条宽阔的通道来穿越那些设置路障的地区。"④

巴黎的重建也是必需的公共健康措施。卫生专家所说的这些使巴黎更卫生的步骤，同时也使巴黎经济上更有效率，军事上更安全。陈旧的下水道和污水池，以及3.7万匹马（1850年）的粪便和不可靠的供水系统都使巴黎容易暴发瘟疫。在法国，巴黎的死亡率最高，对霍乱传染最敏感。1831年，霍乱导致了包括总理在内的1.84万人死亡。在那些革命骚乱的区域，因为人口拥挤和缺少卫生设施，死亡率最高。⑤ 对于那些留下的城市居民来说，豪斯曼的巴黎是一个更健康卫生的城市。流动的空气、水和阳光减少了流行病发病的危险，就像良好的货物和劳动力（当然是健康的劳动力）流动对于城市经济的贡献一样。提高劳动生产率和商业利

---

① 因为规划者还没有可靠的地图，所以第一步是建立一些临时的木塔，以得到制作精确地图所需要的三角测量网。见 David H. Pinkney, *Napoleon III and the Rebuilding of Paris* (Princeton: Princeton University Press, 1958), p. 5。

② Jeanne Gaillard, *Paris, la ville, 1852 – 1870* (Paris, 1979), p. 38, cited in Merriman, *Aux marges de la ville*, p. 10.

③ Merriman, *Aux marges de la ville*, pp. 8 – 9.

④ Merriman, *Aux marges de la ville*, p. 9, trans. by Merriman.

⑤ Pinkney, *Napoleon III and the Rebuilding of Paris*, p. 23. 人口史表明，因为流行病和普遍的高死亡率，西欧的所有城市直到19世纪都不能维持人口再生产；城市的增长很大程度上依靠农村地区的健康的移民。尽管有不同的意见，但支持此论点的证据还是令人信服的。见 Jan de Vries, *European Urbanization, 1500 – 1800* (Cambridge: Harvard University Press, 1984), pp. 175 – 200 中有远见的综述和评估。

润的实用主义逻辑与对公共健康和战略的关注紧密地结合在一起。

路易·拿破仑的政治美学喜好也是巴黎变迁背后的决定性推动力量。当豪斯曼被任命为塞纳省省长的时候，路易·拿破仑交给他一幅地图，上面有最后终于建成的中央市场、布劳涅森林和许多道路。毫无疑问，路易·拿破仑的计划主要来自圣西门空想主义杂志——《环球》（*Le Globe*）中的观点以及傅立叶（Fourier）和卡贝（Cabet）所勾画的城市社区模型。① 他们那些宏大的设计促成他要建设一个宏大的首都以展示他统治范围的广大。

像许多独裁的现代化工程一样，有时候统治者的政治喜好只是军事和实用的目标。笔直的街道有助于动员军队镇压起义，但两边应是优雅的房屋门面，尽头则应是给游客留下很深印象的宏伟建筑。② 统一的现代建筑沿着新的大道排列开来可能表现了健康的居住方式，但这往往只是表面的。分区的规则只关注可以看到的建筑物表面，但在临街一面的背后，建筑者仍可以建造拥挤的、缺少空气的房子，而且许多人已经这样做了。③

如同T. J. 克拉克（T. J. Clark）观察到的，新的巴黎被彻底视觉化了："豪斯曼的目的之一是给出一个可以看得见的现代化，在某种程度上他成功了；他建成了很多形式的建筑使这个城市清晰可见，甚至可以被理解；通过重复固定的格式，巴黎成为很好的展示物"。④

在这个例子中，清晰性是靠将人口按照不同阶级和不同职能进行分离取得的。巴黎的不同部分在服饰、活动和财富方面越来越显出不同的特征——资产阶级购物区、繁荣的居住区、工业郊区、艺术家聚居区、波希米亚人聚居区。因为豪斯曼勇敢的简单化，巴黎成为更便于管理和治理，并更"可读"的城市。

---

① Pinkney, *Napoleon III and the Rebuilding of Paris*, chap. 2.
② Merriman, *Aux marges de la ville*, pp. 7 – 8. 还可参见 T. J. Clark, *The Painting of Modern Life: Paris in the Art of Manet and His Followers*（Princeton: Princeton University Press, 1984），p. 35。路易·拿破仑和豪斯曼对直线的狂热留下了大量笑话。比如在埃德蒙·阿布（Edmond About）的剧中，一个人梦想塞纳河成为笔直的河，他说，因为"它不规则的曲线是骇人听闻的"（Clark, *The Painting of Modern Life*, p. 35）。
③ Pinkney, *Napoleon III and the Rebuilding of Paris*, p. 93.
④ Clark, *The Painting of Modern Life*, p. 66. 东方主义者对旧开罗和东方的农村条理清楚的描述给到巴黎访问的阿拉伯人一个全新的视角来观察自己的社会。关于这方面的出色的分析，见 Timothy Mitchell, *Colonizing Egypt*（Berkeley: University of California Press, 1991），特别是第1~3章。

如同所有创造现代秩序的野心勃勃的工程一样，在豪斯曼宏大惊人的新首都中也同样包括了孪生的魔鬼。在创建城市的等级结构时，他们曾预想要在高贵的地方建立市中心，而将城市贫民迁移到边缘地区。① 最典型的莫过于贝尔维尔区（Belleville），这是东北部的一个工人区，1856年人口增加到了六万。许多居民在豪斯曼拆迁中被剥夺了继承权。有些人称贝尔维尔区为流浪汉社区。19世纪60年代，它成为一个与原来的圣安东郊区一样的郊区——一个不清晰的骚乱之炉。"问题并不是贝尔维尔区不是一个社区，而是它成了资产阶级害怕、警察无法进入、政府无法规范的社区，那里的一般民众阶级带着他们的狂热和政治不满，总是占上风。"② 如果像人们所认为的，1871年巴黎公社在一定程度上是被豪斯曼赶到边缘的人重新夺回这座城市（"la reconquete de la Ville par la Ville"）的尝试，③那么贝尔维尔区就是这种愤怒的地理集中地。1871年5月底，巴黎公社的拥护者为防守向东北部和贝尔维尔区撤退。在贝尔维尔的市政厅，他们做了最后的抵抗。作为革命的堡垒，贝尔维尔区被军队野蛮地占领了。

对巴黎公社的被镇压有两个具有讽刺意味的分析。第一个说这是豪斯曼战略设计的胜利。第二帝国的大道和铁路线挫败了民众的反抗，从而证明了其价值。"感谢豪斯曼，凡尔赛的军队可以以迅雷不及掩耳之势从水堡广场到达贝尔维尔区。"④ 第二个讽刺是，正像豪斯曼的破坏抹去了圣安东郊区一样，王室教堂（Eglise Sacré Coeur）的建立也同样清除了新犯罪地区的大部分，教堂建立在"有罪的城中……就像在犯罪现场做出补偿恢复一样"。⑤

姓的创造

现在有一些分类被我们认为是理所当然的，我们使用它们来理解日常

---

① Gaillard, *Paris, la ville*, p. 568. Quoted in Merriman, *Aux marges de la ville*, p. 20.
② David Harvey, *Consciousness and the Urban Experience* (Baltimore: Johns Hopkins University Press, 1985), p. 165. Quoted in Aux marges de la ville, p. 12. 还可参见 David Harvey, *The Urban Experience* (Baltimore: Johns Hopkins University Press, 1989), 这本书包括大致相同的内容。
③ Jacques Rougerie, *Paris libre, 1871* (Paris, 1971), p. 19. Quoted in Merriman, *Aux marges de la ville*, p. 27.
④ Merriman, *Aux marges de la ville*, p. 28.
⑤ Merriman, *Aux marges de la ville*, p. 30.

社会，但是这些分类实际上起源于标准化和清晰化的国家工程。比如，像永恒的基本姓氏一样的东西。

通俗电影《证人》中有一段情节表明了在陌生人中，我们是如何需要姓氏帮助我们认清方向。① 电影中的侦探试图找到一位目击凶杀过程的阿米什（Amish）男孩。尽管侦探有目击人的姓，但是阿米什的许多传统特征阻碍了他，包括阿米什人所用的古老德国方言。他第一个本能行动是寻找电话簿——上面有人的姓名和地址——但阿米什人没有电话。而且他发现，阿米什人只有很少的姓。这个侦探的困境告诉我们，正是因为美国有很多的姓氏和名字，我们才能准确地找到大量我们可能根本没有见过的人。没有名字的世界是混乱的；事实上，这个侦探发现阿米什社会是如此不透明，他需要一个当地向导。

在整个世界上，惯例的取名实践非常丰富。在一些民族中，人生命的不同阶段（婴儿、儿童、成年），有时还包括死亡以后都会有不同的名字；除此以外还有玩笑、仪式、居丧时候的特殊名字，以及与同性朋友或姻亲交往时候用的名字。在生命的不同时期、不同社会场合，以及针对不同的谈话对象，所使用的名字都是特定的。一个人在生命不同时期，或谈话的人不同，可能会有许多种称呼。对于"你叫什么名字"的问题，现代西方的回答是很明确的，而在那里唯一可能的回答是"看情况"。②

对于生长于当地的人来说，这些取名方式是他们日常使用的，因此非常清楚。每一个名字和使用这个名字的背景都传达出了重要的社会知识。与布鲁日的小巷网络、地方性的重量和度量单位分类以及错综复杂的土地习惯制度一样，复杂的取名方法与当地的许多目标有着直接的和实用的关系。对于外来者来说，这种拜占庭式的复杂名字给他们理解地方社会带来了巨大的障碍。对于他们来说，找到一个人已经不容易，更不用说明白他（她）在亲属网络中的地位，或者追溯财产的继承。此外，如

---

① 我要感谢本尼迪克特·安德森（Benedict Anderson）敏锐的观察，他使我注意到《证人》（*The Witness*）。更进一步，他将人口统计和地图作为汇总分类的网格，特别是殖民地中此类网格的分析深深地影响了我在这里的思想。见 Anderson, *Imagined Communities: Reflections on the Origin and Spread of Nationalism*（London: Verso, 1983），还有 Thongchai Winichakul 的 *Siam Mapped: A History of the Geo-Body of a Nation*（Honolulu: University of Hawaii Press, 1994）这一杰出著作。

② 可参见 William E. Wormsley, "Traditional Change in Imbonggu Names and Naming Practices," *Names* 28 (1980): 183–194。

果当地人要向外来的统治者掩盖其身份和活动，那么这种取名实践具有很大的伪装价值。

为了管理方便，在对自然（比如森林）和空间（比如土地制度）进行简单化以后，作为现代国家机器运转前提的最后一步是发明永久的、继承父姓的取名方式。大多数情况下这都是国家计划，是为了使官员能够明确地区别其大多数国民而设计的。在项目完成以后，也就进一步创造出了清晰的人民。① 如果没有办法固定个人身份，并将之与其亲属集团联系在一起，那么税收和什一税的名单、财产清单、征兵名单、人口统计、法律上认可的财产契约就都不可想象了。可以想象，建立固定的、继承父姓的取名方式运动是在国家努力为其财政制度建立更强大和有利基础的背景下发生的。地方官员和人民往往对这个运动进行抵制，因为他们有理由相信，对当地人口的登记和统计可能增加新的税收和征兵负担。

如果说建立固定的姓氏在很大程度上是官方的清晰性项目，那么这些姓氏应在那些早熟国家的社会最早出现。中国是一个明显的例子。② 大约在公元前4世纪（尽管关于时间和全面的程度还有争论），秦朝已经开始为了税收、劳役和征兵的目的而给多数人口冠以姓氏并统计他们的数量。③ 这可能就是"老百姓"一词的起源，它的意思是"常用的数百个姓氏"，现代中国则称之为"大众"。在这之前，在普通人中并没有带传说色彩的父系

---

① 采取固定的、继承父姓的取名法意义重大，但并不能达到最终目的。国家如何将那些特定的清晰的名字与个人联系在一起？就像身份证、社会安全号码、护照系统一样，名字也需要平民的合作，根据官方的要求佩戴和出示。这种合作在多数现代国家都得到了保证，因为接受任何权力资格的前提是清楚的身份认证。在一些更强制的系统中，不带身份证明是要受到严厉惩罚的。如果有很多人采取不合作态度，他们就会或者不肯确认自己的身份，或者使用假身份。将来最终身份证就要使用永远不能改变的身体记号：文身、指纹和DNA"签字"。

② 我要特别感谢澳大利亚国立大学的比尔·詹纳和伊恩·威尔森，哈弗福德学院（Haverford College）大学的同事保尔·史密斯（Paul Smith），他们给我很多关于中国的建议。秦朝和汉朝的统治计划中都有宏大的人口登记计划，但实际上它们在多大程度上完成的仍然是个问题。詹纳认为目标基本上实现了，但亚历山大·伍德赛德（Alexander Woodside）认为差距仍相当大。

③ 见 W. J. F. Jenner, "Freedom and Backwardness: Europe and China", paper delivered at "Ideas of Freedom in Asia", Humanities Research Centre, Australian National University, July 4–6, 1994; and Patricia Ebrey, "The Chinese Family and the Spread of Confucian Values," in Gilbert Rozman, ed., *The East Asian Region: Confucian Heritage and Its Modern Adaptation* (Princeton: Princeton University Press, 1991), pp. 45–83.

世系，它们只存在于统治集团及其相关世系中。而普通人没有姓氏，甚至没有模仿精英在这方面的实践。赋予家庭以父系姓氏是国家政策的一个重要组成部分，目的在于提高家长（男性）的地位，给予他们对妻子、子女和年轻人的合法管理权，同时必然的是，他们要负担起全家的赋税义务。① 这个政策（秦朝）要求登记所有人口，从此"各种各样的人都被按照姓加以分类，并且将其无限地按照父系世系传递给后代"。② 固定的父系姓氏的形成和父系家庭的建立都源于早期国家的简单化。

至少到 14 世纪，大多数的欧洲国家还没有固定的父系姓氏。③ 一个人的名字一般是他出生后取的名字，这对于当地人识别可能足够了。如果还需要更多的内容，可以加上第二个名称，表明他的职业［在英国有铁匠（Smith）、面包师（Baker）］、地理位置（小山、树边）、父亲的名或者个人的特征［矮（Short）、壮（Strong）］。这第二个名称并不是固定的姓氏；它一般不会被下一代继承，除非是在特殊情况下，比如面包师的儿子继承了这个生意，并采用了同样的第二个名称。

1427 年佛罗伦萨一次失败的人口普查（catasto）留下了一些文件，我们从中可以了解到欧洲创造固定父系姓氏的情况。④ 这次人口普查是一次大胆的尝试，通过确定国民的数量，以及他们的财富、居住地、土地所有权和年龄，形成合理的国家财政收入和军事力量。⑤ 对这些记录的详细研究表明，第一，像中国一样，国家创造了新的姓氏，而不是仅仅记录已有的姓氏。所以，我们无从得知，除了在所登记的文本上，国家记录的姓氏是不是还

---

① Ebrey,"The Chinese Family", pp. 55 – 57.
② Ebrey,"The Chinese Family", p. 59.
③ 据我所知，到 20 世纪晚期在欧洲只有冰岛还没有固定的姓氏。
④ 关于佛罗伦萨人口普查的说明全部来自 David Herlihy and Christiane Klapisch-Zuber, *Tuscans and Their Families: A Study of the Florentine Catasto of 1427* (New Haven: Yale University Press, 1985)。
⑤ 关于年龄，就像土地所有权一样，国家的概念与普通的地方实践是完全不一样的。见 David Herlihy and Christiane Klapisch-Zuber, *Tuscans and Their Families: A Study of the Florentine Catasto of 1427*, pp. 162 – 169。在地方实践中，准确的年龄并不重要。大致年龄和出生顺序（比如最大的儿子，最小的儿子）更有用；在人口普查中，这种倾向反映为使用 5 岁或 10 岁为一个报告单位（就是 35 岁，40 岁，45 岁，50 岁，60 岁）。而国家有许多理由认为准确的年龄是很重要的。"财政上的成年人"和征兵年龄都是 18 岁，而过了 60 岁就不再缴纳人头税。可以想见，刚好低于 18 岁和超过 60 岁的人群会出现非人口学所能预计的密集。像姓氏一样，严格、线性和按年代排序的年龄确定也起源于国家计划。

反映了任何真实的社会存在。第二，在一个地区——这里是托斯卡纳——所建立的姓氏也大致表明了国家能力的范围。

在15世纪早期的托斯卡纳，只有几个有权势有财产的家族才有姓氏[比如斯特罗齐（Strozzi）]。在这样的家族，姓氏是取得作为"集团"（Corporate Group）一员被社会认知的手段，亲属和姻亲使用姓氏来表明他们有影响的家族背景。除了社会的这一小角，以及很少的城市贵族模仿这一实践以外，其他人都不使用固定的姓氏。

在这种情况下，人口普查办公室是如何确定个人，以及他所处位置、他的财产和年龄并对这些进行登记？在申明个人情况时，托斯卡纳人典型的做法是不仅申明个人的名字，而且采取类似圣经的办法，同时要申明父亲，甚至祖父的名字（路易吉，乔瓦尼的儿子，保罗的儿子）。因为教名很少，而且许多家庭习惯隔代重复同样的名字，所以即使这样也可能不足以形成清楚的身份识别。被登记人还可能加上他的职业、绰号或个人特征。没有证据表明这些名称是固定的父系名字，尽管这些方式或类似的方式可能最终被固定成姓氏，至少登记目的是希望如此。从最后的分析看，佛罗伦萨并没有达到人口普查计划带来的成功管理。普遍的抵制、许多地方精英的不服从，以及人口普查本身的艰巨和所需费用注定这个项目要失败，官员只好恢复原有的财政体系。

我们的材料表明，离国家财政的控制范围越远，各种类型的第二名字使用得越少。佛罗伦萨有1/3的家庭申明了第二名字，而在次一级小镇，这个比例下降到1/5，在农村只有1/10。直到17世纪，在托斯卡纳的最边缘和贫困地区才最后形成固定的姓氏——这些地区与官方的联系应该是最少。

在14~15世纪的英格兰也可以发现国家建设与固定父系姓名之间的联系。如同托斯卡纳一样，在英格兰也只有富有的贵族家庭才有姓氏。在英国，典型的名字来源于这个家庭在诺曼底的起源地［如鲍蒙特（Baumont）、珀西（Percy）、迪士尼（Disney）］，或者来源于在征服者威廉时代，这个家庭在英国的采邑［比如杰勒德·德·苏塞克斯（Gerard de Sussex）］。对于一般的男性人口，通行的办法只能辨认出父子的直接关系。[1] 因此威廉·罗伯特森（William Robertson）的儿子可能被称为托马斯·威廉姆森（Thomas Williamson——威廉的儿子），而托马斯的儿子可能

---

[1] 在西方，最后采用姓氏（和被赋予选举权）的是妇女、家庭仆人和雇工，因为在男性家长掌权的家庭，他们被归属于次要地位。

被称为亨利·汤普森（Henry Thompson——托马斯的儿子）。我们看到，从孙子的名字中看不到与祖父的联系，这使通过名字追溯血统关系变得非常复杂。北欧大多数的姓氏，尽管现在已经固定，但就像被包在琥珀里的苍蝇一样，仍反映了当初它们的目的是要指出一个人的父亲是谁〔（费茨 Fitz-），奥（O'-），森（-sen），森（-son），斯（-s），麦克（Mac-），维赫（-vich）〕。① 在最初的时候，姓氏往往都有一些地方的逻辑：开磨坊的约翰被称为约翰·米勒（John Miller）；加工车轮的约翰称为约翰·惠尔赖特（John Wheelwright）；身材矮小的约翰被称为约翰·肖特（John Short）。他们的男性后代，不管其职业或身高，都保留了父系姓氏，后来人们就随便取这些名字了。

一个人的别名（也就是在一个名字之外增加的另外一个名字，从而不与固定的父系姓氏混淆）是与书面官方文件同步发展的，比如什一税记录、庄园徭役名单、婚姻登记、人口普查，税收记录以及土地记录。② 要想成功地进行任何管理活动，这些活动涉及大量人口并需要确认每一个人，而统治者又不能私下了解这些人，别名就是必需的了。可以想象，90%的男性人口只有6个基督教名字（约翰、威廉、托马斯、罗伯特、理查德、亨利）的时候，什一税或人头税的税务官员所面对的困境。因此对于记录来说，被记录人的第二个名称就成为绝对必需的，如果没有，负责记录的职员就可能会为他创造一个。他们创造的第二名称和人名单使人口变得清晰可查，就像统一的度量单位和地籍图使不动产清晰可查一样。一般人往往喜欢匿名的安全，但一旦被强制付税，他们也需要被准确地识别以避免重复缴税。14世纪出现的这些别名都是为管理需要而编造出来的，从财政角度使人口更为清晰可查。许多人可能根本不知道自己在档案上登记的"别名"。对于大多数人来说，除了在档案文件上使用以外，这些别名在社会上根本不存在。③ 只有在很少的情况下才会见到，比如"威廉·卡特，裁缝"，这表明我们所遇到的可能是固定的父系姓氏。

---

① 其他一些姓氏没有如此清晰地反映其父亲。因此"维克多·雨果"（Victor Hugo）最初的意思只是"维克多·雨果的儿子"。
② 我要感谢凯特·斯坦顿（Kate Stanton），她是一个机敏的研究助理，在这个问题上做了大量背景研究。
③ 见 C. M. Matthews, *English Surnames* (London: Weidenfeld and Nicolson, 1966), pp. 35-48。

与国家或者和国家类似的机构（大庄园、教堂）交往的增加与固定和继承的父系姓氏的发展相并行。因此，当爱德华一世着手调查土地所有制，建立庄园土地的长子继承制和可继承的副本土地保有权时，他也极力推动了固定的父系姓氏的采用。父亲去世后，在继承其财产同时也必须采用父亲的姓氏，至少对长子是这样。① 现在财产继承需要国家的批准，这在过去只是官僚制度幻想的别名，现在业已成为社会事实。可以设想，在很长时间内英国人事实上有两个名字——他们在本地使用的名字和"正式的"固定父系姓氏。随着与非个人化管理结构的交往频率增加，除了在个人亲密的小圈子内，正式的名字越来越流行。而那些生活在距离国家权力机关很远地方的国民，既包括社会距离也有地理距离，像托斯卡纳人一样，很晚才获得父系姓氏。上层阶级和英格兰南部的居民比下层阶级和北部居民更早地得到固定的父系姓氏。苏格兰人和威尔士人就更晚了。②

如同国家制定地图的实践一样，国家为国民取名的实践也必然与赋税（劳动力、军事服务、谷物、财政收入）联系在一起，并激起民众的反抗。1381年英国农民的大暴动（一般称为瓦特·泰勒起义）就是由一次前所未有的登记和人头税评估引起的。③ 对于英国的农民如同对于托斯卡纳的农民一样，关于成年男性的人口普查如果不是毁灭性的，也是不祥的。

对殖民地人口赋予姓氏的过程给我们一个观察机会，在西方可能需经过数代人完成的过程，在这里被压缩到10年或更短。在欧洲和殖民地，启动这个过程的目的都是相同的，但是在殖民地国家，国家更被官

---

① 正像马修斯（Matthews）所写的，"只有一块土地的小农与那些继承大地产的富人一样渴望要求作为父亲长子的权力。只有在庄园法庭上才能要求和得到土地，而且要持有'租佃登记册的副本'（也就是副本土地保有权），这意味着，终生租佃人的名字就会被写在永久记录里。这种制度直接促使人们使用保留在登记册上的父亲或祖父同样的姓"（见 C. M. Matthews, *English Surnames*, p. 44）。14世纪英格兰的死亡率变动很大，长子之外的儿子为了防备万一，也可能要保留同样的名字。

② 我们偶尔也可以在历史档案上看到固定的别名似乎被胶滞的时候。比如16世纪早期亨利三世的时候，当一个人在法庭上被问及他名字的时候，他按照威尔士的习惯回答，"托马斯·威廉儿子，托马斯的儿子，理查德的儿子，霍伊的儿子，伊文·沃汉的儿子"。他受到了法官的申斥，法官还要他"不要按照老办法……之后他根据自己主要房子的名字称自己为莫斯顿（Moston），并将这个名字留给其后代" [William Camden, *Remains Concerning Britain*, ed. by R. D. Dunn (1605; Toronto: University of Toronto Press, 1984) p. 122]。这个"行政"的正式的姓氏极有可能连托马斯的邻居都不知道。

③ 见 Rodney Hilton, *Bond Men Made Free: Medieval Peasant Movements and the English Rising of 1381* (New York: Viking Press, 1977), pp. 160-164 中的经典研究。

僚化，并且更难于容忍民众的反抗。殖民地取名过程中的野蛮无理鲜明地表明了这一过程的目的和矛盾。

在西班牙统治下的菲律宾是一个最好的例子。① 1849年11月21日的法令要求菲律宾人都要有一个固定的西班牙名字。法令的作者是纳西索·克拉维亚·萨尔杜亚（Narciso Claveriay Zaldua）总督（中将），一位谨慎细致的统治者，他决定要将姓名理性化，同时他也决定要将现存的法律、省界和历法理性化。② 他发现，如同他在法令里所说的，菲律宾人缺少个人的姓名，这些只能使政府"按照家庭来区别他们"，而且他们只从很少的几个圣名中选择教名的做法导致很大的"混乱"。解决办法就是建立目录册，也就是一个不仅包括个人名字，而且包括了来自植物、动物、矿物、地理、艺术和统治者在分配固定可遗传的姓名时想使用的其他名词和形容词的纲要。每一个地方官员都得到了足够在他统治区域所使用的姓名，并"注意按照字母顺序分配姓名"。③ 在实践中，每个镇都按照目录册中的字母顺序被分配数页姓名，从而使镇上全部居民的名字开头的字母都相同。在过去的150年中，如果迁入的移民很少，在整个地区还可以清楚地看出这一管理行动的痕迹："比如，在比克尔（Bikol）地区，按照字母顺序的姓名就像花环一样排列在阿尔拜（Albay）、索索贡（Sorsogon）和卡坦端内斯（Catanduanes）三省，在1849年以前三省都属于阿尔拜管辖。省会城市从A开始，B到C则被分配给从达巴格（Tabaco）到狄维（Tiwi）的沿海城镇。我们回过头来沿曳索根海岸找寻到从E到L的字母，然后从达拉戈（Daraga）的伊拉亚山谷（Iraya Valley）的M开始，到普兰格（Polangui）和丽波（Libon）的S，接着环绕卡坦端内斯岛完成字母表

---

① 我特别要感谢罗莎娜·鲁坦，奥托·范·登·缪森伯格，哈罗德·康克林（Harold Conklin）和查尔斯·布莱恩特（Charles Bryant），他们引导我研究菲律宾的例子。最关键的文件是 Domingo Abella, eds., *Catalogo alfabetico de Apellidos*（Manila: National Archives, 1973）。还可参见 O. D. Corpuz 的简短解释，*The Roots of the Filipino Nation*, vol. 1（Quezon City: Aklahi Foundation, 1989）, pp. 479–480。关于殖民地东苏门答腊卡罗·巴塔克（Karo-Batak）的取名和身份确认的形成富有洞察力的分析，见 Mary Margaret Steedly, "The Importance of Proper Names: Language and 'National' Identity in Colonial Karoland", *American Ethnologist* 23（1996）: 447–475。

② 在近三百年中，菲律宾使用的西班牙方法比西班牙本国使用的早一天，因为麦哲伦（Magellan）远征队在向西环球航行中没有调整时间。

③ Abella, *Catalogo alfabetico de Apellidos*, p. viii.

法令所要解除的困惑主要是统治者和收税官的困惑。他们相信,通用的姓有助于司法、金融和公共秩序的管理,也可以使婚姻对象计算亲族血缘关系的密切程度更容易。② 对于克拉维亚这样的实用主义建国者,最终的目的就是完成一个清晰的国民和纳税人的花名册。这在法令的简短前言中可以清楚地看出:"鉴于此措施的极其有效性和实用性,已经到了发布命令建立世俗登记制度(过去是牧师的职能)的时候。这一制度不仅要完成并保证上述目标,而且还可以为国家的统计提供基础,保障税收,实行个人的常规义务和接受免税凭证。它还可以提供准确的人口流动信息,从而避免非法移民、潜藏纳税人和其他弊病。"③

为了制作准确的殖民地人口册,克拉维亚要每一个地方官员制作 8 个栏目的表格,分别填写纳贡义务、公共劳动义务、名、姓、年龄、婚姻状况、职位和免税状况。为了更新登记,又设计了第 9 栏填写情况的变化,并按月上报以便检查。因为这些表格是精确和一致的,所以国家可以在马尼拉将这些统计汇总起来,从而提高财政效率。给所有人指定姓氏和建立完整和可辨别的纳税人名单的成本很大,但这很值得,根据他们预测,制定这个名单需要花费 2 万比索,却可以增加 10 万～20 万比索的年度财政收入。

如果菲律宾人根本不要他们的新姓氏会怎样?克拉维亚已经想到了这个问题,并采取了措施保障他们记住自己的姓氏。教师得到了命令,学生间不许称呼,甚至不许知道官方登记的姓氏以外的任何姓名。任何不积极执行这项规则的教师都会受到惩罚。在校时间毕竟很短,更有效的方式是禁止牧师、军队和地方官员接受任何不使用官方姓名的文件、申请、诉状或契约。使用其他姓名的所有文件都是无效的。

可以想象得到,实际的情况根本达不到克拉维亚设想的清晰和组织严密的纳税人的乌托邦统治。一些当地的姓氏,如麦格塞塞(Magsaysay)或者马卡帕加尔(Macapagal)继续存在,这表明,一些人从来就没有进入这项运动。地方官员上报了不完整的名册,或者根本没填报。此外还有一个严重的问题,克拉维亚预见到了,却没有足够的准备。新名册并没有像它

---

① Abella, *Catalogo alfabetico de Apellidos*, p. vii.
② 好像菲律宾人根本没有完全适用的口头和书面的族谱图系来达到同样的目的似的。
③ Abella, *Catalogo alfabetico de Apellidos*, p. viii.

第二章 城市、人民和语言

们应该做的那样记录被登记人原来的名字。这使官员追溯改名之前他们的财产和纳税情况变得极其困难。国家被这一新项目的成功蒙蔽了,完全没有预见到后来的困难。

姓氏,如同森林、土地制度、清晰的城市一样,实际上从没有取得设计者所渴望的完美的清晰和一致。1872 年,进行人口普查的努力是完全失败的,并且直到 1896 年革命之前才有第二次尝试。不过,到 20 世纪,绝大多数菲律宾人还是使用了克拉维亚给他们设计的姓氏,这是因为国家在人民生活中的影响力提高了,以及国家坚持其制度和条款的能力加强了。

普遍采用姓氏只是近代的历史现象。追踪财产所有权和继承权、收税、保留法庭记录、执行警务、征兵以及控制流行病等都因为有了清楚的全名和确定的地址而变得很容易。实用主义的国家开始建立完整人口名册的时候,包含了选举权和兵役制的自由的公民思想也同样有力地推动了姓名的标准化。在西欧的犹太人例子中可以清楚地看到通过立法强化了固定姓名。犹太人本没有姓氏的传统。1808 年一份拿破仑制定的"关于没有固定姓名的犹太人"(concernant les Juifs qui n'ont pas de nom de famille et de prénoms fixes) 法令要求他们必须有姓氏。[1] 奥地利 1787 年的立法被作为犹太人解放的一部分,它要求犹太人选择一个姓氏,如果他们拒绝,就由官方为他们选择一个姓氏。在普鲁士,犹太人的解放取决于姓氏的采用。[2] 许多到美国的移民,不管是犹太人或非犹太人,在离开出发地的时候都没

---

[1] 关于法国建立固定父系姓名,以及他们与国家建设的关系,可参见 Anne Lefebvre-Teillard, *Le nom*: *Droit et histoire* (Paris: Presses Universitaires de France, 1990) 这一富有洞察力的著作。她考察了国家官员,包括行政管理的和法律监督的官员,逐渐建立合法姓名以及限制更改姓名条件的过程。平民注册以及 19 世纪末建立使用的家庭登记簿(livret de famille),成为警察管理、兵役、民事和刑事司法以及监督选举的重要工具。警察和市民相遇时所使用的标准开场白——你的文件,先生(Vos papiers, Monsieur)——也就起源于这个时候。1871 年公社后期市政厅和法院大厦被烧毁后,市民登记被毁坏带来了管理盲区,从此以后官方开始注意保留登记副本。

[2] Robert Chazon, "Names: Medieval Period and Establishment of Surnames," in *Encyclopedia Judaica* (Jerusalem and Philadelphia: Keter Publishers and Coronet Books, 1982), pp. 809 – 813. 20 世纪 30 年代,纳粹通过了一系列姓名法令,目的都在于区分犹太人和非犹太人。那些犹太人取的雅利安的名字必须要改为犹太人的名字,或加上以色列(Israel)或萨拉(Sarah);而雅利安人若取了犹太人的名字也必须要改。被批准的名字清单汇总在一起,有争议的要上交到德国(Reich)谱系学研究办公室。一旦这个行政过程完成,仅靠名字就可以将被驱逐或处死的人找出来。见 Robert M. Rennick, "The Nazi Name Decrees of the Nineteen Thirties," *Journal of the American Name Society* 16 (1968): pp. 65 – 88。

有固定姓氏。然而，当他们经过抵达时的初始手续之后，很少有人没有正式姓氏了，他们的后代至今仍在沿用这些姓氏。

创造固定姓氏的过程一直在很多第三世界国家和发达国家的"部落边疆"进行。① 当然现代国家有许多其他强制的标准化标示方法，这大大改进了国家识别个人的能力。比如出生和死亡证明、更特定的地址（比类似"山上住的约翰"更具体）、身份证、护照、社会安全号码、照片、指纹，以及最接近的 DNA 特征等，取代了简单的固定姓名。但姓名是创造正式清晰的个体公民关键的第一步，现在它与照片一起仍然是个人身份文件的第一项。

标准的正式语言的指令

最有效地守卫社会世界（social world）的可能恰恰是不同语言所带来的文化障碍，内部人很容易接近、进入，但对外来者是不透明的。② 正像一个陌生人或国家官员在 16 世纪的布鲁日需要一个当地向导帮助他找到道路一样，在不熟悉的语言环境中，他也需要一个当地翻译来帮助他理解当地人或是被当地人理解。独特的语言比复杂的居住模式给地方自治提供了更有力的基础。在语言里沉淀了独特的历史、文化敏感、文学、神话和音乐的过去。③ 从这个角度看，独特的语言对国家知识（state knowledge）已经构成了的巨大障碍，更不用说殖民化、控制、操纵、指令和宣传了。

在国家所有的简单化项目中，最强有力的可能就是建立单一的官方

---

① 比如土耳其，作为阿塔图尔克（Ataturk）现代化运动一部分，直到 1920 年才采用姓氏。在阿塔图克计划中，服装、帽子（而不是土耳其毡帽）、固定的姓氏、现代国家一起构成一个整体。礼萨（Reze）国王是伊朗被废国王的父亲，曾下令要所有的伊朗人将他们所居住城镇的名字作为自己的姓氏以规范全国的姓氏。阿里·阿卡巴·拉夫桑贾尼（Alli Akbar Rafsanjani）的意思是拉夫桑贾尼的阿里·阿卡巴。尽管这个系统可以清楚地表明采用姓氏的这一代人家乡在哪里，在拉夫桑贾尼本地却很不清楚。如果国家只关注监督那些流动或"离开家"的人，那么这个系统是有效的。
② 排斥共餐的饮食戒律也是一个强有力的社会排斥工具。如果要建立一套文化制度将一组人从周围人那里分离出来，那么使组内成员很难与其他组人说话或吃饭是一个很好的开端。
③ 这点是真实的，尽管如同本尼迪克特·安德森深刻指出的，"国家的过去"经常只是伪造的家谱。

语言，这也是其他许多简单化项目的前提。如同尤金·韦伯（Eugen Weber）在法国的例子中所建议的，这个过程也可以被看作本国的殖民化，在这个过程中，外省［如布列塔尼（Brittany）、欧西塔尼（Occitanie）］在语言上被征服，文化上被合并。① 国家坚持使用法语的第一次努力的目的很明确，就是要使地方实践清晰化。官方要求所有法律文件必须使用法语，不管是遗嘱、出卖契约、借据、合同、年金或者是财产契约。如果这些文件使用当地的语言，会使从巴黎来的官员完全无计可施，并且也无法与中央的法律和行政标准相适应。由于语言的集权化与国家权力扩张是同时进行的，这保障了其在一定程度上的成功。到19世纪晚期，几乎所有人都不可避免地要与国家打交道，只有少数人除外。诉状、法庭案卷、学校档案、申请以及与官方的通信都必须用法文书写。很难设想除此以外会有更好的办法来降低地方知识的价值，并给掌握官方语言的人以特权。这是一个巨大的权力转移。那些处于边缘地区的人无法掌握法语，被迫保持沉默地位，从而变得无足轻重。他们现在需要地方向导引导他们进入新的国家文化，这些向导以律师、公证人、教师、职员和军人的形式出现。②

正像人们所怀疑的，语言集权化背后是文化工程。法语被认为是民族文明的承载者；将其强加给外省并非仅仅要求他们理解拿破仑法典，同时也带给他们伏尔泰、拉辛、巴黎的报纸和国民教育。韦伯尖锐地指出，"帝国主义的感觉只能用法语表达，白人要说法语，首要目的就是使征服者感到像在家里一样"。③ 掌握拉丁文曾一度为少数精英确定了其对更广阔文化的参与地位，而掌握标准的法文则允许对法国文化的深入参与。这一步骤的潜在逻辑制造了文化的等级结构，地方语言和区域文化被降格，最多也只被归为奇特的地方风尚。在这一内隐的金字塔顶层是巴黎及其机

---

① Eugen Weber, *Peasants into Frenchmen*: *The Modernization of Rural France*, 1870 – 1914 (Stanford: Stanford University Press, 1976), chap. 6. 韦伯指出，在19世纪的后25年，有一半的法国成年人的母语是方言，而不是法语。见 Peter Sahlinss remarkable book, *Boundaries*: *The Making of France and Spain in the Pyrenees* (Berkeley: University of California Press, 1989) for a discussion of French Lang Hage Policy at its Periphtry. 尽管行政官方语言至少可以追溯到16世纪，但是官方语言进入到边缘地区最早也是19世纪中叶的事情。

② 关于这个过程的详细分析，可参见 Abram de Swaan, *In Care of the State* (Oxford: Polity Press, 1988), especially chap. 3, "The Elementary Curriculum as a National Communication Code", pp. 52 – 117。

③ Weber, *Peasants into Frenchmen*, p. 73.

构：政府各部、学校、研究院［包括像语言守护神一样的法国科学院（l'Académie Fransaise）］这一文化项目的相对成功来自于强迫和诱导的共同作用。"这是一个集权化",亚历山大·圣圭内蒂（Alexandre Sanguinetti）说,"它促进了法国的建设,任凭法国人怎么想或者漠不关心……法国是一个精细的政治建筑,中央政权从没有停止创建它的斗争"。[1] 标准（巴黎式的）的法语和巴黎不仅是权力中心,还同时是有吸引力的磁铁。市场的增长、人员流动、新的事业、政治庇护、公共服务、国民教育系统,所有这些都意味着,熟练的法语和与巴黎的联系是提高社会地位并取得物质成功的捷径。正是国家简单化承诺奖励遵守逻辑的人而惩罚忽视它的人。

交通模式的集权化

语言的集权化强迫人们将巴黎的法语作为标准法语接受,这一过程在交通的集权化中又被重复。就像新的语言特权使巴黎成为交流中心,新的公路和铁路系统也更偏重于进出巴黎,地区之间和地方内部的交通被忽视。用计算机的术语说,国家政策像是一个"硬件连接"模式,使得对于中央政权来说,各省更容易进入和更清晰,这远远超出了过去专制君主所想象的。

让我们粗略地将相对集权化的交通网络与集权化的网络做一个比较。如果画个地图,那么在非集权化模式中,物资和人口沿着并非由行政命令创造的道路往来。这些往来并非任意的,它们反映了沿着山谷和河道,以及绕过峡谷的旅行便利,也同时反映了重要资源和宗教仪式所在的地方。韦伯积累的许多资料表明,人类活动如何引起了这些运动："道路为人们的业务往来服务,玻璃制造者、背盐的人和盐商、制陶工人,或者那些去铸造场、矿山、采石场、大麻种植园,乃至那些运送亚麻、大麻、亚麻织品、纱到市场的人,都有特定的路。有朝圣的大道,也有仪仗队行进的道路。"[2]

出于争论的需要,我们可以设想,在一个物质资源平均分布,并且没有影响交通的障碍（如山或沼泽）的地方,小路的地图就像密集分布的毛细血管一样形成网络（见图2-4）。当然小路的分布从来不会是随意的。

---

[1] Weber, *Peasants into Frenchmen*, p. 113.
[2] Weber, *Peasants into Frenchmen*, p. 197.

基于位置和资源形成的有集市的镇，以及宗教圣地、采石场、矿山和其他一些重要地点成为小的中心。① 在法国的例子中，道路网络长期以来也反映了地方领主和国家君主的集权野心。这种理想式的道路图只是描述那些中央集权痕迹很轻的交通网络景观，在很多方面都像前面所说的14世纪末布鲁日的城市景观。

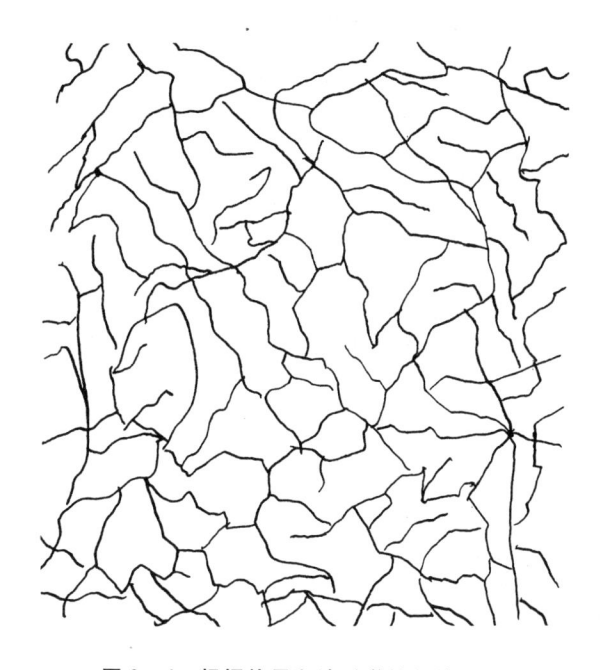

图 2-4 根据使用和地形学绘制的小路

从柯尔贝尔开始，法国国家建设的现代化主义者就致力于将仔细计划的集权化行政网格模式叠加在当地现存的交通网络上。② 他们的计划就是将公路、运河，最终还有铁路排列成像车轮的辐条一样，从巴黎呈放射状

---

① 对于标准市场区域的详细地理描述，见 G. William Skinner, *Marketing and Social Structure in Rural China* (Tucson: Association of Asian Studies, 1975)。

② 下面关于法国交通中心化的大部分材料来自小塞西尔·O. 史密斯（Cecil O. Smith, Jr.）的出色调查，"The Longest Run: Public Engineers and Planning in France", *American Historical Reviews* 95 (1990): 657-692. 此外还可参见关于法国路桥部队（Corps des Ponts et des Chaussées）和美国工兵部队的讨论与比较，见 Theodore Porter, *Trust in Numbers: The Pursuit of Objectivity in Science and Public Life* (Princeton: Princeton University Press, 1995), chap. 6。

发出（见图 2-5），尽管这从没有被彻底实现过。这种网格与科尔伯特所设想的管理良好的国家森林表面图（tire-aire）非常相似，这并非偶然。两种发明都是用来扩大和促进中央控制的。这类简单化取决于相对的地理位置。在中心的官员很容易沿着新的道路到 A 或者 B。整个设计"是服务于政府和城市的，但是缺少辅助的地区之间的公路网络，因为这对于国家的习惯和需要没有什么帮助。一个研究道路中心的历史学家称之为行政道路，目的只是为了军队行军和税收到达国库"。① 任何人要从 A 搬运货物到 B 都不简单。正像所有的文件都要"经过"官方合法语言，商业交通也都要经过首都。

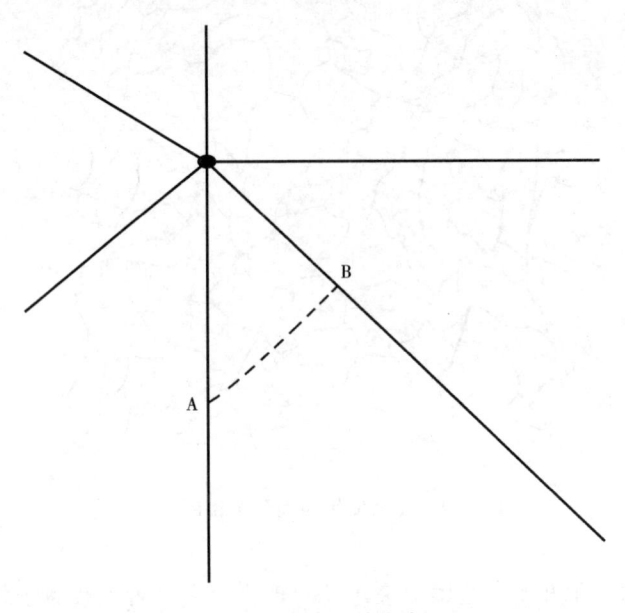

图 2-5 中心化的小中心

这种几何精神（esprit géométrique）背后的知识动力就是法国路桥部队（Corps des Ponts et Chaussées）的著名工程师们。② 维克多·勒格兰德

---

① Weber, *Peasants into Frenchmen*, p. 195.
② 关于不同的计划还有很多持续的争论：它们的成本、它们在商业上能否自负盈亏以及它们的军事作用。有些历史可见于 François Caron, *Histoire de l'exploitation d'un grand réseau: La compagnie des chemins de fer du Nord* (Paris: Mouton, 1973) 和 Louis-Maurice Jouffroy, *L'ère du rail* (Paris: A. Colin, 1953)。我感谢埃兹拉·苏莱曼（Ezra Suleiman）在文献方面的帮助。

(Victor Legrand)是路桥部队的长官,他最早提出了通过七条相互连接的线路将巴黎与从亚特兰大到地中海的各点联系在一起的计划。他的计划以勒格兰德之星(Legrand Star)而闻名,并首先产生了运河计划,随后又有影响巨大的铁路计划〔其中包括了公园北线(Gare du Nord)和公园东线(Gare de l'Est)〕。①

出于集权化的审美,这些计划违反了商业逻辑,或者说成本-效率的准则。网格化的第一步是建立从巴黎向东到达斯特拉斯堡(Strasbourg)和边境地区的线路,直接穿过布里(Brie)高原,它没有沿马恩河(Marne)经过人口稠密的中心地区。为了几何学上的完美,铁路拒绝沿着地形走,因此比英国和德国的铁路造价高得多。军方采取了路桥的逻辑,相信直接到达边境的铁路会带来军事利益。但在1870~1871年的普法战争中这被证明是大错特错。②

重新规划的交通模式带来了很多后果,而其中最重要的是将法国各省和各省的人口与巴黎和国家联系在一起,而且可以从首都迅速派出军队镇压在任何地方出现的反抗。它的目标是对全国实施军事控制,也就是豪斯曼在首都巴黎所达到的目标。它以牺牲外省为代价提高巴黎和国家的地位,这极大地影响了区域经济。它提高了中央的财政和军事控制能力,但是在支持垂直联系的过程中切断或弱化了地方之间的文化和经济纽带。这一举动,就像官方法语将地方方言边缘化一样,它将外省边缘化了。

结　论

现代国家的官员,出于必要,至少一步,通常是几步,从他们所统治

---

① 与铁路旅行相关的直线前进和严格时间表技术,加上"流线型"成为现代主义最重要的美学特征。
② Smith, *The Longest Run*, pp. 685 - 671. 史密斯认为,勒格兰德之星意味着,为第一次世界大战而召集起来的预备役军人要通过许多地方铁路汇集到巴黎,只有到这里才有直接到前线的道路:"许多来自斯特拉斯堡的预备役军人要经过首都,在波尔多(Bordeaux)穿上军装以后才到阿尔萨斯(Alsace)投入战斗。"冯·毛奇(Von Möltke)发现,他有六条铁路线将军队从北德国联邦移动到摩泽尔(Moselle)和莱茵(Rhine)之间的战争前线,而法国军队要到前线,必须在斯特拉斯堡或梅茨(Metz)下车,而且还有孚日(Vosges)山横在中间。最后,可能也是最重要的,一旦巴黎被包围,勒格兰德之星就没有了头领。战争结束以后,高层统治者开始下令建立横向的铁路以纠正这种缺陷。

的社会中游离出来。他们通过一些抽象的象征来评估他们的社会生活,但是这抽象的象征总与他们所要掌握的真实社会距离甚远。尽管林业官员的图表能将许多事实抽象出来,概括进一个大模式中,却无法掌握真实森林的丰富多样性(他们本意也不在此)。同样,地籍调查和地契往往是粗糙的,甚至错误地表达了现实存在的土地使用和处置权力。任何大型组织的官员往往通过文件和统计数据中简单化的近似值来"看"与他们有关的人类活动:税收、纳税人名单、土地记录、平均收入、失业人数、死亡率、贸易和生产数字以及在一个地区霍乱患者的总数。

这种典型化是国家机器不可或缺的。国家的简单化,包括制作地图、人口普查、地籍册和标准度量单位,都代表了国家掌握大型复杂现实的技术。为使国家官员能掌握现实总体的方方面面,必须将复杂的现实简化为纲要的条目。要达到这一目的只能将无限具体的内容简化为几种类型,使之可以进行概括的描述、比较和汇总。正如查尔斯·蒂利所表明的,发明、完善和部署这些抽象活动表明了国家能力的巨大提升——从纳贡和间接统治转变为税收和直接统治。间接的统治秩序需要很少的国家机构,主要依赖地方精英和社区,他们的利益在于使中央不了解地方具有的资源和知识。直接统治引起了广泛的反抗和必要的讨价还价,这经常限制了中央的权力,但这也首次使国家官员直接了解和进入到以前不透明的社会。

先进的直接统治技术是强有力的,不仅能够概括已知的事实,而且能够发现新的社会事实。亚特兰大的疾病控制中心是一个很说明问题的例子。它的实习医院网络使它可以首先"发现"——当然是在流行病学的意义上——迄今尚不知道的疾病,如中毒性休克综合征、军团病和艾滋病。这种被格式化的事实是一种强有力的国家知识,使官员可以尽早地干预流行病,了解影响公共福利的经济走向,观测他们的政策是否可以产生预期的影响,并在掌握很多事实的基础上做出决策。① 这些事实允许国家进行有区别的干预,其中一些是至关重要的。

促使社会清晰地呈现在统治者面前的技术越来越复杂,然而其政治动机却基本相同。征收赋税、控制和操纵(在正面的意义上说)仍然是最重要的。可以设想,如果一个国家没有可靠的手段了解人口的数量和分布,不能知道他们的财富状况,不能用地图表示出其土地、资源和居住状况,

---

① 见 Ian Hacking, *The Emergence of Probability*: *A Philosophical Stdy of Early Ideas about Probability*, *Induction*, *and Statistical Inference* (Cambridge: Cambridge University Press, 1975)。

那么国家对社会的干预必然是拙劣的。对于国家来说是相对不透明的社会会阻隔一些形式的国家干预，包括受欢迎的（普遍预防接种疫苗）和令人讨厌（个人所得税）的。所实施的干预往往要以当地人为中介，他们了解社会内部的情况，同时很可能加入自身特有的利益。如果没有这些中介——但通常是存在的——国家的行动往往是无效的，无法命中目标。

一个不清晰的社会阻碍国家的有效干预，不管这种干预是掠夺还是公共福利。只要国家关注的主要是得到谷物和征集兵员，那么国家的无知造成的损害并不大。但是当国家的目标是改变其国民的日常生活习惯（卫生或健康实践）或工作表现（高素质劳动力和机器维修）时，它的无知就会导致无能为力。一个完全清晰的社会消除了地方对信息的垄断，取而代之的是一个具有统一法律、身份证明、统计、规则和度量单位的透明社会。同时这为那些处于顶端位置的人带来了利益，他们有解释国家格式的知识和便利。

当然，对清晰社会的区别干预也可能是致命的。在1941年纳粹占领时期，阿姆斯特丹城市统计办公室制作的一份地图（见图2-6）无言地为我们提供了一个冷静的例子。① 与居民名单结合在一起，地图提供了城市中6.5万犹太人的概况，为驱逐他们提供了向导。

这张地图的名称是"城市中犹太人的分布"。每一个点代表10个犹太人，这个计划使犹太人集中地区非常清楚地表现出来。这张地图的编辑不仅依靠法令要求犹太人进行的自我登记，而且还依靠全部人口登记（"荷兰的登记非常全面"②）和企业登记。考虑到这些详细的姓名、住址、民族背景（或者由登记时候的名字决定，或者自己申明）的信息，以及制图的精确所产生的详细统计表征，它可以清楚地说明清晰性对国家能力的贡献。无疑，纳粹统治者提供了地图背后的屠杀动机，而荷兰统治者提供了有效实施屠杀的工具。③ 我想强调，清晰性只是扩大了国家区别干预的能力——既可以是养活犹太人，也可以是驱逐他们。

---

① 我要特别感谢阿姆斯特丹城市博物馆为我提供了本书图2-6的地图副本，特别是他们举办了优秀且毫无保留的展览《阿姆斯特丹的饥饿冬天和解放》，以及展览的目录，"Here, back when..." (Amsterdam: City Museum, 1995)。

② "Here, back when..." p.10.

③ 如同我们从安妮·弗兰克（Anne Frank）故事中所知道的，许多人愿意在城市或乡村隐藏犹太人，作为系统行政行动的驱逐最后失败了。对于统治者来说，有多少犹太人越来越不清楚，他们不得不越来越依赖荷兰的合作者作为他们的地方向导。

图 2-6 阿姆斯特丹城市统计办公室制作的"城市中犹太人的分布"地图（1941年5月）

清晰性意味着观察者的位置要在中央，并且他的视野是概括的。我们所考察的国家简单化是设计来为统治者提供对社会的概括观察，这一视角不会提供给一般民众。正像美国高速公路巡警要戴反光太阳镜一样，统治者喜欢整个社会中的被他们所选择的某些方面的半垄断图景。所有最关注命令和控制人类复杂活动的制度安排中都常有这种特权视角。修道院、兵营、工场和行政机关（私营的和公共的）也执行许多类似国家的作用，并模仿它的信息结构。

国家简单化可以被认为是进行中的"清晰化项目"的一部分，尽管这个计划从来没有完全实现过。这一简单化过程产生的数据存在着不同程度的不准确、缺失、各种各样的错误、伪造、疏忽、有意歪曲等。简单化是意在操纵社会的国家机器内在的需求，但是国家机器内的纠纷、技术障碍，更重要的是国民反抗都在削弱它。

　　国家简单化至少有五个需要重视的特征。最明显的是，国家的简单化只观察社会生活中官方感兴趣的内容。第一，它们只是国家感兴趣的实用主义事实。第二，它们都是成文的（文字的或数字的）文件事实。第三，它们是静态的事实。[①] 第四，许多被格式化的国家事实都是集合的事实。集合的事实是非个人的（运输网络的密度）或者是个人事实（就业率、识字率、居住模式）的汇集。第五，出于许多目的考虑，官员需要将国民组成不同类别，从而可以对之进行集体的评估。可以被集合或用平均值和分布来表现的事实一定是标准化的事实。不管构成集合事实的个体环境如何特殊，它们的相同之处，或者更准确地说，它们在同一标准尺度或连续谱上的差别是人们所关注的。

　　将那些便于集合的标准化事实进行加工的过程看来至少有三个步骤。首先不可或缺的步骤是建立通用的度量或编码单位。按树大小的分类、土地终身保有、测量土地财产和谷物体积的公制单位系统、统一的取名实践、草场面积、标准化城市街区的面积，所有这些都属于为此目的而建立的单位。下一步，按照新度量单位，对属同一类的各项进行计算和分等。在此之后，一棵树再现为某一类大小的树，一块特定的农田再现为地籍图上的坐标；一份工作是某一类职业的一例，而一个人是按照新规则所取姓名的承载者。每一个事实都要被加以复原，穿上用官方织物做的新服装，被带到舞台上——作为"整个分类图上的一个分支"的一部分。[②] 这些事实只有这样装扮才能在这个过程的高潮中起作用：在遵循新度量单位的逻辑下，集合创造了新的事实，并最终达到了官员所需要的概括事实：多少棵某一尺寸的树、多少名18岁到35岁的男人、多少一定面积等级的农场、多少姓氏从A开始的学生、多少肺结核患者。与其他一些集合的单位相结合，就可以得到很精细的、复杂的、迄今未知的事实，比如按照收入和城市位置制作的肺结核病患者分布。

　　将这些人为的精细知识称为"国家简单化"可能会引起误解。它们本身绝不简单，官员经常把它们处理得非常复杂。"简单化"在这里有两个特殊

---

① 甚至当这些事实看来是动态的，也往往只是按照时间序列的一系列静态观察的结果，也就是通过一系列"点的连接"显示出连续的运动。事实上，A点到B点之间的真实过程仍然是个谜，只是被人们习惯的在两个数据点之间画直线而盖过了。

② 这是本尼迪克特·安德森在《想象的共同体》（*Imagined Communities*）第169页的表述。

的意思。第一，官方需要的知识一定能使他或她对整体进行概括的观察；它一定可以在许多不同情况下被重复使用。从这个角度来说，这样的事实必须要失去它们的独特性，而作为一类事实的成员，以示意和简化的形式再现。①第二，与第一点的意思紧密相关，概括的分类必然会失去或忽略那些可能相关的特征。

可以将就业的简单化作为一个例子。许多人的工作生活都是非常复杂的，并且每天不同。但为了官方统计的目的，"有收入的就业"成为一个格式化的事实；一个人必定是或不是有收入的就业。同时，在集合统计中所使用的类型也限制了表现各种特殊工作的特征。② 收集和解释这些集合数据的人都知道，他们的分类中存在着虚构和随意的因素，并且掩盖了大量有疑问的不同意见。但是一旦被确定，这些细薄的分类就不可避免地发挥作用，似乎被划入同一类的个体都是同质的和一致的。同一规格类型的树似乎都是一样大小，同一类型的土地在统计上都是一样的，所有的汽车工人（如果按产业分类）都是相似的，所有天主教徒（如果按宗教信仰分类）也都是相同的。西奥多·波特在其对机械客观性的研究中指出，存在着"对精确的和可标准化衡量指标的强烈的要求，而不是对准确指标的要求"。因为如果不能在任意地方都可靠地实施同一步骤，那么准确本身就没有任何意义。③

---

① 感谢拉里·洛曼，他坚持认为事实反映中的抽象和视野狭窄并不仅仅是官员的专利，外行也同样如此。实际上，他们所需要的事实是能够服务于他们的利益和他们的制度角色的事实。我想，他希望我完全放弃"简单化"这个词，但我还是坚持使用。

② 这里至少有三个问题。第一个是分类的霸权。如果一个人为亲戚工作，亲戚有时提供食物，有时给他土地使用，或者给他一些收获的粮食或付现金，这样的人如何分类？对这些情况分类的随意性往往被最终的结果掩盖，因为最终只表现为选定的类别。西奥多·波特注意到，法国国家统计局的官员报告，甚至受过专业训练的编码员中也存在着对高达20%的职业有不同分类意见（*Trust in Number*, p. 41）。统计官员的目的是保障编码员的最大可靠性，即使一些做法可能为了达到这一目的而牺牲事实的真实性。第二个问题在于，分类，更确切地说是分类后面的国家权力如何影响了数据，后面我们还会讨论这个问题。比如在美国20世纪70年代经济不景气中，官方报告的失业率达到了13%，有人认为这是夸大的。主要的原因是许多名义上失业的人私下在非正式经济中工作，但是因为担心征税而没有报告他们的收入或就业。可以说到现在，财政系统刺激产生了在官方数据库之外的台下事实。第三个问题是，收集和汇总信息的人在解释信息的时候可能有自己的利益。比如在越南战争期间，评定镇压成功的标准是打死人数和平定的村庄数量，这使军官夸大数量以取悦上司——暂时的——离实际情况却越来越远。

③ 目标在于避免人口普查的对象或编码员的主观变化。这要求标准和机械的程序不给个人判断留下任何空间。见Porter, *Trust in Numbers*, p. 29。

至此，关于国家官员观察部分或全部人口状况所必需的简单化、抽象化和标准化，我阐述了一些直接的，甚至是老生常谈的观点。在此我还想更进一步做一个与科学林业相类似的阐述：现代国家通过其官员，试图创造一个带有精确标准化特征的地域和人口，它们是最容易被监督、计数、评价和管理的。现代国家那些理想的、内在并受到持续打击的目标就是将混乱、缺少秩序、不断变化的社会现实简化，使之接近于看得见的行政网状格局。在18世纪后期和19世纪，许多国家机器都投入到这一项目中。"在这个时期，从纳贡到征税，从间接统治到直接统治，从臣属到同化，"蒂利评论到，"国家通过引入共同的语言、宗教、货币和法律系统，以及鼓励建立相互连接的贸易、运输和通信系统来打破人口分割，使其同质化。"①

科学林业者梦想一个完全清晰的森林，所种植的树都是同一树龄、单一树种、在矩形的地块上行列整齐地统一生长，所有的矮树丛和偷猎者都被清除。② 同样国家官员也希望有一个完全清晰的人口，他们已经被登记、有特定的姓名、拥有与网格状居住区联系在一起的地址。所有这些人都有单一确定的职业，他们所有的交易都按照设计好的格式用官方语言记录在档案上。尽管将社会描绘成军队阅兵场有些夸大，但其中包含的一些真理却可以帮助我们理解后面要考察的一些宏大计划。③ 对统一和秩序的渴望

---

① Charles Tilly, *Coercion, Capital, and European States, A. D. 990 – 1992* (Oxford: Blackwell, 1990), p. 100.

② 从管理科学中借用来的"最佳控制理论"(optimum control theory) 中有大量的文献反映了科学林业的这种趋势。关于其应用和目录，见 D. M. Donnelly and D. R. Betters, "Optimum Control for Scheduling Final Harvest in Even-Aged Forest Stands," *Forest Ecology and Management* 46 (1991): 135 – 149。

③ 对于描述那些早期国家科学积极拥护者的热情乌托邦主义，我们的漫画并非牵强附会。这里引用普鲁士统计学之父恩斯特·恩格尔（Ernst Engel）的话："为了得到准确的表达，统计研究要追踪一个人整个的一生。要记录他的出生、受洗、接种牛痘、上学，学校中他的勤奋学习和毕业，他的继续教育和发展，还有当他成年以后，他当兵的体格和能力。还有接下来生活中的阶段；要记录下他选择的职业，在哪里建立了家庭和对其的管理，他年轻的时候是不是为养老有所积蓄，是否、什么时候、什么年龄结婚，选择了谁做妻子——不管他过得好或过得不好，统计都在关照他。他的一生中是否遭遇灾难，是否经历了物质、道德和精神损失，统计都会记载下来。只有一个人死后，统计才会离开他——在确定他死亡的准确年龄，以及死亡的原因后" [Ian Hacking, *The Taming of Chance* (Cambridge: Cambridge University Press, 1990), p. 34]。你不可能找到比这更完整的19世纪早期国家利益的清单，以及由它们生成的卷宗。

提醒我们注意,现代国家机器也是国家内部的殖民化项目,它借用了帝国主义"传播文明"的花言巧语。现代民族国家的建立者并不仅仅是描述、观察和绘制,他们要重新塑造人民和景观,使之适合他们的观察技术。①

许多大型垂直结构组织都有这种倾向。如同唐纳德·奇泽姆（Donald Chisholm）在回顾有关行政协调合作文献时总结的,"在任务环境很清楚且没有变化,即在一个封闭的系统内,中央的协调计划的确能有效地发挥作用"。② 人口和社会空间越静止、越是标准化和统一,那么也就越清晰,也就越容易适应官方的技术。我在这里要说明的是,国家许多行动的目的都在于将在他们统治范围内的人口、空间和自然转变为封闭的系统,这个系统里面没有意外,便于观察和控制。

国家官员经常能够将他们的分类和简单化赋予社会,因为在所有机构中,国家被最好地装备起来使之可以坚持按照自己的计划对待人民。那些开始于地籍调查员、人口普查员、法官或警官人为发明的分类最终成为精确地组织人们日常经验的分类,因为它们被植入到国家创造的建构这些经验的机构中。③ 经济计划、调查图、所有权记录、森林管理计划、民族分类、存折、被捕记录以及政治边界地图的力量都来自于此——这些概括的数据虽然偏离了真正的实际,却是被国家官员所理解并影响的事实。在独裁体制下,没有有效的办法坚持另外一种事实,纸上幻想的事实经常会最终变得真正盛行,因为警察和军队的配置都是基于这些纸上事实。

在法院和行政档案中,在很多公务员面前,这些纸上记录都是有效的事实。在这个意义上,国家最终只有为此目的而保留在档案上的标准化事实,再没有其他事实。档案中的小小错误比没有报告的真实都具有更大和

---

① 与殖民计划相呼应,蒂利（Tilly）通过直接统治代替间接统治描述了欧洲民族国家的建立过程（*Coercion, Capital, and European States*, pp. 103 – 126）。

② Donald Chisholm, *Coordination Without Hierarchy: Informal Structures in Multiorganizational Systems* (Berkeley: University of California Press, 1989), p. 10.

③ 本尼迪克特·安德森很好地描述了这个过程:"在它（殖民国家）所设想地图的指引下,它建立了新的教育、司法、公共卫生、警察和移民机关,它们是建立在种族等级制度基础上的,种族等级制度总是在一些并行的系列中被理解的。人们在不同的学校、法庭、诊所、警察局和移民局之间的往来构成了一个'交通习惯',这一习惯赋予国家的早期幻想以真实的社会生活。"（*Imagined Communities*, p. 169.） 在 Philip Corrigan and Derek Sayer, *The Great Arch: English State Formation as Cultural Revolution* (Oxford: Blackwell, 1991) 中可以看到英格兰国家建设中有关文化方面的相关争论。

更长期的影响。比如你要维护你对土地的权利，你通常必须使用所谓的土地契约，并在专为此目的而建立的法庭上为自己辩护。你如果想要有任何法律地位，就必须要有官方认为可以作为公民身份的证据，这些文件可以是出生证明、护照或是身份证。国家机构所使用的分类并非仅仅使他们的环境更清晰；他们是权威的曲调，大多数人都必须要与之合拍。

第二部分

转变中的视野

第三章　独裁主义的极端现代主义

在早晨的码头上，就像一生中第一次一样，我再一次看到，笔直的街道、人行道上闪亮的玻璃、透明住所中神圣的平行六面体、一排排灰蓝色的代码成一个个方阵。这使我觉得，不是过去的人，而是我自己战胜了过去的上帝和过去的生活。
　　——尤金·扎米亚京（Eugene Zamiatin）：《我们》

取代上帝的现代科学消除了障碍（对自由的限制），它也带来空白：高层立法和管理者，世界秩序的设计者和管理者，他们的办公室都已经令人吃惊地空了。需要有东西填充它，不然……整个现代君王宝座的空置会一直吸引空想家和冒险家。包罗一切的秩序与和谐的梦想仍然生动逼真，且显得比过去离我们更近，更在人类触手可及的范围之内。它现在需要依赖世俗的人去实现并保障它的支配地位。
　　——齐格蒙特·鲍曼：《现代性与大屠杀》（Modernity and the Holocaust）

我们已经考察过的国家简单化都带有地图的特点。也就是说，它们被设计出来的目的只在于精确地概括复杂世界中地图制作者最感兴趣的那些方面，而忽略其他的方面。抱怨地图缺少细微的差别和细节没有任何意义，除非它忽略了其功能所必需的信息。如果一张城市地图试图反映城市中的每一个交通灯、每一个坑洼、每一处建筑、公园中的每一处灌木丛和树，这张地图就会像它所描述的城市一样巨大而复杂。[①] 这与描绘地图的

[①] 我的同事保尔·兰道（Paul Landau）告诉我博尔赫斯（Borges）所写的一个故事：国王认为地图没有公正地反映其王国，要制作一张1∶1的地图。当这张地图完成的时候，地图覆盖了整个国土，其所要反映的真实王国反而被掩盖在下面。

初衷适得其反，制作地图是为了抽象和概括。地图只是被设计成达到目的的工具。我们可以判断目的的崇高或卑鄙，但判断地图本身则只是达到或没有达到预期的目的。

在一个接一个的例子中我们已经看到地图在概括它所反映事实的同时明显可以改变事实。当然这种改变的权力并不在地图本身，而是在那些左右特定地图观察视角的力量中。[①] 一个目的在于使木材生长、利润和产量最大化的私营公司也会按照同样的逻辑给它的世界绘出地图，而且会使用它所有的权力普及地图背后的逻辑。实用主义的简单化并非为国家所垄断。而国家希望的至少是它所独有的合法强制实施的权力。从17世纪至今，具有改变现实力量的地图都是由国家——这个社会中最强有力的机构来发明和实施的，其原因就在于此。

直到目前，国家将其计划强加给社会的能力还受到其有限的野心和能力的限制。尽管调控社会的乌托邦野心可以追溯到启蒙主义思想，以及过去的宗教和军事行动，但18世纪欧洲国家主要还是征取的工具。国家官员，特别是专制主义下的官员，的确对他们王国的人口、土地制度、生产和贸易做了比他们前任更多的调查，从农村征取税收、谷物和兵源的效率都提高了。但在他们要求进行绝对统治的时候也有很多问题，他们缺少内在一致的强制权力、详细的行政坐标，或者允许他们进行更深入的社会工程试验的详细知识。为了实现他们不断增长的雄心，他们需要野心更大、完成任务能力更强的国家机器和他们可以控制的社会。在19世纪中期的西方和20世纪早期的其他各国，这些条件都具备了。

我认为多数19世纪晚期和20世纪国家发展的悲剧都来源于三个因素致命的结合。第一个因素是建立对自然和社会管理秩序的雄心。我们在科学林业的工作中已经看到了这种雄心，但这里它已经发展到非常广泛和疯狂的地步。"极端现代主义"（High Modernism）可能是表述这种雄心的合

[①] 一个普通的例子可以帮助我们的理解。一个现代的公民，即使在自由民主的国家中，经常遇到的困难也是无法将他特殊的情况反映给权力机构。官员所使用的简单化的图表是被设计来反映他所面对的所有情况。一旦决定了将这个案例放进哪一个文件柜或分类架，所采取的行动或遵循的方案就都是事前准备好的。职员所做的只是尽可能将案例放进合适的分类中，而公民往往徒劳地反对被作为某一类情况对待，而希望被作为特殊的情况来考察。

第三章 独裁主义的极端现代主义

适词语。① 作为信仰，它为许多不同的政治派别所接受。它主要的倡导者和传播者是下列组织的先锋：工程师、设计师、技师、高层管理人员、建筑师、科学家和预想家。假设我们要建立一个极端现代主义人物的万神殿或纪念馆，下面这些人一定要进入：圣西门（Henri Comte de Saint-Simon）、勒·柯布西耶（Le Corbusier）、瓦尔特·拉特瑙（Walther Rathenau）、罗伯特·麦克纳马拉（Robert McNamara）、罗伯特·摩西（Robert Moses）、让·莫内（Jean Monnet）、伊朗国王、戴维·利连索尔（David Lilienthal）、弗拉基米尔·I. 列宁、列奥·托洛茨基、朱利叶斯·尼雷尔（Julius Nyerere）。② 他们设想了全面理性的社会工程，这些工程包罗社会生活的方方面面以改善人类生活。作为一种信仰，极端现代主义并非为某种政治倾向所独有：我们将会看到，左翼和右翼都有极端现代主义。第二个因素是毫无节制地滥用现代国家权力作为达到目标的工具。第三个因素是缺乏抵制这些计划能力的软弱和顺从的市民社会。极端现代主义意识形态提供了欲望，现代国家提供了实现欲望的工具，无能的市民社会则为建筑（反）乌托邦提供了平整的基础。

我们将很快回来讨论极端现代主义的前提。在这里要提请注意的是，20 世纪国家造成的许多大灾难都是统治者进行其社会巨大乌托邦计划的结果。纳粹主义可以被作为例子来分析右翼极端现代主义者的乌托

---

① 我从大卫·哈维（David Harvey）的《后现代主义的条件：社会变迁起源的探索》[*The Condition of Post-Modernity: An Enquiry into the Origins of Social Change* (Oxford: Basil Blackwell, 1989)] 中借用了"极端现代主义"（High Modernism）一词。哈维将这类现代主义的顶峰时期定为第二次世界大战以后。他所关注的主要是资本主义和生产组织。"对在知识和生产标准化条件下的'直线进步、绝对真理和对理想社会秩序的理性计划'的信念特别强烈。现代主义引出的结果是'积极的、技术统治的和理性的'；与此同时，现代主义作为先锋派精英的设计者、艺术家、建筑师、批评家和其他高品位的守护人的工作被公之于众。欧洲经济'现代化'的进步很快，人们都相信，国际政治和贸易将给落后的第三世界带来福祉和迅速的'现代化'"（第35页）。

② 在美国关于"公共企业家"的案例研究，见 Eugene Lewis's study of Hyman Rickover, J. Edgar Hoover and Robert Moses, *Public Entrepreneurs: Toward a Theory of Bureaucratic Political Power: The Organizational Lives of Hyman Rickover, J. Edgar Hoover, and Robert Moses* (Bloomington: Indiana University Press, 1980)。如同拉特瑙一样，莫内在协助组织对英国和法国的跨大西洋战备物资供应时同样经历了第一次世界大战的经济动员，在第二次世界大战时他继续承担这一角色。在战后组织协调法国和德国的煤炭和钢铁生产整体化的时候，他已经有几十年的跨国管理经验。见 Franois Duchene, *Jean Monnet: The First Statesman of Interdependence* (New York: Norton, 1995)。

邦主义。①南非种族隔离下的巨大社会工程、伊朗国王的现代化计划、越南的村庄化以及许多后殖民时代的发展项目［如苏丹的杰洛拉（Gezira）项目］都属于这一类。②当然并不否认，20世纪多数的大型国家强制社会工程还是由进步的、经常是革命的精英进行的。为什么会这样？

我相信原因在于，对现存社会具有全面深入评价的进步分子往往掌握权力并被授权改变（至少在开始时）现存状况。这些进步分子都想使用权力改变人们的习惯、工作、生活方式、道德行为和世界观。③如同瓦茨拉夫·哈维尔（Václav Havel）所说的，他们已经部署了"全面社会工程的装甲部队"。④乌托邦抱负本身并不可怕。如奥斯卡·王尔德（Oscar Wilde）所说："没有乌托邦的世界地图根本不值得一看，因为它缺少人类常驻的国度。"⑤但当为统治精英所掌握，而这些精英不承诺民主或公民权利，并为了达到目标毫无节制地使用国家权力的时候，乌托邦的幻想就会走向错误。当接受乌托邦试验的社会没有任何抵制能力时，乌托邦的幻想就会走向致命的错误。

那么，什么是极端现代主义呢？最好将其理解为对科学和技术进步的强烈的（甚至是僵化的）信念。这些进步与1830年到第一次世界大战期间西欧和北美的工业化紧密地联系在一起。其中心就是对持续的线性进步、科学技术知识的发展、生产的扩大、社会秩序的理性设计、不断满足

---

① 这里我不想过多争论，但我认为最好将纳粹主义理解为反动形式的现代主义。如同进步的左翼，纳粹精英也有一个很宏大的国家强制社会工程构想，包括种族灭绝、驱逐、强制绝育和有选择的养育，以及那些目的在于"改善"人类基因的活动。齐格蒙特·鲍曼在《现代性与大屠杀》[*Modernity and the Holocaust* (Oxford University Press, 1989)]中将纳粹主义作为有害现代主义形式做了出色和可信的分析。同样的观点还可参见 Jeffrey Herf, *Reactionary Modernism: Technology, Culture and Politics in Weimar and the Third Reich* (Cambridge: Cambridge University Press, 1984) 和 Norbert Frei, *National Socialist Rule in Germany: The Führer State, 1933–1945*, trans. by Simon B. Steyne, (Oxford: Oxford University Press, 1993)。

② 感谢詹姆斯·福格森提醒我，反动的极端现代主义与进步的同样很普遍。

③ 无论如何这不是为保守主义辩护。所有的保守主义都不关注公民自由，可能倚赖野蛮手段保持权力。但是他们的野心和狂妄都还有限，他们的计划（对比那些反动的现代主义）并不一定需要颠覆社会去创造新集体、新家庭、群体忠诚和新人民。

④ Václav Havel, address given at Victoria University, Wellinton, New Zealand, on March 31, 1995, reprinted in the *New York Review of Books* 42 (1995): 36.

⑤ Quoted in Zygmunt Bauman, *Socialism: The Active Utopia* (New York: Holmes and Meier, 1976), p. 11.

人类需要以及与随时对自然规律的科学理解相应的不断增长的对控制自然（包括人类本性）的超强自信。① 因此极端现代主义是一个关于将科技进步应用于——往往通过国家——人类活动各领域的全盘幻想。② 如果说，像我们所看到的，国家简单化和实用主义的描述倾向于通过国家权力的活动按照其表述来改变事实，那么可以说极端现代主义国家开始于一个全方位的新社会药方，并意图将其实现。

在19世纪末的西方，一个人很难不成为某种现代主义者。一个人怎么可能不被科学和工业带来的变化震惊，甚至产生敬畏呢？在英国的曼彻斯特，任何一位60岁的人在其一生中就可以见证棉花和羊毛织品加工的革命、工厂体系的成长以及蒸汽机的应用和其他令人吃惊的用于生产的新机械设备、冶金和交通（特别是铁路）的巨大突破、大量生产的廉价商品的出现。化学、物理、医药、数学、工程都取得了惊人的进步，在这种情况下，任何一个对科学有丁点儿关注的人，都会期望奇迹不断出现（如内燃机和电）。19世纪前所未有的变革使许多人贫穷并被边缘化，但甚至受害者也意识到变革的到来。这些在今天都显得太天真了，因为我们已对技术进步的限制和成本有了更清醒的认识，对任何极权主义话语都有了后现代的怀疑主义。但新的观感还是忽略了现代主义的假想在我们生活中的普及程度，特别是忽略了成为极端现代主义核心内容的巨大热情和对革命的过分自信。

社会的发现

从描述到开处方的道路并不是潜意识不经意产生的，而是深思熟虑的行动结果。启蒙运动关于编制法典的思想与其说是为了反映民众特殊的风俗和实践，不如说是通过编纂和概括那些合理的习俗，以禁止那些模糊和

---

① 关于独裁环境决定论的历史演变的富有启发性的讨论，见 Douglas R. Weiner, "Demythologizing Environmentalism," *Journal of the History of Biology* 25 (1992): 385–411.
② 见 Michael Adas, *Machines as the Measure of Men: Science, Technology, and Ideologies of Western Dominance* (Ithaca: Cornell University Press, 1989) and Marshall Berman, *All That Is Solid Melts into Air: The Experience of Modernity* (New York: Penguin, 1988). 我认为，极端现代主义中的新内容并非其全面计划的志向。许多帝国和专制主义国家都有类似的抱负。其不同之处在于行政管理技术和社会知识使他们可以设想按照原来只有军队和修道院才有的组织方式将整个社会组织起来。米歇尔·福柯在《规训与惩罚》[*Discipline and Punish: The Birth of the Prison*, trans. by Alan Sheridan (New York: Vintage Books, 1977)] 中关于这方面的讨论是很有说服力的。

野蛮,从而建立一个文化共同体。① 在整个王国建立统一的重量和度量标准有比方便贸易更大的目的;新的标准意在表达和推动新的文化统一。早在从事这一文化革命所用的工具存在之前,启蒙主义的思想家,如孔多塞,就已经预见到了工具的产生。他在1782年写道:"那些几乎是在我们同时代产生的,研究对象是人类自身的科学,其直接目的在于使人类幸福,它们将像物理学一样取得进步。这理念是如此甜蜜,我们的后代在智慧和知识上都将超越我们,这不久就会成为现实。至于道德科学的本质,显而易见,它们也像物理科学一样基于观察事实。它们必遵循同样的方法,要求同样准确和精确的语言,达到同样的确定性水平。"② 孔多塞眼中的闪光到19世纪中叶成为被积极实施的乌托邦项目。过去被应用于林业、重量和度量、赋税和工厂的简单化和理性化现在则被应用于整个社会的设计。③ 这样产生了工业般强有力的社会工程。工厂和森林还可能由私营企业家来设计,而操纵整个社会的雄心只能由民族国家的项目完成。

新的国家角色的观念代表了根本的变革。在这之前,国家主要限于扩大君主财富和权力的活动,如同科学林业和财政科学的例子所表现的。国家的中心目的之一在于改善社会所有成员——他们的健康、技能和教育、寿命、生产力、伦理和家庭生活——这一观念是很新奇的。④ 当然,新旧国家概念之间有着直接关系。一个改善了人民技能、活力、道德和工作习惯的国家必然可以扩大其税收基础和建立更好的军队,这也是任何一个开明君主所追求的政策。从19世纪起,人民的福利也越来越不仅仅被看作强化国家能力的工具,而是被看作目的本身。

这一改变的根本前提是对社会的发现,它是一个与国家分离的,可以加以科学描述的具体对象。从这个角度说,人口统计知识——年龄、职

---

① Witold Kula, *Measures and Men*, trans. by R. Szreter (Princeton: Princeton University Press, 1986), p. 211.
② Ian Hacking, *The Taming of Chance* (Cambridge: Cambridge University Press, 1990), p. 38. 几年后雅各宾派第一次尝试通过改变社会秩序来建设实际的幸福。如同圣茹斯特(Saint-Just)所说的,"幸福的理念在欧洲是新的"。见 Albert O. Hirschman, "Rival Interpretation of Market Society: Civilizing, Destructive, or Feeble", *Journal of Economic Literature* 20 (1982): 1463–1484。
③ 我非常感谢詹姆斯·福格森,在对本书的初稿所提的意见中,他指出了这一方向。
④ 比如可参见 Graham Buschell, Colin Gordon and Peter Miller, eds., *The Foucault Effect: Studies in Governmentality* (London: Harvester Wheatsheaf, 1991), chap. 4。

业、生育、是否识字、财产所有权、对法律的服从与否（可以用犯罪统计表示）——的产生使国家官员可以用新的精细方法对人口进行分类，如同科学森林使林业官员可以详细地描述森林一样。伊恩·哈金举例解释了自杀或谋杀率如何反映了一个民族的特征，依此可以做出杀人案例的"预算"，也就是每年"支出"多少，就像会计账中的常规支出，尽管不知道具体的杀人犯和受害者是谁。① 统计事实被加工成社会规律。从简单地描述社会到以完善为目的的设计和操纵社会，两者的区别只是一小步。如果能重塑自然，设计一个更合适的森林，为什么不能重塑社会，建立一个更合适的人群呢？

　　干预的范围可以是无止境的。社会成为国家管理和改变的对象，意图在于使之走向完善。一个进步的民族国家要按照新道德科学的先进标准操作社会。那些为早期国家作为既成事实所接受的，并在国家监督下自我复制的原有社会秩序第一次成为管理对象。人工的、被操作的社会完全有可能被按照经过思考的、理性的和科学的标准设计，而不是成为习惯或历史偶然性的产物。社会秩序中的各个角落都可加以改进：个人卫生、饮食、儿童养育、住房、姿态、娱乐、家庭结构，以及声名狼藉的人类遗传基因。②贫穷的工人往往成为科学社会计划的首选对象。③ 发展的城市和公共卫生政策制定了改善他们日常生活的计划，并由模范工业镇和新建立的福利机构实施。可能形成潜在威胁的一些问题人群——如穷人、流浪汉、精神病患者和罪犯——有可能成为最彻底的社会工程所要解决的问题。④

---

① Hacking, *The Taming of Chance*, p.105. 哈金清楚地说明了统计"平均"如何被转换成正常的，而正常的又如何反过来成为社会工程要达到的标准。

② 现有许多历史研究清楚地说明，对优生工程的支持在西方是如何普遍。在进化论者中，对国家需要为保护种族的身体和精神特征而进行干预的信念非常普遍，几乎发动了一个国际社会运动。到1926年，美国48个州中有23个州有允许绝育的法律。

③ 见 Gareth Stedman-Jones, *Languages of Class: Studies in English Working-Class History, 1832–1982* (Cambridge: Cambridge University Press, 1983)。认识到下面这一点是很重要的，在西方权力下殖民地开展的"文明化任务"比对本国下层人群所实施的同化和文明化，不论在农村或城市，其开始都来得晚。之所以有这种区别，可能是殖民地官员对客体化的外族人有更大的强制权力，因此有更大的社会操作能力。

④ C. S. Lewis, *That Hideous Strength: A Modern Fairy Tale for Crown-Ups* (New York: Macmillan, 1946). 这是一部科学幻想小说，讲述了如何创造一个不受"自然"限制的、"技术化的和客观的人"。

齐格蒙特·鲍曼建议用园艺来比喻这种新的精神。园艺师（也许在正式花园中担任景观建设的建筑师是最贴切的类比）将一个自然场所加工成完全人工设计的有秩序的植物空间——尽管植物的有机特征对结果有所限制，但园丁在整体布局和整形、剪枝、种植和清除所选定植物方面还有很大的选择权。未经整理的森林与长期管理的科学森林之间的关系就像未加工的自然与花园的关系一样。在花园中，人类将自己的秩序、效用和美的原则赋予自然。① 在花园里生长的都是从可以种在那里的植物群中挑选出来的一小群。与此类似，社会工程师精心设计并保持了比较完善的社会秩序。启蒙主义者关于人类自我进步的信念逐步成为社会秩序完善性的信念。

社会公共工程的一个大悖论是，它显得与现代性的经验格格不入。社会的突出特征是在流动，要停止其流动就好比要管理旋风一样。许多人会同意马克思的观点："生产的不断变革，一切社会状况不停地动荡，永远的不安定和变动，这就是资产阶级时代不同于过去一切时代的地方。"② 现代性的经验（文学、艺术、工业、交通和流行文化）首先是令人眩晕的速度、运动和变化的经验，那些自封的现代主义者从中感到兴奋和自由。③ 解决这一悖论最好的方法是假设那些社会的设计者如同机车的设计者一样，头脑中有个"流线型"意识。不是要停止社会变迁，而是对社会生活有个良好的设计，从而将进步中的摩擦减至最小。但是这种解决办法的困难在于国家社会工程本质上的独裁性。本应有多个发明和变化的源头，却被单一的计划权威取代，本应有的现存社会生活的弹性和自主被指定、固定的社会秩序取代。走向多种形式的"社会标本制作术"的趋势是不可避免的。

---

① "野性"花园是一个有趣且有问题的例子，在那里"无序"的形状是经过精心设计的，这是一个美学设计的问题，要复制未经加工的自然，从而对人的视觉产生影响。但正像模拟自然的动物园一样，困难之处在于，模拟自然的设计不可允许动物吃其他的动物！
② Karl Marx, *Communist Manifesto*, quoted in Berman, *All That is Solid Melts into Air*, p. 95.
③ 代替火车的飞机在很多方面就是 20 世纪早期现代性的印象。1913 年，未来派艺术家和剧作家卡西米亚·马列维奇（Kazimir Malevich）创作了名为《战胜太阳》（*Victory over the Sun*）的戏剧。在最后一幕中，观众听到从幕后传来的推进器的轰鸣，表明在未来主义国家，重力已经被克服。勒·柯布西耶就是一个近代的马列维奇，他认为飞机是新时代的统治符号。关于飞机的影响，见 Robert Wohl, *A Passion for Wings: Aviation and the Western Imagination, 1908–1918* (New Haven: Yale University Press, 1996)。

极端现代主义的激进权威

> 真实的情况是,我们要将科学应用于社会问题,并得到国家全部力量的支持,正像过去国家全力支持战争一样。
> ——C. S. 刘易斯(C. S. Lewis):《可怕的力量》
> (*That Hideous Strength*)

极端现代主义的困境主要来自于它用科学知识的权威讨论改善人们的生存状态并排斥其他不同的看法。

首先也是最重要的,极端现代主义意味着与历史和传统的真正决裂。如果理性的思维和科学规律对任何实际问题都能提供单一的答案,那么就没有什么是理所当然的了。从家庭结构、居住模式到道德观和生产方式,所有人类继承的习惯和实践都不是基于科学推理,都需要被重新考察和设计。过去的结构多是神话、迷信和宗教偏见的产物。科学设计的生产和社会生活计划比承袭的传统更先进。

这种观点深深地根植于极端现代主义。如果规划的社会秩序比偶然的、非理性的历史实践沉淀更好,那么就可以得出两个结论。首先,只有那些掌握科学知识,能够识别和创造这些先进社会秩序的人才适合在新时代掌权;其次,那些落后无知从而拒绝科学计划的人应被教育,不然就靠边站。强烈的极端现代主义的典型,如同列宁和勒·柯布西耶所建立的,养成了他们对所干预对象的冷酷无情。最激进的极端现代主义设想要扫除一切原有的错误,从零开始。①

因此极端现代主义意识形态倾向于贬低或排除政治。政治利益只能使专家所设立的社会目标失败,这些专家有适合他们分析的科学工具。作为个人,极端现代主义者可能对民权抱着民主的观点,或者对限制他们的私人领域的不可侵犯性持古典自由主义观点,但这样的信念往往游离于他们的极端现代主义信念之外,两者经常发生冲突。

尽管极端现代主义者设想的是重塑社会习惯和人类本性自身,但他们往往开始于无限的野心,要按照人类的目的改造自然——这一野心是他们

---

① 雅各宾派正是这样希望。他们的立法要从"第一年",而且要按照新的世俗的系统重新命名日期。波尔布特统治是从"零年"开始,标志着全新柬埔寨的产生。

信念的核心。《共产党宣言》中对技术进步的赞歌表明了具有不同政治主张的知识分子是如何被乌托邦的可能性彻底打动的。马克思和恩格斯写道:"自然力的征服、机器的采用、化学在工业和农业中的应用、蒸汽动力的船舶、铁路的通行、电报的使用、整个大陆的开垦、运河的修筑、仿佛用法术从地下呼唤出来的大量人口。"① 资本主义的发展使这些承诺成为可能,而这正是马克思社会主义的起点,它将第一次使资本主义的成果服务于工人阶级。19世纪末的知识界充满了这些大型工程计划,如1869年建成的苏伊士运河对欧亚贸易产生了巨大影响。圣西门空想社会主义的喉舌——《环球》刊登了关于大型工程——巴拿马运河的建设、美国的发展、影响深远的能源和交通项目——的无数讨论。人类(man)为了自身的利益和安全,最终必然要驯服自然的信念可能是极端现代主义的基础,但是也有一部分原因是许多大型冒险事业已经取得成功。②

这一预想的独裁或中央集权含义是很清楚的。这些项目的规模宏大,除了少数情况(如早期的运河),它们都需要通过税收或信贷投入大量资金。尽管在资本主义经济中,这些项目可以由私人投资,但它们仍然需要公共权威来征用私有财产、违背个人意愿迁移、保证所需要的信贷和债券、协调相关政府部门的工作。在中央集权的国家,不论是路易·拿破仑的法国还是列宁的苏联,政治体制中已经有了这种权力。在非中央集权的国家,这样的项目需要新的政治权威或有着半政府权力的"超级机构"——它们可以将人送到月球;或者建立水坝、灌溉系统、高速公路以及公共交通系统。

极端现代主义关注的时间几乎只有未来。虽然任何致力于进步的意识形态都会特别关注未来,但极端现代主义将此发展到极致。过去是障碍,是必将被超越的历史;现在则是开创更好未来的计划平台。极端现代主义话语,以及采用了它的各国的宣言的关键特征就是其严重依赖面向全新未来的巨大进步的视觉形象。③ 对未来的战略选择导致不同的结果。未来越是可知和可以实现——这是进步的信念鼓励人们坚信的——那么未来的福利就越少被不确定性破坏。实践的结果就是大多数极端现代主义者确信,

---

① Harvey, *The Condition of Post-Modernity*, p. 99.
② 在这里使用男性的代词并非是习惯,而是经过深思熟虑的。见 Carolyn Merchant, *The Death of Nature: Women, Ecology, and the Scientific Revolution* (San Francisco: Harper, 1980)。
③ 比如,可参见 Margaret M. Bullitt, "Toward a Marxist Theory of Aesthetics: The Development of Socialist Realism in the Soviet Union," *Russian Review* 35 (1976): 53–76。

要达到可靠的美好未来需要暂时的牺牲。① 社会主义国家普遍存在的五年计划就是这一信念的例子。通过一系列预先确定的目标——主要是物质的、可以度量的——体现出进步,这些目标可以通过储蓄、劳动力,同时还有投资实现。当然有时候没有其他可选择的计划,特别是面对单一紧急目标的时候,若要赢得战争,其他的目标只能服从这一目标。这种活动的内在逻辑意味着对未来、对直接服务于目标的计算以及对所幻想的人类福利在某种程度上的确定性。但是这些计划不得不经常被调整或被放弃,这说明计划背后的假设是如何的雄心勃勃。

在这方面,极端现代主义应该对能从中获得最大收益的阶级或阶层有最大吸引力——从世俗观点看,收益包括地位、权力或财富。事实上它是官僚知识分子、技师、规划专家和工程师的典型意识形态。② 他们的位置不仅仅意味着统治和特权,同时还意味着对民族建设和社会转型所承担的责任。当这些知识分子认为自己的责任是将技术落后、未受教育、有着自给自足倾向的人带入20世纪的时候,他们自我认定的人民教育者角色就会剧烈膨胀。承担了如此重大的历史使命使占统治地位的知识分子有信心、善于团结,并愿意做出(或者强加)牺牲。关于伟大未来的幻想与精英在日常生活中常见的混乱、苦难和为了一点利益的争夺形成鲜明对照。完全可以想象,面对现实世界越难对付和充满抵抗,规划者越需要空想计划来填充这一空间,否则就会导致绝望。阐述这些计划的精英无形中将他们自己表现为同胞要追随的学习和进步榜样。既然极端现代主义言论有着意识形态的优势,有如此多的后殖民主义精英追随在它的旗帜下也就不奇怪了。③

在今天看来,我们对极端现代主义者胆大妄为的冷酷解释在一个很重要的方面是很不公平的。如果我们将极端现代主义信念的发展置于其历史背景下,如果我们要问谁是极端现代主义的敌人,就会得出一个更易引起

---

① Baruch Knei-Paz, Can Historical Consequences Falsify Ideas? Or, Karl Marx After the Collapse of the Soviet Union (Paper presented to Political Theory Workshop, Department of political science, Yale University, New Haven, November 1994).
② 雷蒙·阿隆(Raymond Aron)的预言式反对意见是这方面的最重要文献,见 *The Opium of the Intellectuals*, trans. by Terence Kilmartin (London: Secker and Warburg, 1957)。
③ 规模越大、资本越密集、越中央集权的项目所要求的权力就越大,追随者也越多。对在这种背景下的防洪项目和世界银行项目的批评,见 James K. Boyce, "Birth of a Megaproject: Political Economy of Flood Control in Bangladesh," *Environmental Management* 14 (1990): 419-428。

共鸣的图景。掌握了新知识的医生和公共卫生专家可以救活成千上万的人口，但流行的偏见和受保护的政治利益却阻碍着他们。城市规划者可以将城市的住房设计得更便宜、更健康和更方便，但不动产的利益和已有的审美观阻碍他。发明家和工程师设计了革命性的新能源和交通方式，但受到了工业家和工人的反对，因为他们的利益和工作会被新技术取代。

对于19世纪的极端现代主义者来说，对自然（包括人类本性）的科学控制是解放性的。"它（这种控制）保证人类从短缺、贫困和自然灾难的不确定性中得到解脱。"戴维·哈维指出："理性社会组织形式和理性思维模式的发展保证了人类从神话、宗教、迷信中被解放，同时也从滥用权力和人类本性的黑暗面中被释放出来。"[①] 在我们转向极端现代主义以后的版本之前，我们要提请注意其19世纪先驱的两个重要事实：第一，所有极端现代主义者的干预都是以寻求帮助和保护公民的名义并在他们协助下实施的；第二，在方方面面，我们都是各种极端现代主义项目的受益人。

20世纪的极端现代主义

建立可行的乌托邦，对整个社会秩序进行彻底和理性的操作，这种观念的出现主要是20世纪的现象。似乎有很多历史土壤特别适合极端现代主义意识形态的生长。这些土壤包括国家权力危机，如战争和经济危机，以及国家不受阻碍的计划能力极大扩张的环境，如革命的权力交替和殖民统治。

20世纪工业战争需要前所未有的社会和经济总动员。[②] 甚至美国和英国这样的自由社会，在战争动员背景下都直接统治了社会。20世纪30年代世界范围的经济危机也同样迫使自由主义国家进行社会和经济计划的试验，以减轻经济困难并保持公众的合法性。在战争和危急情况下，迅速进入统制社会（administered society）是不可控制和不可避免的。重建被战争破坏的国家也属于同样的类型。

革命和殖民主义接受极端现代主义的原因是不同的。革命和殖民主义各自都有非同寻常的权力。已经推翻了旧政治制度的革命国家往往负有使命按照自

---

① Harvey, *The Condition of Post-Modernity*, p. 12.
② 见查尔斯·蒂利的重要理论贡献, *Coercion, Capital and European States, A. D. 990 – 1992* (Oxford: Blackwell, 1990)。

己的蓝图重建社会，它们面对的是一个反抗能力有限的、顺从的市民社会。①大量与革命运动联系在一起的期望更刺激了极端现代主义的野心。殖民主义政权，特别是晚殖民主义政权，经常成为社会工程的集中试验地。②"福利殖民主义"的意识形态和殖民统治内在独裁主义的结合鼓励了重建本土社会的雄伟计划。

如果要精确地指出20世纪极端现代主义"诞生"的具体时间、地点和人物——这被公认为是不确定的，因为极端现代主义有许多思想上的源泉——最有力的例子是第一次世界大战时期德国的动员，最合乎要求的人物是瓦尔特·拉特瑙。德国的经济动员是战争时期的技术奇迹。正是因为拉特瑙计划，德国才能在很多观察家预言其失败后，仍保持军队在战场继续战斗，并有充分供应。③拉特瑙是一个工业工程师，通用电气公司（Allgemeine Elektricitäts-Gesellschaft，AEG）首脑，这家公司是由他父亲创建的一家大型电器公司。他负责战时原材料办公室（Kriegsrohstoffabteilung）。④他认识到，原材料和运输的计划配置是战争持续的关键。由于逐步发明了计划经济，德国在工业生产、军需品和武器的供应、运输和交通控制、价格控制和文官的配置方面都取得了成就，这些都是过去从未尝试的。前所未有的征兵、士兵以及与战争相关工业劳工的动员需要大规模的计划和协调。这样的动员促进了创建"被控制的群众组织"（Administered mass organization）观念的产生，这种组织将涵盖整个社会。⑤

拉特瑙对普遍计划和理性化生产的信念根植于热力学的物理原理和新的应用科学之间的知识连接。对于许多专家来说，狭隘的和唯物的生产力主义将人力作为机械系统对待，它可以被分解为能量转移、运动和工作物

---

① 像布尔什维克的例子一样，国内战争很可能是统一革命权力的代价。
② 白人定居的殖民地（如南非、阿尔及利亚）和镇压叛乱的战争（如越南、阿尔及利亚、阿富汗）引起了大量的人口流动和强制搬迁。大多数情况下，宣称这些综合社会计划是为了受影响人的福利往往是虚假的托词。
③ 这里我要特别感谢乔治·延内的讨论，*The Urge to Mobilize*: *Agrarian Reform in Russia*（Urbana: University of Illinois Press, 1982），pp. 448 – 462。
④ Anson Rabinbach，*The Human Motor*: *Energy, Fatigue, and the Origins of Modernity*（Berkeley: University of California Press, 1992），pp. 260 – 271。远在战前的1907年，拉特瑙与一些建筑师和政治领袖建立了德意志制造同盟（Deutsche Werkbund），其目的在于鼓励在工业和艺术领域的技术创新。
⑤ 见Gregory J. Kasza，*The Conscription Society*: *Administered Mass Organizations*（New Haven: Yale University Press, 1995），特别是第一章，pp. 7 – 25。

理学。将人力简化为孤立的机械效率问题鼓励对整个劳动过程的科学控制。正如安森·洛宾巴赫（Anson Rabinbach）所强调的，19世纪晚期唯物主义形而上学的核心是将技术与生理学等同起来。①

这种生产力主义至少有两个传承，一个是北美，一个是欧洲。美国的贡献来自于弗里德里克·泰勒（Frederick Taylor）影响深远的工作，他将工厂劳动详细地分解成独立、精确和可重复的运动，这开始了工厂工作组织的革命。② 对于工厂经理和工程师来说，新发明的自动流水线使他们可以使用非熟练工人，不仅可以控制生产的速度，而且可以控制整个生产过程。欧洲的"能量学"关注的是运动、疲劳和适当的休息、合理的卫生、营养。这种传统也将工人作为概念上的机器，尽管这种机器需要吃饭并要保持良好的工作秩序。他们用抽象的标准化工人代替具体的工人群体，标准工人有着一致的体能和需求。像泰勒制度一样，威廉皇家生理学研究所（Kaiser Wilhelm Institut für Arbeitsphysiologie）也是建立在将人体理性化的基础上，它最初的目的是提高战争期间前线和工业中的效率。③

两种传统最引人瞩目的是，如此多持不同政治态度的知识精英都相信它们。"泰勒制和技术统治论是由三个因素构成的理想主义共同口号：消除经济和社会危机、通过科学扩大生产力、发挥技术效力。在技术和科学的指令下，社会冲突将被取消，这种社会远景展望可能通过自由主义、社会主义和独裁主义，甚至共产主义和法西斯主义的手段来实现。简单地说，生产力主义对政治主张并无偏好。"④

---

① Rabinbach, *The Human Motor*, p. 290.
② 关于美国技术和生产进步的最近评论，见 Nathan Rosenberg, *Perspectives on Technology* (Cambridge: Cambridge University Press, 1976); Rosenberg, *Inside the Black Box: Technology and Economics* (New York: Cambridge University Press, 1982); Philip Scranton, *Figured Tapestry: Production, Markets and Power in Philadelphia, 1885–1942* (New York: Cambridge University Press, 1989)。
③ 见 Ernest J. Yanorella 和 Herbert Reid 开创性的论文, "From 'Trained Gorilla' to 'Humanware': Repoliticizing the Body-Machine Complex Between Fordism and Post-Fordism," in Theodore R. Schatzki and Wolfgang Natter, eds., *The Social and Political Body* (New York: Guildford Press, 1996), pp. 181–219。
④ Rabinbach, *The Human Motor*, p. 272. 这里洛宾巴赫在解释查尔斯·S. 麦尔（Charles S. Maier）在研讨会上的一篇论文, "Between Taylorism and Technocracy: European Ideologies and the Vision of Industrial Productivity in the 1920's," *Journal of Contemporary History* 5 (1970): 27–63。

生产力主义的不同形式对政治右翼和中间势力的号召力，主要在于承诺用技术解决阶级斗争。如果能够像其拥护者所鼓吹的那样极大地提高工人的产出，那么再分配的政治学就可以被阶级合作取代，利润和工资都会同时增长。对于多数左派来说，生产力主义则承诺用工程师、国家的专家或官员代替资本家。它提出了单一的最佳办法，即"最好实践"来解决工作组织中的所有问题，其结果就是为了全体利益的计算尺式的独裁主义。①

拉特瑙在哲学和经济学方面的训练、战时的计划经验以及他从电力的精确、广泛和转换潜力中引申出了关于社会的结论，这些内容的结合使他学到了丰富的社会组织经验。在战时，私营企业让位于国家社会主义："巨大的工业企业已经超越了名义上的私人所有者和所有财产法律。"② 必需的决策与意识形态无关，技术和经济的需要是它们的强大推动力。专家的统治和新技术的可能性，特别是巨大的电力网络，使新的社会-工业秩序成为可能，它们既是中央集权的，又是地方自治的。战争期间需要工业公司、技术专家和国家的结合，那时拉特瑙已经看到了和平时期社会进步的前景。当重建的技术和经济需求很明显，并且各国都需要类似的合作时，拉特瑙的理性计划信念就带有了国际主义的味道。他将现代性概括为"新的机器秩序……将世界合并为一个无意识的强制性联合体，一个无法打破的从事生产的和谐共同体"。③

第一次世界大战是工程师和计划专家实施政治影响的顶峰时期。在了解了最高可以达到什么目标的前提下，他们设想了如果将同样的能量和计划用于大众福利而不是大幅破坏会有什么样的结果。在与许多政治领袖、工业家和劳工领袖、著名知识分子［如英国的菲利普·吉布斯（Philip Gibbs）、德国的恩斯特·荣格（Ernst Jünger）、法国的古斯塔夫·勒本

---

① 在美国，托斯丹·凡勃伦（Thorstein Veblen）是解释这个观点最出名的社会科学家。明确表达这一意识形态的文学著作有辛克莱·刘易斯（Sinclair Lewis）的《阿罗史密斯》（*Arrowsmith*）和安·兰德（Ayn Rand）的《源泉》（*Fountainhead*），它们从完全不同的政治角度来研究这个问题。

② Rabinbach, *The Human Motor*, p. 452. 拉特瑙的著作包括《即将到来的事物》（*Von kommenden Dingen*）和《新经济》（*Die Neue Wirtschaft*），后一本是战后写的。

③ Walther Rathenau, *Von Kommenden Dingen* (1916), quoted in Maier, "Between Taylorism and Technocracy", p. 47. 麦尔指出，德国战时取得资本与劳工的和谐最终是以破坏性的通货膨胀为代价的。

(Gustave Le Bon)]的共同努力下,他们最终同意,只有重建和全面投入到技术创新和依靠技术创新的计划中,才能重建欧洲经济和社会和平。①

德国工业动员的成就给予列宁深刻印象,他相信这正是生产社会化的正确途径。正像列宁认为马克思发现了同达尔文进化论一样永恒的社会规律,他相信大众化生产的新技术是科学规律,而不是社会建构。在1917年十月革命前的一个月,列宁写道:战争"已经将资本主义的发展加速到如此的巨大程度,垄断资本主义被转变为**国家**垄断资本主义,无论是无产阶级或者革命的小资产阶级民主派都无法存在于资本主义范围之内。"② 他和他的经济顾问将拉特瑙和莫俗多夫的工作直接引入了苏维埃的经济计划。对于列宁来说,德国战时经济"是现代大规模的资本主义技术、计划和组织的最高形式"。他将这作为社会化经济的原型。③ 如果现在的国家是在工人阶级代表手中,那社会主义制度的基础就已经存在了。如果忽略革命者夺取了政权的重要事实的话,列宁关于未来的设想与拉特瑙很相似。

列宁很快地认识到工厂中的泰勒制度对社会主义控制生产的意义。尽管在早期他指责过这类技术,称之为"对血汗的科学剥夺",但是到了革命时期他已成为德国系统控制的热情拥护者。他赞美"建立于最现代的机械化工业的纪律、组织和协调合作的原理:最严格的责任和控制

---

① Michael Adas, *Machines as the Measure of Men: Science, Technology, and Ideologies of Western Dominance* (Ithaca: Cornell University Press, 1989), p. 380. 谢尔登·沃林 (Sheldon Wolin) 在《政治与观点:西方政治思想的连续性与创新》[*Politics and Vision: Continuity and Innovation in Western Political Thought* (Boston: Little, Brown, 1960)] 一书中提供了一系列有共同思想的思想家名单,在政治上,从法西斯主义和国家主义一直到自由、社会民主和共产主义;在地域上则包括了法国、德国、奥地利-普鲁士[普鲁士的理查德·冯·莫伦多夫 (Richard von Moellendorf) 是一位国际法专家,与拉特瑙联合管理了战后经济]、意大利[安东尼奥·葛兰西 (Antonio Gramsci) 是左翼,法西斯主义者马西莫·罗卡 (Masimo Rocca) 和贝尼托·墨索里尼 (Benito Mussolini) 是右翼] 以及俄国[阿列克谢·卡普托诺夫克·加斯托夫 (Alexej Kapitonovik Gastev) 被称为"苏维埃的泰勒"]。

② V. I. Lenin, *The Agrarian Programme of Social-Democracy in the First Russian Revolution, 1905–1907*, 2nd rev. ed (Moscow: Progress Publishers, 1954), p. 195. 写于1917年9月28日(重点为本书作者后加)。

③ Leon Smolinski, "Lenin and Economic Planning", *Studies in Comparative Communism* 2 (1969): 99. 斯莫林斯基(Smolinski)指出,列宁和托洛茨基很清楚,电力的集中如何使农民依赖于中央,并使国家控制农业生产成为可能(第106~107页)。

制度"。①

> 资本主义在这方面的最新成就泰勒制,同资本主义其他一切进步的东西一样,既是资产阶级剥削的最巧妙的残酷手段,又包含了一系列最丰富的科学成就,它分析劳动中的机械动作,省去多余的笨拙的动作,制定最适当的工作方法,实行最完善的计算和方法,等等。苏维埃共和国无论如何都要采用这方面一切有价值的科学技术成果……应该在俄国组织对泰勒制的研究和传授,有系统地试行这种制度并使之适用。②

1918年由于生产的下降,他开始提倡严格的工作纪律,如果需要,可以重新恢复可恶的计件工资。1921年召开了全俄科学管理动员大会,会上泰勒制的倡导者和能量学拥护者(也被称为人体工程学)进行了争论。当时在苏联至少有20个研究所和同样多的杂志都在研究科学管理。对于列宁这样独裁的极端现代主义的革命者,宏观层面的指令经济和在工厂微观层面的中心协调的泰勒制提供了吸引人的、相互依存的制度。

尽管它们很吸引独裁者,但20世纪的极端现代主义经常遭遇抵制。其原因不仅复杂,而且各自都不相同。这里我不想详细地考察极端现代主义计划的所有潜在障碍,但需要特别注意的是自由民主观念和制度所形成的特殊制约。这里有三个关键因素。第一个就是私人空间信念的存在,这是国家及其机构无权干涉的。然而如同曼海姆(Mannheim)指出的,这一自主地带一直处于被包围之中,国家干涉一直将其作为目标。米歇尔·福柯的大部分工作就是试图将对以下方面——健康、性、精神病、流浪、卫生的干涉表现出来,并找出其背后的规律。然而,无论是通过其自身的政治

---

① Lenin, *Works*, vol. 27 (Moscow, 1972), p163, quoted in Ranier Traub, "Lenin and Taylor: The Fate of 'Scientific Management' in the (Early) Soviet Union", trans. by Judy Joseph, *Telos* 34 (1978): 82–92 [originally published in *Kursbuch* 43 (1976)]。在俄国,泰勒制的"游吟诗人"是阿里科谢·卡普托诺夫克·加斯托夫(Alexej Kapitonovik Gastev),他的诗和文章将人与机器"结合"的可能加以诗化:"许多人反对将人类作为螺钉、螺母和机器对待,但我们必须勇敢地接受,就像接受树的生长和铁路网络扩张一样。"[Ranier Traub, "Lenin and Taylor: The Fate of 'Scientific Management' in the (Early) Soviet Union", p.88.] 20世纪30年代斯大林大清洗的时候,许多劳动研究所被关闭,专家被驱逐或枪毙。

② Lenin, "The Immediate Tasks of the Soviet Government", *Izvestia*, April 28, 1918, cited in Maier, "Between Taylorism and Technocracy", pp. 51, 58.

价值观或对这些干涉可能引起的政治风暴的适度考虑，私人领域的观念还是限制了极端现代主义的野心。

与第一因素密切相连的第二个因素是自由主义政治经济学中的私营部门。如同福柯所说的，与专制主义和重商主义不同，"政治经济学承认对经济过程总体控制的不可知性，因此，统治经济是不可能的"。① 自由主义经济学不仅认为自由市场保护了财产并创造了财富，而且认为经济是非常复杂的，不可能由等级森严的行政部门进行具体管理。②

阻止全面极端现代主义计划的第三个，也是最重要的因素是起作用的代议机构的存在，通过它们，社会的反抗能够表现出其影响。这类机构抵制极端现代主义计划最严厉条款的方式，如同阿马提亚·森（Amartya Sen）论述的开放社会中公开化和动员反对力量预防饥荒所采取的方式一样。阿马提亚·森指出，统治者不会饥饿，他们也不可能了解并采取行动控制饥荒，除非他们的设定位置给他们以强烈的刺激。言论、集会和出版自由可以使饥饿广为人知，而集会和代议机构中的选举自由保证被选举的官员出于自身的利益尽可能地控制饥荒。同样，在自由民主背景下，极端现代主义计划要与地方的意见相互吻合以避免在选举中失败。

但是对未受自由主义政治经济学限制的极端现代主义，最好还是从其所制订的宏大计划和结果方面来理解。现在我们开始讨论极端现代主义的实践——城市规划和革命言论。

---

① Graham Burchell, Colin Gordon and Peter Miller, *The Foucault Effect: Studies in Governmentality* (London: Wheatsheaf, 1991)，这部著作包括了两个演讲和对福柯的访问，见 p.106。
② 20世纪的弗里德里克·哈耶克（Friedrich Hayek）雄辩地阐述了这一观点，他是反对战后计划和福利国家人们的宠儿。特别是可参见 *The Road to Serfdom* (Chicago: University of Chicago Press, 1976)。

第四章 极端现代主义的城市：试验与批评

  聪明的库布来，没有一个人比你更清楚，城市肯定不能和描述它的词语混淆。
  ——伊塔洛·卡尔维诺（Italo Calvino）：《看不见的城市》
  时间是世界上巴洛克概念的致命障碍：它的机械秩序使它不允许增长、变化、改革和更新。简单地说，巴洛克是停滞的成就。它们必须是一挥而就的，作为永远固定和被冻结的成果摆放在那里，就像阿拉伯的夜之魔仆连夜完成的一样。这样的计划需要建筑上的专制君主，他们为一个绝对暴君工作，而这个暴君要活得足够长以实现他们的理念。改变计划的风格、引入其他风格的新鲜因素，都将打破其美学脊梁。
  ——刘易斯·芒福德（Lewis Mumford）：《历史上的城市》

  在上面曼福特的引文中，他的批评主要直接指向皮埃尔-查尔斯·郎方（Pierre-Charles L'Enfant）的华盛顿，也同时批评了一般的巴洛克城市计划。[①] 如果扩大一下范围，曼福特的批评也可以被用于批评瑞士出生的法国作家、画家、建筑家和规划家查尔斯-爱德华·让纳雷（Charles-Edouard Jeanneret）的作品和思想，大家都知道他的职业名字勒·柯布西耶。让纳雷是极端现代主义城市设计的化身，约活跃在1920~1960年。他更是一个有巨大野心的幻想设计家，而不是一个建筑家。他庞大的计划多数都没有建立起来，它们都需要政治决心和很少有统治者能聚集起来的巨大资金。他巨大天才的纪念碑还有一些保留了下来，最著名的可能是印度旁遮普简朴的都城昌迪加尔（Chandigarh）和马赛的住宅大楼（L'Unité d'Habitation），而他的遗产更明显地反映在那些没有建成的宏大计划的逻辑

[①] 我特别感谢塔尔加·伯特丝（Talja Potters），她对本章的第一稿提出了很有见地的评论。

中。他曾为巴黎、阿尔及尔、圣保罗、里约热内卢、布宜诺斯艾利斯、斯德哥尔摩、日内瓦、巴塞罗那设想过城市规划项目。① 他早期的政治态度是索雷尔（Sorel）的工团主义与圣西门空想现代主义的结合。他为苏维埃俄国（1928~1936年）② 和菲利普·贝当（Philippe Pétain）元帅的维希（Vichy）政府做过设计。现代国际建筑师大会雅典宪章［Athens Charter of the Congrés Internationaux d'Architecture Modern（CIAM）］是现代城市计划的重要宣言，最能反映勒·柯布西耶的学说。

勒·柯布西耶是大型的、机器时代、垂直等级和集权城市的极端表现。人们如果要寻找一幅漫画——现代城市主义的老顽固布林普上校（Colonel Blimp）——没有比勒·柯布西耶更合适的了。他的观点非常极端，但很有影响，它有代表性地宣扬了极端现代主义所蕴含的逻辑。以他的勇气、才华和矢志不移，勒·柯布西耶为极端现代主义信仰树立了清晰的图像。③

总体的城市计划

《光辉城市》（Le Ville Radieuse）出版于1933年，1964年做了一些修改以后再版，在这本书中，勒·柯布西耶全面地表达了他的观点。④ 无一例外，勒·柯布西耶的所有计划都是明显的自大。如果说 E. F. 舒马赫（E. F. Schumacher）证实了小的美好，而勒·柯布西耶实际上断言"大是美的"。评价他过度夸张的最好办法是看一下他的三个设计。第一个是巴黎中心邻里计划（Plan Voisin）背后的核心理念（见图4-1）；第二个是布宜诺斯艾利斯的"商业城"（见图4-2）；最后一个是里约热内卢容纳九万人的巨大住房计划（见图4-3）。

---

① 1927年勒·柯布西耶参加了国际联盟宫的设计大赛，他的设计获得第一名，却从未动工。
② 关于这个时期，见 Jean-Louis Cohen, Le Corbusier and the Mystique of the USSR: Theories and Projects for Moscow, 1928-1936 (Princeton: Princeton University Press, 1992)。
③ 关于现代性和美国城市的出色分析，见 Katherine Kia Tehranian, Modernity, Space, and Power: The American City in Discourse and Practice (Cresskill, N. J.: Hampton Press, 1995)。
④ Le Corbusier (Charles-Edouard Jeanneret), The Radiant City: Elements of a Doctrine of Urbanism to Be Used as the Basis of Our Machine-Age Civilization, trans. Pamela Knight (New York: Orion Press, 1964)。最早的法文版是 La ville radieuse: Eléments d'une doctrine d'urbanisme pour l'équipement de la civilisation machiniste (Boulogne: Editions de l'Architecture d'Aujourd'hui, 1933)。下面的分析主要来自它们。

第四章 极端现代主义的城市：试验与批评

图 4-1 勒·柯布西耶的巴黎邻里计划，可容纳 300 万人

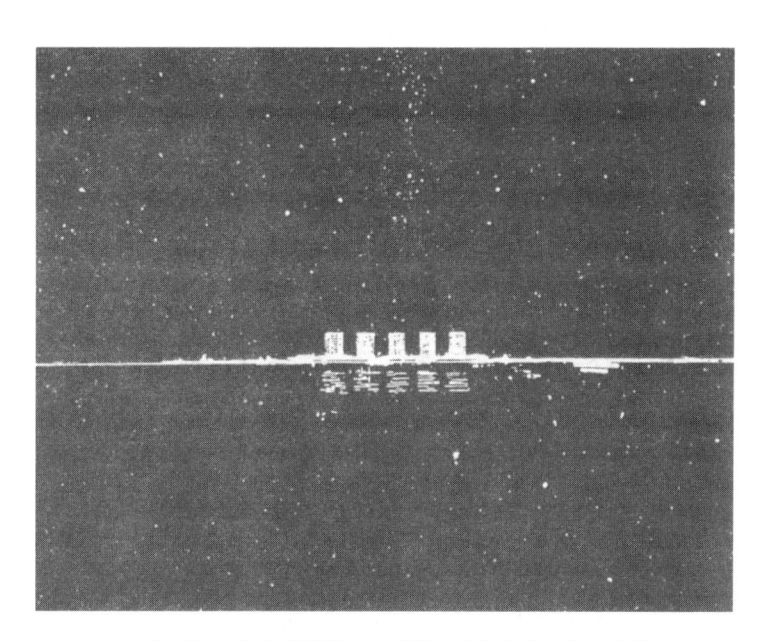

图 4-2 勒·柯布西耶的布宜诺斯艾利斯"商业城"计划
（这是从正在靠近的一条船上所看到的）

这些计划的规模是不言自明的。庞大的规划完全是自我中心的，与原有的城市没有任何协调，新都市景观完全取代了原有的城市。所有计划中，新的城市都有全新的立体特征，其设计就是为了达到形式上强有力的视觉冲击。但值得注意的是，这种冲击只能从远处感受得到。布宜诺斯艾利斯的

图 4-3　勒·柯布西耶的里约热内卢道路和房屋计划

图像是从远处海上看到的，勒·柯布西耶写道，"经过两个星期的越洋航行"，就像现代的克里斯托弗·哥伦布看到了新世界一样。① 里约热内卢也需要从几英里远处，像从飞机上看一样获得视觉冲击。我们从图上看到的是100米高、6公里长的高速公路，两面是连续的15层带状楼群。新的城市真正地雄踞于旧城之上。容纳300万人的巴黎城市规划也要从上面和外面才可以看到，主要街道上星星点点的汽车、高空中的小飞机和直升机都强调了这个距离。任何一个规划都不参考城市的历史、传统，或者建筑所在地点的美学特征。不管如何惊人，所描绘的这些城市没有背景，它们是中性的，可以放在任何地方。除了巨额的建筑费用可以解释这些计划为何没有被采纳之外，勒·柯布西耶拒绝向原有城市的自尊做任何妥协也是原因之一。

勒·柯布西耶对数个世纪城市生活所建立的物质环境完全不能容忍。他对世纪之交的巴黎和欧洲的混乱、黑暗、无序、拥挤和瘟疫流行的环境有许多指责。我们将看到，他的一些指责来自功用和科学的背景；如果一个城市要更有效率和卫生就必然要消除它原有的一些东西。此外他的指责还来自美学的原因。他不能忍受视觉上的混乱。他所试图加以改正的混乱主要不是地面上的混乱，而是从远距离和空中所看到的混乱。② 从关于农村小地块的鸟瞰图的评判中可以看出他的混合动机（见图4-4）："从飞机上看到下面无数被分割成各种*形状混乱*的小地块。现代机械越发

---

① Le Corbusier, *The Radiant City*, p. 220.
② 像许多极端现代主义者一样，勒·柯布西耶对飞机极为着迷。他写道："它像一个建筑师和城市设计者……让我被悬挂在机翼上，从空中做一鸟瞰……现在能看到过去只能主观想象的东西。（空中的观察）为我们的感觉增加了新功能。它是一个新的测量标准，它提供了新的感觉基础。人可以使用它达到新目标。城市将从其余烬中产生。"[Quoted in James Corner and Alex S. MacLean, *Taking Measures Across the American Landscape* (New Haven: Yale University Press, 1996), p. 15]

展,土地越是被分割成小块,越会造成机械没有用处。结果造成了浪费:低效和个人的挣扎。"① 纯粹整齐的秩序至少与适应机械时代是同样重要的。他坚持认为:"建筑是最高级的艺术,它达到了精神上的伟大,数学上的秩序、思考,以及感官层面上的和谐感觉。"②

图 4-4 阿尔萨斯俯瞰图(大约在 1930 年,来自勒·柯布西耶:《光辉城市》)

形式上的简单与功能上的高效率并非是需要加以平衡的两个不同目标,相反,形式上的秩序是效率的前提。勒·柯布西耶给自己确定的任务就是发明一个理想的工业城市,在这个城市中,机械时代背后的"一般真理"要通过简单化的图像体现出来。理想城市是精确和统一的,因此要尽可能少地向原有城市的历史让步。"我们要拒绝向现在我们所处的混乱做哪怕一点点让步,"他写道,"在原有的城市中找不到任何解决问题的办法。"与此不同,他宁可从一个干净的地方建立一个单一的、综合的全新城市作品。勒·柯布西耶的新城市秩序是解析的纯粹形式和无可替代的机械要求的浪漫结合。他使用其特有的夸大语言宣称,"我们以蒸汽船、飞

---

① Le Corbusier, *The Radiant City*, p. 322(重点为本书作者所加)。
② Le Corbusier, *The Radiant City*, p. 121.

机、汽车的名义要求卫生、逻辑、勇敢、和谐和完美的权利"。[1] 在他的眼里，现有的巴黎就像是个"箭猪"或"但丁的地狱"，与此不同，他的城市应该是"有组织的、平静的、有力的、通风的、有序的实体"。[2]

几何学与标准化

当你阅读勒·柯布西耶和看他的建筑草图时，他对简单和重复线条的热爱（癖好）和对复杂的厌恶显而易见。他个人信奉简约的线条，并将这种信奉表现为人类基本的特征。用他自己的话说："当无数不同的因素被放在一起的时候，有可能得到无穷多的组合，人的头脑却失去自我并迷失在各种可能性的迷宫中。控制在此成为不可能。精神的失败必然带来沮丧……理由……是不间断的直线。因此，为了从混乱中拯救自我，为了给自己的存在提供一个可以接受的框架，一个可以保证人类福祉和控制的框架，人类必然要将自然的规律纳入人类精神自我呈现的系统，即几何学。"[3]

当勒·柯布西耶访问纽约时，他完全被曼哈顿中城区的几何逻辑征服。他喜欢他所称的"摩天大楼机器"和街道规划的清晰性："街道之间呈直角相交，思想是解放的。"[4] 另外，勒·柯布西耶回答了他所认为的对那些怀念原有城市——这里指的是巴黎——的各种人的批评。他指出，人们可能会抱怨实际上有各种各样角度的交叉路口，各种交叉角度的变化无穷无尽。"但是，"他回答说，"这正是关键所在。**我要消除所有这一切。我的观点是……我坚持直角的交叉路口。**"[5]

如果可能，勒·柯布西耶会希望将他对直线和直角的热爱赋予机械、科学和自然的权威。然而无论是他辉煌的设计或是他辩论的热情都不能

---

[1] Robert Fishman, *Urban Utopias of the Twentieth Century: Ebenezer Howard, Frank Floyd Wright, and Le Corbusier* (New York: Basic Books, 1977), p. 186.

[2] Le Corbusier, *The Radiant City*, p. 134.

[3] Le Corbusier, *The Radiant City*, pp. 82 – 83.

[4] Le Corbusier, "When the Cathedrals Were White", trans. by Francis Hyslop, quoted in Richard Sennett, *The Conscience of the Eye: The Design and Social Life of Cities* (New York: Norton, 1990), p. 169. 关于勒·柯布西耶 1935 年在美国一年的访问，见 Mardges Bacon, *Le Corbusier in America: Travels in the Land of the Timid* (forthcoming)。勒·柯布西耶在美国没有得到他希望的任务，原因在于即使是先锋的城市规划者也不能接受他那彻底破坏性的计划。

[5] Le Corbusier, *The Radiant City*, p. 123（重点是原有的）。

成功地支持这一转变。他所崇敬的机械,包括火车、飞机和汽车都有圆或椭圆形状,而不是直角(泪珠形是最好的流线型)。对于科学来说,任何形状都是几何形的:梯形、三角形、圆形。如果纯粹以简单化和效率为标准,为什么不要圆形或球形——以最小的表面积包容了最大空间——却选择正方形和矩形?如同勒·柯布西耶所说的,自然可能是精确的,但是现实生活逻辑是错综复杂和混乱的,没有近年来计算机的帮助根本无法被理解。① 实际情况并非如此,这位伟大的建筑师只是在表达美学观念——对古典线条的强烈喜爱,也就是他所说的高卢的线条:"伟大的直线,法国式的伟大的精确"。② 这是把握空间一种有力的方法。此外他还提供了一个清晰的网格模式,可以在一瞥之间被掌握,并在各个方向上被无限重复。当然,在实践层次上,直线往往非常昂贵,不切实际。在地形不规则的地区要建设笔直平坦的道路,完全没有让人不喜欢的上下坡,这就意味着要开挖和铲平许多地方。勒·柯布西耶式的几何学很少考虑节约成本。

他对抽象和线性城市的乌托邦计划进行了令人难忘的发挥。他预见到建筑行业的工业化必将带来标准化。他也预见到房屋和办公室建筑单元的预制,也就是各个部件都在工厂生产,在建筑工地组装。各个部件的大小是标准化的,不同的标准部件按照建筑师的设计进行组装即得到独一无二的建筑。门框、窗户、砖、屋瓦甚至螺丝都要符合统一的标准。1928年国际建筑师大会的第一个宣言就号召国联通过新标准,发展出在全世界被强制教授的统一技术语言。一个国际公约将规范各国不同的设备和工具标准。③ 勒·柯布西耶一直在努力实现他的理想。他为苏联设计的巨大宫殿(从没有真正被建设)意图吸引苏联的极端现代主义者。他宣布,这个建筑将为所有的建筑建立精确和普遍的新标准——标准将涵盖照明、取暖、通风、结构、美学,这些标准将在所有地区适应所有需求。④

直线、直角和国际建筑标准的施行都是走向简单化的关键步骤。而最

---

① 关于生活过程中不规则逻辑的浅显介绍,见 James Gleick, *Chaos: Making a New Science* (New York: Penguin, 1988)。
② Le Corbusier, *The Radiant City*, p. 178. 在其实际建筑中,勒·柯布西耶的实践是多种多样的。
③ Le Corbusier, *The Radiant City*, pp. 22 - 23. 与此相比,具有讽刺意味的是,他从未被实施的国联大厦设计方案获得了一等奖,而国联是当时时世界性的机构。
④ Le Corbusier, *The Radiant City*, p. 46.

关键的步骤可能是勒·柯布西耶在其一生中一直坚持的严格的功能分割。这一教条是他在《光辉城市》的开篇中所阐述的十四条原理中的第二条，也就是"街道的死亡"。这里是指人行道和机动车道，以及快速道和慢速道被严格区分。他痛恨人行道与机动车的混合，走路不舒服，而且阻碍交通。

功能分割的原理被全面应用。在为1929年第二届国际建筑师大会所写的总结报告中，勒·柯布西耶和他的兄弟皮埃尔（Pierre）就以攻击传统的房屋建筑开始："贫困和传统技术的不足导致了力量的混乱，也就是各种功能的人为混合，各部分之间没有真正关联……我们要寻找使用新的方法，使它们自动走向标准化、工业化和泰勒制式的制度化……如果我们还坚持现有方法，使两个不同的功能（安排、布置与建筑，循环与结构）相互混合或依存，我们仍将停留在原地"。①

在住宅街区之外，城市本身也是有计划功能分区的实施地——到20世纪60年代后期，这已经成为城市规划的标准教条：要有专门的工作区域、居住区域、购物和娱乐中心、纪念碑和政府大楼。如果可能，工作区域要进一步分成办公楼和工厂。勒·柯布西耶坚持城市的每一个区域只能有唯一的一个功能，这在他拿到昌迪加尔的城市规划以后表现得很明显，昌迪加尔也是他唯一建成的城市。在原来设计为城市中心住宅的地方，他代之以占地220英亩的"古希腊卫城式纪念碑"，而纪念碑离最近的居住区也很远。② 在巴黎的邻里计划中，他将他所称的城市，也就是居住区和商业中心（也就是工作区）分开。"这是两种不同的功能，两种功能是连续的而非同时发生的，代表两类不同的区域。"③

这一严格功能分割的逻辑非常清楚。如果一个城市区域只有一个目的，那么设计是很容易的。如果没有汽车和货车的影响，只为人流设计道路很容易。如果目的只是使适合生产家具的木材产量最大化，那么设计森林也会是很容易的。如果一个设备或计划要服务于两种目的，保持平衡就比较困难。当必须要考虑多种因素的时候，规划者所必须处理的多种因素

---

① Le Corbusier, *The Radiant City*, pp. 29–30. 功能分区的理论导致了现代社区和郊区的失败，这样的观点现在在美国很流行。See James Howard Kunstler, "Home from Nowhere", *Atlantic Monthly* 278 (1996): 43–66.

② Lawrence Vale, *Architecture, Power and National Identity* (New Haven: Yale University Press, 1992), p. 109.

③ Le Corbusier, *The Radiant City*, p. 71.

就会在头脑中相互纠缠。正如勒·柯布西耶写的，面对这样多种可能性的迷宫，"人类的头脑就会失去自我，从而变得很疲劳"。

功能的分割可以使规划者清楚地考虑效率的问题。如果道路的作用只是使汽车迅速并便宜地从 A 到 B，人们可以比较两条道路的效率。这个逻辑是很理性的，因为这正是我们在建筑从 A 到 B 的道路时脑中所想。然而要注意的是，这个逻辑的清晰是靠将道路的许多其他目标排除才取得的，比如提供旅行中的休闲，提供美或是视觉的兴趣，或者运输沉重的货物。在道路的案例中，狭隘的效率指标忽略了许多其他并非不重要的目的。在人们称为家的地方，狭隘的效率标准与人类的实践产生了更大的冲突。勒·柯布西耶计算了人类为了公共卫生所需要的空气（la respiration exacte）、热、光和空间。从每人 14 平方米起算，如果煮饭和洗衣都成为公共的，他的计算可以减少到 10 平方米。然而实际上可以在道路建设中使用的效率标准并不能被用在住家，家的功用包括工作、娱乐、私人和社交场所，乃至教育、烹饪、闲谈、政治等，而不同场所的效率标准是不同的。此外，所有这些活动都反对被简化为效率标准，在厨房中为聚在一起的朋友煮饭并不仅仅是"准备食物"。但是对大量人口进行有效的规划则要求被最大化的价值要非常具体，同时要使被最大化的价值数量最少——最好简化为单一价值。① 勒·柯布西耶学说的逻辑就是详细地描述城市空间的用途和功能，从而使单一目标的计划和标准化成为可能。②

由规划、规划者和国家进行的统治

勒·柯布西耶第一个关于"城市主义原理"的格言是"规划：独裁者"，这比"街道的死亡"还要早。③ 像笛卡儿一样，勒·柯布西耶非常强调城市的单一理性规划，对此无论如何夸大都不为过。他特别赞赏罗马的军营和帝国的城市总体排列的逻辑。他经常将作为历史偶然产品的现存城市与从一开始就遵循科学原理精心设计的未来城市加以对比。

勒·柯布西耶计划（他的计划总是用大写来表示）所要求的集权制也

---

① 另外一个替代简单化的方案是遵照最后使用者或消费者的口味。人们想住在那里吗？现在的居住者希望住在那里吗？这些标准与市场标准不同，市场标准还要知道人们能否负担得起。

② 我在这里说"勒·柯布西耶学说"是因为他的建筑既不便宜，功能效率也不高。但是，实际的建筑比他的学说有意思得多。

③ Le Corbusier, *The Radiant City*, p. 7.

被城市本身的集权制所复制。功能分割被纳入等级制中。他所设计的城市是"单头状花序"的城市，在其核心地带是"高级"功能区。下面是他对其巴黎邻里计划中商务中心区的描述："从这里的办公室中发出指令，使世界有序。事实上，摩天大楼群就是城市的大脑，也是**整个国家的大脑**。一切活动都依赖的精心设计和指挥工作是在这里完成的。所有的东西都集中在这里：征服时间和空间的工具——电话、电报、电台、银行、交易大厅，以及工厂的关键因素——金融、技术和商业。"①

商业中心发出命令，不是提出建议，更不是商量。在这里发挥作用的一些极端现代主义的独裁计划在很大程度上就来自勒·柯布西耶对工厂秩序的热爱。在指责包括房屋、街道的现代城市"腐败"（la pourriture）时，他认为唯一的例外是工厂。在这里，工厂建筑格局和数百人的协调运动都符合单一的理性主义目标结构。鹿特丹的范·内尔（Van Nelle）卷烟厂受到特别的赞扬。勒·柯布西耶欣赏它的简约主义、每一层从地板到屋顶的高窗子、工作中的秩序和工人明显的满足感，最后以对生产线上的独裁主义秩序的赞歌结束。"那里有一套著名的并受人尊敬的等级制度，"他对所观察到的工人很赞赏，"工人就像一群工蜂一样，将这套制度作为自我管理的手段来接受：秩序、规律、准时、公正和家长式作风。"②

对于城市的设计和建筑来说，科学的城市规划专家就如同工厂的设计师和建筑中的企业家——工程师一样。因为只需要同一个大脑设计城市和工厂，所以也只需要同一个大脑指挥活动——也就是工厂的办公室或城市的商务中心。等级制度并不仅仅局限在这里，城市被认为是整个社会的大脑："伟大的城市管理了所有的事情——和平、战争和工作。"③不管是服装、哲学、技术还是风尚，伟大的城市都统治外省：影响和命令完全是从中央发到边陲。④

---

① Le Corbusier, quoted in Fishman, *Urban Utopias*, p. 193（重点为本书作者后加的）。
② Le Corbusier, *La ville radieuse*, pp. 178 – 179（作者翻译）。
③ Le Corbusier, quoted in Fishman, *Urban Utopias*, p. 208.
④ 这种社会和政治秩序的空间表达可以与柏拉图在《法律篇》(The Laws)中所勾画的城市规划相比较：雅典卫城在城市中心，接下来是围绕中心的环状带，工匠（非公民）的郊区，以及有耕地组成的内环和外环。整个"饼"被分成12个部分，从而提供了征兵和军队每年轮换的基础。见 Pierre Vidal-Naquet, "A Study in Ambiguity: Artisans in the Platonic City", chap. 11 of *The Black Hunter: Forms of Thought and Forms of Society in the Greek World*, trans. by Andrew Szegedy-Maszak (Baltimore: Johns Hopkins University Press, 1986), pp. 224 – 245。

第四章 极端现代主义的城市：试验与批评

对于勒·柯布西耶来说，应该有什么样的权威关系是很清楚的：等级制度高于一切。在金字塔顶端的不是反复无常的独裁者，而是现代的哲学家国王，他能够将科学真理应用于造福人类。① 从他并非偶然的狂妄大作中可以看出，这位规划大师无疑认为只有自己才掌握真理。比如在《光辉城市》中，勒·柯布西耶在自我反思的时候说："经过分析，经过计算，带着想象，带着诗，我（为阿尔及尔）制定了规划。规划异常真实，它们是无懈可击的。它们是惊人的。它们反映所有现代的光彩。"② 然而这里我们关心的并不是他的过分骄傲，而是勒·柯布西耶所感受到的普遍科学真理的无可替代的权威。下面这段详细的引文充分地——或者说有预见性地——反映了他极端现代主义的信念：

> 真正的专制统治者并不是人，而是规划。正确的、现实的和精确的规划是全面并且和谐的，它能够提供解决问题的方法。这个规划是在远离市长办公室或市政厅中的愤怒，远离选民的哭泣和社会受害者的悲伤条件下制定出来的。它是由平静和清醒的头脑制定出来的。它只考虑人类的真理。它忽略所有现行的规章制度、现有的用途和渠道。它不管在现行的宪法下是否可以实施。它是为了人类而创造的生物作品，通过现代技术可以被实现。③

规划本身的才智扫除了一切社会障碍：选举产生的权威、投票的公众、宪法和法律结构。退一步说，我们处在规划者专制统治的时代；进一步说，我们面对的是对权力和冷酷的崇尚，这很容易使我们联想到法西斯

---

① 瓦尔特·克里斯泰勒（Walter Christaller）是德国地理学家，中心地区理论创始人。作为城市规划专家，他一直在寻找能够帮助实现他幻想的独裁者。他为纳粹统治者提供服务，"目的是为新占领的波兰地区的城市居民创建等级秩序提供建议"。这给他一个机会在平原地区实施他的六边形市场区域和城镇定位理论。战争以后他加入了共产党，他的希望是一个独裁政权能够按照中心地区理论所提出的最佳模型重新安排被战争摧毁的城市。这是一个试图将区位经济的简单化分析性描述加以实施的经典例子。Hans Carol, "Geographica: Walter Christaller, A Personal Memoir," *Canadian Geographer* 14 (1970): 67–69. 我感谢奥托·范·登·缪森伯格（Otto van den Muijzenberg）所提供的参考文献。
② Le Corbusier, *The Radiant City*, p. 181.
③ Le Corbusier, *The Radiant City*, p. 154（重点为本书作者后加的）。

主义。① 尽管有这样的印象，勒·柯布西耶仍认为自己是技术天才，而且以真理的名义索要权力。在这里，技术权威论就是坚信城市设计中的人类问题一定有解决办法，专家可以发现并实施这种方法。如果用政治或讨价还价来决定这些技术问题只能导致错误的办法。因为现代城市规划中的问题只有唯一的真实回答，所以不可能有任何折中。②

在其整个一生中，勒·柯布西耶清楚地知道他的树状城市规划需要独裁手段推行。在他早年一篇题为《走向机械时代的巴黎》的文章中，他对法国读者说，"需要一个柯尔贝尔（Colbert）"。③ 在他主要著作的标题页上人们可以看见这样的话，"这部著作献给独裁者"。勒·柯布西耶作为潜在公共建筑师的一生可以被看作是寻找一个"王子（最好是独裁权威的）"的过程，他能够使自己成为宫廷的科尔伯特。他展示了为国联所做的设计，努力说服苏维埃精英接受他的莫斯科新规划，做了其力所能及的工作以获得全法国规划和分区规则制订人的任命和试图赢得新阿尔及尔采用他

---

① 我特别谨慎地使用法西斯这样有倾向性的词，但在这里是很合适的。当勒·柯布西耶描写帕特农神庙之美的时候，透过表面可以看到对暴力的庆祝。"记住帕特农神庙"，他写道，"记住它的清晰、它清楚的线条、它的强度、它的简朴、**它的暴力**，记住它在由优雅和**恐怖**创造的景观中的强大呼声。力量和纯粹"（Le Corbusier, *The Radiant City*, p. 187. 重点是后加的）。我们将看到，勒·柯布西耶有一种将他的对手和城市贫民非人化的倾向："每一件事情都依赖计划的智慧……我这里所谈论的是已经有经济计划的社会，在那里，出现在我们今天的社会中的寄生虫都已经被扫除。"（*The Radiant city*, p. 73, 重点是后加的。）

② 芒福德指责巴洛克规划精神中存在的类似的傲慢，从20世纪的眼光来看，它们过于奢华。在对笛卡儿一段文字（第一章曾引用）的注释中，芒福德比较了两种思维秩序：有机的和机械的。前者来自于全部的背景，而后者则为了人为的概念体系而对生活中的事实加以简化，它们更是头脑的产物，而不是真实的生活。前者与"其他物质"合作，也许引导它们，但首先至少承认了它们的存在，理解它们的目的；后者如巴洛克的权威却不同，它坚持自己的法律、自己的秩序和自己的社会，受到单一职业权威的强制，在他的命令下工作 [*The City in History: Its Origins, Its Transformations, and Its Prospects* (New York: Harcourt Brace Jovanovich, 1961), p. 394]。统一规划的城市比起由未规划的自然增长积累起来的城市，其引人之处未必在于几何学的思想（esprit géométrique），就像笛卡儿主义所做的；即使在17世纪，规划的城市也更好地展示了皇家权力并显得更卫生。所以约翰·伊夫林（John Evelyn）与查尔斯二世（Charles II）一同从欧洲流放回来不久就认为伦敦是"由一堆木制的、北方的和非人工的拥挤房屋构成的城市。一些主要街道非常狭窄，墙壁不对称，从远处看简直想象不出有更扭曲和糟糕的景象"[Mark Jenner, "The Politics of London Air: John Evelyn's Fumifugium and the Restoration," *Historical Journal* 38 (1995): 542 (重点是后加的)]。

③ Fishman, *Urban Utopias*, p. 213.

第四章 极端现代主义的城市：试验与批评

的方案。最后在贾瓦哈拉尔·尼赫鲁的庇护下，他建设了昌迪加尔，印度的一个省府城市。尽管勒·柯布西耶属于法国的右翼政治派别，① 但是很明显他会服务于任何给他以支持的国家权力。当他写下这段话的时候，他是诉之于逻辑，而不是政治："一旦他（科学规划者）完成了计算，他就有权力说，而且他也的确说了：**就应该这样！**"②

苏联吸引勒·柯布西耶的不是它的意识形态，而是一个革命的、极端现代主义的国家对空想的规划者可能会有的欢迎。在建设消费合作社中央联盟总部以后（Centrosoyuz），③他又在六个星期内按照他所认为的苏维埃对无阶级社会新生活模式的期望，准备了莫斯科重建的庞大规划。看了谢尔盖·爱森斯坦（Sergey Eisenstein）关于农民和技术的电影——《总路线》后，勒·柯布西耶完全被庆祝拖拉机、牛奶离心机和大型农场的场景感动。这经常在他的规划中被提到，他要在苏联城市景观中做出类似的转变。

斯大林的部长们认为他的莫斯科规划与苏维埃宫的计划都过于激进。④ 苏维埃现代主义者埃尔·李斯特斯基（El Lissitzky）攻击勒·柯布西耶的莫斯科为"什么都不是……既不是资本主义，也不是无产阶级，更不是社会主义的……这是一个纸上的城市，与生活本身毫无关系，这是一个坐落在沙漠上的城市，甚至不允许一条河流过（因为河流的弯曲与城市的风格

---

① 勒·柯布西耶是法兰西重建（Redressment FranÇis）的成员。这是一个与右翼有联系的工业企业家的圈子。关于勒·柯布西耶与他们之间的联系，特别是在苏联的工作，见 Cohen, *Le Corbusier and the Mystique of the USSR*。
② Le Corbusier, *The Radiant City*, p.131（重点是原有的）。他继续写道："计算具有如此大的权力，它吸引轻率的人们立即建祭坛去祭祀它。"
③ 勒·柯布西耶对这一建筑的透明和线条非常自豪，与20世纪20年代他的许多建筑一样，这座大楼也是建在打桩（pilotis）技术上的。他这样描述："来欣赏这全新的出色建筑吧，它的组成结构的线条无可挑剔。这座建筑像是一个橱窗展示品，**它完全清晰**。"[Le Corbusier, "Les Techniques sont l'assiette même du lyricisme: Elles ouvrent un nouveau cycle de l'architecture", in *Précisions sur un état présent de l'architecture et de l'urbanisme*（Paris, 1930），quoted in Cohen, *Le Corbusier and the Mystique of the USSR*, p.77（重点是后加的）]
④ 最后，勒·柯布西耶痛恨他的苏联经验："我被多次邀请为苏联制定城市规划；不幸所有都是空话。我非常遗憾……我如此深入地研究了基本的社会真理，我是第一个通过自然的途径创造和谐和愉快的伟大的无阶级城市。但让我痛心的是，我认为我在苏联受到反对是没有什么正当理由的。"（Cohen, *Le Corbusier and the Mystique of the USSR*, p.199）

相冲突)"。① 似乎是为了证实埃尔·李斯特斯基指责他设计了"什么都不是的城市",勒·柯布西耶将其完整的设计(除了关系到莫斯科的资料以外)呈现在《光辉城市》一书中,作为适合巴黎中心的设计。

作为乌托邦项目的城市

因为相信他的革命性城市规划反映了普遍的科学真理,勒·柯布西耶自然就会认为,如果理解了其中的逻辑,公众就会热情地接受他的计划。当代国际建筑师大会最早的宣言就号召对小学生进行科学住房基本原理的教育:阳光和新鲜空气对健康的重要,基础的电、热、光和声音,家具设计的正确原理,等等。这些都是科学问题,而不是兴趣;通过培训可以及时地创造出与科学建筑师相应的客户。科学林业官员可以按照自己的计划直接塑造森林,科学建筑师有责任为新的客户提供培训,使他们"自由"地选择勒·柯布西耶为他们所设计的城市生活。

我想,任何一位建筑师所设计的住所都是为了客户的幸福而不是痛苦。对于勒·柯布西耶来说,"**人类的幸福已经存在于数字、数学、经过计算的设计和规划等术语中,从这些术语中已经可以看到城市**"。② 至少在口头上他坚信,他的城市是机械时代意识的理性表达,现代人必然会全身心地接受它。③

勒·柯布西耶城市居民所享受的满足不是自由和自主的愉快,而是在逻辑上契合理性计划的愉快:"这里必须有权威,家长式的权威,关心子女的父亲的权威……我们必须建立人类新生的地方。当城市社区的集体功能被组织好的时候,也就有了每一个人的自由。每一个人都生活在与整体相关的固定关系中。"④ 在巴黎邻里计划中,在整个城市的等级体系中,每

---

① Cohen, *Le Corbusier and the Mystique of the USSR*, p. 109. 为了证明莫斯科规划中直线的严密,勒·柯布西耶写道:"曲线代表了瘫痪,蜿蜒的路线是笨驴的路线。"(Cohen, *Le Corbusier and the Mystique of the USSR*, p. 15)

② Cohen, *Le Corbusier and the Mystique of the USSR*, p. 93(重点是原有的)。与《光辉城市》(*The Radiant City*)一样,这段话也反映了勒·柯布西耶对政治权威们的诉求,他们可以帮助他实现其计划。

③ 见 Colin Rowe, *The Architecture of Good Intentions: Toward a Possible Retrospect* (London: Academy Editions, 1995),这里讨论了勒·柯布西耶和崇高的概念。

④ Colin Rowe, *The Architecture of Good Intentions: Toward a Possible Retrospect* (London: Academy Editions, 1995), p. 152.

一个人的地盘都是按空间编号的。实业家们（Industrials）将生活在核心区的高楼内，次一级的生活在城郊带小花园的房子里。任何一个人的社会地位可以从他距离中心的远近上表现出来。但是就像在运转良好的工厂一样，任何一个城市居民都要有共同生产完美产品的"集体荣誉感"。"每个人都只完成一部分工作，但要理解他的工作在整个工作中的意义，工厂中的机器是说明力量和清楚性的一个例子。**工人被组合进一个他个人从来不敢想象的完美工作中**。"① 勒·柯布西耶最著名的可能是他的断言"家庭是生活的机器"，所以他也将规划的城市看作是具有许多封闭的标准部件的大型和有效率的机器。因此，他认为，他的城市居民会带着骄傲接受他们在一个高贵、科学规划的城市机器中的恰当角色。

　　勒·柯布西耶根据自己的认识为其他人设计了基本需求——在现有的城市中有些是被忽视或违背的。这些基本需求是通过建立一个具有某些特定物质和生理需求的抽象简化的人类概念制定出来的，比如这些被规划的对象需要多少平方米的生活空间、多少新鲜空气、多少阳光、多少开放的空间，以及多少基本服务。在这个层面上，他所设计的城市比他所指责的拥挤黑暗的贫民窟更卫生，功能更完善。因此他谈到了各种计算"准确呼吸"的公式以决定房间的最佳尺寸；他坚持建摩天大楼以留出公园的空地，特别是高效的交通。

　　勒·柯布西耶的城市设计首先是一个生产车间。在这个前提下，设计者对人的需求加以科学的保障。他根本不承认他所为之设计的居民在这方面有什么发言权，也不承认他们的需求可能是多重而不是单一的。他对效率的关注使他认为购物和准备饮食都是费时的麻烦事，应该像运行良好的饭店一样，由统一的服务供应。② 尽管有为社会活动准备的空间，但他提不出居民的任何社会和文化需求。

　　我们已经看到，极端现代主义意味着不承认过去是可以加以改变的模型，而希望有一个全新的开始。极端现代主义越是乌托邦的，那么意味着对现存社会的批判越彻底。在《光辉城市》一书中，许多责备都是指向勒·柯布西耶所希望超越的城市，指责它们的痛苦、混乱、"腐朽"、"衰败"、"渣滓"以及"废弃物"。他将在图片中出现的贫民窟称为"低劣的"，或者在法国首都的例子中，指出这是一个"过时的、历史长久的和

---

① Fishman, *Urban Utopias*, p. 177（重点是后加的）。
② Le Corbusier, *The Radiant City*, p. 116.

患结核病的巴黎"。他对贫民窟的状况和居住于其中的人民表示哀悼。"这500万人（那些从农村来碰运气的）中有多少仅仅是城市死气沉沉的负担，是障碍，是痛苦的污点，是失败和人类的垃圾？"①

他拒绝贫民窟有两重原因，首先它们无法在美学上达到他的基本原则、目标和秩序的标准。他反问说："还有什么东西比散漫的一群人更可怜呢？"他补充说，自然是"井然有序的"，即使自然是被与人类利益相反的逻辑所左右，它也将"根除这些散漫的人群"。②他在这里已经暗示，现代城市的奠基者要准备采取冷酷的行动。贫民窟的第二种危险在于，除了嘈杂、危险、尘土飞扬、黑暗和疾病流行以外，这里也隐藏了威胁统治者的潜在革命势力。像豪斯曼一样，他知道拥挤的贫民窟从来都是妨碍警察有效工作的障碍。往返于路易十四的巴黎和帝国时代的罗马，勒·柯布西耶写道："从拥挤的棚户区中，从破败的茅屋深处（在恺撒时代的罗马，平民居住在混乱不堪的、拥挤的、养兔场一样的高楼里面）有时就会爆发出反叛的浪潮。阴谋会**在积累了越来越多混乱的阴暗角落里孕育，任何警察的行动在那里都很困难**……塔苏斯的圣保罗（St. Paul of Tarsus），只要待在贫民窟里就永远不会被捕，而且他的布道会像野火一样在人们口头迅速传播。"③

如果勒·柯布西耶潜在的资产阶级支持者和代表过去曾心存疑虑，那么他们现在完全可以放心勒·柯布西耶清晰的几何学城市会协助警察的工作。豪斯曼不断改进专制主义的巴洛克城市，然而勒·柯布西耶要将其完全清理干净，代替豪斯曼城市中心的是一个体现出控制和等级制度的建筑。④

一个极端现代主义建筑的教科书例子

勒·柯布西耶对建筑的影响已经远远超出了他所建造的实际结构，甚

---

① Le Corbusier, *The Radiant City*, p. 138.
② Le Corbusier, *The Radiant City*, p. 176.
③ Le Corbusier, *The Radiant City*, p. 120. 巴洛克的城市规划者也意识到，狭窄的街道会给国家带来危险。见芒福德对那不勒斯国王法兰特害怕黑暗和弯曲街道的评论（*The City in History*, p. 348）。
④ Le Corbusier, *The Radiant City*, p. 120. 在一个脚注中，勒·柯布西耶异想天开地设想了一组青铜雕像，前面一排是路易十四、拿破仑一世和拿破仑三世手拉手，后面一排是柯尔贝尔和豪斯曼，他们也是笑着手拉手。前面三个人的另外三只手共同举着一个纸卷，上面有警告，"为了上帝，保持它"。

第四章 极端现代主义的城市：试验与批评

至苏联也无法接受他扫荡一切的野心。他是作为极端现代主义规划中关键因素的一个教科书式范例——经常被夸大的——而被加入这个分析。他对机器时代文明的"全部效率和全部理性化"的承诺是绝不妥协的。① 尽管他打交道的是民族国家，但是他的视野是世界的。正像他所表明的，"各地的城市规划、世界的城市规划、全体的城市规划无所不在"。② 我们看到，他的阿尔及尔、巴黎和里约热内卢的规划都是史无前例的。与同时代的其他人一样，勒·柯布西耶受到第一次世界大战全体军事动员场面的影响。"让我们做出规划，"他鼓励说，"用20世纪的规模来做规划，做出如同撒旦（战争）一样的规划……大的！大的！"③

他大胆计划的中心是视觉和美学因素。他将整洁平滑的线条与机器商业性的简洁联系在一起。他对机器及其产品的美大加赞颂。房屋、城市和农庄也可以"是从工厂车间由轰鸣的机器生产出来的毫无瑕疵的、配备良好的崭新产品"。④

最后，作为勒·柯布西耶极端现代主义一部分的是他对传统、历史和已经被接受的风格的否定。在解释了现代巴黎交通拥挤的原因以后，他对改革的试图提出警告。"我们不能对现状做哪怕一点点的考虑，现状就是我们正置身其中的混乱。"他强调，"这里根本找不到解决办法"。⑤ 相反，他坚持我们必须用"一张白纸"和"一块干净的桌布"，一切计算从零开始。正是在这样的背景下，他被苏联和发展中国家野心勃勃的统治者吸引。他希望他不要被西方普遍存在的"异常不适合的地点"所约束，那里

---

① Le Corbusier, *The Radiant City*, p. 27.
② Le Corbusier, *The Radiant City*, p. 187.
③ Le Corbusier, *The Radiant City*, p. 185.
④ Le Corbusier, *The Radiant City*, p. 70. 这里可以明显看到福特主义和泰勒制的影响。见 David Harvey, *The Condition of Post-Modernity*: *An Enquiry into the Origins of Social Change* (Oxford: Basil Blackwell, 1989), pp. 35–44。勒·柯布西耶经过20年的职业工作以后，与纯粹主义和构成主义紧密联系在一起。对于构成主义来说，最有效的形状就是最理想的形状。装饰的点缀是被禁止的，因为它们只会损害纯粹功能设计的美。在这种精神下，房屋的设计要从内部开始，功能和可使用的材料决定了它的形状和外观。尽管有这些观念上的倾向，勒·柯布西耶在自己的设计中还是关注美术的线条，这些被归为古典或自然的形式。在晚年，他禁止在自己的工作室使用"功能主义"一词。关于勒·柯布西耶早年的设计和其知识环境的讨论，见 Russel Walden, ed., *The Open Hand*: *Essays on Le Corbusier* (Cambridge: MIT Press, 1975), 特别是 Charles Jencks, Anthony Sutcliffe 和 Mary Patricia, May Sekler 的入选文章。
⑤ Le Corbusier, *The Radiant City*, p. 121.

只有他所称的"**整形外科的建筑**"。① 那些有长期历史的西方城市,它们的传统、它们的利益群体、它们保守的制度以及它们复杂的法律和法规系统只能束缚极端现代主义者格列佛的梦想。

巴西利亚:建成的最接近极端现代主义的城市

> 城市都相信它们是大脑或机会的作品,但是这两者都不足以保持它们的城墙屹立不倒。
> ——伊塔洛·卡尔维诺(Italo Calvino):《看不见的城市》

没有哪个乌托邦的城市能够严格按照预言家般的建筑师的设计建造。正像科学林业官员的努力总被自然出乎意料的变动,以及它的雇员和那些能够进入森林的人多种多样的目的挫败一样,城市规划者必然要与他资助人的品位和金融能力,以及来自建筑者、工人和居民的阻力做斗争。尽管这样,巴西利亚仍是最为接近极端现代主义的城市,基本上按照勒·柯布西耶和当代国际建筑师大会的设计建造。感谢詹姆斯·霍尔斯顿杰出的著作《现代主义城市:对巴西利亚的一个人类学批评》,② 从而使分析巴西利亚的规划逻辑和规划的实现程度成为可能。一方面是巴西利亚对创作者的意义,另外一方面是对当地居民的意义,在这两个极端之间的滑动为简·雅各布斯(Jane Jacobs)对现代城市规划的深入批判铺平了道路(作者无意使用双关语)。

早在巴西独立之前就已经有了建新首都的想法。③ 在 1956~1961 年儒塞利诺·库比契克(Juscelino Kubitschek)做总统期间,这个想法作为最关注的项目得以实现。他是一个平民总统,承诺巴西人"在 5 年中取得 50

---

① Le Corbusier,*The Radiant City*,p. 128(重点是后加的)。很奇怪的是,比较起勒·柯布西耶的宏大计划,他的一些比较小的项目更成功,不论是从美学上或从实践的角度来看。特别是他的朗香巴黎圣母院(Notre Dame du Haut at Ronchamp)被认为非常成功,而他早年在拉绍德封(La Chaux-de-Fonds)的房屋也因其装潢而出名,而他在晚年却完全否定了装潢。

② James Holston,*The Modernist City*: *An Anthropological Critique of Brasilia*(Chicago: University of Chicago Press,1989)。

③ 巴西有着制订宏大计划以将内地纳入国家却以失败告终的历史。1972 年,在大吹大擂(以及生态关注)中,跨亚马孙的高速公路开通了;到 20 世纪 80 年代后期,大部分的道路已经被杂草覆盖,不能通行了。

年的进步"，并保持未来自我持续的经济增长。1957 年，当时已经被任命为公共建筑和样板房屋总建筑师的奥斯卡·尼迈耶（Oscar Niemeyer）组织了一次设计大赛。根据非常粗糙的草图，卢西奥·科斯塔（Lucio Costa）赢得了这次竞赛。科斯塔的理念——也只是很粗糙的——就是建立一个"巨大的中轴线"来确定城市的中心，它由弧形有梯状的堤岸和一个三角形组成。弧形的堤岸与直线的道路交于市中心，三角形则给出了城市的范围（见图 4 - 5）。

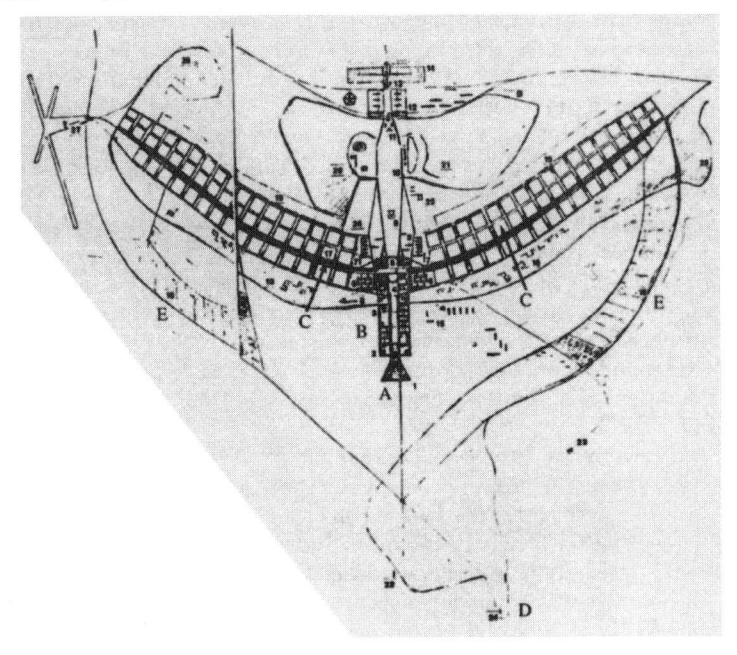

图 4 - 5　科斯塔 1957 年的规划

A. 三权广场；B. 政府各部；C. 方形居住区；D. 总统官邸；E. 单独家庭住房

两位建筑师都遵循国际建筑师大会和勒·柯布西耶的原则工作。尼迈耶是巴西共产党资深党员，深受苏维埃建筑现代主义思维的影响。在设计大赛结束以后，立即在果亚斯州（Goiás）中央高原的一块空地上开始建筑。这块地方距里约热内卢和海岸 1000 公里，其东北部距太平洋 1620 公里。这是在一片荒地上的新城。现在规划者不必作"整形外科"的折中。感谢库比契克，他给巴西利亚以最优先的考虑，一块"干净的桌布"。国家规划机构掌握了这个地方所有的土地，没有私人土地所有者需要讨价还价。整个城市是按照精细而统一的方案，从无到有建成的。正像勒·柯布西耶所坚持的，住房、工作、娱乐、交通、公共管理在空间上都是相互分开的。因为巴西利亚是功能单一、严格的行政首都，所以规划大为简化。

作为巴西对立面（或者卓越）的巴西利亚

库比契克、科斯塔、尼迈耶都把巴西利亚作为未来的城市、发展的城市和可实现的乌托邦来构想。他没有参考任何巴西过去的习惯、传统和实践，以及其他一些大城市，如圣保罗（São Paulo）、圣萨尔瓦多（São Salvasor）和里约热内卢。似乎为了强调这一点，库比契克将他在巴西利亚的官邸称为"晨宫"（Dawn Palace）。他问道："如果巴西利亚对于巴西来说不是新一天的早晨，那还是什么？"[①] 就像彼得大帝建立圣彼得堡一样，巴西利亚也要作为一个示范城市，作为改变居住在那里巴西人的生活的中心——从个人的习惯和家庭组织到社会生活、休闲和工作。重建巴西和巴西人的目标中隐含着对过去的巴西的鄙视。从这个角度上说，整个新首都是一个反对旧巴西的腐败、落后和无知的宣言。

作为规划出发点的十字交叉道路被解释为象征了基督的十字架，或者亚马孙人的弓箭。然而科斯塔将它解释为"巨大的中轴线"，这是勒·柯布西耶在描述他的许多城市规划中心时常用的术语。即使这轴线反映了吸收巴西人民民族传统的尝试，但巴西利亚这个城市仍然可能在任何地点出现，它没有任何线索可以追溯自己的历史，除非历史是国际建筑师大会的现代主义教条。这是一个国家赋予的城市，是为了给巴西人，乃至全世界一个新巴西而发明的。此外在至少另一个意义上，它也是国家赋予的城市：它是为了政府官员建造的城市，在各个方面留给私人领域的许多生活问题在这里都被精细地组织起来，如从家庭内部和居住的问题到卫生服务、教育、儿童照顾、娱乐、商业市场等问题。

如果说巴西利亚是巴西城市的未来，那么巴西城市的过去和现在又是什么？准确地说，新的首都希望否认的是什么？从勒·柯布西耶新城市主义第二条定理中可以找到大部分的回答："街道的死亡"。巴西利亚要消除作为公共生活区域的街道和广场。尽管在计划中并没有包括消除地方城市

---

① Lawrence, J. Vale, *Architecture, Power and National Identity* (New Haven: Yale University Press, 1992), p. 125.

第四章 极端现代主义的城市：试验与批评

或村庄间的结盟或敌对，但是在建设新城市中它们也被牺牲了。

从殖民地时代，巴西的广场和拥挤的"走廊"街道就是市民生活的场所。如同霍尔斯顿解释的，市民生活采取了两种形式。第一种是教堂或国家发起的，也就是在城市的主广场举行的仪式、爱国游行、宗教典礼。① 第二类形式是一般大众对城市所有广场多种多样的利用。儿童在那里游戏，成年人在那里购物、散步、遇见熟人、邀请朋友吃饭或喝咖啡、下棋或打牌，表演或观看各种娱乐节目。关键在于，广场，作为街道的交会处和一个封闭的空间成为霍尔斯顿所称的"公共访客室"。② 作为公共场所，广场的独特之处在于各社会阶级都可进入以及参加在这里举行的各种活动。广场是个弹性空间，除非国家禁止，否则使用者可以为了自己各种各样的目的而使用它。广场或者拥挤的街道吸引了很多人正是因为它提供了一个活跃的场景，在这个场景中，数以千计未计划的、非正式的和偶然碰面的事情在同时发生。在狭小的住房之外，街道是公共生活的空间焦点。③ 现在说"我去市区"，那时说"我上街"。作为社交中心，这些公共空间也是发展公共意见和"小区民族主义"的重要地方，这里可以形成一些制度化的体育队、乐队、地方守护神的庆典、节日组合等。不用说，在适当的背景下，街道或公共广场也会成为公众举行抗议政府、示威和骚乱的地方。

我们只要简单地看一眼巴西利亚的场景，与我们刚刚描述的其他巴西城市做个比较，立刻就可以看出变革有多么剧烈。巴西利亚不再有作为公众聚集场所的街道，只有机械化交通工具使用的道路和高速公路（比较图4-6和图4-7）。

那里的确有个广场，但那是什么广场！被政府各部办公区从侧面包围的巨大的纪念碑式三权广场，其规模之大，即使是军队阅兵式也显得很小，像个侏儒（可以与图4-8、图4-9、图4-10、图4-11比较）。比较起来，天安门广场和红场更舒服和亲切一些。像勒·柯布西耶的许多计划一样，这个广场最好是从空中看（见图4-11）。如果一个人想安排在那

---

① Holston, *The Modernist City*, pp. 113–119.
② Holston, *The Modernist City*, p. 115.
③ 将这种传统与勒·柯布西耶的意图相比较。他写道："咖啡馆和娱乐场所将不再是吞食巴黎街道的菌类。我们要消灭街道。"［*Toward a New Architecture*, trans. by Frederick Etchells (New York: Praeger, 1959) pp. 56–59］

图 4-6　圣保罗巴拉·芳达居住区内的街道（1988 年）

图 4-7　巴西利亚居住区进入 L1 号公路的入口（1980 年）

里见个朋友，困难程度好比是安排在戈壁沙漠上见个人。而且在那里见到了一个人，也没有什么事情可做。广场的功能非常简单，作为公共访客室的作用在设计的时候已经被排除在巴西利亚之外。广场只是国家的象征中心，围绕它的活动只是政府各部的工作。古老广场的活力依赖于这个区域内混合了居住、商业、行政功能，但现在在政府各部的工作人员必须要驱

图 4-8 公共广场,有城市博物馆和过去的奴隶市场,
圣萨尔瓦多(1980年)

图 4-9 三权广场,有城市博物馆和高原之宫,
巴西利亚(1980年)

车回到居住地,然后再到各个居住区中的独立商业中心。

巴西利亚城市景观的一个惊人结果是,城市中所有的公共空间都成为官方指定的公共空间,包括体育场、剧院、音乐厅、规划的餐馆。比较小的、没有组织的、非正规的公共空间,如人行道旁的咖啡店、街角、小公

图 4-10 塞广场，圣保罗（1984 年）

图 4-11 三权广场和政府各部办公区，巴西利亚（1981 年）

园、邻里广场都根本不存在了。很荒谬的是，这个城市的特征却是有许多名义上的公共空间，像勒·柯布西耶的城市规划一样。但是这些空间往往是"死"空间，比如三权广场。国际建筑师大会的教条创造了许多人为的人口密集区，区与区之间被很大的空地分割，这与过去城市的人口数与占地的关系正好相反。霍尔斯顿向我们展示了这些现象。对于我们接受的习惯来说,现代主义城市的这些空地不是吸引人的公共空间,而是应该避开的无边空地。① 我们可以公正地说,规划的作用就在于将偶然事件可能发生、群众自然聚集的未经认可的地方在设计中取消。分散和功能分割意味着和人会面也需要计划。

科斯塔和尼迈耶并非仅仅从他们的乌托邦城市中取消了街道和广场。他们相信他们还取消了拥挤的贫民窟以及和贫民窟相伴的黑暗、疾病、犯罪、污染、交通拥挤和噪声、缺少公共服务。从一块空白的、清除过的国有土地上开始有很多好处。至少困扰许多规划者的土地投机、房租诈骗,以及建立在财产基础上的不平等等问题都可以被防止。对勒·柯布西耶和豪斯曼来说,这是一个不受束缚的解放前景。在设计中可以包括关于卫生、教育、健康和娱乐的最好和最新的建筑知识。每个人25平方米的绿地达到了联合国教科文组织的理想指标。与其他任何乌托邦计划一样,巴西利亚的设计反映了建筑者和资助人库比契克的社会和政治承诺。所有的居民都应有相同的住房,唯一的区别只能是他们被分配的住房单位数量。效法进步的欧洲和苏维埃建筑师,规划者将巴西利亚的居民楼区组成方形居住区(superquadra),从而有助于集体生活的发展。每一个方形居住区(大约360所住房,1500~2500名居民)有自己的托儿所和小学。每四个正方形区域有一所中学、电影院、俱乐部、体育馆和零售店。

基本上,巴西利亚未来居民的所有需求都反映在设计上,只是这些需求与产生勒·柯布西耶规划的公式同样是抽象和概括的。尽管它是理性的、健康的,更是平等的和政府创造的,但是规划对当地居民的欲望、历史和实践没有做哪怕一点点让步。在很多重要方面,相对于圣保罗和里约热内卢,巴西利亚就像是科学林业相对于未经规划的森林一样。两个规划都是高度清晰的、设计简单化的,从而形成有效的秩序,便于从上面监督和指导。我们将看到,两个规划的失败在很多方面非常相像。最后,两个规划都改变了城市或森林以符合规划者的简单坐标格。

在巴西利亚的生活

许多从其他城市搬到巴西利亚的居民都惊奇地发现,"这是一个没有

---

① 见 Holston 在 *The Modernist City* 第 119~136 页的有趣分析。

拥挤人群的城市"。人们抱怨巴西利亚缺少街道生活的匆忙,没有繁忙的街角和路两边使人行道充满生气的延伸出去的长长店铺。对于他们来说,巴西利亚的建造者实际上计划阻碍一个城市的建成,而不是规划了一个城市。他们对巴西利亚最多的说法是"缺少街角",意思是说缺少复杂的、有很多邻里的交叉路口,这些路口由包括娱乐、工作和购物场所的住房、咖啡馆和餐馆组成。当巴西利亚很好地满足了一部分人类需求的同时,它的工作与居住、商业与娱乐的功能分区,方形居住区之间巨大的空地,只为机械化交通工具设计的道路系统都使热闹街角的消失成为必然。规划的确消除了交通阻塞,但也失去了受欢迎的人们熟悉的行人交通拥挤,霍尔斯顿的被调查人之一称失去了"社会欢聚之点"。①

"巴西里特"(brasilite)一词的大致意思是巴西(利亚)炎症 [Brasil(ia)-itis],它是由第一代移民创造的,准确反映了他们所经历的创伤。②这是用医疗术语来表示的嘲弄,它蕴涵着他们对巴西利亚生活标准化和匿名性的摒弃。"他们使用'巴西里特'表达了他们对日常生活的感觉,至于日常生活中的乐趣——娱乐、谈话、调情、小的仪式,这些存在于其他城市的户外生活,在巴西利亚却很缺乏。"③ 会见一个人只能是在家里,或者在工作场所。即使我们考虑到巴西利亚起初是作为行政城市而建设的简化前提,仍然感觉到一种乏味的匿名性蕴涵在首都的结构中。人们缺少公共的小空间,在那里他们可以用自己的活动来占领和标志出这一空间,就像过去在里约热内卢和圣保罗一样。巴西利亚的居民无疑也没有足够的时间通过自己的实践来修正这座城市,然而城市的设计也要抵抗修正。④

"巴西里特"这个词还强调了人工建成的环境对居住于其中的人的影响。与里约热内卢和圣保罗多姿多彩的生活相比,巴西利亚乏味、重复和严格的生活就像生活在被剥夺感觉的罐中。尽管极端现代主义的城市规划可以创造出正规的秩序和功能的分割,但是代价是所造成的感觉贫乏和单调的环境——这一环境难免会损害居民的精神。

巴西利亚带来的匿名性从构成每一个方形居住区住宅的规模和外表看就很

---

① Holston, *The Modernist City*, pp. 105 – 107. 我将 convivencia 翻译为 "conviviality"而不是"sociality",因为这更准确地反映了被霍尔斯顿访问的人所要表达的意思(第 105 页)。
② Holston, *The Modernist City*, pp. 24 – 26.
③ Holston, *The Modernist City*, p. 24.
④ 当然也有一些是巴西利亚居民喜欢的东西:政府的便捷、高标准的生活以及对儿童来说的安全环境。

显著（比较图4-12和图4-13）。方形居住区的居民最经常的抱怨有两个，一是单元住宅都一样，另外是驻地的隔离（"在巴西利亚，只有住房和工房"）。① 每一个单元住宅的正面都呈严格的几何形并完全相同。不同单元住宅的外表没有什么区别，那里甚至没有阳台能让居民增加一些特色的格调并创造出半公共的空间。人们的迷惑在很大程度上来自这种单元房的住所——特别是这种形式的单元房住所——已经不符合我们多少年来关于家的概念。霍尔斯顿请一班九岁的学生画出"家"的图画，他们多数都生活在方形居住区中，没有一个人画的是任何一种形式的单元房。他们所画的都是传统的独立房屋，有窗户、中门和倾斜的屋顶。② 方形居住区反对个人化的标志，外墙上的玻璃破坏了家庭中私人空间的感觉。③ 由于特别关注规划的整体美学，建筑师不仅消除了表现地位的外在差别，也消除了大部分视觉差别。正像城市的总体设计不利于自治的公共生活一样，居住区的设计也不利于个人化。

图4-12 欧鲁普雷图（Ouro Preto）沿蒂拉登斯特（Rua Tiradent）大街的居住区（1980年）

巴西利亚建筑的重复和同一更加使人分不清方向。这个例子说明，对于行政机构和城市服务工作的人来说是理性和清楚的，对于在城市中通行的一般居民来说却可能是迷惑的。巴西利亚几乎没有里程碑。每个商业区或方形居住区看起来都一样。城市的不同部分是由一套精密的首字母缩写

---

① Holston, *The Modernist City*, p. 163.
② Holston, *The Modernist City*, p. 171. 独立的小房屋也可能只是在他们童年时建立起来的一种表达习惯。
③ 见霍尔斯顿关于方形单元居住区如何消除了传统巴西居民最重要的公共和社会空间——高帕（copa）——的有趣分析。Holston, *The Modernist City*, pp. 177-180。

图 4-13 巴西利亚的方形居住区的单元楼（1980 年）

和简写来表示的，除非从中心的全球逻辑出发，否则基本上没有办法来掌握这套命名。霍尔斯顿注意到这种宏观有序和微观混乱的奇怪现象："当整体秩序的布局产生对规划非同寻常的抽象了解的时候，随着系统的理性化的施行，关于城市的实践知识事实上在下降。"[1] 从那些目的在于改变而不是适应世界的乌托邦城市规划者的角度来看，巴西利亚生活中所发生的

---

[1] Holston, *The Modernist City*, p. 149. 另见 Kevin Lynch, *The Image of the City* (Cambridge: MIT Press, 1960)。在林奇（Lynch）的概念中，"可想象性"（imageability）是居民如何"看待"（picture）他们的地区或邻里，而不是对于规划者或行政官员的清晰性。如同霍尔斯顿提醒我们的，这两种形式的秩序往往是负相关的。

震惊和迷惑可能是他们说教目的的一部分。一个一味迎合已有风格和习惯的城市是不能达到乌托邦的目的的。

未规划的巴西利亚

巴西利亚从开始就没有完全严格按照规划进行。主要设计者想为新巴西和新巴西人设计城市——有序、现代、高效并接受他们的培训。但是建设者们受到多方阻挠：具有不同利益的现代巴西人和他们表达自己意愿的决心。不知为什么，起初规划者们假设巨大的工人队伍（六万多人）将响应城市建设的需要，建成后会平静地将它转交给未来的管理者。但建筑工人并没有被适当地规划。库比契克最关注的是尽可能快地完成巴西利亚的建设。尽管建筑工人每天都在加班，但是在这个被称为自由的城市中，建筑工地上的人口很快超过了分配给他们的临时住房。他们很快占据更多的土地，建起临时住房；当整个家庭迁移到巴西利亚（或者在那里从事农业）时，他们的住房大量增加。

所有巴西利亚的"先驱者"被集体称为继第一次深入地心冒险之后的"20世纪的班迪兰兹"（bandeirantes）。这一标签含有赞扬的含义，库比契克的巴西利亚是一个历史上依附海岸的民族征服内地的象征。巴西利亚最初吸引的体力工人被贬低为侃淡戈（candango）。侃淡戈是"低素质的、没有文化、流浪的、下等的、缺乏教养的人"的意思。[1] 库比契克改变了这个名称。他建设巴西利亚的根本目的在于改变巴西，也在于将侃淡戈变成新民族中的无产阶级英雄。他宣称："巴西文明的未来传导者将震惊于这些无名巨人的伟大成就。他们是侃淡戈，是巴西利亚无名和令人敬佩的建设者。当怀疑主义者嘲笑我所准备建设的这座新城市的时候，侃淡戈承担了建设的责任。"[2] 侃淡戈充分利用给予他们的赞美之词，坚持要在这个乌托邦城市中有自己的一块地盘。他们组织起来保卫他们的土地，要求得到城市服务和可靠的身份。最终到1980年，75%的巴西利亚人口都生活在事先规划之外的定居点上，而在规划的城市中居住的人口还不到原来设计的55.7万人的一半。穷人在巴西利亚获得立足之处并非只是库比契克与其夫人多纳·萨拉（Doña Sara）仁慈的结果。政治结构也起到了重要作用。那些擅自占地的人可以动员、抗议并被一个合理竞争的政治系统倾听。不管

---

[1] Holston, *The Modernist City*, p. 209.
[2] Holston, *The Modernist City*, p. 210.

是库比契克还是其他的政治家都不能忽略与这个政治选民团体建交的机会。

未经规划的巴西利亚——也就是真实存在的巴西利亚——与原来的设想区别很大。代替没有阶级差别行政城市的是一个完全按照社会阶级进行空间分割的城市。穷人住在边缘地区，与多数精英居住和生活的市中心有很远的距离。许多富人建立了有独立房屋和私人俱乐部的居住区，并将巴西各地的富人生活方式在这里复制。规划外的巴西利亚——不管是富人或穷人的——不仅仅是小的或偶然的事情。可以说，在规划中心区的秩序和清晰要由边缘地区规划外的巴西利亚来支撑。两个巴西利亚并不是不同的，它们是共生的。

对如此巨大和多样的巴西民族进行彻底激烈的变革——更不要说在五年之内——是难以想象的。像所有野心勃勃的统治者一样，库比契克对整个巴西和巴西人进行直接改变也感到了绝望，他转向了更可行的任务——从零开始创建一个乌托邦模式：在一个全新的地区崛起一座城市，这个城市将为他的居民提供不同的物理环境——按照最新的有关健康、效率、理性秩序的要求被加以精心调整的环境。这个进步的城市将从一片完全国有的土地上按照单一完整的综合规划开始成长，规划机构（Novacap）掌握所有的契约、商业许可证和分区制度，这对于"乌托邦的小型化"是很好的成功条件。

巴西利亚作为极端现代主义的乌托邦城市到底有多么成功？如果我们从它在多大程度上远离了过去巴西城市的角度看，其成功是相当可观的。但是如果我们从它在多大程度上可以改变巴西其他地方或者促进人们喜爱这种新的生活方式角度看，成功则微不足道。与规划文件上所设想的巴西利亚相比，真实的巴西利亚带有明显的反抗、颠覆和政治考虑。

勒·柯布西耶的昌迪加尔

勒·柯布西耶没有参加巴西利亚的设计，所以因为巴西利亚明显的失败而指责他似乎是不公平的。但是有两种因素可以证明它们之间的联系。首先，巴西利亚严格遵循了国际建筑师大会的教条，而这主要是由勒·柯布西耶精心策划的。其次，勒·柯布西耶的确在另外一个首都城市设计中起到了主导作用，这个城市正好反映了巴西利亚所遇到的人的问题。

昌迪加尔是旁遮普邦的新首府，当设计师马修·诺维基（Matthew

第四章 极端现代主义的城市：试验与批评

Nowicki）突然死亡的时候，城市设计刚完成一半。① 在寻找继任者的时候，尼赫鲁邀请勒·柯布西耶完成设计并监督建筑。这一选择继续了尼赫鲁自己的极端现代主义目标，即推进现代技术在新首府中的应用，以突出印度精英希望传递的价值观。② 勒·柯布西耶对诺维基和阿尔伯特·梅耶（Albert Mayer）原有规划的修正全部是向巨大建筑方向和城市线性方向发展。在原来使用巨大曲线的地方，勒·柯布西耶换成了直线轴线。在首府中心，他加入了一条重要轴线，这与巴西利亚和他给巴黎的规划没有什么区别。③ 在拥挤了众多货物和人群的集市，他代之以巨大的广场，现在它们大都空在那里（见图4-14）。

在印度，交叉路口往往是公众聚集的地方，勒·柯布西耶改变了其规模并重新安排分区制度以防止活跃的街头场景的发展。最近有观察说："在地面上，规模是如此之大，交叉的街道是如此之宽，除了水泥路面和零散的几个人以外，看不到任何东西。街头小贩、流动叫卖小贩和推车小贩被禁止进入市中心，即使有令人感兴趣或举行的活动，只要与水泥路面的荒芜和新建市场的权威相抵触，就会被禁止。"④

如同巴西利亚一样，这里所有的努力是为了超越现存的印度，给当今的昌迪加尔人——主要是行政官员——提供未来的想象。结果昌迪加尔也同巴西利亚一样，在外围和边远地区出现了另一个未经规划的城市，与中心地区的严格秩序完全不同。

---

① 我关于昌迪加尔的信息来自下面一些出处：Ravi Kalia, *Chandigarh: In Search of an Identity* (Carbondale: Southern Illinois University Press, 1987), Russell Walden, ed., *The Open Hand: Essays on Le Corbusier* (Cambridge: MIT Press, 1977) 中的三篇文章：Maxwell Fry, "Le Corbusier at Chandigarh," pp. 351-363; Madhu Sarin, "Chandigarh as a Place to Live In," pp. 375-411; Stanislaus von Moos, "The Politics of the Open Hand: Notes on Le Corbusier and Nehru at Chandigarh," pp. 413-457。

② 旁遮普的政治家也欢迎这个计划，将它看成是对失去拉合尔的补偿，拉合尔是分裂之前旁遮普首府，莫卧儿的权力中心，并且是兰吉特·辛格的锡克王国（Sikh kingdom of Ranjit Singh）的首府。我感谢拉玛阐德拉·古哈提供这些信息。

③ 如同马克斯韦尔·弗莱（Maxwell Fry）所描述的，当时勒·柯布西耶被大空间中建筑物的视觉效果所吸引。他携带了一个关于巨大轴线的规划，通过爱丽舍田园大道将罗浮宫和凯旋门连在一起的轴线。他试图在新环境下设计出"一览之下可见的人类所能想象的最宏大图景"。见 Fry, "Le Corbusier at Chandigarh", p. 357。

④ Sarin, "Chandigarh as a Place to Live in", p. 386。

图4-14 勒·柯布西耶为昌迪加尔城市中心设计的
商业中心或广场

反对极端现代主义城市规划的一个例子：简·雅各布斯

简·雅各布斯的著作《美国大城市的死与生》写于1961年，正值反对当时现代主义、功能城市规划浪潮的时期。尽管她不是第一个批评极端现代主义城市的人，但我相信这是最详细的观察和最有知识背景的批评。[①]作为对当代城市规划教条最全面的挑战，它挑起了一个争论，我们至今还可以感受到这一争论的回响。几乎经过30年，雅各布斯的许多观点已经被当今城市规划者作为工作假设所接受。尽管她说自己"对当今城市规划和重建的攻击"主要涉及美国的城市，但她将勒·柯布西耶的教条，无论是国外的还是美国国内的，都放到了她战火的中心。

雅各布斯的批评最著名和最有力之处是其独特的视角：她从街道开始，对邻里、人行道和交叉路口做微观民族志研究。勒·柯布西耶从空

---

① 比如可参见15年前出版的著作，Percival Goodman and Paul Goodman, *Communitas*: *Means of Livelihood and Ways of Life* (New York: Vintage Books, 1947)。这本书涉及许多雅各布斯著作中的问题，但是它鼓励分权化和适度技术。

中"看"他的城市,而雅各布斯像是日常巡回的步行者一样来看她的城市。雅各布斯还是一个政治活动家,参与了许多活动以反对她认为不明智的分区制度变化、道路建设和房屋开发方案。① 从城市规划的知识圈子中能产生以这种方式进行的激烈批评真是令人难以置信。② 她有新意地将日常城市社会学应用于城市设计,这与当时城市规划学院的正统教育相去甚远。③ 仔细考察她从边缘,而非核心开始的批评,可以预见极端现代主义的许多失败之处。

视觉秩序与经验秩序

雅各布斯已经洞察到,几何学的整齐外表与满足日常生活需求的有效系统之间并不一定存在对应关系。她问道,我们为什么会期待内在功能良好的环境或社会安排一定要满足秩序或规则的单纯视觉观念?为了举例说明这一难题,她引用了东哈雷姆(East Harlem)一个新的住房项目,在这里有一块惹人注目的长方形草坪。当地居民都很看不起这块草坪。对于那些被强制搬迁,现在生活在陌生人中间,连一张报纸、一杯咖啡都买不到或五角钱都借不到的居民,这块草坪甚至是种侮辱。④ 这草坪表面上的规则似乎残酷地象征了人们所切身感受到的失调。

雅各布斯认为,规划者最根本的错误在于认为建筑形式的复制和标准化,也就是纯粹的视觉秩序即意味着功能秩序。实际上却相反,大多复杂系统都不可能展示出表面的规律,它们的秩序要从深层去探讨。"只有经过理解才能在复杂系统中看到秩序,而不是混乱。秋天树的落叶,飞机发动机的内部、兔子的内脏、报纸的编辑部,如果不加以深入理解,看起来都很混乱。但是如果将它们看成有序的系统,情况就会大大不一样。"从这个层面上也可以说雅各布斯是"功能主义者",这在勒·柯布西耶的工作室中是被禁止使用的词语。她所问的是,这个结构要提供什么功能,功能有多好?事

---

① 在纽约城,雅各布斯被认为是建筑师罗伯特·摩西的主要敌人。
② 另一方面,雅各布斯建筑方面知识丰富。她的丈夫是位建筑师,她最初在报纸做编辑工作,最终成为杂志《建筑学论坛》(*Architectural Forum*)的副总编。
③ 在同一个时代出现的一个有趣的类似例子是蕾切尔·卡逊的《寂静的春天》(Boston: Houghton Mifflin, 1962)。她对滥用农药的著名攻击是从日常的,也是强有力的问题开始的:"那些唱歌的鸟去了哪里?"
④ Jane Jacobs, *The Death and Life of Great American Cities* (New York: Vintage Books, 1961), p. 15.

物的"秩序"要由所要达到的目的决定，而不是由纯美学的表面秩序决定。① 而勒·柯布西耶则相反，他似乎坚信，最有效的形式总是具有经典的清楚和秩序。勒·柯布西耶所设计和建造的物理环境，就像巴西利亚一样，总是保持了形式上的整体和谐与简单。但是作为人们所希望的生活和工作的场所，它们通常是失败的。

城市规划模式的这些总体失败深深占据了雅各布斯的思想。规划者的城市概念既不符合城市地区的实际经济和社会功能，也不符合居民的个人的需要（两者之间并非毫无联系）。他们的根本错误就在于他们关于秩序的整体美学观点。这一错误又导致他们犯下严格按功能分割的错误。在他们的眼中，不动产的混合使用——也就是商店与住房、小车间、餐厅和公共建筑——会带来视觉上的无序和迷惑。单一用途——商业区域与居住区域分开——的好处在于使其所追求的单一功能一致性和视觉上标准化成为可能。对于规划活动来说，设计单一用途的地区比设计众多用途的地区要容易多了。减少用途，从而也就减少了所涉及的变量，这种减少与视觉秩序的美学结合在一起，造成了单一用途的教条。② 两个不同的派别之间的关系使人们想到这个比喻：阅兵场上行进的仪仗队与直接与敌人打仗的队伍。第一个例子按照直线画出了各个单元和等级排列所产生的整齐视觉秩序。但这是一支只能作为展示而做不了任何实际事情的军队。战场上的军队不可能表现出如此整齐的安排，但是，用雅各布斯的话说，他们却能做他们被训练应该做的事情。雅各布斯认为她知道在上面的统治者对这些抽象和几何秩序偏爱的根源："间接地通过乌托邦传统，直接地通过强加的比较现实的艺术教条，现代城市规划从一开始就带着不现实的目的，要将城市变成纯粹的艺术工作。"③

雅各布斯注意到，最近在规划者中流行的统计技巧和投入-产出模型越来越复杂。他们被鼓励从事大规模的壮举，比如贫民窟的清除，现在可

---

① Jane Jacobs, *The Death and Life of Great American Cities*, p. 376. 早期构成主义者勒·柯布西耶不会否认这是原则问题，但在实践中，他在城市规划或单个建筑物的雕塑特性上总是给予充分的关注，有些也取得了出色的成果，如朗香巴黎圣母院（1953年）。

② 对现代分区制实践有用的批评，见 James Howard Kunstler, "Home from Nowhere," *Atlantic Monthly* 3 (1996): 43–66。

③ Jacobs, *Death and Life*, p. 375. 当我们所说的艺术工作是约瑟夫·阿尔内斯（Josef Albers）式的，而不是杰克逊·波洛克（Jackson Pollock）式的时候，这一结论就显得更有道理。与此相关，我们应该把勒·柯布西耶看作是以艺术家身份开始，他从未停止绘画。

以比较清楚地计算出重建所需要的预算、物资、空间、能源和运输需求。这些规划继续忽视迁移家庭的社会成本，他们将家庭像"沙粒、电子或台球"一样迁移。① 这些规划也同样是根据那些靠不住的假设，他们将复杂秩序的系统看成可以通过数量技术简化。比如关于商店，他们认为这只是纯粹的数学问题，需要多少平方英尺的购物面积；而交通管理则是在特定的时间，一定宽度的街道可以通行多少汽车。这当然是很难的技术问题，但我们可以看到，真实的问题还牵涉除此之外更多的问题。

交叉使用和复杂性的功能优势

我们越来越了解到，在大城市建立和保持社会秩序是很脆弱的成就。雅各布斯将社会秩序看成是微妙和富有启发意义的。社会秩序并非是丁字尺和计算尺所创造的建筑秩序的结果，也不是由警察、守夜人、政府官员等职业人员带来的。相反，雅各布斯说，"城市中公共平安——人行道和街道上的平安——是由存在于人们自身的各种自愿的控制和标准构成的复杂和无意识网络所保持的，并且也是由人们自身加以强化的。"街道安全的必要条件包括清晰地区分公共空间和私人空间，许多人不时观察街道（"眼睛盯着街道"），以及持续和频繁地使用，这增加了许多观察街道的眼睛。② 满足这些条件的一个区域就是波士顿的北头（Boston's North End）。每天街上都挤满了行人，因为附近的便利店、杂货店、酒吧、餐馆、面包店和其他商店密集。这个地方是人们来购物和闲逛，以及看别人购物和闲逛的地方。店主很有兴趣观察人行道：他们知道许多人的名字，他们整天在那里，他们的生意就依赖这些邻里之间的交通。那些在街道上来来往往办事的或者吃喝的人也会看街道，老年人会透过窗子看着过往的街景。这些人中是朋友的不多，但很多都相互认识。这个过程是逐渐积累的。街道越活跃繁忙就越吸引人；这些无偿的观察人熟悉邻里，因而提供了自愿的、消息灵通的监督。

雅各布斯讲述了一个发生在曼哈顿混合功能街道上有启发意义的故事，一个老人想要哄骗一个小女孩跟他走。雅各布斯从她二楼的窗子中看

---

① Jacobs, *Death and Life*, p. 437.
② Jacobs, *Death and Life*, pp. 31 – 32. 近年来关于社会信任和社会资本的研究表明这些日常的真理正在成为正式研究的题目。缺少社会信任和社会资本会带来经济成本。这里要指出，最重要的是，雅各布斯所说的"眼睛盯着街道"呈现了最基础层面的社区感觉。如果盯着街道的眼睛对部分或全部社区成员都是敌视的，如同塔尔加·伯特丝提醒我的，公共安全就得不到加强。

到这件事,正在犹豫是否要介入的时候,屠夫的妻子已经出现在人行道上,此外还有食品店的老板、酒吧的两个顾客、水果小贩和洗衣店工,还有许多人从房子的窗户中看到了,他们随时准备挫败可能出现的诱拐。没有"和平官员"出现,也不需要他们。①

另外一个非正式城市秩序和服务的例子也富有启发意义。当雅各布斯或她丈夫不在家的时候,如果朋友要用他们的住房,或者他们不想等迟到的来访者,他们就将钥匙留在食品店老板那里,食品店老板有一个专门的抽屉是放这些留给朋友的钥匙。② 她注意到,在每一个混合功能的街道上都有一个人扮演类似的角色:可能是杂货店或糖果店老板、理发师、屠夫、干洗店工人或者书店老板。这是私营商店的公共功能之一。③ 雅各布斯指出,这些服务并不是因为他们是很好的朋友;这是她所说的与其他人"街头协议(sidewalk term)"的结果。而且这些服务是公共机构很难提供的。在小的农村社区保持社会秩序依靠的是个人声誉式的面对面的政治生活,城市中则要依靠众多人的街头协议来保持微观的政治秩序。熟悉和了解的关系网带来了至关重要的,但经常是隐形的公共友好举动。一个人会毫不犹豫地请别人帮他在剧场占个座位,去厕所的时候请别人替她看一下小孩,或者到食品店买个三明治的时候请人照看一下自行车。

雅各布斯分析的杰出之处在于其对公共秩序的微观社会学的注意。保持秩序的这些人都不是专门做这个的,都有其他职业。没有正式的保持公共秩序的公共或志愿组织——没有警察、没有私人保安或邻里看守,也没有正式会议或官员。相反,秩序体现在日常实践的逻辑中。此外,雅各布斯还提到,维持秩序的正式公共制度只有在这种丰富的非正式公共生活的支持下才能成功地发挥功能。城市中只有警察维持秩序的地方是很危险的。雅各布斯承认,非正式生活中很小的交换——见面打个招呼、赞美一下新生婴儿、问问这么好的梨子是从哪里买来的——都可以被看成是很细小的。"但是加在一起就不小了,"她强调说,"地方层面上随意的公共联系的总和——多数都是偶然的,与杂事联系在一起的,所有的都是由当事

---

① Jacobs, *Death and Life of Great American Cities*, pp. 38 – 40. 值得注意的是,这些非正规的监督和社会秩序的关键人物是迅速消失和备受诽谤的小资产阶级。

② Jacobs, *Death and Life of Great American Cities*, pp. 59 – 62.

③ Jacobs, *Death and Life of Great American Cities*, pp. 60 – 61. 雅各布斯提供了一个典型糖果店经营者在一个早晨所提供的免费服务的目录清单。这些服务使店老板与她的顾客更紧密地联系在一起。

第四章 极端现代主义的城市：试验与批评

人来衡量的，而不是由他人强加——是人们相互认同的感觉，是相互支持和信任的网络，是能及时满足个人和邻里需要的资源。对于城市街道来说，缺少这种信任是一个灾难。它的培养不能制度化。最重要的是，**这并不意味着私人义务**"。① 勒·柯布西耶从上面开始其正式的建筑秩序，而雅各布斯则从下面开始其非正式的社会秩序。

雅各布斯的口号是多样化、交叉用途和复杂性（社会的和建筑的）。居住地、商业区和工作区的相互混合使邻里更有趣、更方便，也更惬意——吸引了步行者，反过来也使街道比较安全。她的全部逻辑在于拥挤、多样和方便的产生，这种安排是人们所希望的。另外，富有生气和色彩的邻里刺激了大量的步行者，对商业和财产价值产生了巨大的经济影响。一个地区的人气和其经济成功是紧密相连的。一旦被创造出来，这样的地区就会吸引许多活动，而这些活动是被规划者在各地取消的。孩子们不愿在专为他们建设的公园玩，而宁可在人行道上，因为这里更安全，更多变化，而且更方便利用商店和家庭提供的各种便利。② 理解繁忙的街道比专业场所更吸引人并不比理解家庭中最繁忙的地方是厨房更困难。这是最通用的地方——放食品和饮料的地方，煮饭和吃饭的地方，因而也是社交的场所。③

这种多样性的条件是什么？雅各布斯指出，最关键因素是那个地区必须是混合用途的。街道和街区应该比较短，从而避免因为过长阻碍行人和商业。④ 建筑物的建筑年代和情况最好要有所不同，从而可以有不同的租赁条件，以及相应的不同用途。毫不奇怪，这些条件与现在正统城市规划者的工作假设完全不同，正统城市规划者的工作假设包括单一用途的街区、长的街道和建筑的一致性。雅各布斯解释说，混合用途与多样性和人口密度间是互相协同促进的。

以单一用途地区，比如在华尔街金融区的小餐馆为例。餐馆只能在上

---

① Jacobs, *Death and Life of Great American Cities*, p. 56（重点是原有的）。
② Jacobs, *Death and Life of Great American Cities*, pp. 84-88. 雅各布斯引用了1928年的一个娱乐项目的地区规划报告，里面写道，只有1/4的5~15岁儿童在游乐场玩耍，根本无法与街道竞争，后者"充满了生活和冒险"。
③ 在现代家庭，如果厨房有电视，那么它作为最繁忙地方的地位很可能是无可动摇的。我的一位荷兰裔同事塔尔珈·伯特丝告诉我，荷兰1920~1970年间为工人阶级建筑的单元房，厨房被故意建得很小，以迫使他们像正派的中产阶级一样在客厅吃饭和交往。
④ 雅各布斯"对小街区的需要"是她典型的分析方法。见 *Death and Life of Great American Cities*, pp. 178-186。

午十点到下午三点之间营业,也就是办公室人员上午的中间休息或午饭时间,在下班以后,整条街道就完全安静了。而在混合用途地区的餐馆,从早到晚都可能有顾客。餐馆的营业时间长得多,不仅餐馆自己有收益,相近的专门小店也可能有收益;在单一功能地区,这些小店可能勉强维持,而在混合功能地区则会受益。明显地违背了规划者眼中美学的这些活动、建筑和人口的混合,对于雅各布斯来说,正是动态活力的表现:"不同用途错综地交结在一起并不是混乱。相反它们代表了秩序的复杂和高级发展的形式。"①

雅各布斯通过考察公共安全、民间信任、真实的利害关系、便利的微观起源,充分证实了混合用途和复杂性的重要,但关于交叉用途和多样性还有更多的论证要做。就像自然生长的多样性森林一样,有许多不同种类商店、娱乐中心、服务和住房选择,以及复杂多样的公共空间的邻里是有活力和可持久的邻里。从经济角度看,商业"活动"(bets)的多样性(从殡仪馆和公共服务,一直到杂货店和酒吧)使其在经济低迷时期少受影响。同时它的多样性又使其在上升时期有更多经济增长的机会。如同单一树种的森林,单一目标的小区特别容易受到压力的影响,尽管在开始的时候可能很繁荣。而多样性的邻里更有可能持续。

我想"妇女的眼光"(因为没有更合适的词)对于雅各布斯的观点是很重要的。许多男人也对极端现代主义的城市规划给予了很有深度的批评,雅各布斯引用了很多这方面的著作。但是我们很难想象一个男人使用同样的方法得出她的结论。她的批评中有许多内容都支持了这一印象。首先她所经验的城市不仅仅是日常工作奔波或获得产品和服务的地方。她看待城市的眼光包括:购物者去采购、母亲推着婴儿车、儿童玩耍、朋友喝杯咖啡或吃块小点心,情侣散步、人们从窗子向外张望、店主服务顾客、老年人坐在公园的长椅上。② 在她的说明中并非没有工作,但是她的注意力主要锁定在围绕工作或在工作之外出现在街头的日常生活。对公共空间的关注使她将家庭和办公室内部,以及工厂都留在视野之外。她所仔细观察的活动,从漫步到逛商店,多数都不是仅有单一目标或者狭义上的明确目标。

可以将这种观点与极端现代主义城市规划的关键元素加以比较。这些规划都需要以简单化的形式,将人类的活动剥离成单一的目标。在传统的规划中,这些简单化形式为严格的功能分割打下基础,它们将工作区域与

---

① Jacobs, *Death and Life of Great American Cities*, p. 222.
② 雅各布斯在从事许多职业之外,还是一位20世纪50年代的妻子和母亲。

居住区，并与商业区相分离。对于勒·柯布西耶和其他一些人来，交通的问题就是如何最快捷和便宜地运送人（往往通过汽车）。商业活动就成为如何提供足够的空间和通道以满足大量的顾客和货物。甚至娱乐业被分成不同的活动，包括游戏场、运动场和剧场等。

雅各布斯妇女眼光的第二个结果就是她认识到，人类的许多活动（当然包括工作）是为了追求范围广泛的目标和满足。对于一个公务员来说，与同事友好的午餐可能是一天中很重要的事情。母亲推着儿童车，可能也同时与朋友交谈，做一些杂事，吃点东西，也可能在书店或图书馆找本书。在从事这些活动中，也可能有另外无意的目的出现。人们开车去工作可能不仅仅只是去工作，他们可能关注沿途的风景和友好的同伴，或者是靠近停车场的咖啡店。雅各布斯自己就是一个"观察街道"的天才，她记载了人类赋予一项活动多种多样的目的。城市的目的应该是适应和支持这种多样性，而不是妨碍它。她认为，不断失败的城市规划教条要想成功就需要性别的视角。①

作为城市标本制作术的独裁主义城市规划

对于雅各布斯来说，作为有机体的城市是有生命的结构，处于不断地变化中，不断出现惊奇。其内部的联系是如此复杂和难于理解，规划随时可能会将其有生命的组织切除，从而损害或杀死了关键的社会过程。她将规划者的"艺术"与日常生活的实践行为相对比："**城市不能是艺术的作品**……生活是包罗万象、错综复杂的，而艺术是任意、象征和抽象的。它们都具有各自的价值和自身的秩序与连贯性来源……但是将艺术和生活混淆的结果既不是生活，也不是艺术。它们是标本制作术。适得其所，标本制作术是有用和不错的手艺。但是如果所展示的样品只是已经死亡并被制成标本的城市，那就很过分了。"② 雅各布斯对现代城市设计批评的核心是

---

① 在解释儿童为什么喜欢在人行道上玩耍而不到游戏场时，雅各布斯写道："多数城市建筑的设计者是男人。奇怪的是，在他们的计划中，他们拒绝将男人看成人们日常家居生活的一部分。在规划居住生活中，他们总是试图满足他们所认为的无事可做的家庭主妇和学前儿童的日常生活需求。简单地说，他们的设计是为了一个母系社会。"（*Death and Life of Great American Cities*, p. 83）

② Jacobs, *Death and Life*, pp. 372 – 373（重点是原有的）。可以将雅各布斯的批评与曼福特对巴洛克城市规划的批评相比较，曼福特认为巴洛克的城市规划是"冷酷的、片面的、非合作性的……从不关注缓慢的复杂互动、通过实验与选择进行的耐心调整与修正。而这些正是城市发展有机方式的特征"。（*The City in History of Great American Cities*, p. 350）

他们将一个静止的格局置于丰富的未知可能性上。她指责埃比尼泽·霍华德（Ebenezer Howard）的花园城市设想，因为那里规划的分割假设农民、工厂工人和商人永远都不会改变角色，泾渭分明。这个假设没有意识和设想到作为19世纪城市主要特征的"自发的自我多样性"和流动性。

城市规划者热衷于消灭贫民窟的大规模计划也受到了同样的攻击。贫民窟是贫困移民进入城市的第一个落脚点。随着这个地方趋于稳定，经济逐渐增强，人民和企业都不再缺乏信用，假以时日，贫民窟就会自行发展成为"非贫民窟"。许多地方已经经历了这样的演变。规划者经常损害这种"非贫民窟化中的贫民窟"，因为这些地方违背了他们"布局、使用、地面覆盖、混合和活动"的教条，① 更不用提"城市更新"背后的土地投机和安全的考虑。

有时雅各布斯对美国城市大量和不断变化的变异性表现出了敬畏和谦卑："它们复杂的秩序——无数的人执行无数方案的自由的表现——在很多方面都是让人吃惊的。我们应该使这些有生命的集合：相互依存的用途、这自由、这生命的本身更容易被理解；同时我们也应该承认我们并不知道它是什么。"② 对于雅各布斯来说，在许多城市规划者教条背后的专横假设——他们知道人民需要什么，也知道人民应如何使用他们的时间——是过于短视和傲慢的。他们假设，至少他们的规划假设，人民喜爱开阔的空间，视觉（分区）秩序和安静。他们假设人民希望生活和工作在不同的地方。雅各布斯认为他们是错误的，更重要的是，她准备好了用街头日常近距离的观察来支持她的观点，而不是从上面制定人们的希望。

雅各布斯所批评的城市规划者空间分割和单用途分区背后的逻辑既是美学的、科学的，也是实用的。作为美学问题，它带来了视觉规则——甚至是严密组织——以雕塑视角来看整体所要求的。作为科学的问题，它减少了规划者所要找到解决办法的未知量的数目。就像代数中的联立方程一样，在城市规划中若有太多的未知数会使任何答案都可质疑，或者必须依

---

① Jacobs, *Death and Life of Great American Cities*, p. 287.
② Jacobs, *Death and Life of Great American Cities*, p. 391. 在这段中回响着蒲鲁东和克鲁泡特金等著名的无政府思想家的思想。我不知道雅各布斯是否倾向于这些思想，它们可能来自于保尔·古德曼（Paul Goodman）的著作。但是她没有认识到，即使没有国家的城市规划，巨大的商业和投机利益也在每天改变城市景观。雅各布斯论证的影响在于使未规划的城市景观"自然化"，将它们看作成千上万小的、概念上相等的行动结果。

靠大胆的假设。城市规划者所面临的问题与林业官员所面临的是类似的。解决林业官员困境的现代方法是借用被称为最佳控制理论的管理科学方法，这里只要很少的观察和为数不多的公式就可以成功地预计木材产量。当然如果许多变量能被转化为常量，最佳控制理论就越发简单。一个树种单一、树龄相同，按照直线被种植在平地上的森林，如果具有相同的土壤和湿度条件，可以产生简单而精确的最佳控制公式。与一致性比较，多样性的设计、建筑和控制都更困难。当埃比尼泽·霍华德将城镇规划看成一个简单的相关双变量问题，也就是在一个封闭体系中将房屋需求和就业数量相关联，他在时态和功能上都是"科学地"工作，只是在自我赋予的限制范围内。人均所有的绿地、阳光、学校和面积等都可以通过公式解决。

如同林业一样，城市规划中过分简单的假设与改变环境以符合公式所要求的简单化也仅有一步之遥。比如规划某一人口的购物需求。当规划者将一定的商业面积代入公式，分配出食品或衣服的种类，他们就意识到他们必须在这个地区建立垄断的购物中心，以免邻近的竞争者拉走顾客。关键是建立公式，从而保障购物中心在这个区域的垄断。① 因此，严格的单一用途分区制并不仅仅是美学措施。它是科学规划不可或缺的帮助，而且它能被用来将原本作为观察的公式转变成自我完成的预言。

从上面看极为简单化的城市也是实用并有效率的。服务机构——电力、水、污水处理、邮政——不论在地上或地下都是简单化的。单一用途的区域，由于重复了功能相似的单元住房和办公室，也是很容易被生产和建造的。勒·柯布西耶已经预见到了未来所有这些建筑的部件都将被工业化地预制。② 按照这个原则的分区制，也使城市的区域和区域间呈现出美学上的一致和功能上的"有序"。每个区域都只有一类或很少几类活动：在工作区域工作，在居住区域生活，在商业区中娱乐和购物。对于警察来说，功能分割可以减少不受约束的人群，引入对人群的运动和行为的严密组织，分区的实际规划对此做了力所能及的鼓励。

一旦人们希望制定一个城市综合规划，那么统一性和严密组织的逻辑就无可避免。成本效用的考虑也支持这一倾向。就像囚犯穿着统一的服装，相

---

① Jacobs, *Death and Life of Great American Cities*, p. 737.
② 一些建筑物小部件的大批量生产已经有很长的历史了，如木质的基座、石膏灰胶纸夹板、地板墙面板以及大家都知道的钉子。早在19世纪90年代就有了希尔斯（Sears）和瑞巴克（Roebuck）家用用具生产。

同质地、颜色、大小的衣服可以减少监狱的困难和费用。任何对多样性的让步都将带来相应的行政时间和预算费用的增加。如果规划权威不必向大众的意愿让步，那么万能方案必然会很流行。①

与城市规划者的观点和公式相并列，雅各布斯提出了自己的见解。她指出，她的美学是实用主义和街道层面的，其标准是当地居民喜欢的、现存的城市秩序。她询问，什么样的物理环境吸引当地人、便利流通、鼓励社会交往和联络、满足实用和非实用的需求？这一视角引导她做出许多判断。短的街区比长的更受欢迎，因为它们可以将更多的活动联系在一起。大的卡车停车场和加油站因为会打断行人的连续性，要加以避免。要尽可能减少大型的道路和大而严峻的敞开空间，它们会构成视觉的和实际的障碍。这里有逻辑，但并非是先验的视觉逻辑，也不是被狭隘理解的实用逻辑。它是一个评价标准，来自评价现有的安排能多好地满足城市居民的社会和实际需要，而这些需求都在他们的实际活动中反映出来。

没有规划的规划

城市在历史上形成的多样性——这是其价值和吸引力的来源——是许多人和长期历史实践的无计划产物。多数城市都是无数没有清楚目的小行动的产出物和矢量总和。尽管君主、规划者和资本投机家都尽了最好的努力，"但多数城市的多样性是无数不同人和不同私营机构在公共行动正式框架之外规划和设计的产物，这些人和机构带着不同理念和目标"。② 勒·柯布西耶可能同意对现有城市的这种描述，但也正是这种描述使他震惊。这些目标的不和谐造成了未规划城市的混乱、丑恶、无序和低效率。面对同样的社会和历史事实，雅各布斯却看到了赞扬它们的理由："只有当城市是由每个人创造的时候才有能力为所有的人提供所需要的东西。"③ 她并不是信仰自由市场的自由主义者，她很清楚地理解资本家和投机人必然会以他们的商业能力和政治影响来改变城市。但是当谈到城市的公共政策，她认为规划不应侵害未规划的城市："城市规划和设计的主要责任应是在

---

① 如果性能表现至关重要，那么就会以另外的标准来替代这个逻辑。比如在军队中，士兵需要不同号码的靴子，但是发型是一致的。

② Jacobs, *Death and Life* of Great American Cities, p. 241.

③ Jacobs, *Death and Life* of Great American Cities, p. 238. 如果没有自由经济中的广泛规划，那些不对称的改变城市的市场力量并不是民主的，雅各布斯可能没有认识到这一警告："只有当……才……"

第四章 极端现代主义的城市：试验与批评

公共政策和行动所能及的范围内发展使人舒服的城市，这里有丰富的非官方计划、理念和机会。"① 勒·柯布西耶的规划者关注的是整体城市景观形式和将人从一点转移到另外一点的效率，而雅各布斯的规划者则自觉地给非预期的、小的、非正式的，甚至没有产出的人类活动留出空间，这些活动构成了"有生命城市"活力的关键。

雅各布斯比多数城市规划者都更明了生态和市场力量在不断改变城市中的作用。作为转移人口和货物工具的港口、铁路和公路已经标示了城市中一个地区的兴衰。雅各布斯知道，甚至她所高度评价的成功和活跃的邻里也是自己成功的牺牲品。一些地方被城市移民占领是因为它的价值低，因而其租金也便宜。随着这块地方变得适合人们居住，租金升高，当地的商业也发生变化，新的商家会将最初改变了这块地方的先行者驱逐出去。城市本质发生变化，成功的邻里不会被冰冻起来，并被规划者保留下来。作为伟大城镇特点的多样性在被彻底规划的城市中将无可避免地消失。城市规划者所能希望的最好结果也就是适度的提高，而不是阻挡城市复杂性的发展。

对于雅各布斯来说，城市的发展就像语言的进化一样。语言是成千上万语言使用者共同创造的。尽管所有的语言使用者对语言进化轨迹都有一定的影响，但并非是均等的。语言学家、语法学家和教学家的影响大一些，他们中有些得到了国家的支持。但是整个过程也非完全服从独裁者。尽管有"中央规划"的努力，语言（特别是其日常形式）顽固地保持其自身丰富、多义和多彩的特征。同样，尽管城市规划者试图设计和固定化城市，但是城市往往逃脱他们的掌握；它总是被其居民再构建与塑造。② 不论是大城市或是丰富的语言，这种开放性、可塑性和多样性使它们可以满足为数众多的不同目标——包括许多尚未形成的目标。

类比还可以更进一步。像规划的城市一样，规划语言也是可能的。

---

① Jacobs, *Death and Life of Great American Cities*, p. 241.
② 这方面有关城市设计的详细争论，见 Michel de Certeau, *The Practice of Everyday Life*（Arts de faire: La pratique de quotidien）, trans. by Steven Rendall（Berkeley: University of California Press, 1984）。在同样背景下的另外一个类比是按照弗里德里希·哈耶克的理论发展出来的市场。关于这一类比，我认为现代意义上的市场并非与"自发社会秩序"同义，而是如同卡尔·波兰尼（Karl Polanyi）令人信服地指出的，它们是19世纪被国家强加的。我相信，哈耶克对习惯法发展的描述才多少与它接近。无论如何，城市、市场和习惯法都是历史上权力关系的创造者，它们既非"自然的"，也非"自发社会秩序"的创造物。在其对规划生动的批评中，雅各布斯多次试图将未规划城市自然化，而哈耶克则试图将市场自然化。

世界语是一个例子，技术和科学语言是另外一个例子，它们在其所设计的目标范围之内是很精确和有力的表达工具。但是语言并非仅仅为一两个目的服务。它是一般性的工具，依靠其适应性和弹性，事实上它可以被转变成无数的样式。语言的历史继承可以帮助提供各种相互关联和不同词义，这保持了其可塑性。与此相似，人们可以从零开始设计城市。但是没有任何一个人或委员会可以使城市设计完全包括现在和未来的所有目标和生活方式，从而使居民活跃而有生气，所以它只能是一个有着自己历史的复杂城市的薄弱和苍白的翻版。它是巴西利亚、圣彼得堡和昌迪加尔，而不是里约热内卢、莫斯科或加尔各答。只有成千上万居民的时间和努力才能将薄弱的城市变成丰厚的城市。被规划城市致命的弱点不仅在于它不能尊重自治的目标和当地居民的主观性，而且也没有考虑到居民之间相互影响与其后果的偶然性。

雅各布斯对在许多城市邻里中出现的社会秩序的新奇形式都表现出一种开明的尊重。这种尊重表现在她对邻里中世俗的，但是有重要意义的人们之间关联的注意。认识到城市邻里不可能，也不应该处于静止状态，她强调将城市基层连接在一起需要最低程度的连续性、社会网络和熟人之间的"街头契约"。"如果当地自我管理要发挥作用，"她认为，"支持任何人口流动的是已经融入邻里网络人群的连续性。这些网络是城市中不可替代的社会资本。不管什么原因，只要这些资本丢失，从中产生的（社会）收入就会消失，只有当这些资本缓慢地在偶然中积累起来以后，它们才会回来。"① 从这种观点出发，甚至在贫民窟的例子中，雅各布斯也反对整体清除贫民窟的项目，尽管在她写这本书的时候，这种做法非常流行。贫民窟可能没有很多社会资本，但它的确有建设的基础，而不是必须要破坏的。② 雅各布斯强调变化、更新和发明，这使她与伯克式（Burkean）的保守主义相区别，后者欢呼所有历史遗留下来的东西。阻止这些变化（虽然人们是可能来适度地影响它），不仅是愚蠢的，而且是无用的。

强有力的邻里，正像强有力的城市一样，是复杂过程的产物，不可能

---

① Michel de Certeau, *The Practice of Everyday Life*, p. 138.
② 纽约南布朗克斯（South Bronx）曾经是城市腐败的代名词，在这个区域恢复的早期阶段，我们可以看到雅各布斯的一些先见之明。重新刷新原有的楼房和单元住宅，促进多种用途的发展和城市住宅，提供小额贷款，保持适当的规模，所有这些的结合都推动了适合生存的邻里的产生。

第四章 极端现代主义的城市：试验与批评

从上面被复制。斯坦利·坦科尔（Stanley Tankel）是一个规划者，他用如下的语言反对大规模地清理贫民窟，雅各布斯引用并赞成他的话："下一步需要我们的谦虚，因为我们现在是如此倾向于将巨大的建筑项目与巨大的社会成就相混淆。我们必须承认，创建社区超出了任何人的想象范围。我们必须学会珍惜我们的社区，因为它们是很难得的。'安排建筑，但不要安排人民。''不要搬迁邻里。'如果公共住房建筑要流行起来的话，就很需要这些口号。"① 事实上，雅各布斯的政治逻辑意味着，虽然规划者不能创造一个功能社区，功能社区在一定范围内却可以自我改善其条件。在反对规划逻辑的同时，她解释了合理而强有力的邻里在民主环境下如何创造并保持良好的学校、有用的公园、主要的城市服务和得体的住房。

简·雅各布斯反对她同时代占统治地位的城市景观规划的重要人物：埃比尼泽·霍华德和勒·柯布西耶。在她的某些批评者看来她似乎是保守主义者，赞美许多人迫不及待想离开的贫穷邻里社区的美好，而忽视了城市在很大程度上已经被"规划"了，不是应公众或国家要求，而是应有政治关系的发展者和金融家的要求。这些观点有一定的道理。对于我们来说，毫无疑问，她已经指出了傲慢的极端现代主义城市规划的主要问题。第一个问题在于规划者假设他们可以得到计划所需要的预测。我们很清楚地知道，从现在的出生率、城市移民、就业和收入结构的趋势做出预测是很值得怀疑的。这样的预测经常是错误的。对于战争、石油禁运、天气、消费倾向、政治危机爆发，我们的预测能力实际是零。第二，在很大程度上应归功于雅各布斯，我们现在在更多地了解了使当地居民满意的邻里是由什么构成的，但我们仍对社区的培养和保持所知甚少。用公式对人口密度、绿地和交通进行计算能得出狭隘而有效的方案，但是不能产生人们喜欢居住的地方。巴西利亚和昌迪加尔至少都表明了这点。

许多极端现代主义的城市——巴西利亚、堪培拉、圣彼得堡、伊斯兰堡、昌迪加尔、阿布贾、多多马、圭亚那城②——都是行政首都，这并非偶然。在全新的环境下，在国家权力中心，大部分人口是居住在这里的国家雇员，因此国家可以成功地实现它的规划格局。事实上，城市的任

---

① Michel de Certeau, *The Practice of Everyday Life*, pp. 336 – 337. 坦科尔的请求是在1957年6月的名为"建筑论坛"的论坛会上首次发表的。
② 见 Lisa Redfield Peattie, *Planning, Rethinking Ciudad Guayana* (Ann Arbor: University of Michigan Press, 1987)。

务就是国家行政,这已经大大简化了规划任务。当局已经不需要像豪斯曼一样与原有的商业和文化中心做斗争。并且因为当局掌握了分区制度、就业、住房、工资水平和空间布局的手段,他们可以改变环境以适应城市。这些在国家权力支持下的城市规划者就像裁缝,不仅可以自由地发明他们喜欢的服装样式,而且可以自由地剪裁顾客以适应尺度。

雅各布斯宣称,那些反对"标本制作术"的城市规划者必须要发明另外一种规划,它鼓励主动性和偶然性,保留更多的选择,并且培育这些主动性得以产生的流通和联系。为了表现城市生活的多样性,雅各布斯列举了路易斯韦尔艺术中心过去提供的多种服务:课堂、学校、剧场、酒吧、体育俱乐部、铁匠铺、工厂、仓库、艺术工作室。然后她巧妙地问,"谁能够预期或提供这一连串的希望和服务?"她的回答很简单:"只有缺乏想象力的人才认为自己能够,只有自大的人才真的想去做。"[1]

---

[1] Jacobs, *Death and Life of Great American Cities*, p. 195.

第五章　革命的政党：计划和诊断

　　C 同志，感觉是要素，思想才是组织。列宁同志说过组织于我们是至高无上的。
　　　　　　——安德烈·普拉东诺夫（Andrei Platonov）：
　　　　　　　　　　《切文古尔镇》（*Chevengur*）
　　共产主义是现代性最投入、最有生气和最有气势的倡导者……正是在共产主义制度下，现代性梦想摆脱了冷酷无情而无所不能的国家的障碍，从萌芽发展到了极致：宏大的设计、无限制的社会工程、巨大的技术、对自然的总体改变。
　　　　　　——齐格蒙特·鲍曼：《没有选择的生活》

　　列宁对革命的设计在很多方面与勒·柯布西耶对现代城市的设计相似。两个设计都是复杂的实践，依赖于执行人的专业能力和科学洞察力，而执行人必须拥有全部权力将计划执行到底。正像勒·柯布西耶和列宁在极端现代主义方面有许多共同点一样，简·雅各布斯与罗莎·卢森堡和亚历山德拉·柯伦泰（Aleksandra Kollontay）观点相同，他们都反对列宁的政治学。雅各布斯对中央规划城市的可能性和可取性都表示怀疑，卢森堡和柯伦泰也怀疑由作为先锋队的党自上而下设计革命的可能性与可取性。

列宁：革命的建筑师和工程师

　　如果我们根据列宁的主要著作来判断，他无疑是个极端现代主义者。他思想的主线很一致：不管是关于革命、工业计划、农业组织或行政管理，他的写作都关注单一的科学回答，这些是受过培训的知识分子所了解，并且应被遵循的。列宁在实践上当然并非如此。他通过感受公众情绪来制定相应的布尔什维克宣传的能力，在适当的时刻挫败战术撤退的能力和掌握机会勇敢进攻的能力对于他在革命中的成功，比极端现代主义信仰起到了更大的作用。但是我们在这里主要关注的是作为极端现代主义者的列宁。

正确反映列宁革命的极端现代主义观点的主要著作是《怎么办?》。[①] 极端现代主义是列宁理论的中心思想不可缺少的一部分：说服俄国左派相信，只有一小部分经过选择的、集中的专业革命干部才能给俄国带来革命。尽管这本书写于1903年，远在1905年"预演"的革命之前，但这一观点一直没有被完全放弃，甚至在完全不同的形势下如1917年2月推翻沙皇到10月布尔什维克掌握政权之间，也就是他写《国家与革命》的时候，列宁也还在坚持这种观点。我将把列宁的这两部著作加以比较，同时还会将其有关农业著作中的观点与罗莎·卢森堡回答《怎么办?》的论文《大众罢工、政党和工会》，以及亚历山德拉·柯伦泰的作品进行比较。后者是工人反对派的重要成员，这是一个革命后在布尔什维克党内对列宁提出许多批评的派别。

列宁的《怎么办?》

列宁选择"怎么办"作为题目是有重要意义的。这也是尼古拉斯·车尔尼雪夫斯基（Nicholas Chernyshevsky）一本极为著名的小说的题目，在这本书中，知识分子的"新人"着手破坏旧秩序，用专制统治来建立乌托邦社会。这曾是受列宁爱戴的哥哥亚历山大（Alexander）最喜欢的书，他因为密谋暗杀沙皇在1887年被处以死刑。甚至在列宁成为马克思主义者以后，这仍然是他最喜欢的书，"我熟悉了马克思、恩格斯和普列汉诺夫的著作，但是车尔尼雪夫斯基对我的影响是无可抵御的"。[②] 卓越的知识、权威的教导和社会设计可以转变社会的观念充满了这两部著作。

在《怎么办?》中，列宁使用了大量比喻，分析了作为先锋队的党与工人之间的联系。它们确定了这本书的基调并将内容限制在一定范围内。

---

① V. I. Lenin, *What Is to Be Done? Burning Questions of Our Movement* (New York: International Publishers, 1929), p. 82.

② Robert Conquest, "The Somber Monster," *New York Review of Books*, June 8, 1995, p. 8. 我们还知道，列宁也很欣赏另外一本乌托邦著作，也就是康帕内拉（Tommaso Campanella）的《太阳城》（*City of the Sun*），这本书描述了一个宗教的乌托邦，其设计中包括强烈的塑造信民的思想和灵魂的教学与训导。

第五章 革命的政党：计划和诊断

这些隐喻主要都集中在教室和兵营。① 党及其当地的鼓动者和宣传员的作用就像教师，将简单的经济不满提高为革命的政治需求；或者像革命军队中的军官，调动军队使其处于最有利的位置。作为教师，先锋队的党及其报纸发展出一种具有绝对权威的教育风格。当分析了各种各样流行的不满后，在正确的时间"制订正确的行动计划"，这必将给"普遍的政治斗争"做出贡献。② 事实上，列宁抱怨党的积极分子是很不合格的。他坚持认为仅仅称这个运动为"先锋队"是不够的。我们"还要做到使**其余一切部队**都能看到并且不能不承认我们是走在前面"。作为先锋队的党的任务是在革命政治中培训那些渴望但"落后"的无产阶级，这样他们就可以被组织成队伍，"聚集和使用每一个最基本的抗议"以创造一支有纪律的革命队伍。③

在这个隐喻中，当作为先锋队的党成为"头脑"的时候，一般的"群众"，特别是工人阶级就成为"身体"。政党与工人阶级的关系就像知识与蛮力、精细与混乱、管理者与工人、教师与学生、统治者与臣民、职业的与业余的、军队与乌合之众、科学家与外行之间的关系。简短地解释这些比喻将有助于分析列宁的极端现代主义政治学，尽管这是革命的政治学。

列宁当然知道，革命事业依赖于全民的参战和自发抗议。但是单纯依赖下面的群众行动也有过于分散和稀疏的问题，很容易被沙皇的警察捕获。如果我们认为群众的反抗是政治可燃物，那么作为先锋队的党的任务则是将这些爆炸物会聚起来对准目标，从而使其爆炸可以推翻现存政权。作为先锋队的党"将群众**中自然的**破坏力量与革命组织精心准备的破坏力量结合在一起"。④ 它是革命的思想器官，保障群众中分散的非理性力量能够被有效地使用。

反映在这个观点中的逻辑使列宁将作为先锋队的党看成已经投入战斗的人数众多但没有纪律的新兵的未来参谋部。军队越缺乏纪律，就越需要一个小而有凝聚力的参谋部。来自左派的竞争者（经济派）辩驳说10个聪明的人很容易被警察抓获，而100个傻瓜（革命群众）是无法阻拦的。

---

① 教室和兵营的比喻与列宁在党内的声誉一致，他被称为"德国人"或者"博士先生（Herr Doktor）"，这暗指"他的整洁和自我约束"，与他曾在苏黎世生活或从德国得到援助没有太多关系（Conquest, "The Somber Monster"）。

② Lenin, *What Is to Be Done?* p. 80.

③ Lenin, *What Is to Be Done?* p. 84（重点是后加的）。

④ Lenin, *What Is to Be Done?* p. 161（重点是后加的）。

对此列宁的回答是,"在现代社会中,假如没有'十来个'富有天才(而天才人物不是成千成百地产生的)、经过考验、受过专业训练和长期教育并且彼此配合得很好的领袖,无论哪个阶级都无法进行坚持不懈的斗争"。①

列宁对军队的比喻并非仅仅是精彩的修辞,它们也反映了他关于党组织的许多构想。他直接使用军事风格来写"战术"和"战略"。只有参谋部才能按照总的战斗计划安排革命力量,只有参谋部才能看到整个战场和预测敌人的运动,只有参谋部才有"弹性……可以立即适应多样和多变的斗争环境",只有参谋部才有"能力放弃与强大和集中的敌人作战,利用敌人移动缓慢和停滞,在他们意想不到的时间和地方打击他们"。② 他认为,过去社会民主革命家的失败可以归因于缺少组织、计划与合作,而这些正是参谋部可以提供的。这些"带着原始设备和训练走向战场的年轻战士"就像"犁田的农民拿起了木棒","他们直接和完全的失败"是可以预见到的,"因为这些公开的冲突并非是为了长时间和顽强的斗争而系统、详细思考和逐步准备的计划的结果"。③

需要严格纪律的部分原因是革命的敌人有很好的装备并很有经验。这也揭示了为什么在革命队伍中"批评的自由"只能有利于机会主义,使资产阶级价值观占主导地位。列宁再一次利用军事的比喻阐明自己的观点:"我们紧紧靠在一起,循着艰难险阻的道路紧拉着手前进。我们被敌人四面包围,我们几乎随时都得冒着敌人的炮火前进。我们根据自由通过的决议联合起来,正是为了要同敌人斗争,而不致失足落入旁边的泥潭里。"泥潭就是指批评的自由。④

列宁所使用的"群众"一词可能最好地说明了他所设想的作为先锋队的党与队伍之间的关系。尽管这已经成为社会主义标准用法,却带有很深

---

① Lenin, *What Is to Be Done?* p. 114. 列宁在这里说的是德国社会民主党。他认为它比俄国的社会民主党先进得多,见《怎么办?》第116页,列宁认为,"没有保持连续性的稳定领袖组织,任何运动都不可能持续"。这个问题在每一个社会主义运动中都会被重新争论。我们可以在意大利共产党员,也是理论家的安东尼奥·葛兰西的作品中看到这个问题。他与列宁的观点基本上一致。我们将会看到,罗莎·卢森堡也谈到了同样问题,只是得出了不同的结论。

② Lenin, *What Is to Be Done?* p. 162.

③ Lenin, *What Is to Be Done?* p. 95.

④ Lenin, *What Is to Be Done?* p. 15.

的含义。"群众"一词最好地表达了没有秩序、数量众多的印象。如果队伍被贴上这一标签,那很清楚,如果加以引导,它们能为革命过程增加的就是巨大的数量和本身所代表的非理性力量。它所传达的印象就是大量、不成形、乱转的一群人,他们没有任何内聚力——没有历史、没有观念、没有行动计划。列宁非常清楚工人阶级有自己的历史和价值,但是如果不被科学社会主义的历史分析和先进革命理论代替,他们的历史和价值只能将工人阶级带入错误方向。

因此作为先锋队的党不仅对于群众战术上的凝聚具有重要的作用,而且要为群众思考。党像是领导精英,他们对历史和辩证唯物主义的掌握使他们可以为阶级斗争制定正确的"战斗目标"。它的权威是建立在科学知识上的。列宁引用了卡尔·考茨基"非常正确和重要的意见",他认为工人阶级因为缺少必要的"深刻的科学知识",因此不能自发产生"现代社会主义意识":"科学的代表人物并不是无产阶级,而是资产阶级知识分子。"①

这是列宁反对自发性的核心。只有两种意识形态:资产阶级和社会主义。由于资产阶级意识形态的广为分布及其历史权力,因此工人阶级的自发发展将会引导他们进入资产阶级意识形态。在列宁难忘的公式中,"工人阶级单靠自己本身的力量,只能形成工联主义的意识"。② 相反,社会民主意识只能来自外面,来自社会主义知识分子。作为先锋队的党被描述为完全自觉的、科学的社会主义者,与此相反,群众是不自觉的、前科学的并经常处于接受资产阶级价值观的危险中。列宁对无纪律的严厉警告——"对社会主义思想体系的任何轻视和任何脱离,都意味着资产阶级思想体系的加强"③——给人们留下了印象,只有参谋部的严格控制才是唯一的抗衡力量,可以来指挥和凝聚那些在任何时候都可能解散或迷路的新招募的士兵。

在列宁的话语中还有另外一套比喻有时被用来代替军队和教室:这就是所设想的科层制度或工业企业,在那里只有主管或工程师才能看到整个

---

① Lenin, *What Is to Be Done?* p.40. 列宁在脚注(第41页)中谈到工人上升为知识分子是可能的,这样在创建社会主义意识形态中就可以发挥作用。他说:"但他们不是以工人的身份来参加,而是以社会主义理论家的身份、以蒲鲁东和魏特林一类人的身份来参加的。"
② Lenin, *What Is to Be Done?* p.33.
③ Lenin, *What Is to Be Done?* p.41.

组织的大目标。列宁在革命工作中使用了劳动分工一类说法，在那里，领导者垄断了革命所必需的先进理论。就像工厂中制订理性生产计划的老板和工程师一样，作为先锋队的党掌握了科学的革命理论，这给予它独特的能力来引导整个无产阶级的解放斗争。在1903年列宁谈论大工业生产的自动流水线还有些为时过早，但他用建筑工业做了很好的类比。"请告诉我"，他请求道，"当石匠为建造一座前所未见的**巨大建筑物**而在不同的位置上砌石头的时候，总要拉一根线来帮助找准砌石头的位置，指明整个工程的最终目标，不仅使每一整块石头而且使每一块小石头都用得上，使它们相互衔接起来，形成完整而统一的大厦的轮廓，请问，这算不算是'纸上的'事情呢？目前我们党的生活的状况，岂不正是既有石头，又有石匠，但就是缺少一条使大家都能看得见、都可以遵循的引线吗？"① 党的科学远见使它能看到整个新结构的蓝图。工人的作用就是完成蓝图所指定给他们的部分，并坚信革命的建筑师知道自己在做什么。

现在资本主义生产劳动分工的类比所包含的意义与那些军事比喻基本是一样的。比如，两者都需要权威的方法和中央控制。所以列宁认为党需要"分配他们组织许许多多的细节工作"，指责"技术错误"，并且号召统一"将这些小部件组装成整体"。他总结说，"专业化必须以集中化为前提，并且绝对需要有集中化"。②

《怎么办？》一书中所包含的巨大矛盾在于，列宁的目标是推进革命，它与普遍的愤怒、骚乱和新政治目标的决定等因素是不可分割的，而列宁却将之转化为关于作为手段的技术专业化、等级制度和有效并可预期的组织的讨论。政治主张从革命的行列中奇迹般地消失了，位置被留给了作为先锋队的党的精英，就像工业工程师在自己内部讨论如何安排布置工厂一样。作为先锋队的党成为生产革命的机器。社会主义知识分子的科学和理性只需要技术上的必须服从，因此党内也不再需要政治主张；党的判断不再是主观和价值的内容，而是客观和逻辑上不可避免的。

列宁将他的观点扩展到革命精英的特征上。他们不仅是革命者，更是"职业的革命者"。列宁坚持在全部意义上使用"职业的"一词：一个有经验的、全职的、受过培训的革命者。这个小的、秘密的、守纪律的、职业

---

① Lenin, *What Is to Be Done?* p. 151（重点是后加的）。列宁在这里是专门为《火星报》而写的，这份报纸是作为先锋队的党的机关报。

② Lenin, *What Is to Be Done?* pp. 120 – 121.

的干部与工人组织完全不同，后者是大规模的、公开的、按照行业建立起来的。这二者是永远不能被混淆的。因此在工厂经理和工人的类比之外，列宁又增加了专业人员与学徒和业余者的类比。人们假设第二类人要服从第一类人，因为他们有更多的技术知识和经验。正像勒·柯布西耶所设想的，公众会默许建筑大师的知识和计算，同样列宁也相信明智的工人会希望自己在职业革命家领导之下。

最后我们再回到教室的比喻，在那里，作为先锋队的党是教师，而群众只是学生。列宁并非是唯一使用这个类比的。他处于一个教学的时代，工人的阅读小组和社会主义斗士的学校当时非常流行，特别在德国，罗莎·卢森堡在柏林的社会主义党校做教师。尽管教室的比喻很普遍，但是列宁用它来比喻社会主义训练仍值得重视。很多人都理解，列宁有大量的思想和文章陈述"社会主义教育"。列宁非常关注斗士如何被培训，以及党报、《火星报》、演讲的内容、宣言、口号各自又起什么作用。但是列宁的社会主义学校一直存在风险，他一直担心教师失去对学生的控制，并且受到狭隘的经济要求、立法改革和单纯的地方问题的影响。教室的比喻有着内在的等级制度，但是列宁担心他的社会主义教师会屈服，并被"地方化"。在列宁著作表面之下是重大的文化判断，下面这段话明显地说明了这一点。

> 我们首要的最迫切的义务，就是帮助培养出在**党的活动方面**能够同知识分子革命家具有同等水平的工人革命家（我们所以要强调在党的活动方面，是因为在其他各方面虽然也必须把工人提高到这样的水平，但远不是这样容易，远不是这样迫切）。因此，我们**主要**是应当注意把工人提高为革命家，而绝不是像"经济派"所希望的那样，必须把自己**降低**为"工人群众"，或是像《自由》所希望的那样，必须降低为"中等工人"。①

问题在于党如何培训革命者，他们将与工人联系密切（或者他们自己就有工人的背景），但不能被工人的政治和文化落后性淹没、污染和弱化。列宁的许多担心来自他相信，俄国的工人阶级和社会主义知识分子比起德国的伙伴来，要落后得多。在《怎么办？》一书中，德国的社会民主政体

---

① Lenin, *What Is to Be Done?* p.122（重点是原有的）。

和德国工会运动被作为典型多次重复,在这方面俄国仍有欠缺。但是列宁所关注的原理超越了国家的区别,它来自党和工人阶级所扮演的外表和功能都完全不同的角色。在最终的分析中,阶级意识是意识形态启蒙者所独有的客观真理,它指导作为先锋队的党。①

不管与牛顿运动第一定律如何相反,赋予列宁逻辑的中心思想还是,党应该成为"不动的推动者"。对于宣传和鼓动来说,与工人阶级的密切联系是十分必要的,但是这种紧密联系不能威胁到知识、影响和权力的等级结构。如果职业的革命家要成为有效的领导,他就要对工人有详细的理解和了解,就像教师对学生、军官对他的部队、生产经理对工人所需要的一样。这是精英要达到他们设定的目标所必需的知识。所描述的关系是如此不平衡,甚至有人将之与工匠和其原材料的关系相比较。一个木匠或泥瓦匠必须要了解他们惰性的材料以完成他的设计。在列宁那里,被加工材料的相对惰性就体现在关于"群众"和"无产者"的全球一致的印象中。一旦这些单调的词被使用,要考察存在于工人阶级间历史上的众多差别、政治经验、组织技巧和意识形态(更不用说宗教、民族划分和语言)就变得非常困难。

列宁之所以坚持认为需要革命中少数有高度纪律的秘密干部还有另外一个偶然的、俄国特有的原因。这就是他们是在独裁的环境中,在沙皇秘密警察的鼻子底下从事活动的。列宁高度评价德国社会民主党公开竞选公职,那里有政治自由和出版自由,所有竞选人的记录都是公开的,他感叹,"尝试将这个景象放到我们的独裁统治框架内吧"②!在被捕的威胁下,这里的革命者必须要隐藏自己,公开民主的方式是不可能的。列宁指出,俄国的革命者要使他们的战术适应他们的敌人——政治警察。如果列宁对秘密和铁的纪律的解释只是这样,那么这只是适应地方条件所做出的战术退让。但是并非仅仅如此。如同避免被捕和流放一样,党的秘密也是为了防止从下而来的污染。下面的一段引文不可能有其他解释:"在有了这种建立在稳固的理论基础上并且拥有社会民主党机关报的组织('尝试'革命的秘密团体)的情况下,**就不必害怕大量卷入运动的'局外'人会把运**

---

① 比如可参见 Kathy E. Ferguson, "Class Consciousness and the Marxist Dialectic: The Elusive Synthesis," *Review of Politics* 42 (1986): 504 – 532。
② Lenin, *What Is to Be Done*? p. 129.

第五章 革命的政党：计划和诊断

动引入歧途。"①

运动是如何被引入歧途的？列宁的心中主要有两个潜在的担心。第一个危险来自自发性，它使革命压力下的战术协同很难实现。第二个当然是工人阶级意识形态不可避免地会转向工联主义和立法改革。既然真正的、革命的阶级意识永远不可能从工人阶级中自发产生，那么工人实际的政治观点将会对作为先锋队的党构成威胁。

可能正是由于这些原因，列宁在从事宣传和鼓动写作的时候都是单向地发布他头脑中的信息和观点。他对党报的一贯重视也很符合这个背景。与在喧闹或沉闷的人群面前直接做鼓动工作相比，报纸更加明确地创造了一个单向关系。② 机关报是一个很好的传播指导意见、解释党的路线和集结队伍的平台。正像其后继者电台一样，报纸是适合传送消息而不是接收消息的媒介。

在很多场合，列宁和他的同事从字面意义上来对待污染带来的威胁，用卫生科学和疾病的微生物理论来比喻它。因此可以说"小资产阶级细菌"和"感染"。③ 这种印象的转变很自然，列宁希望将党保持在一个经过消毒的无菌环境中，从而使党避免感染外界存在的疾病。④

列宁在《怎么办？》中对工人阶级的处理很容易使人们想起马克思对法国小农的著名描述，"一袋马铃薯"——许多同样的单独个体，但没有整体的结构和凝聚力。这一前提反过来又影响了作为先锋队的党的角色。重要的问题在于将存在于群众中无形的、零散的、彼此缺少联系的和地方化的愤怒变成有目的、有方向和有组织的力量。正像强大的磁铁可以将大量混乱的铁屑排列起来，人们期望党的领导能将混乱的人群转变为政治军队。很多时候

---

① Lenin, *What Is to Be Done?* p. 121（重点是后加的）。
② 鼓动（agitation）在这个背景下是另外一个有助于判断的词，使人想起静止的水只有在外力的"鼓动"下才会流动。
③ 在1921年第十次全党代表大会上，当托洛茨基的军队镇压了一次反对布尔什维克独裁政权的真正无产阶级暴动的时候，布哈林和其他人都在声讨从农民蔓延到一部分工人阶级中的"小资产阶级精神污染"。见 Paul Averich, *Kronstadt, 1921* (Princeton: Princeton University Press, 1970), chap. 3, 特别是第129~130页。
④ 当防治真正的疾病和传染的时候，列宁亲自编写卫生条例以保障克里姆林宫的清洁和无菌的环境。比如他指示，"那些（乘火车）到达的人在进入宿舍之前要洗澡，并将脏衣服放到浴室的消毒器中……任何违背卫生制度的人都要被赶出克里姆林宫并以危害社会罪被起诉"。From Dimitri Volkogonov, *Lenin: Life and Legacy*, trans. by Harold Shukman (London: Harper Collins, 1995), cited in Robert Service, "The First Master Terrorist," *Times Literary Supplement*, January 6, 1995, p. 9.

很难弄清楚群众除了他们所代表的原始力量以外还能为革命事业带来什么。列宁所设想的党的功能角色包括了很多内容："我们应当**以理论家的身份，又以宣传员的身份，既以鼓动员的身份，又以组织者的身份到一切阶级的人民中去**。"① 从这一清单中可以推论，革命者要提供知识、观点、行动的迫切性和方向以及组织结构。在这种知识、社会和文化服务从上而下的单向流动中，很难想象群众除了被鼓动以外，还能有什么其他的角色。

列宁设想了革命的分工，这与对共产党的期望——（虽然极少付诸实践）不管是掌权或不掌权时期——是一致的。中央委员会做出有关战术和战略的所有重大决定，群众组织和工会作为下属，承担传送命令的功能。如果我们也像列宁一样将作为先锋队的党看成带来革命的机器，那么我们看到作为先锋队的党与工人阶级的关系同资本家与工人阶级的关系没有什么不同。对生产来说，工人是必需的，他们必须接受训练和指示，他们工作的有效组织要依靠职业的专家。尽管革命者和资本家的最终目的是完全不同的，但他们所面对的手段问题，以及解决办法都是很相似的。工厂经理的问题是为了有效生产的目的如何安排工厂的"人手"（都是可以互换的单元），而科学社会主义政党的问题则是如何有效地安排群众以加速革命。这样的组织逻辑似乎更适合工厂生产，因为它有稳定的程序、已知的技术、日工资，而革命没有稳定的程序，革命的努力需要承担高风险。然而，这是组织的模范，它构成列宁的许多观点。

为了把握列宁对作为先锋队的党的乌托邦希望，人们可以将它与世纪之交非常流行的"群众活动"（mass exercises）相联系，这在反动的（动员）和左翼的运动中都非常普遍。成千上万名受过训练的青年男女聚集在大型体育场或阅兵场上，按照统一的步伐行动。他们经常按照音乐的节拍行进，行进越复杂就越有观赏性。索科尔（Sokol）协会是推动民族主义的体育组织，在1891年举行的索科尔体育协会第二届全国代表大会上，有1.7万多捷克人表演了精心安排的协同行进。② 整个群众活动的理念就是要

---

① Lenin, *What Is to Be Done*? p. 79（重点是后加的）。

② 见 Bruce M. Garver, *The Young Czech Party, 1874–1901, and the Emergence of a Multi-Party System* (New Haven: Yale University Press, 1978), p. 117. 彼得·拉特兰告诉我这些表演并不仅限于具有集权意识形态的政治运动，而且作为从上而来的机器般精确和协调观点的一部分，被应用于物质文化，并被国家主义者、资产阶级和民主运动共享。以整队行进的军乐队方式表现协调的"群众运动"的传统一直存在于美国大学足球赛的中场。使用机器来比喻社会运动很普遍，见第六章。

创造一个从上而来的秩序、训练和纪律的惊人展示，所展示的纪律力量使参加者和观众都感到敬畏。这种运动的前提是需要一个单一集中的权威来计划和执行这一展示。① 毫不奇怪，这些新的、要在各个方面动员群众的党都发现这种公共展示与他们组织的意识形态相匹配。现实的列宁意识到俄国社会民主党不可能具有同样的协调性和纪律性。但很明显的是：这种中心化的协调模式是他所追求的，并以此作为衡量他成就的准绳。

在极端现代主义观点的许多基本因素方面，列宁和勒·柯布西耶有许多共同点，尽管他们所受的训练和目的都大为不同。尽管对于我们来说，他们各自的科学抱负是令人难以相信的，但他们都信奉占主流地位科学的存在，它们给予少数规划精英以权威。勒·柯布西耶相信，现代建筑和高效设计的科学真理赋予了他用乌托邦城市代替城市主义不和谐的混乱历史残留的权力。列宁相信，辩证唯物主义科学给了党了解革命进程的独特洞察力，也赋予它领导缺乏组织和意识形态错误的工人阶级的权力。二者都相信他们的科学知识为城市应如何设计以及革命应当如何进行提供了唯一正确的回答。他们对其方法的自信意味着，不管是设计城市的科学或设计革命的科学都不需要从现有的实践和预期受益人的价值观中学习什么。相反，他们都希望改变他们触及范围之内的人类。当然二者都将改善人类状况作为自己的最终目标，而且也试图通过等级制度和权威的方法来达到其目的。二人的著作中也都充满着军事和机器的比喻：对于勒·柯布西耶来说，住房和城市是生活的机器，而对列宁来说，作为先锋队的党是革命的机器。诉诸中心化的科层制协作——特别是工厂和阅兵场——不知不觉地进入了他们的作品。② 肯定地说，他们属于极端现代主义最有影响的重要人物，同时他们也很有代表性。

理论和实践：1917 年革命

对1917年两次俄国革命的详细阐述（二月革命和更重要的十月革命）会使我们离题太远。一个可行的方法是简短地概括实际革命过程与《怎么

---

① 尼古拉·齐奥塞斯库在布加勒斯特建筑的共和国大厦包括了很多这一思路的特征。在立法院大厅中，围绕齐奥塞斯库水压升降的主席台四周是成排的楼厅；大厦中的 600 个大钟都由齐奥塞斯库的中心控制台调控（*New York Times*, December 5, 1991, p. 2）。与此相反，列宁总是反对个人崇拜，认为党本身才是革命乐队的指挥。

② 尽管这样，值得注意的是，不管是勒·柯布西耶或列宁都不具有一贯的、系统的、科层制的性格。

办?》所倡导的组织原则最不一致的地方。极端现代主义的革命计划在实践中与巴西利亚和昌迪加尔的极端现代主义规划实践一样具有很大的局限性。

在俄国革命中最不和谐的地方在于，从任何重要的方面说，它都不是由作为先锋队的布尔什维克所带来的。列宁成功的地方在于当革命成为现实的时候掌握了革命。就像汉娜·阿伦特（Hannah Arendt）概括的，"布尔什维克党发现权力躺在大街上，并把它捡起来"。① E. H. 卡尔（E. H. Carr）写作了一部最早，也是最完整的革命时代研究著作，他总结说，"列宁和布尔什维克对于推翻沙皇统治的作用是可以忽略不计的"，并且事实上"布尔什维克继承了一个空的宝座"。甚至列宁也不是当时就能清楚看到战略情况的有预见的总指挥。在1917年1月，仅仅是二月革命前一个月，他还很忧伤地写道，"我们老一代人可能看不到革命即将到来的决定性战斗"。②

在革命前夜，布尔什维克的确在工人阶级中有一些不太强大的基础，特别是在莫斯科和圣彼得堡的非熟练工人中，社会革命者、孟什维克、无政府主义者和无党派的工人占据着主导地位。更重要的是，那些加入了布尔什维克的工人很少服从于《怎么办？》所想象的等级控制。

布尔什维克能够形成紧密、守纪律和命令-支配式结构，这才是列宁所希望的革命实践。实际经验却完全事与愿违。在几乎所有重要方面，1917年的革命都很像1905年失败的革命。暴动中的工人掌握了工厂和市政府，而在农村，农民开始夺取土地并袭击豪绅和税官。不管是在1905年还是在1917年，这些行动都不是由布尔什维克或任何其他革命先锋队发动的。工人在1917年自发地组成苏维埃管理工厂，根本不听他们自己的苏维埃执行委员会的指示，更别说布尔什维克了。而农民为了自己利用中央政治真空的机会恢复了对土地的公共管理并贯彻他们地方的公正观念。多数农民甚至没有听说过布尔什维克，更不用说想到遵照他们的命令行动了。

1917年10月末的详细情况中，最让读者吃惊的是各地弥漫的完全混

---

① Hannah Arendt, *On Revolution* (New York: Viking, 1965).
② E. H. Carr, *The Bolshevik Revolution*, *1917–1923*, vol. 1 (Harmondsworth: Penguin, 1966), p.36. 列宁的话出自第80页。卡尔（Carr）将这一判断扩展到二月革命中所有的党："革命党在发动革命中没有起到直接的作用。他们没有想到事情的发生，最初他们有些狼狈。当时创建彼得格勒工人代表苏维埃的革命只是一群工人在没有中央指导下的自发行动。这只是重新复活了1905年革命中短暂而光荣的彼得格勒苏维埃。"（见第81页）

第五章 革命的政党：计划和诊断

乱和地方自发性。① 在这样的政治环境中，中心化协作是难以想象的。正像军事历史学家和敏锐的观察者所理解的，在战争进程中，指挥系统往往是很犹豫的。将军与部队失去联系，没有办法掌握战场快速的变化，将军下达的命令到达战场的时候可能已经过时了。② 在列宁那里，命令控制结构不可能有机会犹豫，因为它们根本不存在。更有趣的是，列宁与当时党的领导班子（许多领导人那时都在监狱）并不一致，在革命前夜，他被批评为鲁莽的暴动者。

与 1905 年不同，促成 1917 年革命成功的新因素是第一次世界大战——特别是在进攻奥地利时俄国军队的解体。成千上万的士兵抛下他们的武器回到城市或到农村抢占一块土地。尽管 10 月 24 日列宁的小规模武装起义给了关键的一击，亚历山大·克伦斯基的临时政府已经没有强制的资源可以调用进行抵抗，正是从这个意义上说布尔什维克"继承了一个空的宝座"。此后一直到 1921 年都可以被描述为俄国年轻的布尔什维克国家再征服的过程。再征服不仅仅是简单地对付"白匪"，同时也是对付在革命中掌握了地方权力的自治力量。③ 这包括，首先，也是最重要的，摧毁各地苏维埃独立权力的长期战斗，并对工人施行计件工作、劳动控制和取消罢工权利。在农村，布尔什维克国家逐渐对农民推行政治控制（代替公社权力）、谷物征收和最终的集体化。④ 布尔什维克国家建设的过程带来了很多暴力活动以对付过去的受益人，就像在乌克兰的喀琅施塔得（Kronstadt）、坦波夫（Tambov）和莫科诺夫奇纳（Maknovchina）的暴动所

---

① E. H. Carr, *The Bolshevik Revolution*, 1917 – 1923, vol. 1; Sheila Fitzpatrick, *The Russian Revolution* (Oxford: Oxford University Press, 1982); Marc Ferro, *The Bolshevik Revolution: A Social History of the Russian Revolution*, trans. by Norman Stone (London: Routledge and Kegan Paul, 1980).

② 托尔斯泰在《战争与和平》[*War and Peace* (New York: Simon and Schuster, 1942)] 中关于拿破仑入侵俄国的战争所做的出色分析中，对俄国的情况做了最好的描述，见第 713、874、921 页和 988 页。还可参见 John Keegan, *The Face of Battle* (New York: Viking Press, 1976)。

③ 列宁认识到自治行动甚至在 1917 年 10 月以后对革命仍有推进作用。1918 年列宁说："无政府主义思潮现在已经在起作用。"见 Daniel Guérin, *Anarchism: From Theory to Practice*, trans. by Mary Klopper (New York: Monthly Review Press, 1970), p. 85。丹尼尔·盖兰（Daniel Guérin）指出，大多数布尔什维克早期的立法都是对自治行动和实践的事后批准。

④ 见 Orlando Figes 根据丰富的档案材料所做的出色和详细的研究：*Peasant, Russia, Civil War: The Volga Countryside in Revolution, 1917 – 1921* (Cambridge: Cambridge University Press, 1996)。

证实的。

在《怎么办?》一书中,列宁清楚地描述了作为先锋队的党是令人佩服的执行指挥和控制的典型。但应用到实际革命过程中,这个典型只能是幻想,与现实没有什么关系。典型描述精确的地方,是夺取政权的革命以后国家权威的活动。事实证明,我们看到列宁所希望的带有革命特征的权力结构就是永远的"无产阶级专政"。在这里,工人和农民当然不会赞成这个权力结构;但是国家将其作为必要的调控加以强制推行。

因为革命的胜利者才能书写他们如何取得权力的官方历史,他们的解释在多大程度上符合历史事实就不很重要了。因为多数人都相信清楚完整的解释,不管它是否准确,解释又使他们进一步坚信他们革命领袖的洞察力、决断和权力。在标准的革命过程中,"就这样"的故事也许是最终的国家简单化。它服务于各种各样的政治和美学目的,这些目的又反过来帮助我们理解其采取的形式。可以肯定,首先这些革命国家的继承者有着既定的兴趣,要把自己表述为历史事件的首要鼓动者。这样的解释强调他们作为领袖和传教士的不可或缺的角色,在列宁那里,这与布尔什维克国家规定的组织化意识形态是高度吻合的。正像米洛凡·吉拉斯(Milovan Djilas)所指出的,权威认可的革命历史"都将革命描写成领袖在此之前有计划行动的成果"。[1] 这并不是嘲讽和谎言。领袖和将军夸大他们在事件中的影响是非常自然的。这是从他们所处的位置观察世界的结果,他们的下属也很少有兴趣反对他们所描绘的图景。

掌握国家权力以后,胜利者希望尽快将革命从街头转移到博物馆和教科书中,以避免人民重复革命的经验。[2] 强调少数领袖人物果断决策作用的简要描述也有助于加强其合法性;对内聚力、一致性和中心目标的强调使革命看来似乎是不可避免的,因此也希望,这是持久不变的。此外对自发的公众行动的轻视也表明,没有外来的领导,工人阶级自己是不可能采取正确行动的。[3] 描述也可以是一个机会,来发现革命内部或外部的敌人,选择出仇恨和镇压的适当目标。

---

[1] Milovan Djilas, *The New Class* (New York: Praeger, 1957), p.32.
[2] 我感谢彼得·普杜(Peter Perdue)向我指出了这一点。吉拉斯也有类似的观点(Milovan Djilas, *The New Class*)。
[3] 官方的故事尽管可以形成一部分集体记忆,但是不能完全代替实际参与了革命过程的那些人的个人或集体经验。对于那些没有个人记忆,只是凭借教科书和爱国演讲参与革命的人,官方的故事很容易接受,除非有不同的信息来源。

第五章 革命的政党：计划和诊断

历史过程本身也在将世界"自然化"，消除偶然性的证据，这也支持了革命精英所推动的对历史的标准解释。那些在"俄国革命"中战斗的人发现有关自己的真相时已经晚了，革命已经完成。同样，那些第一次世界大战或布尔格战役（Battle of Bulge）的参加者在参加的时候完全不知道事情将会被如此概括，更不用说宗教改革或文艺复兴的参加者了。因为在结束以后事情必然按照一定的方式转变，在回顾的时候有一些非常清晰的固定模式和原因，所以很多时候结果被表述为不可避免的也就不足为奇了。所有人都忘记了它可能会产生完全不同的结果。① 在遗忘中，将革命成功的合理化又向前迈出了一步。②

当列宁这样的胜利者将其革命理论强加于后革命时代的官方故事，而不是革命事件本身的时候，叙述往往就会关注动力、目的和领袖的天赋，尽量缩小偶然性。③ 最后更有讽刺意味的是，60多年来，布尔什维克革命的官方故事一直被讲成革命是遵循《怎么办？》所勾勒的乌托邦方向前进的。

列宁的《国家与革命》

晚一些时间写作《国家与革命》的列宁经常被与写《怎么办？》时的列宁进行对比，以说明在作为先锋队的党与群众关系上，他有了非常大的变化。这本小册子是在二月革命和十月革命之间的1917年8～9月两个月内以非常快的速度完成的，其基调与1903年的作品很难一致。列宁在1917年鼓励尽可能多自治的群众革命行动是有很多重要战术原因的。他和其他布尔什维克人担心掌握了工厂的工人和俄国城市市民失去革命热情，

---

① 这是一个格言的观点，"因为少了根钉子丢失了蹄铁；因为失了蹄铁而失去了马；因为失了马而没了信差；因为没了信差打了败仗；因为战争失败而失去了整个王国……"［John M. Merriman, ed., *For Want of a House*: *Choice and Chance in History* (Lexington, Mass.: S. Greens Press, 1985)］。

② 在历史叙述中很少有人强调偶然性。要写下对过去事件的描述，其本身实际上经常需要不顾事实的整洁和一致。任何一个读到过报纸上关于自己参与过事件报道的人都了解这种现象。还可以设想一下一个杀人犯或一个从桥上跳下去的自杀者，事情发生以后，他们作为杀了某人的杀人犯或从某桥上跳下的自杀者被大家知道。人们会依据这个结局重新审视这个人生活中的各种事件，一切都必然引向这个结局，从而将一个可能很偶然的事件看成是必然的。

③ 在布尔什维克革命中，官方的叙述还需要包括真正的群众运动，并且布尔什维克最终取得了其领导权。马克思主义的历史也需要富有战斗性的革命无产阶级。这也是二月革命和十月革命事件中不必被虚构的一方面。必须要从历史记录上消除的是新的国家机器与自治苏维埃和农民之间的激烈斗争。

从而使克伦斯基的临时政府取得控制并对布尔什维克构成障碍。对于列宁的革命者来说，一切努力都要动摇克伦斯基的统治，即使人民群众不受布尔什维克约束也可以。这样在11月早期布尔什维克巩固其统治之前，列宁的声音像无政府主义也就并不奇怪了："社会主义不是产生于来自上面的命令。国家官僚制度的自动化与其精神背道而驰，社会主义是有生命和有创造性的——是人民群众自己的创造物。"①

列宁的《国家与革命》中含有平等主义和乌托邦的基调，这呼应了马克思的共产主义图景，但对于我们的目的而言很令人惊奇的是，列宁的极端现代主义信念在书中仍然充斥的程度。首先，列宁确信应用国家的强制权力是建立社会主义的唯一途径。他公开承认在掌握政权以后仍然需要暴力："无产阶级需要国家政权，力量的中央集权，暴力组织……为了**领导**广大民众即农民、小资产阶级和半无产阶级来筹备社会主义经济。"② 又一次，马克思主义为创造工人群众的头脑提供了思想和培训："马克思主义教育工人的党，也就是教育无产阶级的先锋队，使它能够夺取政权并引导全体人民走向社会主义，指导并建设新制度，成为所有被剥削劳动者在不要资产阶级并反对资产阶级而建设自己社会生活的事业中的导师、引路人和领袖。"③ 这里的假设是，工人阶级的社会生活或者被资产阶级，或者被作为先锋队的党来组织，但永远不会被工人阶级自己的成员来组织。

与此同时，列宁对新社会做出了雄辩的证明：在新社会中政治将消失，

---

① Lenin, quoted in Averich, *Kronstadt, 1921*, p. 160. 我认为列宁在这里是有意复制了卢森堡的思想，尽管我没有直接的证据。在列宁对1905年革命所表现的短暂兴奋当中，我们可以发现类似的先例："革命是被压迫和被剥削者的节日……只有在革命的时候，人民群众才能成为新社会秩序的积极创造者。在这种时候，人民群众能创造奇迹。"[From "Two Tactics of Social Democracy", quoted in Richard Stites, *Revolutionary Dreams: Utopian Vision and Experimental Life in the Russian Revolution* (New York: Oxford University Press, 1989), p. 42]。

② V. I. Lenin, *State and Revolution* (New York: International Publishers, 1931), p. 23（重点是原有的）。需要提请注意的是，被强迫"领导"的并不是资产阶级——革命的敌人，而是被压迫阶级，只有无产阶级是例外，对于他们，强迫是不必要的。为了避免人们认为所使用的国家强制权力是由无产阶级或其代表民主决定的，如同莱谢克·柯拉柯夫斯基（Leszek Kolakowski）所记述的，列宁在革命以后清楚地指出，"无产阶级专政的关键在于这是一个绝对权力，不受任何法律限制，建立在完全的直接暴力基础上"。而且他指出，在共产主义实现在全世界范围的绝对胜利之前，没有自由，也没有民主（这是列宁的原话）（"A Calamitous Accident", *Times Literary Supplement*, November 6, 1992, p. 5）。

③ Lenin, *State and Revolution*, pp. 23 – 24.

第五章 革命的政党：计划和诊断

最终任何一个人都可以被委以对事物的管理。列宁的乐观主义模型就是当时的人类机器：工业组织和大型官僚制度。在他的图景中，资本主义的增长已经建造了一个独立完整的非政治的技术结构："资本主义文化**创立**了大生产——工厂、铁路、邮政、电话等，在这个基础上，旧的'国家政权'的大多数职能已经变得极其简单，已经可以简化为登记、存档、检查这样一些极其简单的手续，以致每一个识字的人都完全能够胜任这些职能，行使这些职能只需付给普通的'工人工资'，并且可以（也应当）把这些职能中任何特权制、'长官制'的痕迹铲除干净。"① 列宁制造出现代生产完美技术理性的幻觉。一旦人们精通了劳动分工中适当位置上的"简单操作"，就没有什么更多的事情需要讨论了。革命将资产阶级从"远洋轮船"的驾驶台上驱逐出去，作为先锋队的党占据了这个位置，制定了新的行程，但是绝大多数群众的工作没有变化。必须注意，列宁的技术结构图景是静止的。生产的形式是被设定好的，如果要产生变化也不需要其他不同的技能。

在这个资本主义创造的处理各种事物的国家中有一个乌托邦式的信念，任何人都可以参与国家行政。资本主义发展在创造了"受过培训和**遵守纪律**的工人阶级"② 同时也生产出了巨大的、社会化的官僚机器。这些巨大的集权的官僚制度是新世界的关键。列宁看到了在拉特瑙指导下，官僚制度在德国战时动员方面的工作。科学和劳动分工带来了技术专长的制度化秩序，在这里，权术和争吵都被排除在外。现代生产为技术上必需的独裁统治提供了基础。"来看个人独裁力量的重要"，列宁观察到，"应该说，任何大机器工业——即社会主义的物质的、生产的源泉和基础——都要求无条件的和最严格的统一意志，以指导几百人、几千人以至几万人共同工作。……可是，怎样才能保证有最严格的统一意志呢？这就只有使千百人的意志服从于一个人的意志……劳动群众开群众大会的这种民主精神，又如春潮泛滥，汹涌澎湃、漫过一切堤岸。我们应该学会把这种民主精神同劳动时的铁的纪律结合起来，同劳动时无条件服从苏维埃领导者一个人的意志结合起来"。③

---

① Lenin, *State and Revolution*, p. 38（重点是原有的）。
② Lenin, *State and Revolution*, p. 83（重点是后加的）。
③ Lenin, "The Immediate Tasks of the Soviet Government", March-April, 1918, quoted in Carmen Claudin-Urondo, *Lenin and the Cultural Revolution*, trans. by Brian Pearce, (Sussex: Harvester Press, 1977), p. 271. 需要注意的是在这里使用的关于"公众大会民主"自然主义的比喻，几乎可以肯定是从罗莎·卢森堡的著作中借用的。

在这个方面，列宁与许多他的资本主义同代人一样对福特制度和泰勒制度生产技术充满热情。这在当时被西方工会认为是对手工业工匠"去技术"（de-skilling）的手段恰恰被列宁作为理性国家规划的关键因素。[1] 在列宁的观念中，对于如何理性地设计生产和行政的问题都具有唯一客观上正确的和有效的回答。[2]

沿着傅立叶式的思路，列宁继续设想一个自我运转的巨大国家辛迪加。他将这看成技术之网，每一个网眼都通过自己习惯的约束和理性将工人限定在适当的程序中。在一段奥威尔主义式冷酷的话中——警告那些可能反对他的逻辑的无政府主义者或游离分子——列宁指出了系统将会如何无情："逃避这种全民的计算和监督就必然会成为极难得逞的、极罕见的例外，可能还会受到极迅速极严厉的惩罚（因为武装工人是重实际的人，而不是重感情的知识分子；他们未必会让人跟自己开玩笑），以致人们对于人类一切公共生活的简单的基本规则就会很快从**必须**遵守变成**习惯**于遵守了。"[3]

除了事实上列宁的乌托邦更注重平等主义和建立在无产阶级专政的背景下之外，他与勒·柯布西耶极端现代主义的相似是很明显的。社会秩序被设想为巨大的工厂或办公室——一台"平稳地发出嗡嗡声的机器，"就像勒·柯布西耶指出的，在那里"每个人都生活在相对整体的有序关系中"。尽管他们都是很有影响的，但是并非只有列宁或勒·柯布西耶才有这样的观点。这些相似性也告诉人们，社会主义者，不管是左翼或右翼，受现代工业组织模式所束缚的严重程度。在马克思、圣西门以及当时俄国流行的科学幻想小说中，特别是在爱德华·贝拉米（Edward Bellamy）的《向后看》（*Looking Backward*）的翻译中，都可以看到许多相似的乌托邦

---

[1] 见 David Harvey, *The Condition of Post-Modernity: An Enquiry into the Origins of Cultural Change* (Oxford: Basil Blackwell, 1989), p. 126. 哈维将列宁、福特、勒·柯布西耶、埃比尼泽·霍华德和罗伯特·摩西都归为现代主义者。

[2] 事实上，当然对于任何这些忽略了人类主观性的问题都不可能有理性的有效解决办法。一个有效的生产设计特别依赖工人的正面反应。在俄亥俄州的罗德斯维尔（Lordsville），汽车工人仇恨"有效率"的自动生产线，因而工作起来粗心大意，从而使之成为无效率的生产线。

[3] Lenin, *State and Revolution*, pp. 84-85（重点是原有的）。马克思、恩格斯和列宁使用"流氓"（lumpen）无产阶级来指称那些边缘的、不遵守工人阶级纪律的工人。他们对流氓无产分子表示了无尽的轻蔑，在其中我们可以看到维多利亚时代精英对"不值得救助"（undeserving）穷人的半种族主义者态度的痕迹。

第五章 革命的政党：计划和诊断

幻想，"集权的、军事的、平等主义的、官僚制度的社会主义的梦想，它公开推崇普鲁士价值"。① 极端现代主义在政治上是多样的，它可以在任何政治伪装下出现，甚至是无政府主义。

列宁的《农业问题》

为了确定列宁一贯的极端现代主义观点，我们只需要看他关于农业问题的作品，这在当时的极端现代主义者中是充满争论的。我多数的证据都是来自《农业问题》，这部著作写于 1901～1907 年。②

在这部著作中充满了持续的对小农的轻蔑和对巨大的、高度机械化的现代农业形式的庆祝。对于列宁来说，问题不仅仅是规模的美学问题，而且也是历史必然性的问题。低技术水平的家庭农业与大规模机械化农业的区别就像农村手工织工的织机与大型纺织工厂的机械织机之间的区别一样。第一类生产方式是注定要灭亡的。列宁的类比是从马克思那里借用的，马克思经常这样说，手工织机带来的是封建主义，而动力织机带来的是资本主义。这一比喻是如此具有启发性，列宁在许多不同情况下都加以使用，如在《怎么办？》中宣称他的对手，经济主义者正在使用"手工工匠的方法"，而布尔什维克则是在进行职业的（现代的、受过培训的）革命。

对列宁来说，小农的生产形式——更不用说小农自己了——是不可救药地落后。他们像农村的手工织工一样，只是历史残留，终将被农业中相对大型机械工业的等价物清除。"20 年过去了，"他写道，"机器已经将小生产者从其最后的避难所赶了出去，每一个有耳朵的人都要听到，每一个有眼睛的人都要看到，经济学家必须向前看，看到技术进步，否则立刻就会被留在后面，那些不能向前看的人就会落在历史的后面；这里没有，也不可能有任何中间道路。"③ 在这部著作以及其他一些著作中，列宁抨击了

---

① Stites, *Revolutionary Dreams*, p. 32.
② V. I. Lenin, *The Agrarian Question and the Critics of Marx*, 2nd rev. ed. (Moscow: Progress Publishers, 1976). 列宁关于农业的基本观点早已经形成，这体现他在 1889 年写作的《俄国资本主义发展》一书中。在这部书中他预测资本主义在俄国农村会自发地发展，然而事情并没有像他所预想的那样大规模发生。对俄国农村的马克思主义分析的重要修正主义著作，见 Teodor Shanin, ed., *Late Marx and the Russian Road: Marx and the Peripheries of Capitalism* (New York: Monthly Review Press, 1983).
③ Teodor Shanin, ed., *Late Marx and the Russian Road: Marx and the Peripheries of Capitalism*, p. 45.

所有那些与习惯、公社、三田制（Three-field system）等仍适合俄国的土地分配相关的耕作制度和社会实践。在这里，公共财产观念防止了资本主义的全面发展，而这正是革命的条件。"现代农业技术，"他总结说，"需要改变所有古代的、保守的、残暴的、无知的、乞丐式的农民经济分配方法。三田制、原始的工具、家长制之下农夫的贫穷、饲养牲畜的传统方法、对于市场条件和要求天真透顶的无知，所有这些都将被推翻。"①

然而，从制造业抽象出来的逻辑是否适合农业是一个有很多争论的问题。许多经济学家对农村家庭生产的劳动力分配、生产和消费都做了详细的研究。尽管有些是从意识形态上希望找到发展小财产所有制的效率的实例，但他们有许多必须面对的经验证据。② 他们指出，农业生产的特性决定了，比较起集约经营（这主要集中在农家施肥、仔细育种等）的回报，机械化的经济回报很小。他们论证说，超出平均规模的家庭农场的规模经营，其回报很小，甚至是负的。如果这些争论都是基于俄国的数据，因为那里落后的农业基础设施阻碍了机械化和商品化的生产，列宁可能不会很关注；但是多数的证据来自比较发达的德国和奥地利，那里的小农场已经高度商业化，并对市场力量很敏感。③

列宁已经开始批驳这些表明小农场效率或竞争性的数据。他发现了他们经验证据中不一致的地方，并引用俄国和德国其他学派的数据反驳他们。当证据很充实，无懈可击的时候，列宁则断言，能够生存的小农是因为他们忍饥挨饿，并使他们自己、他们的妻子和子女、他们的牛和耕畜处于过度工作的状态。小农场所取得的收益都是过度工作和消费不足的结果。尽管这种"自我剥削"在农民中并非少见，但是列宁的证据也并非完全令人信服。从列宁（还有马克思）对生产方式的理解来看，手工工匠和小农生产存在下来完全是偶然的时代错误。尽管我们已经知道小规模生产可以是有效率和顽强的，但是列宁毫不怀疑未来将会怎样。"这个调查显

---

① V. I. Lenin, *The Agrarian Programme of Social Democracy in the First Russian Revolution*, 1905–1907, 2nd rev. ed (Moscow: Progress Publishers, 1977), p. 70.

② 在世纪之交，有关农场运行的农户经验调查中，德国和奥地利学派有很大影响。伟大的俄国经济学家蔡雅诺夫（A. V. Chayanov）就属于这两个学派。作为一个谨慎的学者、小财产所有权的拥护者（他自己写了一本乌托邦的小说）和苏维埃的官员，他在1932年被斯大林的警察逮捕，并确信在1936年被处死刑。彼·马斯洛夫（Pyotr Maslov）是另外一个当代俄国倡导小农场效率和集约化的代表人物，他反对列宁的观点。

③ Lenin, *The Agrarian Question*, p. 86.

示了农业中大规模生产的技术优越性……（和）小农生产的超负荷工作和压抑消费，以及他最终变成领主的长工或日工……事实无可争辩地证明了，在资本主义体系内，农业中小农的地位就像工业中的手工工匠的地位一样。"①

《农业问题》还使我们看到列宁极端现代主义的其他方面：他对最新现代技术，特别是电力的颂扬。② 列宁很有名的一句话是"共产主义就是苏维埃政权加全部农村的电气化"。对于列宁，以及其他许多极端现代主义者来说，电气化有近乎神话般的魅力。我认为，这种魅力必定与电作为一种力量形式的特定性质有关。与蒸汽机、直接的水力和内燃机不同，电力是安静、准确和几乎看不见的。对于列宁与其同类人来说，电力是神奇的。它们对于农村生活现代化的伟大贡献在于，只要架设了电线，电力就会被长距离传输，任何地方只要需要就可以即刻、持续地得到充足的电力。列宁错误地以为，在大多数农场电力会代替内燃机。"电动的机器运转更平稳和更精确，因此在打谷、耕地、挤奶和收割草料中更方便。"③ 若使所有人都用上电，国家就能消灭马克思所说的"农村生活中的愚蠢笨拙"。

对于列宁来说，电气化是打破小资产阶级土地所有制的关键，因此也是在农村根除"资本主义根源"的唯一途径。这种土地所有制是"国内敌人的基础"。敌人"依靠小生产，只有一种方法能够削弱他们，那就是将国家的经济，包括农业放到一个新的技术基础上，也就是现代化的大生产。只有电气化才能提供这一基础"。④

---

① Lenin, *The Agrarian Question*, p. 86.
② 关于这方面更多的研究，见 Jonathan Coppersmith, *The Electrification of Russia, 1880 – 1926* (Ithaca: Cornell University Press, 1992); 还有 Kendall Bailes, *Technology and Society under Lenin and Stalin: Origins of the Soviet Technical Intelligentsia* (Princeton: Princeton University Press, 1978)。威尔斯（H. G. Wells）在访问苏联以后，生动地记录了他与列宁在1920年10月的谈话："列宁倾向于正统的马克思主义，谴责所有'乌托邦'，最终还是被电学家的乌托邦征服。"[*Russia in the Shadows* (New York: George H. Doran, 1921), p. 158]。
③ Lenin, *The Agrarian Question*, p. 46. 今天，人们很容易忘记对那些第一次经历电的人来说，它是多么的激动人心。据报道，弗拉季米尔·马雅可夫斯基（Vladimir Mayakovsky）曾经说，"自从见过电以后，我对自然就失去了兴趣"（Sites, *Revolution Dreams*, p. 52）。实际上在列宁提到的所有活动中，拖拉机作为一个不需要导线的可移动动力来源，要比电力更实际得多。
④ 列宁在苏维埃第八次全国代表大会上关于建立俄国电气化国家委员会的报告（1920年12月22日）。Robert C. Tucker, ed., *The Lenin Anthology* (New York: Norton, 1975), p. 494.

电气化对列宁的吸引主要来自其完美和数学的准确。人的工作，甚至蒸汽机牵引的犁或打谷机都是不完美的；相反，电动机器则显得稳定、精确和持续。此外还要看到，电力是中心化的。① 它制造了一个可以看得见的输电网络，电流从可以生产电流并进行分配和控制的中心电站输出。电的性质很适合列宁完美乌托邦的中心化构想。从发电厂延伸出去的电线图很像巴黎中心化交通的辐射中心（见第一章），唯一的区别只是电流是单向的。输电线路克服了地理困难将电力送到全国。电力使人们以均等的机会接近现代世界一个重要部分，给纳罗德（narod，字面上的意思就是"黑人"）带来了光明，既是实际的光明，也是文化上的光明。② 最后，电力需要规划和计算。电的运行方式正是列宁所希望的社会主义国家的工作方式。

对于列宁来说，共同的发展逻辑适用于作为先锋队的党、工厂和农场的高层精英。专业人员、技师和工程师将取代非专业的人而成为领导。基于科学而产生的中心化权威将获胜。如同勒·柯布西耶一样，组织中功能专业化程度、由常规所提供的秩序和各单元之间可替代性的程度以及机械化范围都是衡量高效率和理性的准绳。对于农场和工厂来说，规模越大、资本越密集就越好。列宁的农业概念中已经可以看到对拖拉机站、对建立国有大型农场和集体化（这是在列宁逝世以后才有的）的狂热，甚至可以看到导致包括赫鲁晓夫处女地创始计划在内的许多殖民计划的极端现代主义精神。同时，列宁的观点也继承了很强的俄国传统。他与彼得大帝建立圣彼得堡，以及在亚历山大一世的任命下，阿列克谢·阿拉克切耶夫（Alexei Arakcheev）在19世纪早期建立巨大的模范军事殖民地的行动一脉相承。两者的目的都在于将俄国带入现代世界。

---

① 电力的中心化也使大型电力中断或供电不足成为可能。这些技术中心化的实践如果不是可笑的，往往也是与其乌托邦的展想截然相反的。在菲律宾有很典型的例子，见 Marcos, Otto van den Muijzenberg, "As Bright Lights Replace the Kingke: Some Sociological Aspects of Rural Electrification in the Philippines," in Margaret M. Skutsch et al. eds., *Towards a Sustainable Development* (forthcoming).

② 如同人们所想象的，电力带来的光明和对普通人的"启蒙"的类比在苏维埃的文献中经常出现，并将布尔什维克的技术项目和文化项目结合在一起。列宁写道，"对于那些无党派的农民群众来说，电灯是'非自然'的灯；但对于我们来说非自然的却是，农民和工人在地主和资本家的束缚下，千百年来就生活在这样落后、贫穷和受压迫的状态中……我们现在要做的就是将每一个电站建成启蒙的堡垒，使群众有电的意识"（Tucker, *The Lenin Anthology*, p. 495）。

由于集中在列宁极端现代主义的一面，我们可能将一个复杂的思想家过于简单化了，他的观点和行动也有许多相矛盾的地方。在革命时期，他能够鼓励土地的共同占有、自发的行动以及农村苏维埃"从自身的错误中学习"的愿望。① 在毁灭性的国内战争结束的时候，粮食征购出现危机，他决定搁置集体化而鼓励小生产者和小贩。有些研究认为，在后期的作品中，他越来越倾向小农场。据推测，他不会像1929年的斯大林一样强制推行野蛮的集体化。

尽管有这些表现，但我认为没有理由相信列宁曾经放弃他极端现代主义的核心信念。② 甚至在1921年喀琅施塔得起义和持续的城市食品危机以后，他在表述其战术性退却中也表现得很明显："只有当我们已经改变了农民……**只有当大机器重新塑造了他**，否则我们必须保证他们不受限制地运行他们的经济。我们必须找到与小农场共处的方式……**因为重建小农**，改变他们的全部心理和全部习惯是需要几代才能完成的任务。"③ 如果这只是战术退却，那么承认改变农民需要几代的时间，这听来不大像希望迅速恢复进攻的将军。从另一方面说，列宁对通过机械化来改变难以改变的人性的信念一直没有消失。作为农民有效反抗的结果，他已经有比较适度的认识，意识到通向现代社会化农业的道路很曲折、很漫长，但是一旦开始这一旅程，那么远处的前景是相同的。

卢森堡：革命的内科医生和助产士

罗莎·卢森堡不仅仅是列宁的同时代人。她同样投身革命，是一位马克思主义者，1919年在柏林与卡尔·李卜克内西一起，被左翼的非激进的同盟者下令暗杀。尽管简·雅各布斯对勒·柯布西耶和极端现代主义的城市规划进行了总的批判，但是勒·柯布西耶很可能在生前从没有听说过雅各布斯。而列宁则不同，他见到过卢森堡。他们大部分著作是写给相同的读者，并互相了解彼此的观点，而且卢森堡特别反驳了列宁关于在革命的

---

① Figes, *Peasant Russia, Civil War*, p. 67.

② 他也没有放弃在保证党的统治地位中使用暴力的信念。当1922年舒亚省的宗教信徒公开反对没收教堂财产时，列宁曾为大规模反击辩护。"我们枪毙得越多越好，"他宣称，"我们现在必须给这些公众上一课，从而使他们今后几十年都不敢再想反抗。"（John Keep, "The People's Tsar", *Times Literary Supplement*, April 7, 1995, p. 30）

③ Averich, *Kronstadt*, 1921, p. 224（重点是后加的）。

条件下，作为先锋队的党以及它与无产阶级关系的论点。我们将主要关注卢森堡直接面对列宁极端现代主义观点的论文：《俄国社会民主党的组织问题》（1904年）、《群众罢工、党与工会》（1906年），以及她逝世以后发表的《俄国革命》（写于1918年，第一次发表于1921年，稍晚于喀琅施塔得起义）。

卢森堡与列宁最鲜明的区别是她对工人阶级自发创造力的信心。她在《群众罢工、党与工会》一书中表达出乐观主义的部分原因可能是这本书与《怎么办？》不同，它的完成是在1905年革命提供了客观的工人军事经验后。卢森堡被华沙无产阶级对1905年革命的积极反应所震撼。而《俄国社会民主党的组织问题》则写于1905年革命之前，是对《怎么办？》的直接回应。这篇论文是一篇关键的文章，在这篇文章中她反对波兰党将自己置于俄国社会民主党的中心纪律之下。①

虽然强调列宁与卢森堡的区别，但我们不能忽略他们共同的意识形态背景。比如，他们都共同相信马克思关于资本主义发展的矛盾和革命必将发生的设想。他们都是渐进主义的敌人，而且反对对非革命党的任何非战术妥协。甚至在战略层面上，他们都认为，工人可能只看到当地情况和自己的特殊利益，作为先锋队的党却可以看到全部情况（整体性），因而党的存在非常重要。不管是列宁或卢森堡都不具备可称为党的社会学的知识，也就是说他们没有认识到，不论如何定义，党的知识分子与工人的利益都可能是不一致的。他们迅速看到了工会科层制度的社会学，却没有看到革命的马克思主义党的社会学。

事实上，卢森堡和列宁一样使用工厂管理来比喻工人为什么要接受上面的指导，从而参与建设从他们自己所处位置不能直接清楚看到的巨大成果。他们两人的区别在于对所坚持逻辑执行的彻底程度有不同意见。对于列宁来说，整体性完全被掌握在作为先锋队的党的手中，这形成了事实上的知识垄断。他设想了一个全方位观察中心——就像从天空中俯视一

---

① Rosa Luxemburg, "Mass-Strike, Party and Trade Unions" and "Organizational Questions of Russian Social Democracy," in Dick Howard, ed., *Selected Political Writings of Rosa Luxemburg* (New York: Monthly Review Press, 1971), pp. 223 – 270, 283 – 306; Luxemburg, "The Russian Revolution," trans. by Bertram D. Wolfe, in Mary-Alice Waters, ed., *Rosa Luxemburg Speaks* (New York: Pathfinder Press, 1970), pp. 367 – 395. 设想如果卢森堡真在德国掌握了政权，她的信念还会保留多少是很有意思的。但有一点是很清楚的，当她不掌握权力时的观点与列宁不掌握权力时的观点有明显的区别。

样——这形成了严格等级制度的基础,在这一制度下,无产阶级只是士兵或走卒。而对于卢森堡来说,党同样可能比工人看得更远,但是被领导者也在不断制造奇迹,并给党以新的经验。

卢森堡将革命过程看作比列宁所想象的要更复杂和更难以预期,正像雅各布斯将成功地创造城市邻里看得很复杂和很神秘,不像勒·库布西耶所看的那样简单一样。我们要看到,卢森堡使用的比喻是描述性的。避开军事、工程和工厂,她在写作中经常使用增长、发展、经验和学习。①

作为先锋队的党可以命令或禁止群众罢工,就像指挥官可以命令他的士兵上前线或待在营房内,这种观念对于卢森堡来说是很愚蠢的。任何驾驭罢工的企图都是不现实的和在道德上不允许的。她反对这种观点下的工具主义。"两种倾向(命令或禁止群众罢工)都同样来自于纯粹的无政府主义观念,他们将群众罢工只作为可以根据一个人的知识或良心,随意被'决定'和'禁止'的技术性的斗争工具,就像是一把放在衣袋里的折叠刀,准备应付紧急情况,或者决定掏出来使用。"② 为此而产生的总罢工或革命是非常复杂的社会事件,包括了众多能动者的愿望和知识,在这里,作为先锋队的党只是因素之一。

作为有生命过程的革命

卢森堡将罢工和政治斗争看作是一个辩证和历史的过程。经济和劳动力结构会影响但不能决定现实的选择。所以,如果工业规模很小且在地理上很分散,那么罢工也会是小规模和分散的。每一组罢工都会强迫改变资本结构。比如工人成功地提高了工资,这种提高就会促进工业整合、机械化和新的监督方式的产生,而这又会影响到下一轮罢工的特点。当然,罢

---

① 伊丝贝塔·爱婷爵(Elzbieta Ettinger)指出,卢森堡对普通工人聪明才智的信心可能来自她喜爱的波兰伟大的民族主义诗人亚当·密茨凯维奇(Adam Mickiewicz),他高度赞颂普通波兰人的远见和创造力。见 *Rosa Luxemburg: A Life* (Boston: Beacon Press, 1986), pp. 22 - 27。

② Luxemburg, "Mass-Strike, Party and Trade Unions", p. 229. 尽管卢森堡轻蔑地谈及无政府主义,但是她对革命中普通行动者独立和创造性角色的看法与无政府主义者有许多共同之处。见 G. D. Maximoff, ed., *The Political Philosophy of Bakunin: Scientific Anarchism* (New York: Free Press, 1953), p. 289。在这里,巴枯宁(Bakunin)关于中央委员会领导局限性的观点预示了卢森堡关于中央委员会作用的保守观点。

工也会给工人带来新的经验，从而改变他们组合和领导的特性。[1] 对过程和人的能动性的坚持给卢森堡一个警告，要反对狭隘的战术观点。罢工和革命并不单纯是战术和命令所应指向的终点，达到目标的过程同样会影响无产阶级的特征。过程在很大程度上决定了结果，因此革命是如何发动的与是否发动革命同样重要。

卢森堡认为，列宁希望将作为先锋队的党转变为工人阶级的军事司令部不仅是不现实的，而且在道德上令人反感。他的等级制度逻辑忽略了工人阶级（单个或群体的）不可避免的自治，他们的利益和行动不可能成为机器加工般的完全一致。此外，即使这些纪律是可行的，党在将其强加于工人阶级的时候也会剥夺了无产阶级的独立性和创造力，而无产阶级正是革命的主体。相对于列宁渴望的控制和命令，卢森堡将无序的、喧嚣的和活跃的大型社会行动的场景提到同等重要的地位。"政治行动并非是这样：有固定的和空洞的冷静规划，在执行过程中严格遵循最高委员会制订的谨慎方案"，她在这里明显是针对列宁而写的，"我们看到无法从革命的大框架中分割出来的，实际生活中活跃的部分：群众罢工与整个革命的所有部分间有千丝万缕的联系"。[2] 在与列宁的理解相对照的时候，她一贯使用复杂的有机过程做比喻，对这一过程的任意分割就会威胁有机体的生命力。一个理性和等级制度的执行委员会可以按照自己的意愿来调配无产阶级队伍，这种观念不仅在真实的政治生活中是不可能的，而且也是过时的和空洞的。[3]

在驳斥《怎么办？》时，卢森堡清楚地表明，集权的等级制度是以损失下面的创造性和主动性为代价的："在列宁的意识中，'纪律'不仅是由工厂灌输给工人的，而且也是由兵营、现代科层制度和中央集权的资产阶级国家机器的整个机制灌输的……列宁所鼓吹的极端中间道路彻底弥漫

---

[1] 这种分析工人阶级运动的方法直接来自于卢森堡1898年在苏黎世大学的博士论文研究，《波兰的工业发展》。见 J. P. Nettl, *Rosa Luxemburg*, vol. 1 (London: Oxford University Press, 1966)。

[2] Luxemburg, "Mass-Strike, Party, and Trade Unions", p. 236.

[3] 卢森堡也具有自由的美学精神。她的爱人和同事利奥·约吉希斯（Leo Jogiches）不断指责她的小资产阶级趣味和愿望，她在自己献身革命的同时还为私人生活的价值辩护。她在对斯巴达克团的报纸《红旗》的设计建议中，表达了她的这种热忱："我并不认为报纸应该对称，修剪得像英国的草坪一样整齐……相反，应像野生的树林一样，未经雕琢，充满青年人才的生命和光辉。"（Ettinger, *Rosa Luxemburg*, p. 186）

着守夜人（Nachtwachtergeist）的枯燥精神而不是积极的创造性精神。他最关注**控制**党，而不是**培育**它；是**约束**它，而不是**发展**它；是把它**分为团队**，而不是**使之统一**。"①

列宁和卢森堡在讲话中所使用的不同比喻和修辞可以表明他们之间的核心区别。列宁像个严格的教师，有许多知识要传授——教师认识到孩子不守纪律，为了他们的利益而拼命地要他们遵守纪律。而卢森堡虽然同样看到了不守纪律的现象，却认为这是活力的象征，是有潜在价值的。她担心过于严格的教师会损害学生的热情，只留下一个沉闷和沮丧的教室，在那里无法真正学到什么东西。事实上，她在别处论证说，德国社会民主党一直在致力于紧密的控制和纪律，这挫伤了德国工人阶级的士气。② 列宁看到了学生对软弱和胆小的教师产生影响的可能，并把它作为危险的反革命步骤强烈反对。而对于卢森堡来说，教室代表真正的协作，这隐含着教师也可能从学生那里学到很有价值的经验。

当卢森堡开始将革命比作复杂的自然过程时，她就肯定作为先锋队的党的作用是有限的。革命过程过于复杂，无法很好地理解，更不用说加以事先的指导或规划了。1905年在冬宫前向群众开枪发生后，整个俄国所表现出来的普遍自主的首创精神给她留下了深刻印象。在我下面的大段引文中，她借用自然的比喻表达出她的信念，中央集权的控制只能是幻想。

171

> 俄国革命（1905年）表明，群众罢工是多变的现象，它反映出政治和经济斗争的所有时期和革命的所有阶段和时刻。它的适应性、它的效果和开始的时间都在不断变动。在看来应该是狭窄的地方，它会突然打开一个新的、宽阔的革命视野；在人们认为应该是非常可靠的地方，它会让人失望。有时它像在整个土地上翻滚过的巨流，有时它又像涓涓细流组成的巨大网络；有时它像泉水从地下翻涌，有时它又像点点滴滴流过地面……所有（群众斗争的形式）相互穿透、相互跟

---

① Luxemburg, "Organizational Questions", p. 291（重点是后加的）。
② "我们悲伤记忆中的德国社会民主党的监护方式永远不可能再带来德国工人阶级革命力量的觉醒……（革命力量的觉醒）只能是在对所涉及任务的严酷性和复杂性的洞察力中产生，只能是政治成熟和精神独立的结果，只能是**群众具有做重大决策能力的结果，而这种能力已经在过去的几十年中被社会民主党以各种理由系统地消除了。**"（Luxemburg, "The Russian Revolution", pp. 369 – 370, 重点是后加的）

— 179 —

随、相互跨越、相互汇集和战胜；它就像永恒的、不断运动和变动的大海。①

所以，群众罢工不是作为先锋队的党在适当时机使用的战术发明。它是"活着的革命脉动，同时也是动力强大的驱动轮……是革命中无产阶级斗争的表现形式"。② 从卢森堡的观点来看，列宁就像是一个工程师，他要建坝把自然的河水蓄积起来，突然全部放出，形成洪水一样的革命。卢森堡相信，群众罢工的"洪水"是无法预测，也无法控制的。尽管如同列宁所做的，职业的革命家可以乘着洪水取得权力，但他们对整个进程的影响很小。有趣的是，卢森堡对革命过程的理解比《怎么办？》中的乌托邦空想更好地描述了列宁和布尔什维克是如何掌握权力的。

由于把政治冲突作为过程来理解，卢森堡的视野超越了列宁所认为的失败和死路一条。在1905年的作品中，她强调"在每一个政治行动的狂潮之后都会有可结成果实的积淀留下，从中产生出成千上万新的经济斗争萌芽"。③ 她所使用的有机过程的类比说明了他们的自主性，也说明了他们的脆弱。如果只从无产阶级运动的活组织中抽取某种特殊的罢工形式作为工具使用，那就会威胁到整个有机体。她针对列宁写道："如果沉思默想的理论试图将群众罢工加以人工解剖以得到'纯粹群众的政治罢工'，通过这种解剖，就像施行在任何其他现象上一样，将无法发现其生命的精髓，而是将其完全杀死。"④ 卢森堡观察工人运动的视角与雅各布斯观察城市的视角一样：这是一个复杂的社会有机体，我们对它的起源、动力和未来的理解都还很不清楚。敢于干涉和解剖工人运动都是在杀死它，就像按照严格的功能将城市加以分割只能产生一个无生命的城市标本一样。

如果说列宁对待无产阶级就像工程师对待其原材料一样，要按照自己的目的塑造他们，那么卢森堡对待无产阶级就像一位医生一样。与任何患者一样，无产阶级也有自己的身体素质，这限制了可施行的外来干预。医生应该尊重患者的身体状况，并按照其自身潜在的长处和弱点来帮助他们。最终，患者的自我意志和病史将直接影响治疗结果。无产阶级不能从根本上被改变，并完

---

① Luxemburg, "Mass-Strike, Party, and Trade Unions", p. 236.
② Luxemburg, "Mass-Strike, Party, and Trade Unions", p. 237.
③ Luxemburg, "Mass-Strike, Party, and Trade Unions", p. 241.
④ Luxemburg, "Mass-Strike, Party, and Trade Unions", pp. 241-242.

全适应一个预先决定的设计。

但是卢森堡对列宁和布尔什维克的主要和不断重复的批评是,他们专政的方法和对无产阶级的不信任所带来的坏的教育政策。这阻碍了一个成熟和独立的工人阶级的发展,而这种发展是革命和创建社会主义所必需的。所以她攻击德国和俄国的革命,因为他们用作为先锋队的党的自我代替了无产阶级的自我——这个代替忘记了真正的目的在于创造自觉的工人运动,而不是将无产阶级作为工具使用。就像自信和富有同情心的监护人,她预见到错误也是学习过程的一部分。她针对社会民主党告诫说:"看不到真正的主人是工人阶级的集体自我,他们有权自己犯错误,并自我学习历史辩证法,在他们面前,统治者是没有意义的。最终我们必须坦率地承认,真正革命的劳工运动所犯的错误比所有可能的'中央委员会'的无比正确要更有成就和价值。"①

差不多15年以后,也就是1917年10月布尔什维克掌握政权以后的一年,卢森堡几乎用同样的语言攻击列宁。革命之后不久她对无产阶级专政方向做出的警告就像一个预言。

她相信列宁和托洛茨基完全错误地理解了无产阶级专政。对她来说,这意味着整个无产阶级的统治,这要求工人(尽管不包括敌人)享有最大的政治自由,这样才能将他们的影响和智慧用于社会主义的建设。列宁和托洛茨基所设想的与此不同,他们坚持一小部分党的领袖以无产阶级的名义行使专政权力。托洛茨基认为,因为选举以后的环境已经发生变化,因此不需要召集选举大会。在卢森堡看来,这是比疾病还要坏的治疗过程。只有积极的公众生活才能补救被选举出来的代表的弱点。将绝对权力集中在少数人手中,布尔什维克"通过压抑公共生活阻碍了政治经验和发展(达到社会主义更高阶段的发展)的源泉"。②

这并不是简单的战术之争,而是关于社会主义本质的不同意见。列宁继续前进,似乎通向社会主义之路已经被详细地绘制成图,党的任务就是

---

① Luxemburg, "Organizational Questions", p. 306.
② Luxemburg, "The Russian Revolution", p. 389. 由于一直强调工人阶级伦理和理想主义方面,卢森堡可能低估了对实际生活关注的重要性。在早期,至少在1917年,这种关注既可能导致革命也可能引向狭隘的工联主义。不管是卢森堡或列宁都没有尊重工人阶级的唯物主义,而在其他一些人中却可以发现,如 Orwell 的 *Road to Wigan Pier* 和 *Down and Out in Paris and London*。当列宁将工人看成偷懒逃学的学生,总是需要监督和指导的时候,而卢森堡可能忽略了他们的民族主义倾向和偶然的懦弱。

如何通过铁的纪律保证革命按照这条道路前进。卢森堡则不同,她相信只有工人阶级与革命国家之间的真诚合作才能发现和实现社会主义的未来。这里既没有事先开好实现社会主义的"药方",也没有"不可或缺的社会主义党的纲领或教科书"。① 社会主义未来开放的特征并非是其弱点,作为一个辩证的过程,这正是它长于乌托邦社会主义僵死公式之处。创造社会主义是一个"新的领域"。有许多新问题,只有通过经验才可以纠正和开发新的道路。只有不受阻碍的和令人兴奋的生活才能采用新形式和**即兴创造**,由此带来的创造力能纠正所有错误的尝试。② 列宁对法令和恐怖以及卢森堡所称的"工厂工头的专政力量"的使用剥夺了群众在革命中的创造力和经验。除非工人阶级作为整体参与政治过程,卢森堡预言道,"社会主义将成为被少数高高在上的知识分子颁布的政令"。③

在革命以后不久,对于列宁所建立的封闭和独裁主义的政治体制,尽管卢森堡的预测是恐怖的,却是正确的:"随着整个国家内对政治生活的压制,在苏维埃内的生活必将受到损害。没有全面的选举,没有不受限制的出版和集会自由,没有各种观念斗争的自由,在各个公共机构中,生命都会死亡……公共生活会逐渐沉睡……事实上只有为数不多的杰出领袖(党的领袖)在领导,只有工人阶级中的精英才被邀请去为领导的讲话鼓掌,意见一致地批准预想的决议——在下面则是小集团的事务……是资产阶级意义上的专政。"④

亚历山德拉·柯伦泰和工人对列宁的反对

亚历山德拉·柯伦泰实际上是革命以后卢森堡观点在布尔什维克内部

---

① Luxemburg, "The Russian Revolution", p. 390. 在这里使用教科书并非是嘲笑。如果现在来观察处于世纪之交的社会主义,观察者可能会吃惊于它是如何迷信书本和说教。在社会主义思想中充满了教室的比喻,正式的教导成为规范。卢森堡革命生涯中的大部分时间是在社会民主党(SDP)高级党校会见工人阶级和评改论文中度过的。

② Luxemburg, "The Russian Revolution", (重点是后加的)。将这种观点与意大利无政府主义者艾里哥·马拉戴斯塔(Errico Malatesta)的倾向做一比较,1907 年他在《无政府主义》(Anarchy)一书中指出,即使仁慈的专制社会主义统治能够出现,"它也会大量减少(生产力),因为政府将把创造权限制在少数人中"。[Irving Louis Horowitz, *The Anarchists* (New York: Dell, 1964), p. 83]

③ Luxemburg, "The Russian Revolution", p. 391.

④ Luxemburg, "The Russian Revolution", p. 391.

第五章 革命的政党：计划和诊断

的地方声音。作为革命的积极分子，中央委员会（Zhenotdel）妇女委员会的领导，她在1921年早期与工人阶级反对派相结合，对于列宁来说，柯伦泰就像肉中刺。他将柯伦泰在1921年党的第十次代表大会之前所写的激烈批评的小册子看成近似叛逆的行动。第十次代表大会是在组织对喀琅施塔得的工人和海员暴动的镇压和乌克兰的马科诺（Makno）起义进行当中召开的。在这一危险的时刻攻击党的领袖是迎合"群众卑劣本性"的背信弃义的表现。

卢森堡与她的俄国同事有着直接的关联。柯伦泰在20世纪早期阅读卢森堡的《社会改革或革命》一书时受到很大影响，并在德国社会主义会议上遇到过卢森堡。虽然柯伦泰的小册子中回荡着卢森堡对中央集权的社会主义实践的批评，但她们所面对的历史背景完全不同。作为工人反对派言论的一部分，柯伦泰提出成立全俄国生产制造者代表大会，这个大会将通过自由选举产生，并指导生产和工业计划。作为柯伦泰的紧密同盟，亚历山大·什利亚普尼科夫（Alexander Shlyiapnikov）及其他的工联主义者对于技术专家、官僚制度和党的中心日益提高的统治角色、对工人组织的排斥都开始提高警觉。在国内战争期间，采取军事管制是可以理解的。但是国内战争已经取得决定性的胜利，社会主义建设的方向看起来有很大危险。柯伦泰使用了大量代表女工与政府讨价还价失败的经验来论证她关于工业中工会合作管理的观点，这些女工组建了幼儿园和食堂。最终，工人反对派被宣布为非法，柯伦泰不能再发表意见，但是她留下了许多批评性的预言。①

柯伦泰在她的小册子中攻击党统治的国家，她使用卢森堡一样的语言，将它与独裁的教师相比较。她抱怨说，中央委员会与工人的关系已经变成十足的单向命令关系。工会被看作仅仅是向工人传送党指示的"连接线"或传送带。工会要严格按照教师教育学生的办法来"培养群众"，就像一个按上面制订的课程计划教学的教师。她严厉批评党过时的教学方法，没有给学生潜在的创新留下任何空间。"当人们翻阅我们著名领导人的速记会议记录和讲话的时候，里面显示的意想不到的教育活动很让

---

① 与其他许多持不同政见者不同，柯伦泰没有被谋杀或关进集中营。她继续在一些礼节和大使的位置上工作，这里隐含着要她停止批评的条件。见 Beatrice Farnsworth, *Alwxandra Kollontai: Socialism, Feminism and the Bolshevik Revolution*（Stanford: Stanford University Press, 1980）。

人吃惊。每一篇论文的作者都设想了一套培养群众的完整方法。但所有这些'教育'方法中都缺少自由试验的舞台,缺少培训和表达那些被教育者创造性的舞台。从这方面讲,我们所有的教育方法都已经过时了。"①

有证据说明,柯伦泰代表妇女的工作对她支持工人反对派的意见有直接影响。正像作为主妇和母亲的角色为雅各布斯提供了观察城市功能的不同视角,为那些所做工作很少被认真对待的妇女做辩护人有助于她对党的观察。她指责党不允许妇女参与组织以完成"生产领域的创造性工作和发展创造能力",而将她们限制在"家庭经济、家务工作等有限的任务中"。②作为妇女部门的代表,她被人以屈尊俯就或恩赐的态度对待的经验,看来与她对党的指责有直接关系,她指责党将工人也作为婴儿,而不是自立的和有创造性的成年人来对待。在她指责党认为妇女只适合家庭经济的同一段落中,她还嘲笑了托洛茨基在矿工代表大会上对工人义务地更换商店橱窗的赞扬,似乎他只希望将他们限制在守门人的工作中。

如同卢森堡一样,柯伦泰也不相信社会主义的建设能够由中央委员会独立完成,不管它如何有远见。工会不仅仅是社会主义建设中的工具或传送带,很大程度上它们是社会主义生产方式的主人和创造者。柯伦泰简明地表明了根本的差别:"**工人反对派将工会看成共产主义经济的管理人和创造者,而布哈林,还有列宁和托洛茨基,留给工会的角色只是共产主义学校。**"③

柯伦泰与卢森堡一样都坚信,工人在工厂的实践经验是专家和技师所需要的不可缺少的知识。她并不想贬低专家和官员的作用,他们的作用很关键,但是只有与工会和工人真诚合作的时候才能真正发挥作用。她所设想的合作形式可能很接近农业推广服务站和需要这些服务的农民之间的关系,也就是在全俄国各地建起关注工业生产的技术中心,但是他们的工作和服务必须要直接回应生产者的需求。④ 专家应对生产者提供

---

① Alexandra Kollontai, *Selected Writings of Alexandra Kollontai*, trans. by Alix Holt (London: Allison and Busby, 1977), p. 178. 这里的引文来自 Kollontai 的论文 "The Workers' Opposition",是重印 1921 年的译文,因为找不到俄文原文了。

② Alexandra Kollontai, *Selected Writings of Alexandra Kollontai*, p. 183. 家庭自治是另外一个问题。柯伦泰告诫苏维埃的母亲不要将他们的孩子想成"我的"或"你的",要把他们想成"我们共产主义国家的孩子"。

③ Alexandra Kollontai, *Selected Writings of Alexandra Kollontai*, p. 182 (重点是原有的)。

④ Alexandra Kollontai, *Selected Writings of Alexandra Kollontai*, p. 185.

第五章　革命的政党：计划和诊断

服务，而不是命令他们。为此柯伦泰建议，那些在1919年以后入党的、没有工厂实际经验的专家和官员应被解职——至少在他们已从事一些体力劳动之前。

如同卢森堡一样，她清楚地看到了挫伤工人独立创造性的社会和心理后果。通过工人寻找薪柴、建造餐厅和开办幼儿园的具体例子，她解释了官僚制度在每一处的拖延和挑剔是如何阻碍了工人的活动："任何独立的思想和首创性都被认为是'异端'，它违背党的纪律，侵犯了必须预见和判决一切的中央最高权力。"危害不仅仅来自专家和官员往往做出错误决定。这种态度至少带来另外的两种后果。首先，这反映了"对工人创造能力的不信任"，认为它无法和党的远大理想相提并论。第二，也是最重要的，它扼杀了工人阶级的士气和创造精神。在专家和官员那里感受到挫折，"工人会变得愤世嫉俗，他们会说，'让官员们自己来照顾我们'"。最终结果就是有一个刚愎自用的和近视的官员层高高在上地管理消极的工人队伍，而工人在工厂中的每一天都不诚实地工作。①

与卢森堡一样，柯伦泰也是从关于完成革命和创造新的生产形式是什么类型的任务的假设开始的。对于二者来说，这样的任务是在未知的水域里航行。尽管也有经验方法，但是并没有事先准备好的蓝图或作战计划；由于有太多的未知数，所以通过一步解开方程是不可能的。如果用更为技术的语言说，这样的目标只有通过随机的逐次接近法，反复尝试、试验和在经验中不断学习才能达到。这样努力所需要的不是从第一定理推论的演绎知识，而是如古希腊时期所说的米提斯那样，我们还将回到这个概念上来。一般将米提斯翻译为"狡猾的"，但这并不正确，米提斯最好被理解为只有通过在相似，但又非完全相同的工作中长期实践中才能掌握的那类知识，掌握这些知识需要不断地适应变化的环境。这正是卢森堡将社会主义建设看成一个需要"临时应对"和"创造力"的新领域时所需要的知识。这也是柯伦泰坚持认为党的领导并非一贯正确，他们需要"日常生活实践"和"下层阶级集体的实践工作"时所诉诸的知识，"下层阶级实际上同时在进行生产和组织生产"。② 柯伦泰使用了一个所有马克思主义者都理解的类比，她问，最聪明的封建庄园管理者能够自己发明早期资本主义吗？她的回答是当然不可能，因为他们的知识和技能都只与封建生产直接

---

① Alexandra Kollontai, *Selected Writings of Alexandra Kollontai*, pp. 191, 188, 190.

② Alexandra Kollontai, *Selected Writings of Alexandra Kollontai*, p. 187.

相连，就像科伦泰时代的技术专家都是在资本主义的框架下学的知识。现在并不可能为未来铸造出先例。

为了修辞效果，柯伦泰模仿列宁和卢森堡的语气宣布，"共产主义不可能通过法令宣布而实现，它只能由实践的研究过程来实现，可能还需要试错，但只有通过工人阶级自己的创造力才能实现"。专家和官员也发挥了重要的合作作用，"只有那些直接投身工业的人才能将活跃的创新传达给工业"。①

对于列宁来说，作为先锋队的党是完成革命并建立社会主义的机器——他认为任务的主要线路都已经被清楚地勾画出来。对于勒·柯布西耶来说，房屋就是居住的机器，城市规划者就是专家，他们的知识可以指出如何建设城市。对于勒·柯布西耶来说，人民与城市规划过程是没有关系的，尽管设计的结果要考虑他们的福利和生产力。没有无产阶级，列宁也不能从事革命，但很大程度上他们被认为是可以调派的队伍。当然革命和科学社会主义的目的也是工人阶级的利益。所有这些项目都有个统一的、可以由专家发现的答案，所以统治中心可以，也应该来实施正确的解决办法。

与此不同，柯伦泰和卢森堡认为上述任务是不可能事先知道的。由于所进行的努力具有不确定性，多种试验和创造才能最好地反映哪一个进攻路线是富有成果的，哪一个会毫无所获。就像雅各布斯的城市一样，如果技师和有天分的、有经验的业余爱好者共同工作，那么革命和社会主义将收到最好的效果。更重要的是，手段与目标并没有截然的区别。在卢森堡和科伦泰那里，作为先锋队的党并不能像工厂生产车轴一样直接生产革命和社会主义。因此作为先锋队的党也不适合像工厂一样，不管生产过程，只是通过产出量来评判结果——在一定劳动力和资本投入等条件下，生产了多少一定质量的车轴。此外，卢森堡和柯伦泰意义上的党同时在创造工人阶级——有创造性、有意识、有能力并被赋予权力的工人阶级——这是实现任何其他目标的先决条件。从正面说，旅行的过程至少与目的地同等重要；从负面说，作为先锋队的党可以实现其革命的成果，然而在此过程中革命的中心目的却被放弃了。

---

① Alexandra Kollontai, *Selected Writings of Alexandra Kollontai*, pp. 187, 160.

第三部分

农村定居和生产中的社会工程

清晰性是控制的前提。任何国家对社会的大规模干预——接种疫苗、生产产品、动员劳动力、对人口和财产征税、扫盲、征兵、贯彻卫生标准、抓捕罪犯、普及教育——都需要发明可以清晰识别的个体单位。由于干预的类型不同,这些个体单位可能是公民、村庄、树、田地、房屋或者按照年龄划分的人群。不管这些个体单位被如何控制,它们都必须按照一定方式被组织起来,从而使它们可以被识别、观察、记录、计数、统计和监测。对知识的需求程度与干预的深度直接相关。换句话说,面对的控制需求越强,就需要越大的清晰性以实现控制。

这一现象在19世纪中期已经达到了顶峰,这也是蒲鲁东在阐述下面一段话时心中所想的现象:"被统治就是时刻被留意、被监督、被侦查、被控制、被教化、被灌输道理、被列进名单和被删除、被估计、被评价、被指责、被命令……被统治就是在每一项操作、每一次交易、每一个行动中都被记录、登记、计数、定价、警告、预防、改革、调整和纠正。"①

从另一个角度看,蒲鲁东所悲叹的也正是现代国家机器所取得的成就。必须强调这些成就是多么来之不易并且是多么脆弱。多数国家都比它们所管理的社会更"年轻"。因此国家面临着定居模式、社会关系和生产问题,以及几乎完全独立于国家计划之外的自然环境。② 结果往往是一些多样、复杂和不可重复的社会形式,它们对于国家来说是不透明的,而且经常是那些人有意为之的。让我们看一下前面所涉及(见第二章)的布鲁日或旧中东城市阿拉伯人聚居区的城市定居模式。每一个城市、每一个地区和每一个邻里都是独特的,它是历史上数百万设计和行动的矢量之和。即使它的形式和功能也是有逻辑的,但这种逻辑并非是从单一总体的规划中衍生出来的。它的复杂性难以用简单的作图表示。同时,任何地图都存在空间和时间的局限。一个邻里的地图很难为下一个邻里的特殊性和复杂性提供任何指导,现在还满意的描述过几年就不合适了。

如果国家的目标很小,那么它也无须了解社会很多。就像只是偶尔从大森林中采伐一些薪炭的樵夫无须详细地了解大森林一样,那些只是征收

---

① Pierre-Joseph Proudhon, "Q'est-ce que c'est la propriété?", quoted in Daniel Guérin, *Anarchism: From Theory to Practice*, trans. by Mary Klopper (New York: Monthly Review Press, 1970), pp. 15 – 16.

② 更准确的说法是,社会并不是仅仅展现其成员的目的和活动(当然也包括他们的反抗),同时也包含了以往国家"项目"的痕迹,每一个项目都留下了一些特殊的地理断层。

一些谷物和零星征兵的国家也不需要有关于社会准确和详细的地图。但是如果国家雄心勃勃——如果它想在不引起灾荒或叛乱情况下尽可能多地榨取谷物和人力，如果它想创造识字、有技术和健康的人口，如果它想让所有的人都说同样的语言和信仰同样的神——那么它就需要更了解社会和更多干涉社会。

国家如何掌握社会？这里，以及接下来的两章，我将特别关注掩藏在国家从上而下地重新设计农村生活和生产的大规模努力背后的逻辑。从中央、宫廷或国家的位置上，这个过程往往被描述为"文明化的过程"。① 我宁可将之看作驯化的尝试，是一种社会园艺，被发明用来使农村、农村的产品和居民更容易被辨别和被中央掌握。即使不是放之四海而皆准的，但驯化努力中的许多因素至少看起来是普遍的，它们被称为定居和耕作的"固定化"（sedentarization）、"集中化"（concentration）和"大幅度的简单化"（radical simplification）。

我们将详细讨论两个声名狼藉的农业简单化工程——苏联的集体化和坦桑尼亚的乌贾玛村庄。我们要寻求它们设计背后的政治逻辑和作为生产工程失败的多重原因。首先，从东南亚的历史上看这个过程的示意图，它们的目的是连续和一致的，都是要试图将前殖民化时期、殖民化时期和独立以后的计划与现代国家逐步实施计划定居和生产的能力结合在一起。

在东南亚前殖民时期的人口统计学中，控制土地在国家建设上是不重要的，除非这些土地是在具有重要战略地位的河口、峡谷或关口。对人口的控制——1700年的时候大约每平方公里五人——则有很深远的意义。国家成功的关键往往是在一个合理的统治范围内具有吸引和掌握足够数量有生产能力人口的能力。由于人口稀少并且很容易逃亡，因此掌握许多耕地没有任何意义，除非有人去耕作。所以前殖民主义时期的王国只能行走在狭窄的小路上，一方面要提高税收和劳役以实现君主的野心，另一方面则要防止可能突如其来的集体大逃亡。前殖民时代的战争多是关于围捕俘虏并将他们安置在王国的近中心区域，而不是为了领土要求。在国王首都范

---

① 这一术语来自于 Norbert Elias 伟大著作的题目，*The Civilizing Process*, vol. 1 of *The History of Manners*, trans. by Edmund Jephcott (New York: Pantheon, 1982)。我们将看到，这一用语也适用于西方世界之外的实施这些项目的"现代主义者"的自我描述。还可参见 Elias, *Power and Civility*, the second volume of *The History of Manners*。

围内有越来越多的和富有生产能力的人口定居下来，这比王国的地理范围更可靠地表明了王国的权力。

因此前殖民时代的国家非常关心人口的定居——长久和固定居住点的形成。只要生产上有经济剩余，人口越是集中，也就更容易调拨谷物、劳力和军事服务。从最简单的方面说，这一地理决定论者的逻辑只是标准的地域理论的应用。约翰·海因里希·冯·杜能（Johann Heinrich von Thünen）、瓦尔特·克里斯泰勒（Walter Christaller）和G. 威廉·施坚雅（G. William Skinner）充分地阐述了在其他条件相同的情况下，经济运动往往产生同样模式的市场地理位置、特定的作物品种和行政结构。[①] 政府征收劳动力和谷物也遵循同样的地理逻辑。更喜爱集中的人口而不是分散的人口，这反映了征收中运输成本的计算。[②] 在这样的背景下，关于国家机器的经典文献所关注的都是，在很容易逃跑到邻国的地方如何吸引和掌握人口。"用脚投票"的说法在东南亚有很实际的意义。[③]

泰国传统的国家机器发明了减少逃亡，并将平民隶属于国家或贵族领主的技术。泰国发明了一套文身系统，文身的符号可以清楚地表明平民是属于谁的。这样的文身系统说明，需要特殊的方法来识别和固定那些喜欢用脚选举的属民。逃亡是如此普遍，所以很多专职追捕逃亡的人就靠在森

---

① 见 Von Thünen, *Isolated State* (1966), trans. by Carla M. Wartenberg (Oxford: Pergamon Press), and G. William Skinner, *Marketing and Social Structure in China* (Tucson: Association of Asian Studies, 1975)。瓦尔特·克里斯泰勒是中心地点理论（central place theory）的建立者，他1932年在俄兰根大学（University of Erlangen）的毕业论文中阐述了这个理论，它构成施坚雅理论的先驱。

② 水上运输比陆上运输更容易，因此度量距离往往不用实际里程，而用"旅行时间"。因为这些国家有长途贸易的传统，那么它们往往通过贡物的形式来进行政府征收，这些征收不仅仅是谷物和人力，也可以是贵重的物品，如宝石、贵金属、医药、树脂。在长途贸易中，这些贵重物品便于交易，也可获利。

③ 在《缅甸玻璃王国的国王编年史》[*The Glass Palace Chronicle of the Kings of Burma*, trans. by Pe Maung Tin and G. H. Luce (London: Oxford University Press, 1923, p. 177)] 一书中肖（Saw）女王对纳拉提哈皮特（Narathihapate）国王的警告可以说明这一点。"注意你统治区域的情况，在你周围没有百姓和人民，没有农村的男人和女人……那些农村的男人和女人都在外面，不进入你的王国。他们害怕你的统治；因为你，阿兰（Alaung）国王，是一个苛刻的统治者。" 在 Michael Adas, "From Avoidance to Confrontation: Peasant Protest in Pre-Colonial and Colonial Southeast Asia," *Comparative Studies in Society and History* 23 (1981): 217–247 中，我们可以发现对东南亚现象的经典分析。海边和河边的人可以被称为"用桨选举"。

林中寻找逃亡者,并将他们归还其合法的所有者赚钱维生。① 在西班牙人统治菲律宾的早期,相似的问题也同样困扰着罗马天主教的修道士。那些被移民并被组织起来按照拉丁美洲方式生产的塔加路族人经常逃亡以躲避严酷的劳动力控制。他们被称为山区逃亡者(remontados),也就是那些"回到山上去",享受更多自主的农民。

更笼统地说,在前殖民主义和殖民主义时期的东南亚,使用国家空间和非国家空间的概念可能更有助于我们的思考。在第一种情况下,那些臣民往往都被密集地安置在半固定的社区中,生产的谷物剩余(主要是水稻)和劳动力是国家相对容易征收的对象。在第二种情况下,人口分散居住,从事刀耕火种或轮作的耕作,保持着复合经济(比如,包括多种作物和依赖森林产品),并且有高度的流动性,因此国家很难向他们征收稳定的贡赋。国家空间和非国家空间并不只是在生态或地理上支持或反对国家形成的先决条件。一个希望成为统治者的人,其目标就是通过建筑水利灌溉工程、在战争中擒获俘虏、强制定居、建立官方宗教等来创造并扩展国家空间。古典国家都在便利的地区范围内集中人口从而提供便于运输和储藏的谷物和贡品,以及为了安全、战争和公共事业提供剩余的人力。

埃德蒙·利奇(Edmund Leach)对传统缅甸国家的重构暗中也遵循了同样的逻辑来理解缅甸的边疆。他建议我们不要将前殖民时代的缅甸国家看作在地理上连续的区域,就像我们看待现代国家一样,而应将其看作由具有完全不同逻辑的小块地域拼凑起来的国家。他认为我们应该用不同地形的平面切片来拼凑这个王国。遵循这个逻辑,缅甸事实上是一个全部定居的水稻生产者的集合,他们分布在宫廷所控制范围内的山谷中。如同上面所说的,这些地区是属于国家的空间。在此之外相邻的水平景观带中,比如说 500~1500 英尺,生态环境完全不同,居民从事轮作农业,居住分散,作为征收的对象就比较困难。他们不是整个王国的一部分,尽管他们也向中央朝廷按时纳贡。在更高海拔地区又是完全不同的另一种生态、政治和文化区。李奇认为,我们事实上应该将人口

---

① 人口逃亡的问题并非东南亚所独有,在 14 世纪晚期和 15 世纪,当黑死病使西欧的人口减少了 1/3 以后,由于人们很容易逃亡到患黑死病死亡人所荒弃的土地上,所以贵族面临招募不到农奴的严重问题。边境开放的奴隶制国家在这方面往往是很脆弱的。在美国南北战争之前,逃亡的奴隶可以到北方、加拿大或西部"自由的国度"。在俄国,大部分沙皇的法令都是关于农奴逃亡问题。总的说来,在边界开放的情况下很难保持不自由的劳动力形式,除非能动员起足够的强制力来保持人口。

相对密集、在首都范围内的种植水稻地区看成"王国",而将其他地区,尽管可能距离首都也很近,看成"非国家的空间"。[1]

在这一背景下,国家的职能就是要在国家空间内扩大有生产能力的人口,而从非国家空间只是获得贡赋,至少不会投入什么。[2] 这些非国家的地区经常扮演潜在的破坏角色,无论是在象征意义上,或在实际行动上。从宫廷的利益看,这样的空间和居民是野蛮、混乱和粗鄙的代表,与中心地区所看到的礼貌、秩序和老练相反。[3] 这些地方往往成为逃跑农民、反叛者、强盗、妄图篡权人的避难所,他们是王朝的威胁者。

当然,不同地理高度的生态环境只是非国家空间众多可能表达的因素之一。它们或多或少还有下面一些共同特征:它们是很难进入的(原始、没有道路、像迷宫一样、不宜居住的),其人口是分散和经常迁移的,它们不是缴纳贡赋的理想地。[4] 沼泽和湿地(可以想想今天处于困境中的伊拉克和伊朗边境上的沼地阿拉伯人),总在不断变化的三角洲和河口、山地、沙漠(游牧的柏柏尔人和贝都因人所喜欢的)和大海(缅甸南部被称为海上

---

[1] 这个逻辑特别适合内陆王国(kraton 类型)。但是,一旦出现一个战略地点或关口可以作为垄断或交通咽喉,对它们的控制可以成为征收贡赋的基础,那么这个逻辑就会被打破。我这里所说的就是河口(在马来人的世界中特指 hulu-hilir)、峡谷、山口或重要资源的储存地。

[2] 从东南亚的例子中人们可能概括出,国家的形成有赖于集中和集约的耕作,在那里,人们持续地从事有剩余的生产,他们知道将地荒置的成本很高(比如,开垦土地和开发水源中的成本非常高),他们生产那些容易大规模储藏和搬运(如粮食)的大体积产品(如食品),以及单位体积和单位重量价值很高的货物。

[3] 居住在这些地方的人当然有不同的看法,与宫廷控制之下的奴役相对的是他们的自由、机动和荣誉。一个生动和不带偏见的阿富汗谚语表明了这种区别:"税收吞没了谷地,荣誉占据了高山。"

[4] 找到这样地方的最好办法就是询问那些逃跑的农奴和奴隶到什么地方去了,那些逃亡黑奴在什么地方建立了自己的社区。这些地方是非国家的空间,如果可能,当局总试图消灭它们。最典型的例子是美国南北战争以后的南方,当局做出巨大努力以消除获得自由的黑人借以维持独立的巨大公共领地,并将他们赶回劳动力市场,这往往意味着他们要为原来主人工作。大多数自由的奴隶更喜欢在公共土地上通过农业、打鱼、打猎、用套捕获野兽和放牧一些动物来维持不稳定的生活,而不愿意成为有稳定工资的工人。如同史蒂文·汉(Steven Hahn)所指出的,栅栏和侵入法、对打猎和设套捕猎的禁令、对放牧的限制、流浪法等都在消除这些非工资工作(也是非国家)的空间。见 Hahn, "Hunting, Fishing, and Foraging: Common Rights and Class Relations in the Post-Bellum South," *Radical History Review* 26 (1982): 37–64。

吉卜赛的人以海为家)，以及更普遍的边疆都是我所说的"非国家空间"。①

现代的发展计划，不论是在东南亚或其他地方，都要创造出国家空间，从而使政府可以改造那些"被发展"的社会和经济。现代的发展主义民族国家将边疆的非国家空间转变为国家空间是普遍发生的，并且对于这些空间的居民往往是痛苦的。安娜·劳伦豪普特·青（Anna Lowenhaupt Tsing）对印度尼西亚国家企图掌握加里曼丹岛上美拉图斯（Meratus）游牧山民的敏锐记录提供了这方面一个鲜明的例子。如同她所看到的，美拉图斯人住在这样的地方，"到目前为止，它还在典型发展项目所要求的清楚和可见性之外"。那里的居民是狩猎者和采集者，同时又从事轮耕，他们生活在不断变化的亲属单位中，他们广泛地分布在贫瘠的疆域中，从印度尼西亚的角度看，他们是异教徒，是发展的难题。印度尼西亚的官员也断断续续地将美拉图斯人集中在主要公路旁设计好的村庄中，其目的在于创造出固定和集中的人口，从而使负责管理隔离人口的官员在巡视这个地区的时候可以看见和指示这些人口。② 保持美拉图斯人不随便迁移是国家对他们进行监管和发展的前提，而美拉图斯人作为一个民族的共性恰恰在于"无拘无束的迁移"。③

在国家发展的字典里和政府官员的眼中，美拉图斯人的不可接近性正表明了他们可悲的落后。未来的教化者将他们描述为"尚未被安排的"或"还没有秩序的"（belum di-ator），或者是"还没有被带入宗教世界的"（belum berugama），他们的耕作活动也被描述为"混乱的农业"（pertanian yang tidak teratur）。对美拉图斯人来说，他们领会了政府为他们构想的实质。他们被要求沿着森林的主要道路居住，有一个当地领袖说，"这样政府就可以观察其人民"。他们相信，他们居住于聚集在一起的房屋里是为了"政府考察时显得好看"。④ 如果用发展、进步和文明的话语来说，印度

---

① 不要将这看成地理决定论，我要强调人的能动性在创造与保持非国家空间中有很重要的作用。有些时候，国家无法控制叛乱和反抗的民众时，甚至大城市的一些部分也会成为非国家的空间。

② 将美拉图斯人从"他们"的森林中驱逐出去的另外一个目的也在于使这些土地更容易被包含进国家采伐和财政收入的计划中。

③ Anna Lowenhaupt Tsing, *In the Realm of the Diamond Queen: Marginality in an Out-of-the-Way Place* (Princeton: Princeton University Press, 1993), pp. xiii, 28, 41.

④ Anna Lowenhaupt Tsing, *In the Realm of the Diamond Queen: Marginality in an Out-of-the-Way Place*, pp. 48, 93.

尼西亚国家关于美拉图斯人的计划也是一个全局性的清晰化和集中化的项目。

在实际反叛的背景下，人们创造和清楚区分国家空间与非国家空间的努力的逻辑结果才会显现出来。军事威胁的本质需要被清晰界定的、可方便监督和巡视的国家空间，如堡垒、被强迫的定居点和收容营。第二次世界大战后，马来亚危机年代的所谓新村庄就是这类例子的现代版，其目的就是要将中国人的小所有者和割胶人封闭起来，使他们不能为内地人数众多的中国游击队提供人力、食品、现金和物资。在后来被越南复制的"战略小村"的安排中，那些不情愿的居民被安置在排成直线的房屋中，这些房屋都呈同样形状，分别被编上了号码。① 人口的进出都受到严格的监督。这已非常接近战时建立的集中营，其目的是创建清晰、封闭和集中的国家空间，并将这个空间尽可能完整地对外封闭起来。在这里，直接的控制和纪律比征收赋税更重要。最近时期出现了空前的为了国家而开垦非国家空间的努力。越南战争时期大量使用柑橘除草剂（Agent Orange）以使大片森林落叶就具有这样特征，它使森林变得更清楚、更安全（对于政府军来说是这样）。

在市场经济背景下做过适当修正的国家空间概念也可以帮助我们解决东南亚殖民地农业政策的明显悖论。我们如何解释殖民地更倾向于种植园经济而不是小生产？很明显，选择的根据并不是效率。除甘蔗以外，② 对于几乎所有能叫得出名字的作物，小农在历史上都比大的生产单位更具竞争性。殖民地国家一再发现，小的生产者由于较低的固定成本和自由地使用家庭劳动力，永远比国营和私人种植园的产品售价低。

如果我们将种植园作为纳税、劳动纪律和监督以及政治控制单位来理解其"效率"，我相信这个难题就得到了解决。比如说马来亚的橡胶生产。20世纪第一个十年是橡胶需求旺盛的时期，英国的官员和投资家都

---

① 我记得在菲律宾打拉（Tarlac）省和班诗兰（Pangasinan）省的居住区，那里每一座房屋前面靠近台阶的地方都用大字标明住在这里所有家庭成员的姓名和年龄，从而使安全部队在夜间巡逻中很容易识别任何未经允许的外来人。

② 一旦被砍下来，甘蔗必须要立即榨汁，以避免蒸发和发酵所带来的损失。甘蔗需要大型榨汁机（这被正确地称为糖的"中心"），并且运输中也有许多问题，在加工过程中有巨大体积损失，这些特征都构成了瓶颈，使榨汁厂可以直接地，或者通过紧密的契约控制糖的生产。如果与咖啡、烟草、茶叶、橡胶或棕榈油相比较，甘蔗的特别之处在于能够从集中的生产中获益。

相信，因为有更好的橡胶树、更科学的管理、更多的劳动力，所以由大种植园生产橡胶，肯定会比小农场生产有更高的效率和更好的盈利。[①] 当他们发现他们是错的时候，官员们仍然系统地支持橡胶种植园，尽管这给殖民地的整体经济带来损失。在整个世界的萧条时期，马来亚臭名昭著的史蒂文森（Stevenson）计划就是试图通过限制小农场主的生产来保护处于失败当中的橡胶种植园生产。如果没有这个计划，多数的种植园都会消失。

事实上，在保护种植园过程中，殖民主义者同时也保护了他们的同胞和大都市中投资人的利益，但这只是解释他们政策的一个因素。如果这是主要的原因，那么在国家独立以后就不会延续这个政策。但我们很快就可以看到，它们没有失效。尽管种植园比小农的生产效率低，但是作为征税单位方便得多。对于大型和共同所有的企业进行监督和征税都比对为数众多的小生产者更容易，小生产者四处游荡，对于国家来说，他们的土地所有权、生产和盈利都是不清楚的。大型种植园只种植一种作物，因此评估它们的生产和盈利是比较简单的。种植园橡胶生产的第二个好处在于它提供了居民和劳动力被集中在一起的形式，这样更容易服从中央的政治和行政控制。种植园是比马来亚的村庄（kampung）更清晰的社区，这些村庄有着自己的历史、领袖和混合经济。

同样的逻辑也可被应用于独立以后的马来西亚联邦土地计划的建立。20世纪60年代和70年代，当边疆地区早已经被大规模的自愿移民开发，边界附近早已有了大规模的自发移民在拓荒的情况下，马来西亚为什么要选择建立大型的、昂贵的和科层制监督的定居点？早期的拓荒定居点事实上没有花费国家的任何资金，并且创建了可以自我生存的家庭企业，这些企业种植并销售商品化作物。作为经济学计划，政府建立的大型橡胶和棕榈油公司没有任何意义。建立这样的公司需要很大的成本，对每个定居者的平均资本支出比任何一个理性的商人肯做的投资都高出很多。

[①] 雇佣习惯独立耕作的马来人到大种植园工作是非常困难的，因此输入印度和中国的劳工满足大种植园不断增长的劳动力需求更便利。这个事实有利于大的种植园，除非殖民主义者愿意冒政治风险去创造一个外来的自耕农阶层与马来人竞争土地。在别的地方，人们使用其他办法创造了一个清晰的征税空间。在爪哇，文化系统要求在村庄的土地上经常种植供出口的作物以供税收之用。凡是在将经济上独立的小农变成领工资的工人或者从事种植园的工作的地方，每年征收现金缴纳的人头税就很方便。

当然这些大型的、由中央计划和运作的政府项目的政治和行政优点是很多的。那时马来亚的统治者还很清晰地记得马来亚共产党所尝试的革命,他们计划的定居点中还有一些战略小村庄的优点。它们按照简单的网状模式分布,对于外来的官员来说非常清楚。房屋被连续排号,居民被登记和监督,这比开放的边疆地区严格得多。马来西亚的殖民者是根据年龄、技能和政治可靠性严格筛选的。20世纪70年代后期我曾经在吉打(Kedah)州工作过,那里的村民都知道,如果他们要被定居计划选中,他们必须有当地执政党政治家的推荐。

马来西亚移民的行政和经济状况与工业化早期的"公司小镇"类似,那里所有的人都从事大致相同的职业,从同一个老板那里领工资,在公司的宿舍中生活,连购物也在同一家公司的商店中。只有到种植园的作物成熟以后,移民才能得到报酬。他们的产品通过国家的渠道销售。项目官员建立了大量的制度,任何违反制度的人都会被开除。经济依赖和直接的政治控制意味着,这样的项目往往生产出执政党的大多数选民。集体的抗议很少见,而且当局的制裁很容易扑灭这些抗议,更不用说联邦土地发展局(Federal Land Development Authority,FELDA)的建立使国家可以综合地控制出口的作物,监督生产和加工,并且制定生产价格以保障国家的税收。

国家关于计划定居项目公开发布的理由往往是有序发展和社会服务(诸如提供健康医疗、卫生、充足的住房、教育、清洁的水和基础设施)。这种官方措辞并非是有意的欺骗,它们只是对这类有序发展服务于征收赋税、安全和政治霸权的多种用途保持了沉默。边疆地区自治的定居方式是无法达到这些目标的。联邦土地发展局计划是作为反暴乱政策一部分的新村庄计划的"柔和"的民间版本。它们的收益多在于扩大国家空间而不是所带来的经济回报。

国家关于定居或规划的移民很少能够按照预想的目标实现——不论是在马来西亚还是在其他地方。就像科学林业和网格状城市一样,发展的目标总是习惯性地脱离其发明者所向往的仔细调整过的控制。但是我们一定不能忽视这个事实,虽然有地方实践的阻挠,这些计划的效果既依赖于它们所取代的是什么,也同样取决于它们在多大程度上实现了它们的承诺。

被规划定居点上的人口集中可能并没有带来国家规划者所希望的结果,但是它阻止或破坏了原有的社区,这些社区的凝聚力往往来自非国家方面。不管可能如何不规范，被如此替代的社区一定有它们特定的历史、社会纽带、神话和集体行动的能力。事实上，按照逻辑推断，国家制定的居民点也要从建立自己的凝聚力和集体行动开始。同样根据逻辑推断，一个新社区的建立也就意味着原来社区的解散，而新社区更容易受到上级或外来力量的控制。①

---

① 因此塞缪尔·亨廷顿（Samuel Huntington）在越南战争中的观察虽然在道德上不一定正确，但从社会学角度是正确的：在农村的大量轰炸，以及由此而来的在主要城市周边建立的大量难民营为那些希望影响和动员选举的人提供了许多便利。他相信，那些在难民营中的人比那些至今仍居住在农村社区的人更容易控制。这里隐含的恐怖的逻辑是完全正确的；在农村投掷的炸弹越多，给美国以及它的西贡盟友控制以后和平竞选的机会越多。From Samuel Huntington, *Getting Ready for Political Competition in South Vietnam* (Paper Presented at the Southeast Asia Development Advisory Group of Asia Society, circa 1970). 在工业化开始的时候，逐步衰减的农村社区往往成为集体抗议发源地，而不是新兴的无产阶级，尽管马克思的理论与此相反。我相信这个社会解体的逻辑是上述事实产生的关键因素。移民，不管是自愿或是强制的，都会导致原有社区的消失，而代之以新居民的无组织的聚集。具有讽刺意味的是，恰恰是这些人更接近于"袋里的马铃薯"，而不是马克思在《路易·波拿巴的雾月十八日》中所描述的在村庄中的农民。

第六章 苏维埃集体化，资本主义梦想

苏维埃社会的主要建设者更像是设计巴西利亚的尼迈耶，而不是改建巴黎的巴隆·豪斯曼。战争失败、经济崩溃和革命结合在一起，为国家建设者提供了经过清理的场地。这些带来的结果就是超极端现代主义，其大胆程度与它的先驱——法国革命的乌托邦特征十分相似。

这里不是详细讨论苏维埃极端现代主义的地方，我也不是这方面最有知识的向导。[①] 我这里想做的只是强调苏维埃极端现代主义中的文化和美学因素。它们可以帮助我们考察苏维埃与美国极端现代主义之间的直接联系：对大型、机械化和工业化农场的迷信。

从某些关键的方面看，苏维埃的极端现代主义与俄国的专制主义没有明显的区别。厄内斯特·盖尔纳（Ernest Gellner）已经指出启蒙主义的两个方面，一个是强调个人权力和利益，另外一个宣扬专家的理性权威；是第二个方面吸引了那些统治者，这些统治者希望自己"落后"的国家能够追赶上先进国家。他指出，启蒙主义到了中欧就成为"集权的，而不是解放的力量"。[②]

在理查德·斯蒂茨（Richard Stites）所称的18世纪和19世纪俄国沙皇及其顾问的"行政乌托邦"中可以发现列宁极端现代主义强大的历史回声。这一行政乌托邦的表现形式为一系列的组织人口（农奴、士兵、工

[①] 关于苏维埃极端现代主义最好的资料来源可能是 Richard Stites, *Revolutionary Dreams: Utopian Vision and Experimental Life in the Russian Revolution* (New York: Oxford University Press, 1989)。它丰富的文献目录包括了绝大多数资料。

[②] 我们知道，这个推论并不是歪曲自由主义原理。毫无疑问，密尔（J. S. Mill）被认为是启蒙主义的自由之子，他认为落后本身提供了给现代化的推动者以专制权力的足够理由。见 Ernest Gellner, "The Struggle to Catch Up", *Times Literary Supplement*, December 9, 1994, p. 14. 关于这方面详细的论证还可参见 Jan P. Nederveen Pieterse and Bhikhu Parekh, eds., *The Decolonization of the Imagination: Culture, Knowledge and Power* (London: Zed Press, 1995)。

人、官员)行动,人口按照"等级秩序、分类、管辖范围、严格的制度、理性的计划、几何形状的环境和福利制度"被组织进不同的机构。① 彼得大帝的圣彼得堡是这种设想在城市的实现。城市是在一块全新的地区按照严格的直线和放射状的计划建设的。按照设计,笔直大道的宽度是最高建筑高度的两倍,而最高建筑自然建在城市的几何中心。建筑本身都反映了其功能和等级,建筑的外观、高度和建筑材料都要与居住者的社会阶级地位相适应。城市的布局就像一幅清晰的地图,反映了所希望的社会结构。

此外还有许多像圣彼得堡一样的地方,不论在农村或城市。在叶卡捷琳娜时代,格里戈里·波将金伯爵(Prince Grigory Potemkin)建立了一系列模范城市[如伊卡德连诺斯拉夫(Ekaterinoslav)]和农村定居点。接下来的两位沙皇,保罗一世和亚历山大一世,都继承了叶卡捷琳娜对普鲁士的秩序和效率的热爱。② 他们的顾问,阿列克谢·阿拉克切耶夫(Alexei Arakcheev),建立了示范庄园。那里的农民都穿制服,服从严格的指令,甚至每个人都携带自己犯错记录的"惩罚簿"。这个庄园为一个更野心勃勃的计划奠定了基础,即建立分布广泛、自给自足的军事殖民点的网络,到19世纪20年代末已经有75万人加入了这个计划。创造一个与过去无序、不断流动和迁移的边疆社会不同的新俄国的努力很快就因为普遍的反抗、腐败和低效率而失败。早在布尔什维克掌握政权以前,在独裁主义社会计划下许多错误试验的残留就被散乱地丢弃在历史的景观中。

列宁和他的同盟者几乎可以从零开始实施他们的极端现代主义计划。长期的战争、革命和接下来的饥荒,对革命前社会的解体大有作用,特别是在城市中。工业生产的普遍崩溃导致城市中大量人口外流,甚至实际上倒退到实物交换经济。接下来的四年国内战争导致现存的社会纽带进一步解体,并且使处于困境中的布尔什维克学会了"战时共产主义"的方法——征用、战时法律和高压政治。

布尔什维克的理想是很宏大的,它要在一个清除好的社会中实现带有第一个社会主义革命先锋特征的极端现代主义理想。从城市和独立的建筑(苏维埃宫)到大型建筑项目(如白海运河),以致后来五年计划

---

① Stites, *Revolutionary Dreams*, p. 19. 恩格斯很看不起这类共产主义乌托邦规划,称之为"兵营式的共产主义"。
② 叶卡捷琳娜出生在普鲁士,与百科全书派中的许多人有频繁书信往来,包括伏尔泰,因此她对理性的秩序有着真实的狂热渴望。

中的大型工业项目（马格尼托哥尔斯克），还有集体化，几乎所有的计划都是规模巨大的。希拉·菲兹帕特里克（Sheila Fitzpatrick）恰当地将这种对绝对规模的热情称为"巨型癖"。① 经济本身被想象成秩序良好的机器，那里的每一个人都像列宁所预想的一样，按照中央统计局制定的规格和质量生产产品。

改变现实世界并不是布尔什维克议程中唯一的任务。他们还试图进行文化革命以创造新人。那些不信教的知识分子成为这个方面最狂热的革命者。他们在村庄中开展运动以宣传无神论和压制基督教仪式。新的"革命"的葬礼和婚礼在一片凯歌声中被发明出来，代替"洗礼"的是被鼓励的"十月"仪式。② 理性、清洁和节俭的火葬被推广。与这些无神论活动同时进行的还有广泛的推广教育和扫盲运动。建筑师和社会规划者发明了新的共同生活方式以代替资产阶级家庭模式。共同的食品、洗衣和看护儿童使妇女从传统的劳动分工中解放出来。住房的安排很清楚地要成为"社会凝聚器"（Social Condenser）。

那些"新人"——布尔什维克的专家、工程师和官员——代表了新的社会伦理，有时被称为库尔图拉（kultura）。为了与对技术和科学的狂热相一致，库尔图拉强调准时、清洁、公事公办的直接、礼貌和谦逊、良好而不浮夸的举止。③ 在尤金·扎米亚京的小说《我们》中所讽刺和描写的正是对库尔图拉的这种理解和党对时代同盟（League of Time）的热情，以及对时间意识、高效率工作习惯和准点制度的推崇，这后来又为乔治·奥威尔《1984》的创作带来了灵感。

使外来观察者震惊的是这些文化和建筑革命对公共形式的强调——使

---

① Sheila Fitzpatrick, *The Russian Revolution* (Oxford: Oxford University Press, 1982), p.119. 我相信在苏联也使用"巨型癖"一词。苏联大多数大项目的最终失败本身就是很有意义的。罗伯特·康奎斯特（Robert Conquest）简练地概括了其重要性，他观察到"冷战的结束可以被看作是硅谷打败了马格尼托哥尔斯克"（"Party in the Dock", *Times Literary Supplement*, November 6, 1992, p.7）。关于马格尼托哥尔斯克的工业、文化和社会史，可参见 Stephen Kotkin, *Magnetic Mountain: Stalinism as a Civilization* (Berkeley: University of California Press, 1995)。

② 在法国革命以后的农村也可以看到类似的例子，他们开展反基督教运动，用相应的世俗仪式取而代之。

③ Stites, *Revolutionary Dreams*, p.119. 关于在斯大林时代这种简朴如何变为富足，可参见 Vera Sandomirsky Dunham, *In Stalin's Time: Middle-Class Values in Soviet Fiction* (Cambridge: Cambridge University Press, 1976)。

新世界的视觉和美学因素更整齐。在苏维埃早期的文化监督阿纳托里·卢那察尔斯基（Anatoly Lunacharsky）所组织的、斯蒂茨所称的"聚在一起的节日"中可以很清楚地看到这一点。① 在他所创作的户外剧中，表演革命的规模就像当初的革命一样大，有加农炮、乐队、探照灯、河中航行的船、4000名演员、35000名观众。② 虽然实际的革命是混乱的，但是表演要求军事式的严格，通过旗语和野战电话，演员以排为单位被组织和动员起来。就像任何群众活动一样，表演赋予原有的事实以秩序、目的和中心方向，当然这只是为了影响观众，而不是反映历史真实。③ 如果人们在阿拉克切耶夫的军事殖民点中看到了设想并呈现理想秩序的努力，那么卢那察尔斯基的革命剧就可以被看成理想的布尔什维克和无产阶级大众关系的代表。没人关心仪式中所表现的是否真实。当卢那察尔斯基自己抱怨为了国际劳动节而毁坏了教堂的时候，莫斯科市长拉扎·卡甘维奇（Lazar Kaganivich）回答说，"我的美学要求六个区的游行队伍同时进入红场"。④ 在建筑、公众习惯、城市设计、公共仪式中，对视觉的、理性的和有纪律的社会外观的强调非常流行。⑤ 斯蒂茨指出，这些表面上的秩序和目的有时会与社会中普遍的无政府状态呈反向的关系："在所有这些乌托邦的例子中，组织者都将用理性、对称的术语，用规划、可控数字、统计、估计和精确命令的数学语言来描述它。就像在对军事殖民点的构想中一样，它理性的一面无法掩盖随之而来众多的痛苦、无序、混乱、腐败和反复无常，乌托邦计划在这方面与它略有相似。"⑥

　　斯蒂茨的结论可能还包含了一个意思，在有些情况下，我所说的对秩序的微型化可能会替代真实的事情。作为最终结果出现的可能并非是真实的秩序和一致性，而只是其表象；表面的现象代替了真实。当然，在研究大现象的时候，小型化和小实验是很重要的。在新的飞机设计中一定要有

---

① Stites, "Festivals of the People", *Revolutionary Dreams*, chap. 4, pp. 79 – 97.
② Stites, *Revolutionary Dreams*. 通过谢尔盖·爱森斯坦（Sergey Eisenstein）的电影，这些大型的公众表演在那些没有实际参加革命的人的心目中留下了深刻印象。
③ 作曲家和电影制作人也被期望成为"灵魂的工程师"。
④ 引自 Stites, *Revolutionary Dreams*, p. 243。
⑤ 康帕内拉的《太阳城》是列宁喜欢的著作之一，他肯定受到它的影响，列宁希望刻有鼓舞人心铭文的革命纪念碑在城市中各处被树立起来：通过纪念碑进行宣传。见 Anatoly Lunacharsky, "Lenin and Art," *International Literature* 5 (1935): 66 – 71.
⑥ Stites, *Revolutionary Dreams*, p. 242.

第六章 苏维埃集体化，资本主义梦想

按比例缩小的飞行器模型和风洞试验。但是如果将两者混淆起来——如果将军把阅兵场错当成真正的战场——结果可能是灾难性的。

苏维埃-美国的迷信：工业化农场

在深入讨论苏维埃集体化的实践和逻辑之前，我们要认识到全世界的社会工程师和农业规划专家都相信理性化、大型化，甚至全国规模的农业生产。[1] 他们有意识地共同努力。就像现代国际建筑师大会的建筑师一样，他们通过杂志、行业大会以及展览保持联系。美国和苏维埃俄国农学家之间的联系是最密切的——这种联系甚至在冷战时候也没有被完全打破。尽管工作的经济和政治环境完全不同，苏维埃俄国的农学家一般会羡慕美国农场的资本主义化水平，特别是机械化水平，而美国农学家则羡慕苏维埃规划的政治范围。关于他们关系的这个简单的陈述可以帮助我们判断，在什么程度上他们在共同工作以创造一个大型的、理性的和工业化的农业。

在美国，将工业方法应用于农业的热潮大约从1910年开始，延续到20世纪30年代末。一个新的专业，农业工程师成为这个热潮的主要承担者。受到其母学科，也就是工业工程学的流行趋势，特别是弗里德里克·泰勒时间运动研究的影响，他们将农业重新定义为"食品和纤维工厂"。[2] 泰勒主义者的工作原理就是科学地将工作过程分解成简单和可重复的运动，从而使不熟练工可以迅速学会，这个原理可能在工厂运行得很好，[3] 但是将这些应用于复杂和非重复性的作物种植却很成问题。因此农业工程师转向了农业中比较容易被标准化的方面。他们试图使农场建筑的布局理性化，使机器和工具标准化，并推动主要农作物的机械化。

农业工程师的职业本质使他们试图最大可能地复制现代工厂的方式。这迫使他们坚持要扩大小农场的规模，从而使农业产品可以进行标准的大众化生产。将机械化应用于生产过程，按照他们的想法，就可以大大减少

---

[1] 这一节完全是基于 Deborah Fitzgerald 即将出版的出色著作 *Yeoman No More: The Industrialization of American Agriculture* 的第二、四、六章。我在此表示衷心感谢。下面的章节和页码都来自这部手稿。

[2] Deborah Fitzgerald, *Yeoman No More: The Industrialization of American Agriculture*, chap. 2, p. 21.

[3] 正像许多评论员所强调的，工作过程的这种重新设计将对生产的控制从熟练的工匠和工人那里转移到管理者手中，随着工人的"非熟练化"，管理者的地位和特权都在提高。

生产成本。①

我们后面将会看到，工业模式可以应用于农业的某些方面，但不是全部。然而实际上他们被不加区别地作为教条而不是作为需要持怀疑态度加以考察的科学假设，到处应用。那些现代主义者对巨大规模且集中化的生产、标准化的大众化产品以及机械化的信念在工业的主要领域已经形成了霸权，从而使他们相信同样的原理也可以完全被应用于农业。

他们对这种信念做了许多验证。其中最大胆的可能是托马斯·坎贝尔（Thomas Campbell）在蒙大拿州的"农场"——蒙大拿农业有限公司，它开始于，或者我应该说是建立于1918年。② 从很多方面来说这都是一个工业化农场。出售股份的说明书中用"工业机会"来描述这个企业。在金融家 J. P. 摩根（J. P. Morgan）的帮助下，它从社会上筹集了200万美元资金。蒙大拿农业有限公司是一个种植了95000英亩小麦的庞然大物，它的土地是从四个美国土著部落中租来的。尽管有私人投资，但是如果没有内政部（Department of Interior）和美国农业部（USDA）的帮助和补贴，它根本不能启动。

坎贝尔宣称农场活动中有90%是工程，只有10%是农业，因此他尽可能地将他的操作标准化。他种植小麦和亚麻，这是两种耐寒的作物，从种植到收获几乎不需要什么照顾。③ 他所耕种的土地在农业上与巴西利亚城市中平整出的工地是等价的。这是肥沃的处女地，不需要施用化肥。地形学也同样很简单：土地平坦，没有阻碍农机顺利工作的森林、小河、岩石或者山脊。换句话说，选择最简单和标准化的作物，租赁到几乎空白的农业用地，这些都是精心设计出来以便于应用工业方法的。在第一年，坎贝尔使用了33台拖拉机、40台割捆机、10台打谷机、4台联合收割机以及100台货车；他常年雇用50名工人，而在农忙季节则雇用了200人。④

---

① 在1920年左右，美国生产的农业机械的市场大部分不在美国，这里的农场规模还相对较小。在加拿大、阿根廷、俄国等地，农场规模大得多。Fitzgerald, *Yeoman No More*, chap. 2, p. 31.

② 对于 Campbell 企业更有趣和完整的介绍，见"The Campbell Farm Corporation", chap. 5, Fitzgerald, *Yeoman No More*。这里需要补充的是，美国农业的经济危机开始于第一次世界大战末，而不是1930年。对于大胆的试验，这时的时机已经成熟，因为购买或租地的价格很便宜。

③ 如果用我们在这一章后面所发明的术语，小麦和亚麻是"无产阶级"作物，与"小资产阶级"作物正相反。

④ Fitzgerald, *Yeoman No More*, chap. 4, pp. 15 – 17.

第六章　苏维埃集体化，资本主义梦想

这不是要复述蒙大拿农业有限公司的好运，德布拉·菲兹杰拉德（Deborah Fitzgerald）对此已经做了很出色的描述。① 值得注意的是，第二年的干旱和以后几年政府不再提供价格支持致使农场破产，J. P. 摩根损失了 100 万美元。除了气候和价格，坎贝尔的农场还面临着其他一些问题：土壤的不同、劳动力流动，以及找到熟练、聪敏、不需要监督的工人的困难。尽管公司艰难地支撑到 1966 年坎贝尔去世，但它没有提供任何证据说明工业化农场在效率和赢利方面比家庭农场优越。工业化农场超越小生产者的优点在其他方面。它们的规模使它们更容易获得信贷、政治影响（与税收、资金支持和取消回赎权豁免有关）和销售渠道。它们失去了灵活性和高素质的劳动力，作为补偿的是它们巨大的政治和经济力量。

许多按照科学方法管理的大型工业化农场都是在 20 世纪 20 年代和 30 年代建立起来的。② 大萧条导致许多大型农场无法收回抵押权，因此银行和保险公司掌握了许多他们出售不了的农场。这些"连锁农场"（chain farms）往往是由 600 个农场组成的综合生产链（一个农场繁殖仔猪，另外一个育肥，也就是现在"契约生产"家禽的方式），这在当时非常普遍，买进农场也成为风险投资。③ 这些农场也和坎贝尔的公司一样，并不比家庭农场更有竞争力。事实上，由于它们是高度资本化的，工资和利息的固定支出很高，因此在不利的信贷市场和较低的农场交货价格面前，它们很脆弱。而家庭农场则不同，它们很容易束紧他们的腰带，转变为生存经济状态。

将美国占主导地位的小财产所有制与大规模经济和科学的集中管理相调和的最惊人的设想来自于 1930 年的莫德塞·埃兹卡尔（Mordecai

---

① 见 Fitzgerald，*Yeoman No More*，nn. 14 and 18。
② 另外一个与罗斯福新政的实验有直接关系的类似农场是建立于 20 世纪 30 年代的法尔维农场公司（Fairway Farms Corporation）。农场是 1924 年威尔逊（M. L. Wilson）和亨利·泰勒（Henry C. Taylor）建立的，二人都在威斯康星大学接受了制度经济学的训练。公司要将无地的农民转变为科学和工业化的农民。这一新企业的资本是从约翰·洛克菲勒（John D. Rockefeller）那里间接得到的。法尔维农场将成为诸多更大规模的新政农业项目的模范。与此同时，威尔逊、泰勒及他们在威斯康星大学的许多同事进入罗斯福领导下的华盛顿政府，并获得高位。更严格的相关研究见 Jess Gilbert and Ellen R. Baker，"Wisconsin Economists and New Deal Agricultural Policy: The Legacy of Progressive Professors"（unpublished paper, 1995）。20 世纪 20 年代是一个农业试验众多的时代，部分原因在于第一次世界大战以后农业产品的短缺要求更新政策以缓解危机。
③ Fitzgerald，*Yeoman No More*，chap. 4，pp. 18-27。关于堪萨斯工业化农场的论述，以及它们与尘暴一类的生态灾难之间的关系，见 Donald Worster，*Dust Bowl: The Southern Plains in the 1930s*（New York: Oxford University Press, 1979）。

Ezekial）和谢尔曼·约翰逊（Sherman Johnson）。他们勾画了能够容纳所有农场的"全国农业有限公司"。它是垂直建立、中心控制的，并且"可以从国内任何一个农场运送农业原材料，建立生产目标和定额，分配机器、劳动力和资本，并且可以为加工和使用而将农产品从一个地区调到另外地区。带着与工业世界惊人的相似性，这类组织计划也像是个巨大的传送带"。① 埃兹卡尔无疑同时受到他在苏联旅行看到的集体农庄和经济危机状况的双重影响。约翰逊和埃兹卡尔对大规模集中化和工业化农场的呼唤并非唯一，也不仅仅是对经济危机的简单反应，更是对必然的极端现代主义未来有信心的结果。下面所表达的信心是很有代表性的："集体化是由历史和经济学决定的。从政治上说，小农场或农民阻碍了进步。从技术上说，它已经成为古董，就像过去在小木棚中组装汽车的小机械师一样。苏联首先清楚地看到这个问题，并使自己适应这一历史必然性。"②

这种对苏联尊重的背后主要不是政治意识形态，而是对极端现代主义的共同信念。一些临时的极端现代主义交流项目也强化了这样的信念。大量苏联的农学家和工程师来到这个被他们认为是工业化农场"麦加"的美国，他们在美国的旅行几乎总是包括访问坎贝尔的蒙大拿农业有限公司和M. L. 威尔逊。威尔逊在1928年是蒙大拿州立大学农业经济系主任，后来在亨利·华莱士（Henry Wallace）手下成为农业部的高级官员。坎贝尔的农场给苏联人很深的印象，他们说，如果他到苏联来展示他的农业方法，他们将给他提供100万英亩土地。③

在其他方面的交往也是很活跃的。苏联雇用了数以千计的美国技术员和工程师帮助他们设计苏维埃工业生产的各个方面，包括拖拉机和其他农用机械的生产。到1927年，苏联购买了2.7万台美国的拖拉机。许多美国的访问者，包括埃兹卡尔都很推崇苏维埃国营农场。到1930年苏联就已经开始大规模的农业集体化。那些美国人不仅对国营农场的规模印象深

---

① Fitzgerald, *Yeoman No More*, chap. 4, p. 33. 在 Mordecai Ezekial 和 Sherman Johnson 的 "Corporate Farming: The Way Out?" *New Republic*, June 4, 1930, pp. 66–68 中可以找到这些计划纲要。

② Michael Gold, "Is the Small Farmer Dying?" *New Republic*, October 7, 1931, p. 221, cited in Fitzgerald, *Yeoman No More*, chap. 2, p. 35.

③ Fitzgerald, *Yeoman No More*, chap. 6, p. 13. 此外还可参见 Deborah Fitzgerald, "Blinded by Technology: American Agriculture in the Soviet Union, 1928–1932," *Agricultural History* 70, (1996): 459–486。

刻，同时也被苏联发展生产的路线打动，看起来技术专家——农业经济学家、工程师、统计学家——在遵循理性和平等主义路线发展。西方市场经济在1930年的失败使苏维埃的实验更有吸引力。不管是访美还是访苏，访问者回国以后都认为他们看到了未来。①

正如德布拉·菲兹杰拉德和刘易斯·弗伊尔（Lewis Feuer）的论述所表明的，集体化对美国农业现代化者的吸引力与马克思主义的信仰和喜爱苏维埃的生活没有一点关系。②"主要是因为苏维埃以工业化规模和工业化方式生产小麦的思想与美国人关于美国农业应如何发展的想法相吻合。"③在这些美国的观察者看来，苏维埃的集体化是一个没有美国政治制度阻力的巨大展示项目："美国人将苏维埃的巨型农场看成一个巨大的试验场，美国人可以在这里试验他们最激进的设想以提高农业产量，特别是小麦的生产。他们希望进一步学习的许多事情在美国无法试验，部分原因是成本太高，部分原因是没有合适的大型农场，还有部分原因是许多农场主和农场工人对这种试验的含义感到恐慌。"④他们希望对于美国的工业化农学，苏维埃的试验或多或少能够像美国区域规划中的田纳西河谷管理局一样：一个证实成功的试验场地和可供选用的模式。

尽管坎贝尔并没接受在苏维埃经营大型示范农场的提议，但其他人接受了。M. L. 威尔逊、哈罗德·瓦尔（Harold Ware，他在苏联有丰富的经验）和盖·里金（Guy Riggin）被邀请在荒地上设计出50万英亩生产小麦的机械

---

① 满怀热情的访客包括约翰·杜威（John Dewey）、林肯·斯蒂芬斯（Lincoln Steffens）、雷克斯福德·特格韦尔（Rexford Tugwell）、罗伯特·拉弗莱特（Robert LaFollette）、莫里斯·勒维林·库克 [Morris Llewellyn Cooke（也是当时美国最主要的科学管理的倡导者）]、瑟曼·阿诺德（Thurman Arnold），当然还有托马斯·坎贝尔，他将苏维埃的试验称为"前所未有的世界最大的农业项目"。对苏维埃创造一个进步、现代化的农业生活的典型评价，如贝勒·拉弗莱特（Belle LaFollette, Robert LaFollette 的妻子）所说："如果苏维埃政府成功，所有的耕地将用拖拉机耕作，所有的村庄将用电照明，每个社区都会有个主要建筑作为学校、图书馆、议事厅、剧院。农庄工人将会有一切城里工业工人所计划拥有的便利和好处。" [Lewis S. Feuer, "American Travelers to the Soviet Union, 1917 - 1932: The Formation of a Component of New Deal Ideology," *American Quarterly* 14 (1962): 129] 还可参见 David Caute, *The Fellow Travelers: Intellectual Friends of Communism*, rev. ed (New Haven: Yale University Press, 1988)。

② Feuer, "American Travelers to the Soviet Union", p. 119 - 149, cited in Fitzgerald, *Yeoman No More*, chap. 6, p. 4.

③ Fitzgerald, *Yeoman No More*, chap. 6, p. 6.

④ Fitzgerald, *Yeoman No More*, p. 37.

化农场。威尔逊在写给朋友的信中称,这将成为世界上最大的生产小麦的机械化农场。他们1928年12月在芝加哥饭店的一个房间中用了两个星期设计了全部农场的布局、劳动力、机械需求、作物轮种和连续紧凑的工作时间表。[①] 他们认为能在芝加哥饭店的房间中设计出这样的农场,这正强调了他们的假设,也就是关键因素是抽象的、技术上相互关联的,它们与背景无关。如同菲兹杰拉德敏锐地指出"甚至在美国这些计划也是过于乐观的,因为它们实际上是建立在关于自然和人类行为不真实的理想化基础上的。因为这些计划只是代表了一种假设,如果这些美国人有数百万英亩平整的土地、无数的劳动力和政府为了达到生产目标会不遗余力投入的承诺;那些规划只是**为了抽象和理论化的地方所设计的**。这样的农业用地在美国、苏联或者其他任何地区实际都不存在,它们只遵照了物理和化学规律,却没有认识到政治和意识形态的作用"。[②]

沃布拉德(Verblud)是一个巨大的国营农场,建在顿河畔的罗斯托夫(Rostov-on-Don),距莫斯科1000英里。农场开垦了37.5万英亩土地种植小麦。尽管在早期它产出了大量小麦,但从经济学上看,这是一个惨败。从我们目的的角度,我们对其失败的详细原因并不感兴趣,绝大多数原因都可以概括在特定背景下。正是特定农场的特殊背景导致农场的失败。与规划不同,农场并非是假想的、一般的、抽象的农场,而是不可预测的、复杂的和特定的农场,有着特殊的土壤构成、社会结构、管理文化、天气、政治约束、机器、道路以及其雇员的工作技能和习惯。我们将会看到,与巴西利亚很相似,这是典型的野心勃勃的极端现代主义项目的失败。这些项目忽略地方知识、实践和背景,最多认为它们是必须绕过的障碍。

苏维埃俄国的集体化

> 我们这里所有的不仅仅是机械装置,还有生活在这里的人民。除非他们自己安排自己,否则你不能将他们随意调整。过去我将革命想成蒸汽机,现在我发现它不是。
>
> ——安德雷·普拉东诺夫:
> 《切文古尔镇》

---

① Fitzgerald, *Yeoman No More*, p. 14.
② Fitzgerald, *Yeoman No More*, p. 39(重点是后加的)。

第六章 苏维埃集体化，资本主义梦想

苏维埃的农业集体化是一个在专制主义下极端现代主义规划中的一个最极端，也是最有诊断意义的例子。它代表了农村生活和农业生产的空前变革，而且它是由国家所有的蛮力所强加的。指挥这些巨大变迁的官员在实际的操作中相对忽视了决定农村经济的生态、社会和经济安排。他们在盲目地飞行。

在1930年早期到1934年之间，苏维埃国家实际在农村发动了一场战争。斯大林知道他无法依赖农村的苏维埃"消灭富农"和实现集体化，因此他派遣了2.5万名经过战争考验的城市共产党员和无产阶级到农村征集谷物，逮捕抵抗者和实现集体化。他确信农民要颠覆苏维埃国家。米哈伊尔·肖洛霍夫（Mikhail Sholokhov，《静静的顿河》作者）写信提醒他沿顿河的农民已经到了饥饿的边缘，斯大林回信说："你那个地区（不仅仅是你那个地区）受人尊敬的谷物生产者已经开始了'意大利式的罢工'（ital'ianka），怠工！而且他们并不认为使工人和红军没有面包吃有什么不对。这些怠工是平静的，从外表看是没有危害的（没有流血），但实际上是'静静'地反对苏维埃的战争。一场饥饿的战争，亲爱的肖洛霍夫同志。"[①]

那场战争死了多少人，现在还在争论之中，但不可否认是非常严酷的。如果估计在"消灭富农"和集体化战役，以及接下来饥荒中死亡的人数，比较保守的数字是三四百万，而近年来苏维埃有数字表明有两千万。近年来公布的新档案材料表明，比较大的估计数字更可信。在死亡数字背后还有比十月革命以后的国内战争更多的社会破坏和反抗。数百万人逃到城市或边疆，声名狼藉的内务部劳改局（古拉格）人员大大扩充，在许多农村出现了公开反叛和饥荒，整个国家超过一半的牲畜（和役畜）被屠宰。[②]

[①] Robert Conquest, *The Harvest of Sorrow: Soviet Collectivization and the Terror-Famine* (New York: Oxford University Press, 1986), p.232. 卡特耶维奇（M. M. Khateyevich）下面的一段话更清楚地说明这是一场"战争"："在农民和我们政权之间正开展一场无情的斗争。这是生死决战。这一年可以考验我们的力量和他们的耐久力。饥荒已经告诉他们谁是统治者。尽管损失了数百万人口，但集体农场体系还在，我们已经赢得这场战争"。（Robert Conquest, *The Harvest of Sorrow: Soviet Collectivization and the Terror-Famine*, p.261）

[②] 中国的"大跃进"也是同样致命的，可以做比较分析，我选择集中考察苏联，很重要的原因是它比中国的"大跃进"早发生了30年，引起了学者更多的关注，特别是在过去的七年中，俄罗斯开放了档案，这大大扩充了我们原有的知识。关于中国经验的最近比较流行的著作，见Jasper Berker, *Hungry Ghosts: China's Secret Famire* (London: John Manoy 1996)。

到1934年,国家"赢得"了对农民的战争。如果有任何一场战争可以被称为"得不偿失的胜利"(pyrrhic victory),那么这便是一个。国营农场和集体农场并没有实现列宁、托洛茨基、斯大林以及大多数布尔什维克所设想的社会主义目标。它们明显没有能够为城市工业化的工人增加谷物产量或生产更便宜、更丰富的食品。它们没有如同列宁所预想的成为技术上有效率和创新的农场。即使在列宁认为的现代化标准,也就是电气化方面,到第二次世界大战前夜也只有1/25的集体农场实现了电气化。农业的集体化完全没有在农村创造出"新的男人和女人",也没有消灭城乡差别。在以后的半个世纪中,每公顷的粮食产量一直停留在20世纪20年代和革命前达到的水平,甚至低于这个水平。①

但从国家中心的方面看,集体化可以说是成功的。集体化可以成为实现传统国家机器(统治)的两个目标的工具:征收赋税和政治控制。尽管苏维埃集体农庄没有生产出巨大的剩余食品,但是它可以成为国家决定农作物模式、固定农村实际工资、大量征收任何种类的谷物以及从政治上削弱农村的有效工具。②

如果可以称为巨大成就的话,那么苏维埃国家在农业方面的成就是消除了非常不利于征收赋税和进行控制的社会和经济领域,建立了新的制度形式和生产单位以便于自上而下地监督、管理、征收赋税和控制。在苏维埃国家所继承(一度也鼓励过)的农村社会中,沙皇国家、大地主和贵族官员的联合体已经被扫除,取而代之的是小土地所有者、中农、工匠、私营商贩以及各种流动劳动力和不属于任何阶级的游离分子。③ 喧嚣、散漫和无领导(群龙无首)的农村社会,既难以控制,又没有政治资产,布尔什维克如同科学的林业官员一样,从简单的目的开始重新设计他们的环境。在他们继承的地方,他们创造了新的、大型的、等级制度和国家管理的农场,农场的作物种类和征收的份额都是中央决定的,其人口在法律上

---

① 在一些国营农场或展示性项目中,产量会比较高,但达到这样的目标往往是以巨大的机械、化肥、杀虫剂和除草剂的投入为代价的,结果在经济上是很不合算的。
② 对于集体化及其结果的一个出色的分析,见 Moshe Lewin, *The Making of the Soviet System: Essays in the Social History of Interwar Russia* (New York: Pantheon, 1985),特别是第二部分,pp. 89 – 188。
③ 我用游离(lumpen)分子表示大量流动的、成分复杂的、不断改变职业的人口。尽管马克思和列宁经常在表明有犯罪倾向和政治上的机会主义意义时轻蔑地使用这个词,但是我在使用这个词的时候没有任何诋毁的意思。

也是不能流动的。所发明的这套体系作为征收和控制的工具,实施了几乎60年,而其代价则是停滞、浪费、精神沮丧和生态退化。

集体化农业能够存在60年主要不能归功于国家的计划,更主要的是那些非正规的行动、灰色市场、物物交易和灵活性,这些行动弥补了那些失败。正像"非正规的巴西利亚"一样,它在官方计划内并没有合法位置,却使这个城市能够生存。在正式的指令经济之外,常常是不符合苏维埃法律的非正规实践防止了制度内部与生俱来的巨大浪费和低效率。换句话说,集体化农业从没有按照生产计划和征收的严格制度运行过。

下面简短的解释可以清楚地说明,集体化并不完全归因于斯大林,尽管达到如此的快速和残酷的程度主要原因在于他。① 集体农业一直是布尔什维克未来图景的一部分,而且在追求强制征用的工业化背景下,20世纪20年代末的谷物征集斗争也不可能有其他结果。党对大规模集体化的极端现代主义信念在1930年初无可奈何的临时措施实施以后仍存活下来。这个信念,被称为既是美学的也是科学的,在后来极端现代主义的农业梦想中清晰可见,即赫鲁晓夫的处女地计划,它的启动远在斯大林去世并且其在集体化中的罪行被公开谴责之后。值得注意的是,这些信念和结构在各方面都失败了以后还流行了多长时间。

第一轮:布尔什维克国家与农民

> 有很多时候,我常感到,如果我能说服每一个人在每次想说"解放"的时候却说"系统化",在说"改革"或"进步"的时候却说"动员",那么我就不需要写许多书讨论俄国的政府与农民的关系。
>
> ——乔治·雅尼(George Yaney):《动员的要求》(*The Urge to Mobilize*)

在上面所引用的著作中,雅尼写的是革命前的俄国,但是这些也完全

---

① 现在有证据表明,斯大林个人要对1932年8月起草的秘密法令负责,那个法令要将那些囤积现在已被宣布为"神圣不可侵犯的国家财产"的谷物的所有人作为"人民的敌人",并命令要将他们一概逮捕并枪毙。同样是斯大林,在第二次优秀集体农庄成员代表大会上,支持保留适当的自留地:"多数集体农庄成员希望培植果园、耕种菜地或养蜂。集体农庄成员希望过上像样的生活,那么0.12公顷土地就不够了。我们应分配给他们0.25~0.5公顷土地,在有些地区甚至可以达到1公顷。"[Sheila Fitzpatrick, *Stalin's Peasants*:*Resistance and Survival in the Russian Village after Collectivization*, Vol. 73 (New York:Oxford University Press, 1995), p.122.]

可以用在布尔什维克国家。直到 1930 年，列宁与过去沙皇关于农村政策方面的一致性要远远大于他们的区别。他们都相信自上而下的改革，都将大型的现代化机械农场看成农业生产的关键因素。此外他们也都忽视农业经济的复杂性，并且在农村严厉地强迫征集粮食。尽管 1930 年的制度革命以后仍然保留了许多原有的东西，但是新的、横扫一切的集体化的产生却是因为革命的国家要不顾一切代价在农业部门重建一套全新的制度景观。

新的布尔什维克国家所面对的农村社会比沙皇政权所面对的更不清晰、更有抵抗力、更自治和更有敌意。如果说沙皇在第一次世界大战时期"野蛮地对莫斯科人征集贡赋的方法"激起了大规模的挑战和逃避，① 那么有理由相信布尔什维克在农村征集谷物会更困难。

如果说多数农村地区都对布尔什维克充满了敌意，这种敌意也得到了布尔什维克广泛的回应。我们已经看到，对于列宁来说，土地法只是一个战略手腕，意图在巩固政权时赢得农村的默许；毫无疑问，小农肯定要被消灭并让位于大的社会化农场。对于托洛茨基来说，那些他所称的"俄国的圣像和蟑螂"越快被转变和被"城市化"就越好。对于那些新的城市化了的普通布尔什维克来说，消灭那些"黑暗和落后的农民世界"是"形成他们个人和工人阶级本体特征的关键因素"。②

农民是布尔什维克未知的领域。在革命时，党在全俄国只有 484 名"农民"党员（他们中的多数还是农村知识分子）。③ 绝大多数农民没有见过布尔什维克党人，尽管他们可能听说布尔什维克的法律承认农民对他们所耕种土地的所有权。唯一有农民追随的革命党是社会革命党，他们民粹主义的背景使他们往往不赞成列宁的独裁主义观点。

革命过程本身的影响也使农村社会更加不透明，因而也就更难以征税。大量土地已经被公开占有了，"土改"的名义是后加的不恰当的粉饰说法。事实上，在世界大战中入侵奥地利的失败，以及随后的大规模逃亡中，大量

---

① Fitzpatrick, *Stalin's Peasants: Resistance and Survival in the Russian Village after Collectivization*, p. 432.
② Orlando Figes, "Peasant Aspirations and Bolshevik State-Building in the Countryside, 1917 – 1925"（paper presented at the Program in Agrarian Studies, Yale University, New Haven, April 14, 1995), p. 24. 费吉斯将这些观点与写于 19 世纪 90 年代的社会主义宣传品联系在一起。这些小册子宣称，经济进步必将消灭农民（第 28 页）。
③ R. W. Davies, *The Socialist Offensive: The Collectivisation of Soviet Agriculture, 1929 – 1930* (London: Macmillan, 1980), p. 51.

第六章 苏维埃集体化，资本主义梦想

贵族和教堂的土地同"皇室土地"一样，都已经被农民分散占有了。在独立农场（斯托雷平改革时的"分离者"）耕种的富裕农民往往被强制重新接受村庄分配的土地，村庄被迅速地压缩了。最富裕的被剥夺，许多最穷的人一生中第一次有了自己的小块土地。根据一组数据，俄国的无地农村劳动力下降了一半，农民平均占有土地增加了 20%（在乌克兰，增加了 100%）。主要通过地方社会的主动行动，共有 2.48 亿英亩土地被没收，从大小地主手中没收的土地被分配给农民，使他们每户的平均土地面积达到 70 英亩。①

从征税官员或军用物资征集单位的角度看，农村的情况几乎是深不可测的。每一个村的土地租赁情况都发生了巨大的变化，即使有原来的土地所有权记录，也完全不能依靠它来了解现在的土地状况。每一个村庄都在多方面与众不同，即使从理论上说可以绘制出一个土地状况的地图，但当时的人口流动和军事骚乱只会使这样的地图在半年内或者在更短时间内失效。小土地所有制、共同土地租赁以及时间和空间的不停变动，这些因素的综合形成了任何精确的税收系统都无法穿透的障碍。

革命在农村所带来的另外两个后果也增加了国家官员的困难。在 1917 年以前，国内市场和出口谷物的 3/4 来自大农场或地主的企业。正是这些农场为城市提供了食品，但现在它们都已经不在了。现在保留下来的耕作者要自己消费掉大部分的产品。不经过斗争他们是不会交出这些粮食的。新的平均土地分配办法意味着像过去的沙皇一样"拿走"谷物将使布尔什维克与小农和中农的生存需求发生冲突。②

革命所带来的第二个，可能也是关键的结果是，它增强了农民社区对抗国家的决心和能力。每当革命推翻了旧政权的统治，而新的革命政权还没有在整个区域被巩固的时候就会产生一段暂时的权力真空。由于布尔什维克主要停留在城市，并要进行广泛的国内战争，因此农村的权力真空非常明显。如同奥兰多·费吉斯（Orlando Figes）提醒我们的，尽管条件很困难，但是村庄第一次可以自由组织他们自己的事务。③ 如同我们所看到的，村民往往会打倒贵族或烧毁他们的财产，夺回土地（包括公共土地和

---

① Conquest, *Harvest of Sorrow*, p. 43.
② 此外那些为农村生产消费品和农业工具的城市企业的倒闭也使农民减少了出售谷物以购买其他产品的欲望。
③ 见 Orlando Figes 的富有洞察力和详尽的著作 *Peasant Russia, Civil War: The Volga Countryside in Revolution, 1917 – 1921*（Oxford: Clarendo Press, 1989）。甚至近期的革命也会带来相似的真空。1905 年革命以后，沙皇政府用了将近两年的时间来重新确立其对农村的统治。

森林的权力），强制那些分离者回到公社。村庄会像自治共和国一样，在巩固地方"革命"过程中，借助于革命政权，但是他们强烈反对以任何方式征收谷物、牲畜和人力。在这种状况下，年轻的布尔什维克国家的到来就像军事抢劫一样，被农民认为是国家对农村的再征服——是威胁他们刚刚取得的自治的一种殖民化。

在俄国农村的政治氛围下，即使政府有详尽的农业经济知识、地方的支持和圆滑的手段，也会遇到很大的困难。而布尔什维克在这三个方面无一具备。当他们有可靠的地籍图和最新的人口统计时才能建立基于收入和财富的税收制度，但这两者他们都没有。此外，农场的收入因为产量和价格每年都会不一样，因此收入税需要对各地不同的收获情况反应敏锐。但不仅新的国家缺少有效统治的基本信息，而且在战争时期负责收取税收和谷物的地方官员、贵族和金融与农学专家所构成的沙皇的国家机器，不管当时如何行动不力，现在也被破坏了。更重要的是，布尔什维克缺少在村庄层面能够帮助他们在充满敌意和混乱环境中找到出路的当地领路人。被希望能够充当这一角色的村苏维埃往往是由那些忠于地方利益而非中央利益的村民领导。另外的一个组织是农村贫民会〔Committee of the Rural Poor (kombedy)〕，它的目的是在地方的阶级斗争中代表农村的无产阶级，但是它们或者被村庄成功地同化，或者与村苏维埃处于严重的对立中。①

对多数布尔什维克的官员来说，村社（mir）像个谜一样，这不仅仅因为布尔什维克的社会起源于城市，而村庄事务又很复杂，还因为它还是有意识的地方策略的产物，这一策略在农村与贵族和国家的早期冲突中就已展示了它对地方的保护价值。公社低报耕地和高报人口以显得贫困和无

---

① 革命的过程强化了村庄的团结。最富裕的人或者离开，或者被烧光，最穷的无地家庭获得了土地。村民的社会经济地位越来越相似，因此对外来需求的反应也就更接近。因为许多独立的农民被迫回到公社，他们需要依靠整个村庄将公社的土地分配给他们。因此很容易理解，当农村贫民会被作为苏维埃政策工具时，它受到了具有更大代表性的村苏维埃的强烈反对。"萨马拉（Samara）省的一位政府官员带有讽刺意味地指出，在目前时代的农村，贫民会与村苏维埃之间的冲突可能代表了'阶级斗争'的主要形式。"（Orlando Figes, *Peasant Russia*, *Civil War*: *The Volga Countryside in Revolution*, *1917 - 1921*, p. 197）在一些大的村庄中，会给布尔什维克的农业计划以支持的只是一些受过教育的年轻人、教师、在第一次世界大战或国内战争时期加入布尔什维克的一些老兵（他们可能设想自己会成为集体农庄的领导）。见 Figes, "Peasant Aspirations and Bolshevik State-Building"。

力纳税已经有很长的历史了。① 由于1917年的人口调查中存在着许多隐瞒不实的地方，俄国的土地被低估了约15%。过去农民将林地、草地和荒地转为耕地的时候就没有上报，现在他们为了自己的利益也同样要隐藏从地主和贵族那里获得的土地。村委会当然要保留土地分配的记录以组织共耕队，确定放牧的时间等，却不会将这些记录提供给官员和农村贫民会。当时的一句俗语准确表达了这一状况：农民为"法令（也就是土地法）所有"，但"秘密地生活"。

在农村的迷宫中，处于困境的国家是如何找到自己道路的？布尔什维克在可能的地方都试图建立大型国营和集体农场。这些农场的多数都是"波特金（Potemkin）式的集体"，设计出来只是为了给现有的实践披上合法的外衣。但是在没有作假的地方，它们显示出了在农村对土地的所有权和纳税单位做最简单化处理的政治和行政魅力。雅尼正确地总结了它们的逻辑：

> 从技术的观点看，不顾个人所有权的大面积耕作要比确认每一家庭的地块、使用农民传统的方式衡量价值，再将分散的条地调换成统一的农场容易得多。同样，坐在首都城市的行政人员也喜欢监督大型生产单位并向它们征税，而不愿意与单独的小农场主打交道……对于真正的农业改革者来说，集体化具有双重吸引力，它们表达了理想化的社会目标，同时也大大简化了土地改革和国家控制中的技术问题。②

在1917~1921年的叛乱中，许多农业试验不可能大规模展开，仅有的试验也普遍严重失败。在十年以后的全面集体化过程中，它们已经成为强风中的稻草。

因为不能重建农村的景观，布尔什维克只好转向了沙皇政府在战争中曾经使用过的方法——在战时法律下强制征集。"战时法律"一词传达了实际行动中所缺少的秩序的意思。武装匪徒（otriady）——有些是正规的，

---

① 如同隐藏农业收入一样，他们还倾向于隐藏手艺、工匠和贸易等副业收入。此外，在这个时期由于缺少足够的资源——人力、耕畜、肥料和种子——也导致了大量土地被抛荒或远远低于正常年景的产量。

② Yaney, *The Urge to Mobilize*, pp. 515-516. 对于雅尼来说，在沙皇统治下的"救世主似的"农学家所持的理想与布尔什维克的集体化鼓吹者的理想具有惊人的相似之处；有些时候他们就是同一批人。

有些是饥饿的市民自发组织的——在1918年春夏季节粮食危机时掠夺了一切他们所能得到的东西。至于已经决定的谷物征收定额，它们"是根据对耕地不可靠的估计和好年景的假设机械地计算出来的数字"，从一开始就是"虚构的和不能完成的"。① 谷物的征收看起来更像是抢劫或盗窃，而不是上缴或购买。据一项估计，有超过150处起义反对国家征收谷物。1918年3月布尔什维克改名为共产党，因而许多反抗都声称支持布尔什维克和苏维埃（它们颁布了土地法）而反对共产党。在提到坦波夫、伏尔加和乌克兰的农民反抗时，列宁宣称这些农民带来的威胁比所有白匪加在一起还要大。绝望农民的反抗几乎使城市完全陷于饥饿当中，② 而党在1921年早期第一次将它的枪口转向了喀琅施塔得起义的海员和工人。在这个时候，处于包围中的党采取了战术退却，放弃了战时共产主义，开始了新经济政策（NEP），这个政策允许自由贸易和小规模的私人财产。如同费吉斯所指出的，"布尔什维克打败了在八个西方势力支持下的白军，但是在自己的农民面前投降了"。③ 这是一个无意义的胜利，1921～1922年因为饥饿和流行病而死亡的人数几乎是第一次世界大战和国内战争死亡者的总和。

第二轮：极端现代主义和余粮收集制

极端现代主义者关于未来农业的信念与眼下国家征收粮食危机之间的结合推动了1929年到1930年冬天的全面集体化。为了关注这两个问题，我们只能将集体化的人性成本与布哈林领导的"右翼"反对派的斗争以及斯大林是否要歼灭乌克兰人和乌克兰文化等关键问题留给别人（他们有很多人）。

毫无疑问，斯大林与列宁都相信工业化的农业。1928年5月斯大林写道，集体化的目的在于"将小的、落后和零碎的小农农场转变为联合的、大的公共农场，它们具有现代科学的机械和科学的数据，可以为市场大量生产谷物"。④

这个梦想在1921年被推迟了。原来设想在20世纪20年代通过逐渐扩

---

① Figes, *Peasant Russia, Civil War*, p. 250.
② 由于城市里的饥荒，许多人逃离了城市，城市工业工人从1917年的360万下降到1920年的不足150万（Fitzpatrick, *The Russian Revolution*, p. 85）。
③ Figes, *Peasant Russia, Civil War*, p. 321.
④ Fitzpatrick, *Stalin's Peasants*, p. 39.

大集体农庄可以提供全国所需要谷物的 1/3。然而集体化农场（包括国营农场和集体农场）使用了 10% 的劳动力，但其可怜的生产量只占农产总量的 2.2%。① 当斯大林决定开始迅速工业化计划的时候，很明显，当时的社会主义农业既不能为迅速增长的城市人口提供足够的粮食，也不能为满足工业增长过程中进口技术所需要的资金提供粮食出口。而在新经济政策以后富裕起来的中农和富农手中有国家需要的粮食。

从 1928 年开始，官方的粮食征集政策使国家处于与农民的持续冲突中。被控制的征购价格只是市场价格的 1/5，当农民反抗激烈的时候，国家重新使用警察力量。② 当征收不顺利的时候，那些拒绝按照要求上缴粮食的人（与反对集体化的人一起被称为富农，不管他们实际的经济地位如何）将被流放或处决，他们所有的粮食、设备、土地和牲畜都会被没收并卖掉。那些直接负责谷物征收的人被要求组织贫农的会议，从而使征收看来似乎是下面主动的行动。1929 年晚期强制全面（sploshnaia）实现集体化的决定是来自于这一粮食战争的背景，而不是审慎的经过计划的政策。为其他观点争论不休的学者们都同意这个观点：集体化压倒一切的目的是保障得到粮食。菲兹帕特里克是从下面的结论中开始她对集体化的研究："集体化的主要目标是增加国家征收的粮食，削减农民保存市场之外的粮食的能力。从一开始农民就明白这个目的，1929~1930 年冬天集体化的推行正是农民反抗国家粮食征集的两年多艰苦斗争的顶点。"③ 罗伯特·康奎斯特（Robert Conquest）也说："集体农场本质上是选择出来以获取谷物和其他产品的机制。"④

从农民的反抗和我们所了解的农民观点来看，大多数农民对集体化也持类似的看法。征收粮食已经威胁到他们的生存。安德烈·普拉东诺夫关于集体化的小说中所描写的农民已经知道征集粮食是如何否定了过去的土地改革："这是一个狡猾的伎俩。首先你给我们土地，然后你取走粮食，直到最后一粒。有这样的土地你会饿死！除了地平线以外，土地没有给农

---

① 至少从理论上说，国营农场是最先进的——无产阶级的、工业化的集体农场，工人支付工资，没有私有的土地。这些农场在建立之初得到了国家大量的机器投资。关于生产统计，见 Davies, *The Socialist Offensive*, p. 6。

② Davies, *The Socialist Offensive*, pp. 82 – 113.

③ Fitzpatrick, *Stalin's Peasants*, p. 4.

④ Conquest, *Harvest of Sorrow*, p. 183.

民留下任何东西。你们骗谁呢？"① 他们在革命以后所获得的小小的社会和经济自主受到了至少同等程度的威胁。甚至穷的农民也害怕集体化，因为"这可能使他们失去自己的土地和工具，永远像在军队中一样，按照命令与其他家庭一起劳动——这意味着一生一世都生活在兵营中"。② 因为在农村得不到任何支持，斯大林从城市和工厂中派遣了2.5万名全权大使（党员）"去打破农民的公社，用处于国家控制之下的集体经济取代它们"，不管代价如何。③

专制的极端现代主义理论和农奴主的实践

如果说"彻底"实现集体化的运动是由党要占有土地及土地上作物的决心引起的，那么这种决心是经过极端现代主义的滤镜过滤的。尽管布尔什维克可能在所采取的方法上有争议，但他们的确认为他们知道现代农业最终应是什么样子；他们的理解既是科学的同样也是视觉的。现代农业应是大规模的，规模越大越好；它应是高度机械化的，按照科学的泰勒制原理等级分明地运作。更重要的是，耕作者不再是原来的农民，而是有高度技能和纪律的无产阶级。在失败影响了人们对巨大项目的信心之前，斯大林本人也倾向于12.5万～25万英亩的集体农场（"谷物生产工厂"），如前面描述的美国所支持的计划。④

实践中疯狂不切实际的规划与乌托邦抽象的幻想相匹配。专家只要有地图和很少几个关于规模和机械化的假设就可以制订出计划，无须参考地方知识和条件。一个访问乌拉尔的农业官员1930年3月在写给莫斯科的回信中抱怨："根据县（raion）执行委员会的指示，12位农学家要在20天内为一个不存在的县社区制订出操作层面的生产计划，他们完全不离开办公室，也不到实地考察。"⑤ 当大卢基州（Velikie Lukie）西部的另外一个官

---

① Andrei Platonov, *Chevengur*, trans. by Anthony Olcott (Ann Arbor: Ardis, 1978).
② M. Hindus, *Red Breed* (London, 1931), quoted in Davies, *The Socialist Offensive*, p. 209.
③ Davies, *The Socialist Offensive*, p. 205.
④ 贯穿苏维埃时期，甚至从美国的标准来看，集体农场的规模也仍然很大。普瑞尔（Fred Pryor）计算过，1970年国营农场的平均规模是10万英亩，而集体农场平均规模为2.5万英亩。国营农场更容易得到投资、机械和其他补贴。见 Frederick Pryor, *The Red and the Green: The Rise and Fall of Collectivized Agriculture in Marxist Regimes* (Princeton: Princeton University Press, 1992), table 7, p. 34。
⑤ Fitzgerald, *Stalin's Peasants*, p. 105.

第六章　苏维埃集体化，资本主义梦想

僚制庞然大物被证明是没有效率的时候，规划者只是简单地缩小了其规模，并没有牺牲任何抽象的原理。他们将 8 万公顷的土地分成 32 个相等的正方形，每个正方形 2500 公顷。每一个正方形就是一个集体农庄。"正方形是在地图上画出来的，根本不管土地上实际的村庄、定居点、河流、小山、沼泽，以及这块地的人口统计学和拓扑学特征。"①

从符号学意义上说，我们不能将这一现代主义的农业构想仅仅理解为意识形态的一个独立碎片。它是对现存农业世界的一种否定。集体农庄要代替村社或村庄，机器要代替马拉犁和人力，无产阶级工人要代替农民，科学农业要代替传统和迷信，教育要代替无知（malokulturnyi），富饶要代替贫困的生存经济。集体化意味着农民与其生活方式的结束。社会主义经济的导入也带来了文化革命。威胁布尔什维克国家的"黑色"农村可能还存在顽固农民，这将被理性的、勤奋的、非基督教徒的和进步的集体农庄工人取代。② 大规模的集体化是为了消除农民及其制度，从而缩小城乡差距。整个计划背后的假设是大型集体农庄应像工厂一样，在集权的经济中完成国家的谷物和其他农产品生产任务。像是为了彻底表明他们的观点，1931 年国家几乎征收了全部收获的 63%。

从中央计划者的观点来看，集体化的一个长处在于国家可以控制每种作物播种多少。从国家需要多少粮食、肉和奶制品等出发，国家从理论上说可以将这些需求变成对集体农场的指令。但实际上，从上面布置的种植计划经常是没有道理的。制订种植计划的土地部门几乎不了解他们所管理的作物，不知道地方需要多少生产投入或当地的土壤条件。但是他们有定额要填充，他们也的确这么做了。1935 年中央委员会农业部部长 A. 雅科夫列夫（A. Iakovlev）要求由"真正了解他们土地"的"长期干部"管理集体农场，这意味着当时在职的人不了解。③ 当 1936～1937 年"大清洗"中许多农民被动员起来批评集体农庄的领导以发现"破坏分子"的时候，

---

① Fitzgerald, *Stalin's Peasants*, pp. 105 – 106. 可以想象土壤和耕作模式也被忽视了。

② 就像布尔什维克所解释的，"集体农庄是将农民从贫穷和黑暗中解放出来的唯一途径"（Davies, *The Socialist Offensive*, p. 282）。在谢尔盖·爱森斯坦的电影《总路线》（*The General Line*）中可以直观地看到电气化、机械化和集体化所带来的文化特征的转变。这部电影描述了在俄国农村的一个技术传奇。它通过将由马和镰刀组成的沉重和黑暗的农村与电动牛奶分离器、拖拉机、割草机、机车、摩天大楼、引擎和飞机的画面相比较，从而传达出极端现代主义的乌托邦理想。

③ Fitzpatrick, *Stalin's Peasants*, p. 194.

我们从中可以粗略看见上面指令种植带来的一些灾难。一个农庄被指令开垦草地和空地，而农民要用这些地方养牲畜。另外一个耕作的指令是要收回自留地和流沙地以扩大一倍饲草地。①

规划者明显喜欢单一作物和广泛而严格的劳动分工。整个地区，以及每一个集体农庄都越来越专业化，只生产一种作物，比如小麦、棉花、马铃薯或养牲畜。② 比如在生产牲畜的农场中，一些农庄专门生产菜牛或猪的饲草，另外一些农庄则专门饲养牲畜与配种。集体农庄和区域专业分工背后的逻辑与特定城市功能区背后的逻辑是相同的。专业化减少了农学家所必须考虑的变量，同时也提高了行政的规范性，这会加强中央官员的权力和知识。

与中心化逻辑相伴随的是征收。各州、县和集体农庄的定额都是基于计划的需求和对收获不可靠的估计而机械计算出来的。每个集体农庄都会声称其定额是不能完成的，因而要求减少任务。他们从其痛苦的经验中知道，如果真的完成了定额，那么下一轮的任务就会增加。从这个方面说，集体农场的农民比工业工人的位置更不稳定，不管工厂是否完成定额，工人都会有工资收入和配给卡。而对于集体农庄的农民来说，如果完成定额很可能自己仍然会挨饿。事实上，1933~1934 年的大饥荒只能被称为是集体化和征收造成的饥荒。那些试图制造麻烦的人面临着更可怕定额的风险：也就是按照定额发现富农和国家敌人。

对于多数的农民来说，集体农庄专制的劳动统治不仅仅危害生存，而且使他们丧失了许多 1861 年解放农奴以来所获得的自由。他们把集体化与他们祖父辈所经历的农奴制相比。正像一个前国营农场工人所说的，"国营农场总是强迫农民去工作，他们要求农民到田间除草。他们甚至不给我们面包和水。这是什么？就像是当年的封建劳役又回来了"。③ 农民开始说，全俄共产党（All-Union Communist Party）的俄文首写字母缩写——VKP——的意思是"第二农奴制"（vtoroe krepostnoe pravo）。④ 两者的相似

---

① Fitzpatrick, *Stalin's Peasants*, pp. 306 - 309.
② 关于在中国农村违反地方的土壤和气候条件，实施更严格的地区专业分工，见 Ralph Thaxton, *Salt of the Earth: The Political Origins of Peasant Protest and Communist Revolution in China* (Berkeley: University of California Press, forthcoming).
③ Figes, *Peasant Russia, Civil War*, p. 304. 在早期反对集体化的暴动中，农民采取了与他们做农奴时同样的形式，他们销毁了劳役、上缴作物、债务等记录。
④ Conquest, *Harvest of Sorrow*, p. 152.

之处并不仅仅在于形式，集体农庄与农奴制实质上是很相似。① 集体农庄的工人必须有一半的时间要在国有土地上工作，而拿到的工资，不管是现金还是实物，都少得可怜。他们主要依靠自留地来生产他们所需要的食物（除谷物以外），尽管他们很少有时间去耕作自己的自留地。② 集体农庄的产品有多少要被征收，支付什么价格都是由国家决定。集体农庄的农民每年都要被强迫去修路和运输。他们有义务缴纳他们自留地出产的牛奶、肉、鸡蛋等。集体农场的官员就像封建领主一样，很习惯于使用集体农民为自己家里干杂活，甚至实际拥有（即使不是法律允许）凌辱、殴打或驱逐农民的专制权力。农民像农奴一样不能合法地流动。他们使用一种内部护照制度来清除城市中"不需要和没有生产能力的居民"，并保证农民不能逃跑。禁止农民使用猎枪的法律被通过。最后，从1939年开始，那些居住在村庄核心之外的原有独立农场上的集体农庄成员（khutor dwellers）被强制搬迁回村庄。有超过50万的农民受到这最后一次搬迁的影响。

由此形成的劳动规章、财产制度和定居方式使集体农庄事实上变成农业种植园和封建农奴制的混合体。

作为一个国家赋予的巨大的革命性变革蓝图，集体化所破坏的至少像它所建设的一样显著。集体化最初的意图也非仅仅是粉碎富裕农民的反抗和夺取他们的土地，它还要拆除那些反抗所借以表现的社会单位：村社。农民公社在革命时期往往被作为组织夺取土地的工具，同时也是协调土地和放牧地的使用、管理地方的一般事务以及反对粮食征购的工具。③ 党有理由害怕，如果在传统村庄基础上建立集体就可能强化农民反抗的基本团

---

① 菲兹杰拉德的著作《斯大林的农民们》（*Stalin's Peasants*）的第128～139页对他们与农奴制的相似之处做了详细地描述。有关更细致和广泛的关于农奴制的讨论，以及将他们与奴隶制相比较，见 Peter Kolchin, *Unfree Labor: American Slavery and Russian Serfdom* (Cambridge: Harvard University Press, 1987)。
② 按照20世纪80年代一位苏维埃的记者和人权运动者的敏锐叙述，这种情况并没有发生很大变化。见 Lev Timofeev, *Soviet Peasants, or The Peasants' Art of Starving*, trans. by Jean Alexander and Alexander Zaslavsky, ed. by Armando Pitassio and Alexander Zaslavsky (New York: Telos Press, 1985)。
③ 国家将村社作为征税、征兵和提供其他一些奴隶义务的集体单位，有大量历史事实说明，村社的本质特征就是便于农民服从贵族和国家，我也接受这种观点。尽管人头税是向公社集体征收的，但是土地在家庭之间周期性的再分配保证使每一个家庭都有能力缴纳人头税。这意味着，俄国实行再分配的公社之所以保持相对的团结是由历史上不断与统治者打交道所造成的。这个解释也完全符合以下事实，即这样形成的团结也可以服务于其他目的，包括进行反抗。

体。村庄的苏维埃不是已经迅速脱离了国家的控制？大型集体可以完全超越原有的村庄结构。它们可以由干部和专家组成的委员会管理。如果巨大的集体农庄被分成部门，专家就可以被指定为各个部门的经理，"就像被歪曲报道的**过去农奴的'管家'**一样"。① 最终，除了边远地区以外，现实的考虑占据了主导地位，大多数的集体农庄与原来的农民公社及其土地边界大致相同。

然而，集体农庄并不是为隐蔽传统的公社所做的点缀。几乎所有的事情都发生了变化。所有自主的公共生活的中心点都被消除了。小客栈、农村集市、教堂和本地的磨坊都消失了，在这些地方矗立的是集体农庄的办公室、会议室和学校。非国家的公共空间让位于政府机构的国家空间，尽管只是地方性的。

在特维尔州（Tver Oblast）上特罗伊察（Verchnyua Troitsa，英文 Upper Trinity）地区一个国营农场的地图上（见图 6-1），我们可以看到社会组织和生产活动在地理上的集中化、清晰化和管理上的集权化。② 旧村庄的大部分都被从中心搬迁到边远地区（见图 6-1 插图说明的 11）。③ 包括 16 个房间的两层公寓楼都聚集在中心地区（插图说明的 13、14、15，还可见图 6-2），所有行政机构和购物中心、学校、社区建筑，以及所有国家运行的机构都建在新网格布局的中心附近。甚至从最夸张的形式主义的地图上看，国有农场与前集体化时期农场向四周无规律伸展的、高度自治的制度安排相去甚远；有照片显示，旧式房屋和道路具有完全不同的视觉特征（见图 6-3）。

豪斯曼改建巴黎使之更清晰和便于国家的控制，与此相比较，布尔什维克改建农村进行得更彻底。在不透明和顽固的村社，他们塑造了一个清晰的集体农庄。在原来有无数小农场的地区，他们创建了一个单一的地方

---

① Fitzgerald, *Stalin's Peasants*, p. 106（重点是后加的）。
② 我非常感谢我的同事特奥多·沙宁和他的研究小组。为了提供本章所需要的地图和照片，他们对 20 多个集体农场进行了比较研究。特别要感谢噶尔雅·雅特雷斯宾卡亚（Galya Yastrebinskaya）和奥尔加·萨波提娜（Olga Subbotina），她们提供了旧村庄的照片，这个村庄在乌特吉诺（Utkino），距离沃洛格达（Vologda）仅有 20 英里，是在 1912 年建立的。
③ 那些没有被搬迁的老式房屋（图 6-1 中的图例 12）差不多是建在同样大小的地块上，也是沿着主要公路修建的。我不知道在 18 世纪最初建立村庄的时候，采取这种形式的背后是否有行政原因，或者最初的建设者是否已经设计出了网格状的格局。那些被搬迁的旧房屋本来是如何排列的至今还是个谜。

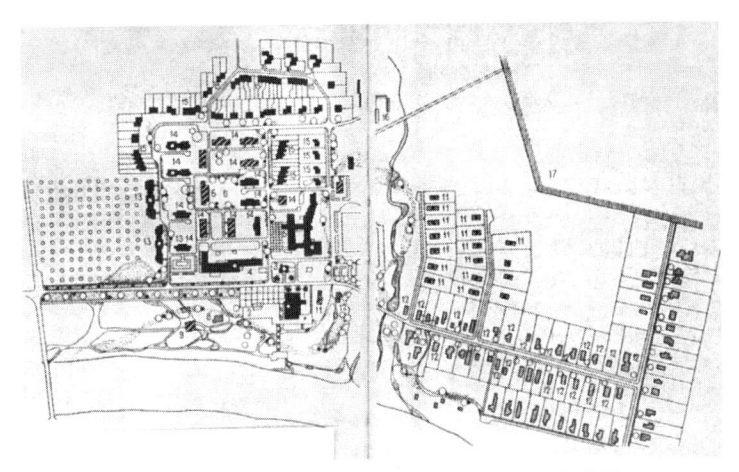

第六章 苏维埃集体化，资本主义梦想

图 6-1 在特维尔州的沃琪尼亚·特罗伊察地区一个国营农场的规划

在这张图上可以看到：1. 社区中心；2. 纪念碑；3. 旅店；4. 地方行政和商业中心；5. 学校；6. 幼儿园；7~8. 博物馆；9. 商店；10. 浴池；11. 从新的建筑区移来的旧木屋；12. 旧村庄；13~15. 2~3 层的房屋；16. 汽车修理厂（私人的）；17. 农业区（农场、库房、水塔等）

经济单位。① 随着等级制度的国营农场的建立，半自主的小资产阶级就被依赖国家的雇员代替。过去每个家庭可以决定农业的种植、收获和出售，但是现在党所统治的国家建立了完全由中央决策的农村经济。取代农民的是技术独立，但现在所创造出的农民则依赖国家提供联合收割机、拖拉机、化肥和种子。在过去的农民经济中，收获、收入和利润几乎都是不可估算的，现在则创造了一种理想的单位以适应简单和直接的征收赋税。过去各种不同的社会单位都有自己特殊的历史和实践，现在则创造出具有统一会计制度的单位以适应全国一致的行政制度。这里的逻辑与麦当劳的管理计划是一致的：模式化、设计相同的单位、按照相同的配方和工作程序

---

① 同样的逻辑也被应用于工业，大的工业单位比小的工业单位或手工业生产得到更多的照顾。如同杰弗里·萨奇斯（Jeffrey Sachs）观察到的："如果一个大公司能够完成，那么中央的设计者就没有兴趣去协调组织成千上万小公司的生产。因此，标准策略就是建立尽可能大的单一企业。"[*Poland's Jump into the Market Economy* (Cambridge: Cambridge University Press, 1993)] 在苏维埃的经济背景下，最大的工业企业是在马格尼托哥尔斯克的巨型钢铁公司。现在这已成为工业和生态破坏的一个典型案例。见 Kotkin, *Magnetic Mountain*。

图6-2 在上特罗伊察的一座二层楼，
每层楼有16个房间

生产相同的产品。相同的单位可以很容易地在各个地方被复制，巡视员可以进入一个清晰的领地，用一张核对一览表来评估他们的工作。

对集体化的60年做出全面的评估需要近年才被公开出来的档案材料和比我更能干的人。即使一个非正式研究集体化的学者也会吃惊的是，尽管在机械、基础设施和农艺学研究方面有大量的投入，但集体化在其每一个极端现代主义目标上都是失败的。荒谬的是，它的成功都局限在传统国家机器领域。即使在与低效率、停滞的粮食产量和生态退化进行斗争的同时，国家也成功地直接控制了足够的谷物以加速工业化。[1] 此外国家还以巨大的人的代价，达到了在农村消灭有组织公开反抗的基础。但在另一方面，国家实际上没有能力实现为市场生产高质量农产品的大型、高产、高效和科学进步农场的目标。

国家所创造的集体在某些方面表现了现代农业的表面特点，但并没有涉及其本质。农场是高度机械化的（按照世界标准），是由具有农学和工程学学位的官员来管理的。示范农场的确取得了很高的产量，尽管这往往

---

[1] 关于苏维埃农业对生态影响的更广泛的研究，见 Murray Feshbach, *Ecological Disaster: Cleaning Up the Hidden Legacy of the Soviet Regime* (New York: 1995), Ze'ev Wolfson (Boris Komarov), *The Geography of Survival: Ecology in the Post-Soviet Era* (New York: M. E. Sharpe, 1994)。

需要付出惊人的成本。① 但是最终这并不能掩盖苏维埃农业的失败。我们在这里只写出三个失败的原因，因为我们后面还会提到它们。② 第一，通过剥夺农民的土地和谷物，同时也剥夺他们相对的独立和自治，国家创造了一个事实上没有自由的劳动阶级，他们与各地不自由的劳动阶级有着同样形式的拖延和反抗。第二，中央集权的行政结构和中央计划的强制命令创造出一台对地方知识和地方条件全无反应的笨拙机器。第三，列宁主义的苏联政治结构没有或很少给农业官员以激励，促使他们能做出调整或与农民协商。除了列宁所高度赞扬的极端现代主义农业的表象外，国家根本不能实现任何目标，其根本原因在于国家强大的能力可以使农村的生产者被再农奴化、解除他们自己的制度、将自己的意愿强加给农民以及采取野蛮的方法征收。

国家控制和征收的景观

从苏维埃集体化的历史出发，我将冒险对独裁主义极端现代化的制度逻辑做出一些大胆的归纳。我将说明如何理解为什么对于有些目的来说，这些巨大的社会工程还可以达到目的，而对于有些目的则完全是失败的——在后面的章节中还会回到这个问题上。

迅猛的集体化是由掌握足够的谷物和迅速推进工业化这一短期目标推动的。③ 威胁和暴力曾在1928～1929年的收获季节起过一些作用，但是螺

---

① 1990年我在东德的一个合作农场（前集体农场）工作了六个星期，这个农场在梅克伦堡（Mecklenburg）平原，距离新勃兰登堡（Neubrandenburg）不远。当地的官员对他们黑麦和马铃薯的世界级产量和适应工业生产需要的丰富淀粉含量非常自豪。然而，从经济角度看很清楚，不管按照哪种成本核算标准，为了这样的产量所支付的巨大投入（劳动力、机械和化肥）都使这个企业成为低效的生产者。

② 无疑，大量官僚主义的"病状"放大了苏维埃集体化的灾难。这包括管理者更关注特殊的、可计量的结果（谷物产量、多少吨马铃薯、多少吨生铁），而不是质量。此外，长长的专业化指令链条也使人们看不到官员行为的巨大后果。同样，使地方官员对人民负责而不是对他们的上级负责很困难，这意味着群体命令主义以及个人的腐败和自私自利的"恶行"非常猖獗。极端现代主义计划在像苏联这样革命和独裁的政体下，比在议会制政体下更容易出轨，一旦出轨也会持续得更久。

③ 1930年3月斯大林发表了著名的讲话《被胜利冲昏头脑》（*Dizzy with Success*），突飞猛进的集体化被暂时停顿，许多人被鼓励离开集体；但是很快集体化又恢复原来的步伐。为了使迅速工业化有足够的资本，1930年出口了480万吨谷物，1931年出口了520万吨谷物，这导致了接下来几年的饥荒。见 Lewin, *The Making of the Soviet System*, p. 156。

图6-3 在上特罗伊察旧村沿着小路分布的房屋

丝每年都在不断被拧紧,从而导致农民越来越多的逃避和反抗。痛苦的事实在于,苏维埃国家所面对的是具有非常多样性、扎根于公社的小土地所有者。中央政权对他们的经济和社会情况了解甚少。这种状况为农民开展反对国家索求的无声游击战争(间以公开的反抗)提供了战略优势。在现存财产制度下的国家只能每年为了征集谷物而与农民激烈斗争,但并没有胜利把握。

斯大林选择了这个时候给出致命一击。他赋予农村一个经过设计的、清晰的景观,这个景观更利于税赋征收、控制和自上而下的改革。在他头脑中的社会经济景观就是工业化模式的先进农业——由国家计划调整的、按照工厂方式进行生产的大型机械化农场。

这是一个典型例子,"最先进"的国家遭遇到"最古老"的阶级,并试图将此产物转变为无产阶级的适当副本。与农民相比较,无产阶级已经作为比较清晰的阶级而存在,并不仅仅因为他们在马克思主义的理论中居于中心地位。无产阶级的工作已经被工厂的时间表和人为的生产技术控制。在马格尼托哥尔斯克大型钢铁公司这样新的工业项目中,设计者可以像在巴西利亚一样,完全从零开始设计。但农民不同,他们是杂乱无章的个体家庭小企业。他们的居住模式和社会组织有着比工厂更深远的历史逻辑。

集体化的目的之一就是打破原有这些对国家充满敌意的经济社会单位,并强迫农民穿上国家所设计的制度紧身衣。集体农场新的制度安排现在与国家征收赋税和指导发展的目标统一了。在农村就像进行了一场国内战争,这个目标的实现既是"社会主义改造"的结果,更是军事占领和"平定媾和"的结果。①

我相信我们可以对独裁式极端现代主义和具体的制度安排之间的"有择亲和力"(elective affinity)做出一般的概括。② 下面的分析尽管是粗糙的和临时的,但也可以作为分析的出发点。极端现代主义对某些社会结构有着教条主义的偏爱。接下来的步骤是由独裁式极端现代主义国家所采取的。他们试图将这些选择强加给人民,并且经常取得成功。多数的选择都可以从清晰化、征收赋税和集权化控制的指标中推导出来。越是容易从上而下监督和指导,并且适合征税(在最广泛意义上的征税)的制度,越可能被推广。隐

---

① 可以与巴枯宁对国家社会主义未来走向的预测相比较:"他们将把所有政府的权力集中在自己强有力的手中,因为人民是无知的,需要国家强大和热切的关照。他们将创造单一的银行,将所有商业、工业、农业,甚至科学技术的生产者都集中到自己手中,他们将把人民群众分成两个队伍——在国家工程师直接指挥下的工业和农业队伍。国家工程师构成了新的、有特权的科学—政治阶级。"[W. D. Maximoff, *The Political Philosophy of Bakunin: Scientific Anarchism* (New York: Free Press, 1953), p. 289.]

② "有择亲和力"一词来自马克斯·韦伯对资本主义规范和制度与新教伦理之间关系的分析。他的分析不是直接的因果分析,而是"配合"(fit)和共生关系。

含在这些比较背后的目标与前现代国家机器的目标并没有多大区别。① 与征收赋税一样，清晰性也是独裁主义改革的必要前提。它们之间最重要的区别在于极端现代主义有着更大的野心和更强的干预。

标准化、中央控制和综观全局的概括和清晰的原则可以被应用于不同的领域。表6-1中所列的内容只是示意性的。如果我们将这些原则应用于教育，那么最模糊的教育制度就是完全非正式的、完全由地方协商决定的、非标准指导的教育制度。最清晰的教育制度就是伊波利特·泰纳（Hippolyte Taine）所描述的19世纪法国的教育："教育部长应该感到骄傲，他只要看看表，就知道整个帝国的学生这个时刻在学习维吉尔（Virgil）诗篇的第几页。"② 一个详尽的表格不会简单地使用两分法，而要使用连续谱（比如，开放的公共土地不如封闭的公共土地清晰，封闭的公共土地不如私有的土地清晰，而私有土地又不如国有土地清晰）。越是清晰和专有形式的东西越容易被转变为租金的来源，不管是私人财产或国家垄断的租金（见表6-1）。

表6-1 社会集团、制度和实践的清晰性

	不清晰的	清晰的
居　　住	• 狩猎和采集、游牧、刀耕火种、殖民定居点、吉卜赛等民族的临时营地	• 定居人口的永久村庄、庄园和种植园
	• 没有规划的城市和邻里、1500年的布鲁日、大马士革的阿拉伯人居住区、1800年巴黎的圣安东郊区	• 规划的网格状城市和邻里：巴西利亚、芝加哥
经济单位	• 小业主、小资产阶级	• 大地产
	• 小农的农场	• 大农场
	• 工匠的生产	• 工厂（无产阶级）
	• 小商店	• 大的商业公司
	• 非正规经济，"登记簿之外的"	• 正规经济（登记簿上的）

---

① 见 books 4 and books 5 in vol. 2 of Gabriel Ardant, *Theorie sociologique de l'impôt* (Paris: CEVPEN, 1965)。

② Michel Crozier, *The Bureaucratic Phenomenon* (Chicago: University of Chicago Press, 1964), p. 239. 正像亚伯拉姆·德·斯瓦安（Abram de Swaan）注意到的，"19世纪学校教育与当时工厂有很多相似之处：标准化、形式化，而准时和纪律对这两者的实行都至关重要"(*In Care of the State*, p. 61)。

续表

	不清晰的	清晰的
财产所有权	• 开放的公共地产 • 私人财产 • 地方的财产记录	• 集体农场 • 国有财产 • 全国地籍调查
技术和资源组织		
水	• 地方习惯使用方法，地方灌溉组织	• 集中化的大坝、灌溉控制
交　通	• 非中心化的交通网络	• 中心化的交通网络
能　源	• 牛油和当地采集的灌木、地方的小电站	• 城市中心的大电站
身份认证	• 没有规则的地方命名习惯 • 无国家公民登记制度	• 永久的父姓 • 全国的身份证、档案和护照制度

独裁式极端现代主义的限制

极端现代主义的形式什么时候会成功，什么时候会失败？回想起来，从有效地生产粮食角度看，苏维埃农业是完全失败的，这是由许多与极端现代主义无关的因素造成的：特罗菲姆·李森科（Trofim Lysenko）大错特错的生物理论、斯大林的困扰、第二次世界大战的征兵以及天气。很明显，中央集权的极端现代主义可以为许多工作提供最有效、最公平和最适当的解决办法。空间探索、交通运输网的计划、洪水的控制、飞机的制造以及其他一些努力都需要少数专家精心协调的大型组织。控制流行病和污染也需要专家组成的中心接受和消化来自大量不同单位的标准化信息。

但在另一方面，在将饭菜端上餐桌，或者进行外科手术的时候，这些方法看起来就非常不灵活了。在第八章中会详细讨论这个问题，但是从苏维埃的农业中可以发现一些很有价值的证据。如果我们只关注一些特定的作物，那么集体农场在生产某些作物方面明显是很成功的，特别是一些主要作物，如小麦、裸麦、燕麦、大麦、玉米。但在其他一些产品的生产上效率很低，特别是水果、蔬菜、小家畜、鸡蛋、奶制品和鲜花。这些作物主要是由集体农庄中的小自留地提供的，即使在高度集体化时仍是如此。①这两种不同作物之间系统的区别可以解释为什么它们具有不同的制度配置。

让我们以小麦为例，这是我们所称的"无产阶级"作物，我们将它与作为极端的"小资产阶级作物"覆盆子浆果相比较。小麦适合于大规模的农业和机械化。就像挪威云杉适合集权化管理的科学林业一样，小麦适合集体农业。小麦在播种以后，直到成熟，使用联合收割机收割，直接脱粒，直接进入卡车运到谷仓或装上火车，中间很少需要管理。在地里小麦是比较结实的，收割以后还保持得比较结实，这使它很容易长时间贮藏，贮藏期间损失很小。但覆盆子就不同了，它需要特殊的土壤才能有较好的收成；每年都要进行修剪；它需要多次采摘，并且不能用机器采摘。被包装以后，覆盆子在最好的条件下也只能保存几天。如果包装太紧，或者气温太高，在数小时内它们就会坏掉。在每一个生长阶段，覆盆子都需要精心和及时的照顾，否则就会全部损失。

毫不奇怪，小资产阶级作物的水果和蔬菜都不适合集体农庄，只适合个体农户的副业生产。事实上集体农庄放弃了这些作物，而让给那些有兴趣、有动机和有园艺技术的个人来成功地种植。从理论上说，这些作物也可以由大型集中的企业生产，但是这些企业必须要在精心照顾这些作物的同时还要关心那些照顾作物的工人。即使一些大型农场生产这些作物，这些农场也往往是家庭企业，比生产小麦的农场规模小，并且有稳定和高水平的劳动力。如果用新古典经济学的语言来说，这些家庭企业有比较优势。

小麦生产与覆盆子生产的另外一个不同之处是，生产小麦只需要不多的常规方法，因为谷物比较苗壮，可以允许一些偷懒或闲散的存在，作物能够承受一些虐待。但是覆盆子的生产者必须灵活、敏捷，并且特别细心，因为这些作物的种植是非常复杂的，而果实又很娇嫩。换句话说，成功地种植覆盆子需要丰富的地方知识和经验。这些区别与我们紧接着要讨论的坦桑尼亚的例子，以及后面我们对地方知识的理解有密切的关系。

---

① 关于1989年前自留地与集体农庄关系的详细讨论，见Timofeev, *Soviet Peasants, or the Peasants' Art of Starving*。

第七章　坦桑尼亚的强制村庄化：
美学和微型化

　　1973~1976年坦桑尼亚的乌贾玛村庄运动是一次大规模的将全国大部分人口永久定居的尝试。村庄布局、住房设计和地方经济都部分或全部地由中央政府官员计划。我们考察坦桑尼亚的经验有三个原因。第一，这个运动被认为是到那时为止在独立的非洲进行的最大的强制定居计划。在坦桑尼亚，至少有500万人被重新安置。① 第二，感谢当时国际社会对这个实验的关注和坦桑尼亚政治生活的相对开放，留下了关于村庄化过程的大量文献。第三，这个运动主要是作为发展和福利项目进行的，而不是如同其他例子那样，作为惩罚性迁移、种族清洗或军事安全计划的一部分（如同南非在种族隔离法下的强制搬迁和家园计划）。与苏联的集体化不同，乌贾玛村庄化运动是一个相对温和软弱的国家实施大规模社会工程的例子。

　　许多其他的大规模移民计划也适用于同样的分析。在坦桑尼亚的例子中，中国和苏联的模式与马克思主义和列宁主义的理论一样在意识形态上起到了重要作用，但我们不能认为它们是这些计划的唯一灵感来源②。我们可以考察南非种族隔离政策下非常残忍和具有经济破坏性的强制迁移。我们也可以考察许多需要大规模移民的资本主义大型生产项目，在贫困国

---

① 朱利叶斯·尼雷尔宣布，有900多万人被迁移到乌贾玛村庄，但是这其中很大一部分是政府虚构的，另外还有许多原来就居住在这里的人口，他们很可能也被政府作为自己的功绩统计进来了。比较谨慎的数字可能更接近事实。见 Goran Hyden: *Beyond Ujamaa in Tanzania: Underdevelopment and an Uncaptured Peasantry* (Berkeley: University of California Press, 1980), p. 130, n. 2。

② 在任总统期间，尼雷尔访问了几乎所有的社会主义阵营国家。关于贯穿整个第三世界的马克思主义发展计划富有启发性的研究，见 Forrest D. Colburn: *The Vogue of Revolution in Poor Countries* (Princeton: Princeton University Press, 1994)。

家，移民往往是在国际援助下实现的。① 我们将看到，坦桑尼亚的国家首脑朱利叶斯·尼雷尔用与殖民政策相同的方式来看待持久的定居，他关于农业机械化和规模经济的观念已经成为当时国际发展论坛不可或缺的一部分。反过来说，这样的现代化论坛又受到田纳西河谷管理局模式、美国资本密集型农业发展和第二次世界大战经济动员经验的影响。②

与苏联的集体农庄不同，坦桑尼亚的村庄化并没有被认为是为征收而进行的全力以赴的战争。尼雷尔反对使用行政或军事力量的强制，他坚持任何人不能违反自己的意愿被迁移到新的村庄。事实上，不管对于受害者来说有多么严重，尼雷尔计划的破坏性和不人道都不能与斯大林的相提并论。尽管如此，乌贾玛运动也是强制性的，有时也很暴力。此外，与经济上的失败一样，这个运动在生态上也是失败的。

尽管这是一个独裁的极端现代主义的一个"温和"版本，但仍然可以看出它们之间的相似点。第一点就是"改善"的逻辑。如同"未经改善的"森林一样，坦桑尼亚原有的居住和社会生活模式是不清晰的，并抗拒国家的狭隘目标。只有对居住方式实现彻底的简单化，国家才可能有效地提供学校、诊所以及洁净饮水等发展服务。单纯的管理方便并非是政府官员的唯一目标，这也正是我们要说的第二点。村庄化隐含的另外一个内容是要重组人们的社区以更好地适应政治控制目的和支持国家政策所鼓励的公共农业。在这个背景下，在尼雷尔和坦噶尼喀非洲民族联盟（TANU）的理想与东非殖民政权所开展的农业和定居计划之间有惊人的相似之处。这种相似性提醒我们，我们已经发现了现代发展主义国家项目中的一致性。

在第二个科层管理的标准之外，还有第三个相似性，这与效率没有直接关系。我相信即使在苏联的例子中也存在强大的美学维度。那些能够表现秩序和效率的视觉特征，尽管在他们原有的背景中合乎逻辑，但是已经远远背离了其开始的意义。极端现代主义的计划倾向于以效率的简化形象"流传"，它与其说是经过检验的科学命题，毋宁说是对秩序的视觉符号和象征的半宗教式崇拜。如同雅各布斯所说的，他们可能用表面的秩序代替

---

① 对于五个类似项目的农业规模化和机械化低回报的批评，见 Nancy L. Johnson and Vernon W. Ruttan, "Why Are Farms so Small?" *World Development* 22 (1994): 691-706。
② 这些影响是很直接的，我们注意到，在世界粮农组织、国际复兴和发展银行、世界银行，以及联合国的许多发展机构中，雇员多是美国的经济学家、农学家、工程师和官员。

真实的事物。他们是否显得正确比他们是否真的有用更重要。换个更好的说法，他们假设如果安排看来正确，那么事实上就能运转正常。这种外观表征的重要性体现在微型化倾向中，即创造一种表面有序的小环境作为典型村庄、示范项目或者新的首都等。

最后，如同苏联集体化一样，乌贾玛村庄在经济上和生态上都失败了。由于意识形态，那些新社会的设计者从不重视耕作者和牧民的地方知识和实践。他们也忘记了社会工程最重要的因素：它的效率依赖于真正的人类主体的反应和合作。如果人们发现新的安排，不管安排如何有效率，只要与他们的尊严、计划、趣味相背离，他们就会将它们变成低效率的安排。

东非殖民化的极端现代主义农业

> 殖民主义国家不仅仅鼓励创造出一种在其控制下清晰的人类景观；清晰性的前提是每一个人、每一件事都（如同过去一样）有一个序号。
> ——本尼迪克特·安德森（Benedict Anderson）：
> 《想象的共同体》

殖民主义的法则往往只对殖民者有利。这包括在农村社会鼓励为了市场而生产。用现金或用经济作物缴纳人头税，私有的种植园以及鼓励白种人定居等不同的行动是都为了达到这个目的。在第二次世界大战期间，特别是战后，在东非的英国人开始计划大型的发展项目，并且动员了所需要的劳动力。比如在战争期间他们征用了将近三万劳动力到种植园工作（特别是剑麻种植园），当然这只是沧海一粟。战后的计划尽管可以溯源到战前的项目，但是其野心更大：巨大的花生计划；各种水稻、烟草、棉花和养牛项目，更引人注目的是需要严格和完善管理的土壤保护计划。这些项目中有很多都包括了移民和机械化的内容。[①] 大多数项目既不受欢迎，也不成功。事实上，对非洲民族联盟在农村所以能成功的标准解释是广泛存在的对殖民地农业政策的怨恨——特别是强制的保护制度和减

---

① 见 Lionel Cliffe and Griffiths L. Cunningham, "Ideology, Organization, and the Settlement Experience of Tanzania," in Lionel Cliffe and John S. Saul, eds., *Policies*, vol. 2 of *Socialism in Tanzania: An Interdisciplinary Reader* (Nairobi: East African Publishing House, 1973), pp. 131–140。

少储量、对牲畜进行药浴等有关放牧业的规定。①

威廉·伯纳特（William Beinert）关于邻国马拉维（当时的尼亚萨兰）"福利殖民主义"背后逻辑的解释是最有洞察力的。② 尽管马拉维的生态环境不同，但是它的农业政策与英属东非的众多农业政策没有什么区别。对于我们的研究来说，最让人震惊的是认为殖民主义统治与独立合法的坦桑尼亚社会主义国家制度相似的假设。

殖民主义政策的出发点是他们对"科学农业"的完全相信和对非洲实际的农业实践的怀疑。正像希雷河谷［Shire（Tchiri）Valley］的一位农业地方官员所说："非洲人既没有关于土地受侵蚀的诊断训练和技能，也没有诊断设备，更没有基于科学知识的土地恢复计划，因此我认为这正是需要我们的地方。"③ 尽管那些官员是很真诚的，但是同时这表明，农业专家比实际的耕作人员更重要，有更高的权威。

为了跟上先进的规划观念，专家们希望设计出精致的项目——"全发展项目"、"综合土地利用项目"。④ 但是将一套复杂和严格的耕作制度强加给众多的耕作者有很多困难，因为这些耕作者们了解环境的限制，并且坚信他们自己的耕作逻辑，一意孤行地推进只能带来抗议和逃避。正是在这种环境下，移民战略才会如此吸引人。开发新的土地或买回白人的地产使官员们可以从紧凑型的村庄和合并了的个人耕地开始。新招募的农民可以被重新安置在准备好的、清晰的土地上，以代替过去散处各地的居民和复杂的租赁关系。规划者的规划越详细，也就是说，有更多的棚屋被建筑或确定，区域被划分，土地被清理和耕作，植物被选择（或播种），那么也

---

① Lionel Cliffe, "Nationalism and the Reaction to Enforced Agricultural Change in Tanganyika During the Colonial Period," in Lionel Cliffe and John S. Saul, eds., *Politics*, vol. 1 of *Socialism in Tanzania: An Interdisciplinary Reader* (Nairobi: East African Publishing House, 1973), pp. 18, 22. 关于农民－国家的关系的出色研究，见 Steven Feierman, *Peasant Intellectuals: Anthropology and History in Tanzania* (Madison: University of Wisconsin Press, 1990)。

② William Beinert, "Agricultural Planning and the Late Colonial Technical Imagination: The Lower Shire Valley in Malawi, 1940 – 1960," in *Malawi: An Alternative Pattern of Development*, proceedings of a seminar held at the centre of African Studies, University of Edinburgh, 1985 (Edinburgh: Centre of African Studies, University of Edinburgh, 1985), pp. 95 – 148.

③ William Beinert, *Malawi: An Alternative Pattern of Development*, p. 103.

④ 如同伯纳特所解释的，这些项目往往包括"修建排水管道、沿等高线的堤岸、田垄、防洪堤、强制的草地休牧、种植有助于土地恢复的作物和按照条田轮作的系统"（William Beinert, *Malawi: An Alternative Pattern of Development*, p. 104）。

就有更多的机会控制这些项目,使之符合原来设计的形式。

伯纳特清楚地指出,按照这些原则对下希雷河谷的规划并非是完全科学的活动。项目设计者展示了许多与现代农业相关的技术信念,但没有几个在当地的环境下得到证实。他们还建立了一套美学和视觉标准,其中许多内容明显地来源于西方,它们是有序和高产农业的象征。① 伯纳特所说的"关于可能性的技术想象"激励着设计者们。

> 这种想象在低洼的河道地区建立堤坝和田埂的案例中几乎有一种图画效果:他们期望河谷中的土地是规则的,有整齐的田垄,都处于长而笔直的等高堤岸之间,再上则是排洪沟,沟顶是森林。这些土地呈长方形,其环境便于进行控制,并且有助于改进农业技术和对农业实施控制,当然也符合他们的规划美学。只有这样的方式才可能适合生产。在技术信念和想象的推动下,他们不会顾及他们的介入对农民社会和农民文化所产生的影响。②

在农业和林业景观中的美学秩序在人文地理中同样被重复。③ 一系列模范村庄均匀地呈网格状分布在田野上,彼此之间通过道路连接在一起,它们将成为技术和社会服务中心。农田的排列便于实施旱地轮种,而这是项目内容之一。事实上,希雷河谷的项目就是田纳西流域管理局的缩影,沿着河道都修建了堤坝,并对资本密集的加工厂所在地点做了标示。一个三维模型,就像建筑师为新城镇所制的,提供了这个项目完成时的缩影。④

下希雷河谷的移民和土地利用规划"几乎完全失败"。其失败的理由也预示了乌贾玛村庄最终的垮台。比如当地农民反对殖民主义者采取修建田埂

---

① 这些不知不觉中的转移是毫不奇怪的。农业的"外表"总是被打上特殊的、偶然的历史烙印,若不是在视觉上看起来与预期相差甚远,人们往往会忘记这些特征。比如当我1989年前第一次访问北波希米亚(Bohemia)的时候,我被绵延2~3英里的巨型集体玉米地震惊,在这样大的地带中,没有任何篱笆或林带。我意识到我自己关于农村的视觉预期过去只是小的私人农场:林带、篱笆、小而不规则的土地、独立农庄的自然特征(当然,如果我出生在堪萨斯,我可能不会如此吃惊)。

② Beinert, "Agricultural Planning", p.113.

③ 关于南非传统和有巨大影响的地理学与和殖民地规划的笛卡尔主义逻辑之间区别的精彩解释,见 Isable Hofmyer, *They Spend Their Lives as a Tale That Is Told* (Portsmouth, N. H. : Heinemann, 1994)。

④ Isable Hofmyer, *They Spend Their Lives as a Tale That Is Told*, pp.138 – 139.

以防止水土流失的方法。后来的研究证明，在这种情况下，他们的反对无论从经济或生态上都是有道理的。在沙质土壤上建田埂是不稳定的，在雨季会造成更大的侵蚀沟，而修筑田埂会使土壤在旱季迅速干涸，并造成白蚁危害作物的根部。那些未来的居民痛恨政府项目的严格统治；一个"共同从事农业的模范定居点"并没有吸引到任何自愿的移民，最后只好成为政府所有的、使用农业工人劳动的玉米农场。禁止耕种肥沃的湿地阻止了自愿移民。最后政府官员不得不承认，是他们自己，而不是农民在这个项目中犯了错误。

导致下希雷河谷项目失败的两个主要原因对于我们理解极端现代主义规划的局限有很重要的意义。第一个原因在于规划者所使用的是对整个山谷而言的标准化农业环境。正是在这个假设的支持下，他们才提出适合所有农民干旱土地轮作的一般和持久的耕作方式。对于动态和多样化的山谷环境来说，这些方式提供的解决办法是静止的和僵硬的。相反，基于不同的时间和洪水的大小、每块土地的土壤构成等，农民具有一些富有弹性的战略，从某种程度来说，不同的农民、不同的地块和不同的生长季节，这些战略都不完全相同。失败的第二个原因是规划者假设所有的农民都希望同样的作物混合、技术和产出，因而对所有农民都套用同样标准的模型。这样的假设完全忽视了一些关键的变量，如家庭规模和结构、从事的副业、劳动的性别分工以及文化决定的需求和品位。事实上，每一个家庭的资源和目标组合都是不同的，它们都通过总体战略所不能提供的方式年复一年地影响家庭的农业生产战略。作为规划，它不仅在美学上赏心悦目，而且内部各参数也都是精确和一致的。而作为发展项目，它却是一种从一开始就注定失败的环境和社会的标本制作术。具有讽刺意味的是，在政府范围之外，没有任何资金支持的自愿先遣移民却成功了，并在持续增加。这些混乱、不清晰却有很高生产效率的移民因为强占土地被处罚，并受到严厉的指责，尽管这实际上并没有任何效果。

第二次世界大战以后在坦噶尼喀野心勃勃的花生种植项目的惨败作为大规模村庄化的预演可以说很有启发性。[①] 由联合非洲公司（United

---

[①] 这方面的一些典型解释，见 J. Phillips, *Agriculture and Ecology in Africa* (London: Faber and Faber, 1959); F. Samuel, "East African Groundnut Scheme," *United Empire* 38 (1947): 133–140; S. P. Voll, *A Plough in Field Arable* (London: University Presses of New England, 1980); Alan Wood, *The Groundnut Affair* (London: Bodley Head, 1950); Johnson and Rattan, "Why Are Farms so Small?", pp. 691–706; Andrew Coulson, "Agricultural Policies in Mainland Tanzania," *Review of African Political Economy* 10 (1977): 74–100。

African Company，联合利华的一家子公司）与移民地政府合资的一家公司计划至少要清除300万英亩的灌木丛，如果加以耕作，将生产50多万吨的花生，所榨的油可以出口。这个项目是在第二次世界大战以后盲目相信指令性经济和大型资本主义公司合作的浪潮中被构想出来的。到1950年，只有不到10%的土地被清理出来，所生产的花生还不如下的种子多，这个项目最终被放弃了。

失败的原因有很多。事实上，在发展的圈子内，花生项目是为数不多的几个传奇例子之一，这些例子被广泛引用以告诉人们千万不要这么做。至少有两个因素与下希雷谷项目和后来的大规模村庄化的失败有关。首先，项目的设计只关注农艺学，而且是抽象的。只有很粗糙的数据被运用于新土地，比如拖拉机需要多少小时清理土地，达到预期的产量每英亩需要多少化肥和农药。没有关于土壤、雨量分布和地形的详细地图，也没有在这些地区做试验。土地勘测只用了九个星期，而且大部是在空中进行的！从细节来说这些数据都是错误的，因为它们忽视了地方的特殊性：在旱季结块的黏土、不规律的降雨、没有哪个植物品种能抵抗的作物疾病、不适合当地土壤和地形的机械。

这些项目设计的第二个致命弱点是"对机械和大规模生产的盲目信心"。[1] 项目的资助者弗兰克·萨缪尔（Frank Samuel）有句名言："凡是可以使用机械设备的地方都不用人工。"[2] 借用了战争经验，这个项目基本是半军事化的，技术上被设计成自我独立的。计划的抽象程度与1928年威尔逊、瓦尔、里金在芝加哥饭店的房间里设计的苏维埃集体农场相差无几（见第六章）。花生项目有意绕过了非洲的小农场以创造一个欧洲管理下的巨大的工业化农场。这样，项目所反映的可能是外界的要素价格，比如堪萨斯平原，却绝对不是坦噶尼喀的。即使他们成功地生产了一定数量的花生，其成本也会极其高昂。鼓励花生项目的乌托邦式的资本主义极端现代主义之不适合坦桑尼亚，就像尼雷尔推行的村庄化、集体化和社会主义的生产一样。

228

---

[1] Coulson, "Agricultural Policies in Mainland Tanzania", p.76.
[2] Johnson and Ruttan, "Why Are Farms so Small?", p.694. 尽管有萨缪尔这句名言，项目还是计划雇用3.2万非洲劳动力。

1973年以前坦桑尼亚的村庄和"改进的"农业

从清晰和征收赋税的角度看,大部分农村人口都在国家的控制范围之外。据估计,在坦桑尼亚独立时,1200万农村人口中有1100万"分散"居住。除了在高海拔的凉爽地区因为大量种植和销售咖啡与茶而有密集定居地区以外,大多数人口都在从事生存型的农业或畜牧业。他们大都在地方市场出售产品,这都在国家监管和征税范围之外。殖民地政府和独立后坦桑尼亚国家(早期曾得到世界银行的支持)的农业政策都在于集合起更多人口使其进入固定的长期定居状态,并鼓励能够生产更多市场剩余的,特别是出口产品的农业生产形式。① 不论这种政策是采取私营公司或社会化农业形式,如同戈兰·海登(Goran Hyden)所说的,设计这些政策的目标都是要"掌握农民"。② 坦噶尼喀非洲民族联盟的民族主义政权当然比他们的殖民主义前辈有更多的合法性。但是我们不应忘记,非洲国民联盟在农村地区的普及是因为他们支持反对殖民地国家烦琐和强制的农业制度。③ 就像俄国一样,在政权交替时期农民趁便可以忽视或反抗国家所宣布的政策。

开始的时候,村庄化是尼雷尔和非洲国民联盟的中心目标。这时建立村庄有三重目标:提供服务,建立有更高生产能力的、现代化的农业,推进共同的、社会主义的合作形式。早在1962年对坦桑尼亚议会的就职演说中,尼雷尔就已经提出村庄生活的重要性。

> 如果你们问我为什么政府希望我们生活在村庄中,回答是很简单的:如果不这样做,我们就不能提供我们开发土地以及提高生活水平所需要的东西。我们无法使用拖拉机,我们不能给我们的孩子提

---

① 长期的定居也是在坦噶尼喀殖民地政府执行健康和兽医政策的基石。关于这方面的情况,见 Kirk Arden Hoppe, "Lords of the Flies: British Sleeping Sickness Policies as Environmental Engineering in the Lake Victoria Region, 1900 – 1950", Working Papers in African Studies, no. 203 (Boston: Boston University African Studies Center, 1995)。

② Goran Hyden, *Beyond Ujamaa in Tanzania* (London: Heineman, 1980).

③ 在独立斗争和紧接下来的日子里,农民拆毁了他们被强制建立起来的梯田,并且拒绝减少牛的数量和给牛洗药浴。见 Andrew Coulson, *Tanzania: A Political Economy* (Oxford: Clarendon Press, 1982), p. 117.

第七章　坦桑尼亚的强制村庄化：美学和微型化

供学校，我们不能建设医院或有清洁饮用水，也不能建设村庄的小型工业；相反我们会依赖小城镇提供我们所需要的东西。而且当我们有了充足电力以后，我们也无法通过电网将分散独立的家庭联系起来。①

1967 年在一个被称为"社会主义与农村发展"的重要政策声明中，尼雷尔详细阐述了村庄生活战役特定的社会主义意义。对于他来说很清楚，如果继续现在的资本主义发展模式，坦桑尼亚最终会发展出一个有钱的"富农"阶级（这个俄国词语当时在坦噶尼喀非洲民族联盟很流行），他们将把他们的邻居降为工资劳动者。乌贾玛村庄（社会主义合作社）将引导农村经济走另外的道路。他解释说："我们在这里所建议的是避免使坦桑尼亚成为个体小农生产者的国家，个体小农会逐渐接受资本主义的动机和伦理。我们要逐渐成为乌贾玛村庄的国家，在这里，人们直接组成合作小组，这些小组共同从事合作的企业生产。"②

对于尼雷尔来说，村庄生活、发展服务、公共农业和机械化是不能分割的整体。如果不搬迁进村庄，那么分散居住的农民就无法接受教育，常见病也无法得到治疗，他们也无法学到现代农业技术，甚至无法合作。他指出："如果我们想使用拖拉机进行耕作，那么首先要做的最基本的事情就是开始在**适当的**村庄中生活……（如果没有村庄）我们就不可能使用拖拉机。"③ 现代化最重要的是将一定的人口密集地会聚进标准的单位，从而使国家可以提供服务和管理。所以，同列宁一样，电气化和拖拉机也总挂

---

① From "President's Inaugural Address" (December 10, 1962), in Julius K. Nyerere, *Freedom and Unity: A Selection from Writings and Speeches, 1952 - 1965* (London: Oxford University Press, 1967), p. 184. 感谢 Joel Gao Hiza 杰出的人类学本科论文，这篇论文使我对于坦桑尼亚有了最初的理解，见 "The Repetition of 'Traditional' Mistakes in Rural Development: Compulsory Villagization in Tanzania", April 1993. 还要感谢他在提供文献目录方面的无价帮助。他一直非常慷慨地与人分享他的分析和对文献的掌握。

② Julius K. Nyerere, "Socialism and Rural Development" (September 1967), in Nyerere, *Freedom and Socialism: A Selection from Writings and Speeches, 1965 - 1967* (Dar es Salaam: Oxford University Press, 1968), p. 365. 值得注意的是，在独立以后迅速废除个人土地所有权是强制村庄化的法律前提之一，如同尼雷尔所说，"所有的土地现在都归属国家"（第307页）。尼雷尔使用非洲传统的"共同所有"来支持这一土地所有权的转移，从而略去了共同所有和国家所有之间的区别。

③ Coulson, *Tanzania*, p. 237（重点是后加的）。

在尼雷尔的口头上。① 我相信，强有力的现代化美学在这里起了作用。现代化的人口必须要生活在特定布局的社区——不仅仅是村庄（就可以），而是需要合适的村庄。

与斯大林不同，尼雷尔首先坚持乌贾玛村庄必须是逐渐和完全自愿的。他想象一些家庭可能会将住房搬得越来越近，种植相邻的土地，最后可能会开发出共同的土地。他们的成功会吸引其他人。"社会主义社区是不能通过强制实现的，"他宣布，它们"只能由自愿的成员建立，领导和政府的职责不是尝试和强制这种发展，而是去解释、鼓励和参与"。② 此后，到1973年，感觉到按照政府条款进行的村庄化受到了普遍反抗，尼雷尔改变了想法。但是，通过集权的政治等级制度，尼雷尔坚信农民不知道什么对他们才是真正有益的，强制的种子在那时已经被种下了。因此，在推翻上面所引用的否定"强制"的那句话之后，尼雷尔又承认，"**有可能——有时甚至是必需的**——坚持要特定区域中的农民种植特定的作物，直到他们意识到这可以带给他们更安全的生活，然后他们才不需要被**强制**种植这些作物"。③ 如果农民不能被说服按照他们自己的利益行动，那么就只有强迫。这是1961年世界银行关于坦噶尼喀第一个五年计划报告中的逻辑的翻版。这个报告充斥着当时的通行论调，即要克服落后和顽固的农民习惯和迷信。这个报告也怀疑，单纯的说服如何能奏效。当报告的作者希望"社会竞争、合作和社区发展服务的扩大"会改变态度的时候，他们警告"在激励、竞争和宣传无效的地方就需要考虑使用强迫或强制手段"。④

大量村庄定居和耕作项目开始于20世纪60年代。尽管这些项目并不相同——一些是国家与外国公司的合资，一些是国营或半国营的，其他一些是自发的——但多数都失败了，其他一些或被法令关闭，或随着时间自然停止了。这些项目有三个方面的特点与理解1973年开始的全面村庄化密切相关。

第一点是建立试点项目的倾向。这一做法本身是有意义的，因为政

---

① 可以想象，关于"合适"的村庄是什么样，尼雷尔有很强有力的视觉图像——有计划的布局、往返行进在公共土地上的拖拉机、诊所和学校、政府服务中心、小型农村工业以及将来可能出现的电机和灯。这些想象是从哪里来的呢？从苏联、中国或西方？
② Nyerere, *Freedom and Socialism*, p. 356.
③ Nyerere, *Freedom and Socialism* （重点是后加的）。
④ Quoted from the 1961 World Bank report (p. 19), in Coulson, *Tanzania*, p. 161.

第七章 坦桑尼亚的强制村庄化：美学和微型化

策制定者可以在开始大规模项目之前从中学习到什么是有效或无效的。但是许多这类农场都成为展示品，吸收了大量紧缺的设备、资金和人力。这使这些先进和现代化的小型标本一时得以维持。在一个很有影响的项目中，只有300位农民，却需要4台推土机、9台拖拉机、1台农用汽车、7台卡车、1台玉米磨面机、1台发电机以及15个管理人员和专家组成的干部队伍、150个劳动力和12个工匠。① 如果忽视它实际上的低效率和不适应坦桑尼亚实际情况的事实，这可以勉强算是一个现代农场的成功例子。

决定坦桑尼亚经验的第二个方面是，在单一政党、独裁统治传统和只关注结果的独裁者（尽管是比较仁慈的）② 的条件下，一般官僚政治的弊病被扩大了。新定居地不是按照经济逻辑选择，而是在地图上找到那些可以安置新居民的"空白地点"（最好靠近公路）。③ 在西湖区（维多利亚湖西部，1970年），一个议员和五个技术专家进行了简单访问就为这个地区的所有乌贾玛村庄设计了四年规划（1970~1974年）。这个计划明显地是为了取悦上级官员而承诺耕地和生产的巨大增长，但这"彻底脱离现实，完全超出了村庄可能的发展"。④ 制订这个计划没有经过任何真正的咨询，而是基于机械使用、劳动力投入数量、土地开发率和新的作物特征等方面的抽象假设形成的，这与花生项目和在芝加哥饭店中孵化出来的苏维埃集体化没有什么区别。

最后，当建立新村庄的压力很大的时候，非洲国民联盟的积极分子和官员就开始不顾尼雷尔反对强制的意见。因此，当他们在1970年决定

---

① Cliffe and Cunningham, "Ideology, Organization and the Settlement Experience", p. 135. 作者肯定是为了政治原因省略了村庄的实际地点和名称。尽管我没有办法证明，但我猜想这个世外桃源一定是靠近首都达累斯萨拉姆，这样官员才可以参观和欣赏它。

② 以现在的统治标准与邻近国家比较，如埃塞俄比亚、乌干达、南非、莫桑比克、扎伊尔，尼雷尔的坦桑尼亚像是天堂一样。当然，坦噶尼喀非洲民族联盟也操纵和滥用法律系统。1962年通过的防范性拘留法使拘留可以被滥用。1964年早期兵变以后，大约500个反对现行政府的人被依据拘留法随意逮捕，尽管他们并未参与合谋。除了防范性拘留法以外，他们还经常求助于一些独裁统治的殖民地法律。这方面的研究见 Cranford Pratt, *The Critical Phase in Tanzania, 1945 – 1968: Nyerere and the Emergence of a Socialist Strategy* (Cambridge: Cambridge University Press, 1976), pp. 184 – 189。

③ Jannik Boesen, Birgit Storgaard Madsen and Tony Moody, *Ujamaa: Socialism from Above* (Uppsala: Scandinavian Institute of African Studies, 1977), p. 38. 这里主要指1969年以前在西湖区马卡兹·麦普亚（Makazi Mapya）的移民项目。

④ Jannik Boesen, Birgit Storgaard Madsen and Tony Moody, *Ujamaa: Socialism from Above*, p. 77.

将多多马（Dodoma，坦桑尼亚中部一个干旱地区）所有人口在 14 个月内迁移到乌贾玛村庄的时候，官员们立即着手行动。当地每一个人都清楚地记得 1969 年的饥荒，官员们便告诉当地人，只有居住到乌贾玛村庄才能得到救济。那些已经在乌贾玛村庄居住但还不能达到规定 250 户最低标准的定居点经常被强迫与其他定居点合并以达到要求的规模。就像建立劳动纪律和耕作计划一样，按照理论设计，在新定居点也都开发了公共土地。当一位农业官员毫无商量余地地坚持官方决定，必须将公共土地扩大到 170 英亩而侵占邻近私人土地的时候，他当场被公开驱逐出村民会议。一位协助村庄的议员被禁止再参选，并处于监督之下，一位同样支持村民的非洲国民联盟地区主席也被赶下台，并被软禁。多多马预示了未来。

村庄化并非是简单的形成村庄和共同耕作，而是意味着中央控制，如果对此还有任何疑问，鲁伍马发展协会（Ruvuma Development Association，RDA）的命运说明了这一点。[1] 鲁伍马发展协会是一个伞形组织，代表了分布在这个国家西南边远贫困地区的松盖阿（Songea）的 15 个共有制村庄。与其他许多乌贾玛村庄不同，这些是由当地坦噶尼喀非洲国民联盟的青年军人自发创建的。在尼雷尔 1967 年颁布政策之前，他们已经于 1960 年开始了，并且每一个村庄都发明了独特的公共企业形式。在早期，尼雷尔挑选了李托瓦（Litowa）作为典型村庄，宣称人们去那里可以看到活生生的农村社会主义。[2] 它的学校、粮食加工合作社和销售协会都引起了邻近村庄的嫉妒。由于有高水平的庇护和资金支持，很难说他们的企业经济效益如何。他们预示了尼雷尔所宣布的地方控制和非独裁合作的政策。但在另一方面，村民在面对国家的时候也是独立和充满自信的。由于赢得了许多党的地方官员的支持，并按照自己的意愿创办了村庄的合作，他们不会允许自己被简单地消解到党的官僚程序中。当每个村民被要求种植一英亩的烟草时，因为认为这要投入很多劳动力

---

[1] 见 Cliffe and Cunningham, "Ideology, Organization, and the Settlement Experience", pp. 137 – 139; Lionel Cliffe, "The Policy of Ujamaa Vijijini and the Class Struggle in Tanzania," in Cliffe and John S. Saul, eds., *Policies*, vol. 2 of *Socialism in Tanzania: An Interdisciplinary Reader* (Nairobi: East African Publishing House, 1973), pp. 195 – 211 以及 Coulson, "Agricultural Policies in Mainland Tanzania," pp. 74 – 100。所提到的最后一篇文章对坦桑尼亚的农村政策进行了出色的综合分析。

[2] Cliffe and Cunningham, "Ideology, Organization, and the Settlement Experience", p. 139.

且没有收益，村民就通过自己的组织公开进行抗议。1968年，在非洲国民联盟中央的高级官员访问以后，鲁伍马作为非法组织被禁止了，它的财产被没收，它的职能由党和官僚政府来代替。① 尽管它率先实现了尼雷尔所支持的目标，但是它拒绝适应党的集权计划最终使其毙命。

"到村庄中生活，这是命令"

随着1973年12月颁布的命令，② 尼雷尔结束了以零散而非国家授权的压力为特征的村庄化时代，将全部国家机器都用于支持强制和普遍的村庄化。③ 他过去公开否定使用任何强制力量所形成的任何影响现在都已经不存在；党和政府要尽快取得成就的愿望取而代之。村庄化最终是为了他们自己的利益，正像欣延加（Shinyanga）地区负责强制移民的官员居马·姆瓦帕初（Juma Mwapachu）所解释的。"1974年实施的村庄行动 [Operation (Planned) Villages] 不是说服，而是强制。如同尼雷尔所说的，迁移必须带有强制性，因为坦桑尼亚不能坐视它的人民过着'形同死亡的生活'。因此，国家要承担起'父亲'的角色，保障它的人民选择更好和

---

① Coulson，"Agricultural Policies in Mainland Tanzania"，p. 91.
② 尼雷尔在电台发表的讲话中颁布了这个命令，讲话的内容具有指导性。他提醒他的听众"在《阿鲁沙宣言》（Arusha Declaration）以后，坦噶尼喀非洲民族联盟政府为人民所做的包括：取消了人头税、取消了小学学费、在村中建立了固定和清洁的供水设施、在农村增加了诊所和药房、增加了小学的设施"。他接着问，农民对于这些国家的给予有什么回报呢？尼雷尔总统回答说，农民实际上什么也没做。他们仍然游手好闲，并且逃避为社会主义国家发展做贡献的职责。他总结说，他知道不能强迫农民成为社会主义者，但是他的政府可以保障每一个人都在村庄中生活。他说希望能够在1976年底之前完成任务"（Hyden，Beyond Ujamaa in Tanzania，p. 130）。
③ 早在10月初坦噶尼喀非洲民族联盟第16届两年代表大会结束的时候就已经具备了这个条件，大会敦促政府在全国普及乌贾玛村庄运动，而非仅仅依靠地方能动性的观点来"制作村庄地图"[Daily News (Dar es Salaam)，October 2，1973]。在接下来的几个月中，根据这一指示，土地官员和专业的调查人员被要求给地方干部提供简单的土地测量技术培训，使他们能够安排新的村庄[Daily News (Dar es Salaam)，January 30，1974]。至少在1960年，坦噶尼喀非洲民族联盟、农村发展部和第二个五年规划已经鼓励"正面的"推行乌贾玛村庄。见 Bismarck U. Mwansasu and Cranford Pratt，Towards Socialism in Tanzania (Buffalo: University of Toronto Press，1979)，p. 98。

更富裕的生活。"① 至少从1967年开始，新的村庄和公共农场就已经成为优先政策，结果却是让人失望的。尼雷尔宣称，现在已经到了坚持将村庄生活作为促进发展、提高生产唯一途径的时候了。从1973年开始，官方的用语改为"计划的"村庄（而不是"乌贾玛"村庄），以便与已经失败的乌贾玛村庄的共同生产和现在坦桑尼亚人所居住的未经计划的定居点和分散的家庭相区别。

整个计划被称为规划的村庄行动，这很容易使人们想到军事战役。实际上也是如此。在手册上，行动计划被分为六个阶段："教育人民（或者使人民政治化）、寻找适当的地点、地点考察、规划村庄、清晰地划分土地、对官员进行乌贾玛和移民方法论的培训。"② 这六个阶段的序列是不可避免，也非自愿的。由于这个运动的"速成"本质，教育农民也不意味着征求他们的同意，而只是意味着告诉他们必须迁移，以及迁移带给他们的好处。此外，规划步伐被大大加快了。1970年多多马的彩排还允许计划专家每天规划一个村庄；而在新的战役中，规划队伍在每个村所用的时间更短了。

行动速度也不仅仅由于行政管理的急切。规划者也认为闪电式移民带来的震撼具备有利效果。它将把农民从传统的环境和网络中分离出来，放置到全新的环境中，希望以此使他们更容易被塑造成接受专家指导的现代生产者。③ 从更广泛的意义上说，强制移民的目的从来都在于重新定向。国有农场和私人种植园的殖民项目，以及许多创造进步的小农阶级计划都

---

① Coulson, "Agricultural Policies in Mainland Tanzania", p. 74. 还可参见 Juma Volter Mwapachu, "Operation Planned Villages in Rural Tanzania: A Revolutionary Strategy of Development," *African Review* 6（1976）：1–16. 对这几句话明显要做更仔细的分析。后面两句话的主语不是人，而是"国家"或"坦桑尼亚，"他们实际是由尼雷尔和坦噶尼喀非洲民族联盟的精英人物所代表的。即使在使用强制手段的情况下，语言形式上的修辞选择仍然成立。最后，他使用的"形同死亡的生活"来描述多数坦桑尼亚人正在过的生活，这使尼雷尔和党上升为从死亡中拯救他们人民的救世主，就像耶稣对待拉撒路一样。

② 见 Dean E. McHenry, Jr., *Tanzania's Ujamaa Villages: The Implementation of a Rural Development Strategy*, Research Series no. 39（Berkeley: Berkeley Institute of International Studies, 1979）, p. 136; Mwapachu, "Operation Planned Villages"; Katabaro Miti, *Whither Tanzania?*（New Delhi: Ajanta, 1987）, pp. 73–89.

③ 如果用世界银行1961年报告中客观而冷漠的术语来说，"当被迁移到新的地区以后，人们比留在原来熟悉的环境中更容易接受变化"（Coulson, *Tanzania*, p. 75）。这是强制移民背后的心理学前提。一位世界银行的官员曾经告诉我，在运动早期，将成千上万的爪哇人迁移到印度尼西亚外部岛屿的时候曾认为用飞机比用船更好，虽然用船更便宜，但是第一次乘飞机的经验将使他们有适度的不知所措，并向他们展示移民是革命和持久的。

第七章 坦桑尼亚的强制村庄化：美学和微型化

建立在一个假设基础之上，就是对人民的生活和工作环境进行革命性的变革可以从根本上改变他们。尼雷尔喜欢将传统农民散漫和自由的工作节奏与工厂紧凑和彼此依赖的制度做对比。① 居住密集和合作生产的村庄将引导坦桑尼亚人民走向这个理想。

可以想象坦桑尼亚人不愿意进入国家计划的新社区。他们过去的经验，不管在独立前或独立后，都支持他们的怀疑。作为农民或牧民，他们发展出了自己的定居方式，以及在一定条件下的定期搬迁。他们最了解这里严酷的环境，他们发展出的方式最适应这种环境。而国家强制的搬迁却会威胁到这种适应性的逻辑。不是生态学的考虑，而是行政的方便控制着定居点的选择；它们经常是远离薪炭林地和水源，它们的人口经常超出了土地的负荷能力。如同一位专家所预见的："除非村庄化能够伴随巨大的基础设施投资以创造可以控制环境的技术，不然核心化的村庄只能在经济上产生相反效果，而且会破坏传统居住模式所保持的生态平衡。核心化村庄将意味着过于拥挤……太多的人口和家畜，以及相应的水土流失，土地上出现沟壑、沙尘暴，这些都是人类超出土地承载能力进行掠夺经营所经常出现的现象。"②

在人民反对下采取官僚和军事的方式强制推行一个速成项目，在这种条件下，暴乱就不可避免了。四处都存在威胁，那些被强制搬迁的人再次被告知，只有和平搬迁的人才会收到荒年粮食救济。民兵和军队被动员起来提供运输和强迫搬迁。人们被告知，如果他们自己不拆掉他们的房屋并将东西搬到政府的卡车上，那么当局就会拆掉他们的房子。为了防止被强制搬迁居民重新回来，许多房屋被烧掉了。来自贫困的基戈马（Kigoma）地区的一个学生是这样描述当时的坦桑尼亚："野蛮地动用了武力。警察和一些政府官员指挥一切。比如在卡林兹（Kalinzi）的卡特纳祖扎（Katanazuza），警察必须要动手控制局面。有些地区的农民不肯收拾他们的行李，拒绝将东西放到运输车上，他们的房屋就被焚烧或拆掉。在恩仰格（Nyange）村就发生了房屋被拆毁的情况。这已经成为经常出现的事情。农民必须无条件地搬迁。许多村庄都

---

① Coulson, *African Socialism in Practice: The Tanzanian Experience* (Nottingham: Spokesman, 1979), pp. 31 – 32.
② Helge Kjekhus, "The Tanzanian Villagization Policy: Implementation Lessons and Ecological Dimensions," *Canadian Journal of African Studies* 11 (1977): 282, cited in Rodger Yaeger, *Tanzania: An African Experiment*, 2nd ed (Boulder: Westview Press, 1989) p. 62.

是强制村庄化的结果。"① 当农民认识到公开的反抗是危险的并且基本无益，他们就尽可能地保留一切他们能保留的东西，在第一个机会出现的时候就逃离新的村庄。②

对那些平静地进入村庄的人往往通过提供诊所、自来水和学校来给予鼓励。有些情况下人们的确服从搬迁，尽管他们试图坚持要与官员有正式的合同，或者要求在他们搬进去之前就完成所承诺的这些服务。很明显，正面的诱导在村庄化早期比较自愿的时候比后来强制的时代更常见。一些地区受到的影响很小，官员们只是将现有的定居点作为规划的村庄，并不改变它们。这些例外地区之所以这样是有许多特殊的经济和政治原因。像西湖和乞力马扎罗地区这样富裕和人口密集的地区幸免村庄化运动的原因有三：一是那里的农民已经居住在人口密集的村庄了；二是他们不受干扰的经济作物生产对国家的税收和外贸都是很重要的；三是住在这里的人们在行政精英中有大量代表。许多评论家提出，政府官员比例越高的地方，村庄化越迟（并且越不严格）。③

当尼雷尔了解到说服的神话是多么靠不住，野蛮的行为很普遍的时候，他表达了他的沮丧。他谴责没有对农民被拆除的房屋给予补偿，指出某些官员将农民搬迁到没有水或没有足够土地不适合生活的地方。"尽管我们有正式的政策和民主制度，但是一些官员没有倾听人民的声音，"他承认，"他们发现直接告诉人们要如何去做更容易"。④ 但"认为这样的事

---

① A. P. L. Ndabakwaje, Student Report, University of Dar es Salaam, 1975, quoted in McHenry, *Tanzania's Ujamaa Villages*, pp. 140 – 141. 在一个著名的案例中，一个农民因为气愤他的土地被作为新村庄的一部分而夺走，射杀了当地的长官。见 B. C. Nindi, "Compulsion in the Implementation of Ujamaa," in Norman O'Neill and Kemal Mustafa, eds., *Capitalism, Socialism, and the Development Crisis in Tanzania* (Avebury: Aldershot, 1990), pp. 63 – 68; Cited in Bruce McKim, "Bureaucrats and Peasants: Ujamaa Villagization in Tanzania, 1967 – 1976" (term paper, Department of Anthropology, Yale University, April 1993), p. 14。

② 对这种条件下围绕被强制搬迁到新的村庄所产生的恐惧和猜疑，见 P. A. Kisula, Prospects of Building Ujamaa Villages in Mwanza District (Ph. D. diss., Department of Political Science, University of Dar es Salaam, 1973)。我感谢戴维·施佩林 (David Sperling) 使我注意到这篇论文。在很多地方是由安全部队来监管从乌贾玛村庄的逃离。

③ P. A. Kisula, "Prospects of Building Ujamaa Villages in Mwanza District", p. 134. 有观点认为，将极端现代主义的项目强加给被建构为"其他"的人群要比强加给作为"自己"的一部分的人更容易。这有助于解释为什么村庄化首先在基戈马和多多马等贫困地区开始，为什么在玛塞牧区特别严酷。

④ Couolson, *African Socialism in Practice*, p. 66.

第七章 坦桑尼亚的强制村庄化：美学和微型化

情就是标准的村庄化是荒谬的"①，更不能以此为由取消运动。尼雷尔希望地方当局在推行国家政策的时候要有见识、贴近群众并更有说服力，他并不比列宁更希望官员遵从群众的意愿。毫不奇怪，各方面都承认，所有的村庄会议实际上都是单向的讲课、解释、指示、斥责、承诺和警告。村民大会上集合的民众被期待成为萨利·法尔克·莫尔（Sally Falk Moore）所称的"批准的实体公众（ratifying bodies public）"，并给予各地流行的民粹主义者以决策的合法性。② 事实上离达到这种普遍的合法性还有很远的距离，村庄化只是创造出了疏远的、怀疑的、民心沮丧的和不合作的农民，为此，坦桑尼亚将承受巨大损失，无论经济上或者政治上。③

"流线型"的人民和他们的作物

规划的新村庄同时遵循官僚制度和美学的两种逻辑。尼雷尔和他的规划者有着现代村庄应是什么样子的视觉观念。这样的视觉观念成为最常用的比喻。可以将"流线型"作为一个例子，"流线型"已经成为现代形式最突出的视觉观念，表达着经济、光滑、效率、最小摩擦力或反抗。政治家和行政官员都急忙利用这个词背后的象征性资本以从中获利，宣称要精简这个机构、提高那个公司的效率，而让听众的视觉观念来填补细节，从而使官僚机构成为喷气机或机车发动机一样的流线型。流线型本来是空气动力学中有特殊意义的一个专用词语，现在却被一般化用来表达那些含义更多是视觉和美学的而不是科学的事物。更重要的是，我们看到新村庄的美学是对过去的否定，首先是行政逻辑的不同。

早在1975年尼雷尔访问欣延加区（坦桑尼亚西北部）的新村庄时，他在那里的所见所闻表现了典型的官僚主义的草率和漠不关心。④ 一些村

---

① Couolson, *African Socialism in Practice*, p. 66.
② Sally Falk Moore, *Social Facts and Fabrications*: "*Customary*" *Law on Kilimanjro, 1880 – 1980* (Cambridge: Cambridge University Press, 1986), p. 314.
③ 顺便说一下，这正是我认为戈兰·海登的著作完全误解地方，在其他方面这本书还很有意思。坦桑尼亚农民的反抗不仅仅是古老的"感情经济"（economy of affection）的结果，更是对许多国家项目所产生可怕后果的痛苦记忆的理性反应。这些项目多数都是失败的。
④ 其他地方，比如在汤加（Tanga），为了尼雷尔的访问建立了许多波特金式的村庄（"Potemkin villages"），随后又被拆除了。见 Hyden, *Beyond Ujamaa in Tanzania*, pp. 101 – 108。

庄就是"沿着一条长街将房子摆出数公里,就像火车的车厢一样"。① 对尼雷尔来说,这些村庄过于粗糙,只是将居民"丢在这里"。但这样的线性村庄是有着自己奇怪的逻辑的。行政官员愿意将新的村庄都沿着主要公路摆放,因为这是他们最容易到达和监测的地方。② 一方面,居住在公路边上往往不具有经济意义。另一方面,它却表现了国家扩大对农民控制的目标往往压过国家提高农业生产等其他目标。如同斯大林认识到的,被控制的农民并不一定是有生产能力的农民。

新村庄所应具有的视觉美学特征将行政管理的规律、整洁和清晰与笛卡尔主义的秩序结合在了一起。这是现代行政化的村庄,它隐含着与现代的、守纪律的和高产的农民的紧密联系。一个赞同村庄化目标的观察家敏锐地注意到了村庄化的整体影响。他解释说,"新的形式与官僚制的思维方式和官僚制所能有效从事的行为相一致:将农民强迫搬迁到新的'现代'定居点,也就是房屋紧密地靠在一起,沿着公路直线分布,在核心化村庄之外的土地被排列成一块块农场,每一大块农场中都包括了村民个人的小块土地,但是作物都是相同的,并且易于接受农业技术推广人员的控制和最终政府拖拉机的耕作"。③

随着村庄被不断地复制,行政官员关于现代村庄的想象越来越规范化,成为每个官僚都可以复制的约定俗成。"当西湖地区的领导被号召在本地区实施乌贾玛计划的时候,他们的第一反应就是要移民。开辟新的定居点有很多好处,它们是明显的政绩,并且很容易从一开始就根据官僚们的喜欢,将房屋和土地(园地和农场)排成直线并组织得有序和漂亮。"④ 重新建立复杂的现代农村生活图景的历史传承关系是很吸引人的,却远离了我们的主题。毫无疑问,这与殖民地的政策,以及现代欧洲的农村景观都有关系,我们还知道,尼雷尔在苏联和中国的旅行给他留下了很深的印象。然而,最重要的是,坦桑尼亚的经过规划的现代村庄在每一点上都是对现存农村实践的否定,这些实践包括轮作和畜牧业,多种作物混种,远离大路的定居,亲缘和家族的权威,杂乱无章、四处分散的定居方式,对于国家来说是散乱和不透明的生产。这种否定的逻辑经常压倒合理的生态

---

① Mwapachu, "Operation Planned Villages," quoted in Coulson, *African Socialism in Practice*, p. 121.
② Henry Berstein, "Notes on State and the Peasantry: The Tanzanian Case," *Review of African Political Economy* 21 (1981): 57.
③ Jannik Boesen, quoted in Coulson, *Tanzania*, p. 254.
④ Boesen, Madsen and Moody, *Ujamaa*, p. 165.

和经济考虑而占上风。

共同的农业和集约化生产

从项目之初,将坦桑尼亚人纳入到村庄中就被看作是建立全新农业生产形式的必要步骤,在这种形式中,国家扮演了重要的角色。第一个五年规划将此表达得很清楚。

> 尽管在(雨水少且无规律的)地方,(与彻底变革不同的)改良倾向可能提高这个地区的生产……但不可能取得非常大的效果,因为农业生产者分散居住、烧掉灌木丛的实践使土壤贫瘠以及在销售方面存在大量的困难。为这些地区制定的国家政策鼓励在最肥沃的土地上重新将农民分组和重新安置、建立私营或集体的所有权制度、引进受到监控的轮作和混合农业,这可以保持土地肥力。①

集中在被规划村庄中的人们逐渐地开始使用国家提供的机械在公共土地上种植经济作物(由农业专家决定的)。他们的住房、地方行政、农业生产,更重要的是,他们的工作时间都处于国家权力的监控之下。

强制的村庄化给农业生产带来了巨大的危害,以致政府根本不可能立即实施全方位的公共农业。从1973年到1975年,国家必须进口大量粮食。② 尼雷尔宣布,政府花费了12亿先令进口食物,这相当于为每个坦桑尼亚家庭购买了一头牛。大约60%的新村庄都位于半干旱地区,不适合长期耕种,农民要走很远的路才能到达可以生长作物的地块。搬迁的混乱和适应新生态环境的缓慢都是对生产过程的进一步破坏。③

直到1975年,在国家项目之外,国家开始采取古典殖民地的方法控制生产:法律要求每一个家庭至少种植一定面积的某种作物。许多种罚款和

---

① Coulson, "Agricultural Policies in Mainland Tanzania", p. 88(重点是后加的)。
② 见 Phil Raikes, "Eating the Carrot and Wielding the Stick: The Agricultural Sector in Tanzania," in Jannik Boesen, et al., *Tanzania: Crisis and Struggle for Survival* (Uppsala: Scandinavian Institute of African Studies, 1986), p. 119. 不利的价格和货币运动是指,从1973年到1975年,进口量增加了5倍,但所支付的价钱增加了30倍。
③ 这里的关键是生存型生产和为市场生产之间的区别。我感谢布鲁斯·麦克金(Bruce Mckim),他强调了为市场生产的宏观经济学动机是很弱的。国家市场管理机构所制定的收购价格几乎是掠夺的,即便如此,商店的商品也很少,换回来的钱也很难花出去。

惩处结合在一起以加强这些措施的力度。在一个地区，官员宣布，如果村民无法证明他完成了所要求的 7.5 英亩土地的耕作任务，就不允许去市场或乘车。在另外的一个例子中，只有在每一个村民都完成了法律规定的至少一英亩的木薯种植任务后，才能发放救济粮。① 导致鲁伍马区的乌贾玛村庄解体的冲突的主要原因是政府强制农民种植烤烟并以掠夺的价格收购。如同殖民者很早就认识到的，这样强制的耕作要想成功就必须将农民聚集在一起，从而可以监督，如果需要还可以给他们以惩戒。②

接下来的一步就是管理下的共同生产。③《村庄和乌贾玛村庄法》（1975年）已经预见到了这种耕作形式，村中建立"村庄集体农场"，村权力当局必须每年制订工作计划和生产目标。实际上，每一块公共土地的面积和生产计划都是由田间的农业官员（他们急于取悦他们的上级）和村干部制订的，很少与其他人商量。④ 这样产生的是一个与当地季节性劳动力供给和农民自己的目标没有任何关系的劳动力计划。在村庄集体农场上劳动与封建徭役没有什么区别。村民没有任何选择，而且他们的劳动很难产生盈余。虽然农业推广技术人员被引导要将他们的全部努力都投入到公共土地上，但作物品种经常是不合适的，土地瘠薄、种子和化肥不能按时到达，而承诺的拖拉机也不来。这些缺点，再加上公共土地上的盈余（非常罕见）也往往作为村委会的收入，这些都使人们对工作充满怨恨。

从理论上说，政治和劳动力控制系统是彻底和毫无遗漏的。村庄被分成不同的小组（mitaa），每一小组又分成几个单元（mashina，由十户人家

---

① 这个法律在殖民地时期已经有很长的历史了，它的目的在于强制农民种植适合干旱的作物，从而减少饥荒时期政府救济粮的支出。
② 莫桑比克的棉花种植体系可能是这类严峻政策的一个典型。葡萄牙人花了很大精力将人口集中起来（concentraaoes）从而使官员或享有特许经营权的人能够强制实行棉花的种植和运输。也有的地方由调查者为土地划出界线，每一个家庭都被指定一块土地。这个项目由一套强制系统执行，个人的证件上标明持有人是否完成了当年的棉花任务；那些没有完成的可能被逮捕、殴打，或者被送到可怕的剑麻种植园去服劳役。关于这方面详细和综合的材料，见 Allen Isaacman, *Cotton Is the Mother of Poverty: Peasants, Work, and Rural Struggle in Colonial Mozambique, 1938-1961* (Portsmouth, N. H.: Heinemann, 1996)。
③ 官方想控制的不仅仅是生产，还包括消费。比如在1974年中期的多多马地区，为了形成国家的消费合作社和乌贾玛商店的垄断地位，所有出售基本食品的私营商店都被禁止了。见 "Only Co-ops Will Sell Food in Dodoma" [*Daily News* (Dar es Salaam), June 6, 1974]。"官方"的商店往往由党的干部或基层官员经营，这些商店的严重亏损可能是实行这个政策的原因。但如果这种食品的零售垄断真能成为事实反倒会令人吃惊。
④ Boesen, Madsen and Moody, *Ujamaa*, p. 105.

构成)。居住模式的秩序也体现在共同生产上。每一小组负责一块公共土地的耕作,在这块土地之内,每个单元又负责相应的一小块土地。从理论上说,单元的领导负责劳动力的动员和监督。[①] 结构上,居民和劳动纪律等级的同样制度设计使它对于当局来说是完全透明和清晰的。

实际上,这个系统很快就瓦解了。共同耕作的区域要比官方报道的小很多。[②] 当进行共同耕作的时候,大多数小组和村庄的官员都满足于敷衍了事。而且他们也不会因为邻居不遵守劳动纪律去照顾对个人非常重要的私人土地而对其处以罚款。

由于存在普遍的懒散,所以共同的土地被细分,每一个家庭只负责大约半英亩土地。[③] 很快便不需要大家都在一块大田上协调的劳动,而耕作的责任以及惩罚都被精确定位。新的体系与殖民地时代强制的耕作体系是相同的,只有一点区别:土地都被连接在一起以便于监督。由于这些劳动缺少可以看得见的回报,所以每一个家庭都关注私有的地块,而将公共土地作为浪费精力的副业,尽管官员们时常警告他们要将他们的劳动重点反过来。[④] 产量上的差别自然反映了所投入精力的不同。

从1967年到20世纪80年代早期,坦桑尼亚农村政策的目的在于重新分配农村人口,从而使国家可以实行其发展议程,并在这个过程中控制农民的工作和生产。第三个五年计划(1978年)将这一点表达得再清楚不过了:"在农村地区,党已经成功地将农民迁移到村庄中,在村庄中可以清楚地识别能够工作的人,以及可供农业生产用的耕地数量……计划的目的在于保证每一个工作地点,不管是农村还是城市,我们的执行机构每年都可以制定出具体的目标……村庄政府将会保证党在发展项目方面的政策被

---

① Graham Thiele, "Villages as Economic Agents: The Accident of Social Reproduction," in R. G. Abrahams, ed., *Villagers, Villages, and the State in Modern Tanzania*, Cambridge African Monograph Series, no. 4 (Cambridge: Cambridge University Press, 1985), pp. 81 – 109.
② 关于五种主要作物的早期数据,见 Boesen, Madsen, and Moody, *Ujamaa*, p. 102。
③ Graham Thiele, "Villages as Economic Agents", pp. 98 – 99. 还可参见 Don Hassett, "The Development of Village Co-operative Enterprise in Mchinga II Village, Lindi Region," in Abrahams, *Villagers, Villages*, pp. 16 – 54。
④ 沿乌呼鲁(Uhuru)铁路(这是中国援建的)的基隆贝罗(Kilombero)地区党委书记恩都古·连德(Ndugu Lyander)提醒人们,每一个家庭都要耕种两英亩的责任田,警告(他的用词暗示了所面对的抗拒)说,"对于没有农场的家庭将采取惩罚措施,而且不允许有任何借口"["100, 000 Move to Uhuru Line Villages", *Daily News* (Dar es Salaam), October 28, 1974]。

执行。"① 当可见性和控制受到怀疑的时候，计划就会起到解释作用，"在我们现在的条件下"，农业发展就需要制定"工作时间表和生产目标"。② 公共农场（现在被称为村政府农场）被托管。但是正如亨利·伯恩斯坦（Henry Bernstein）指出的，由于土地没有完全集体化，并且党并不愿意运用真正严格的执行手段，公共农场是注定要失败的。③

尼雷尔的农业政策，虽然有华丽的辞藻宣传其弘扬传统文化，但其前提与殖民地农业政策的基本前提并没有什么不同。这个前提就是，非洲农民和牧民的实践都是落后、非科学、低效和在生态上不负责任的。只有在科学农业专家密切的监督、培训以及必要时的强制下，才能将农民以及他们的生产带入现代的坦桑尼亚。这些正是农业专家所要解决的问题。

如同一位政府官员所说的，正是"传统的眼界和拒绝变迁"④ 的假设说明需要实施一系列农业项目，从乌贾玛村庄到强制移民，再到殖民地和独立后政权所实行的对农业生产的监督。对农民的这种看法充斥着1964年世界银行的报告和坦噶尼喀第一个五年计划。尽管计划中指出"在消除农民的保守主义上已取得了很大进展，当农民被组织成合作社时，他们的反应很积极"，⑤ 但是它仍支持采取更广泛的措施。因此1964年的计划称："如何克服具有破坏性的保守主义，进行大幅度必需的农业改革，是坦桑尼亚的政治家要维持国家生存所必须面对的最大困难。"⑥

尼雷尔完全同意大多数农业技术推广官员的意见，他们坚信他们的工作就是"克服（农民的）冷漠和坚持那些过时的实践"。⑦ 他与世界银行的意见完全一致，决定在第一个计划中提供60个新的移民项目，遵守规则的农民都可以得到土地。在尼雷尔出任总理的第一次广播讲话中，农民无

---

① Bernstein, "Notes on State and the Peasantry", p. 48.
② Bernstein, "Notes on State and the Peasantry", p. 48. 伯恩斯坦敏锐地指出，那时坦桑尼亚政府面临着严重的财政危机。国家预算和职员的增长速度在很长时间一直超过经济、政府税收和外贸的增长。为了生产和国家税收的增长，将农民组织起来成为唯一的选择。
③ 一些半国营的合作社增长很快，那里的生产是由农业工人从事的。大多数这类合作社也从事农业（粮食、糖以及奶牛所需要的饲料）。这些生产，特别是半国营的甘蔗种植园，规模很大，资本密集，就像国有化以后的剑麻种植园和茶园一样。
④ Coulson, *Tanzania*, p. 255.
⑤ Coulson, *Tanzania*, p. 161.
⑥ Coulson, *Tanzania*, p. 92.
⑦ Coulson, *Tanzania*, p. 158.

疑被认为是顽固的、无知的和不勤劳的:"如果在你们的耕地中还有没有收获的棉花,如果你们耕种的土地比你们能够耕种的少半英亩,如果你让土壤从你的土地上白白地流失,或者你的土地上长满了杂草,如果你故意忽视农业专家给你的建议,那你就是战斗中的叛徒。"①

与对一般农民缺少信任的逻辑对等的是,过分迷信农业专家和"盲目地信任机械和大规模农业"。② 如同经过规划的村庄比原来的定居实践在清晰性和方便控制方面都大大"改进了"一样,专家所规划的农业也比过去混合在一起的各种各样的小农,以及他们已有的技术在清晰性和秩序方面"改进了"。③ 在新的村庄里,村民私人的土地(shambas)往往是由土地调查员划定的,面积一样,呈整齐的正方形或长方形,一个挨一个排成一行(见图 7 - 1)。对私人土地的规划遵循了划分公共土地同样的逻辑:是清晰和方便管理的逻辑,而不是农业生产的逻辑。因此当种植茶叶项目开始的时候,小农被要求将他们的茶种在单一的地块中,"因为将茶叶种植在同一个地方更便于农业推广人员的工作"。④

在耕地上种植的作物也重复了地块的次序。坦桑尼亚的农民经常在一块地上种植两种以上的作物[用技术术语就是复合种植(polycropping)、交叉种植(intercropping)或交替种植(relay cropping)]。比如在种植咖啡的地区,咖啡经常与香蕉、豆和其他一年生植物交叉种植。对于大多数农学家来说,这样的实践是让人讨厌的。正如一个持不同意见的专家所解释的,"农业技术推广服务站鼓励农民种植单一的咖啡,并认为这才是现代农业的必要条件"。⑤ 如果种植香蕉,那就要单纯种植香蕉。负责农业用地的官员在判断他们成绩时候只关注在他们的监督下,作物是不是成

---

① Nyerere, "Broadcast on Becoming Prime Minister" (May 1961), *Freedom and Unity*, p. 115.
② Coulson, "Agricultural Policies in Mainland Tanzania", p. 76.
③ 可以想象,在乌贾玛村庄化以后,在定居点之间、个人之间和亲属群体之间产生了大量土地纠纷——这些纠纷引发了重要的环境后果。见 Achim von Oppen 的出色分析, "Bauern, Boden, und Baeume: Landkonflikte und ihre Bedeutung fuer Ressourcenschutz in tanzanischen Doerfern nach *Ujamaa*," *Afrika-Spectrum 2* (1993)。
④ Boesen, Madsen and Moody, *Ujamaa*, p. 115.
⑤ Phil Raikes, "Coffee Production in West Lake Region, Tanzania", Institute for Development Research, Copenhagen, Paper A. 76.9 (1976), p. 3, 引自 Coulson, "Agricultural Policies in Mainland Tanzania", p. 80, 还可参见 Phil Raikes, "Eating the Carrot and Wielding the Stick", pp. 105 - 141。

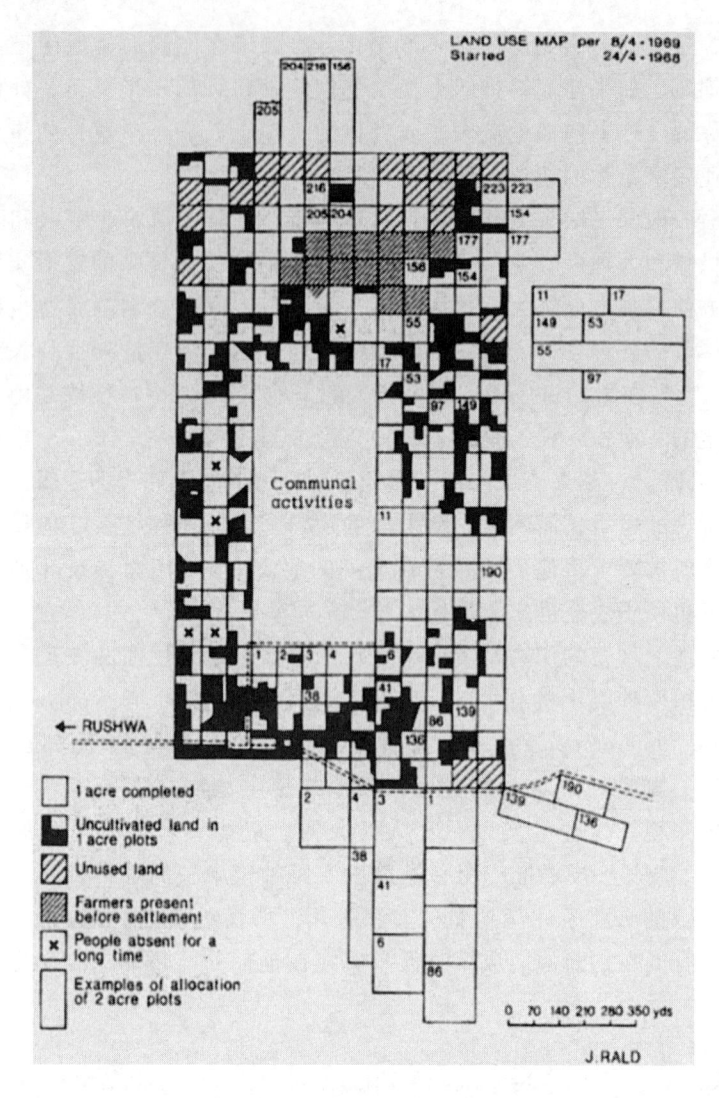

图 7-1 乌贾玛村庄规划：马卡兹·麦普亚，
欧姆伦纳兹，鲁沙瓦，坦桑尼亚

排地被种植在该种的地方，没有与其他来源不清的作物混杂。[1] 就像大规模的机械化农业一样，单一作物种植也只在特殊的条件下才具有科学合理

---

[1] Boesen, Madsen, and Moody, *Ujamaa*, p. 67.

性，但是农业技术推广人员往往不加判断地鼓励单一作物种植，将之当成现代农业问答手册的信条。即使实践经验证明交叉种植在生态和产量上都是有利的，这个信仰依然盛行。很清楚的是，成行成排的作物单一种植大大方便了管理人员和农学家的工作。两种技术都方便了对面积和产量的检查和计算。通过将一块耕地中的可变因素减至最少，他们大大简化了田间试验，也简化了推广建议与耕作监督工作，更简化了对收获的控制。如同商业化林业给科学林业和税收官员带来了好处一样，简单和清晰的耕作为国家的农业官员提供了许多"赤裸裸"的利益。

官僚的方便、官僚的利益

独裁的社会工程往往会展现出所有官僚主义的标准病态。如果没有强制或者不将自然或人类看作只是几条行政规则的产物，那么就无法带来他们所希望的转变。毫不奇怪，这类行为的副产品是这种极端现代主义运动与生俱来的。在这里我有意忽略了那些更明显的不人道，一旦那些不可理喻的国家独裁者手中掌握了巨大的权力，又在上级的压力下不顾普遍反对，要得到结果，那么不人道就是不可避免的。相反，我要强调乌贾玛村庄运动所代表的官僚反应中的两个关键因素：首先是政府官员倾向于重新解释这个运动，从而使提出的目标变为他们更容易达到的结果；其次是他们对运动的重新解释与他们的共同利益一致。

在他们将目标转变为表现业绩的严格量化的指标过程中可以清楚地看出第一种倾向。所谓的"实体的乌贾玛村庄"被"概念上的乌贾玛村庄"代替，在前者，居民是自愿搬迁，他们同意公共土地的管理方法，并且由高产的农民管理地方的事物（这是尼雷尔最初的想象），而后者只是能够被加到大量统计资料中的一个数字。因此在表明他们完成了多少任务的时候，党的干部和政府官员强调的是有多少人被搬迁、建立了多少新村庄、多少居住区和公共土地被调查、打了多少口井、多大面积的土地被清理和耕种、使用了多少吨化肥，以及建立了多少非洲国民联盟支部。尽管这里的乌贾玛村庄只是将几卡车愤怒的农民和其随身物品随意倾倒在几个调查者所划定的地方，但它在政府官员的成绩单上仍算是一个乌贾玛村庄。此外，美学上的吹毛求疵可能会比实质更重要。大概是为方便调查和取悦检查官员，他们希望被规划的村庄内所有的房屋都严格地排列在一条直线上，这就可能会导致一些房屋为了仅仅移动不足50英尺而被拆掉，以便恰好建在调查员所划定的线上。①

"政治机器的生产力"使用数字化的结果来评判,数字结果可以汇总,更重要的是可以比较。② 当官员们意识到他们的前途取决于迅速产生引人注目的数字的时候,那么相互攀比的竞争过程就开始了。一个官员描述了他所处的环境,环境使他放弃了最初有选择地实施规划的战略,而只关注发展速度。

> 发现这个(战略)行不通有两个主要原因,首先是竞争态度(特别是在不同地区之间)的存在和它所带有的全部政治意义。这是一个通过证明大规模动员农村人口的能力来提高自我地位或势力的机会。来自马拉(Mara)地区的报告说那里几乎已经完成,可我们这里的工作还根本没有开始。党的高层领导宣布并意含赞同地支持了盖塔区(Geita District)移民的成就。在这种情况下,谁愿意落后呢?政治领导人因此要求在最短的时间内迅速完成移民。这样仓促完成的工作肯定会带来问题,比如没有经过认真规划的村庄。③

只是通过统计数据和自我吹嘘的报告来了解这个运动的尼雷尔又进一步恶化了竞争的环境。他向坦噶尼喀非洲民族联盟所做的热情赞扬的报告是充满数字、目标和百分比的胡言乱语。④

> 比如,我们来看村庄化的问题。在1973年对非洲国民联盟大会的报告中,我可以说有2028164人已经居住在村庄中。两年以后,1975年6月,我在对下一届非洲国民联盟大会报告时估计有9100000人居住在村庄社区。现在有约13065000人共同生活在7684个村庄中。这是一个巨大的成就。这是非洲国民联盟和政府官员与坦桑尼亚人民合

---

① James De Vries and Louise P. Fortmann, "Large-scale Villagization: Operation Sogeza in Iringa Region," in Coulson, *African Socialism in Practice*, p. 135.
② 这一术语是从伯恩斯坦借用的,见 "Notes on State and the Peasantry", p. 59。
③ Mwapachu, "Operation Planned Villages", p. 117(重点是后加的)。
④ 不论在当时尼雷尔的讲话或者出版的官方报告中,这些数字都不与农村变革的指标,如死亡率、收入和消费等挂钩。见 Jannik Boesen, "Tanzania: From Ujamaa to Villagization," in Mwansasu and Pratt, *Towards Socialism in Tanzania*, p. 128。

作的成就。这意味着，在大约三年的时间中，我们70%的人民搬了家。①

第二，也是最坏的，国家权威带动下的乌贾玛村庄运动的方向已经出现偏差，它们实际上是在系统性地加强官员们的地位和权力。就像安德鲁·库尔松（Andrew Coulson）富有洞察力地指出，在实际创造新村庄的过程中，行政官员和党的干部（他们彼此竞争）有效地逃避那些损害他们特权和权力的政策，而夸大那些强化他们共同支配地位的政策。因此下面的这些观念实际上都不可能真正实施：鲁伍马不受政府干涉的建立村庄（1968年以前），学生参与学校的决策（1969年），工人参与管理（1969~1970年），以及选举村委会和村领导的权力（1973~1975年）等。② 极端现代主义的社会工程是培养独裁主义的理想土壤，而坦桑尼亚的官僚制度利用这个机会最大程度地稳定其自身。③

理想的"国有种植园"

村庄化意味着将坦桑尼亚的农民高度集中起来，从而可以将他们从政治和经济上组织起来。如果成功，就可以改变那些分散的、自主的和不清晰的人口，过去这些人口一直逃避他们认为增加了许多麻烦的国家政策。

---

① Coulson, *African Socialism in Practice*, p. 65. 对量化成就的持续重视也反映在报纸上：有多少人搬到新村庄、形成了多少新的村庄、有多少英亩的土地被播种上作物以及多大百分比的地区重新建立房屋、有多少块地被分配等。在 *Daily News* (*Dar es Salaam*) 上这类典型的文章有 "14133 Move into Villages in Chjunya", February 19, 1974; "Two Months after Operation Arusha: 13928 Families Move into Ujamaa Villages", October 21, 1974; "Iringa: Settling the People into Planned Villages", April 15, 1975。尼雷尔没有像斯大林那样发表"被胜利冲昏头脑"的讲话，而暂时停止村庄化。另外，坦桑尼亚的村庄化也并不是很残忍。在这篇讲话中，尼雷尔继续解释了，人口的集中使提供"有尊严的生活所必需的"社会服务成为可能。

② Coulson, *Tanzania*, pp. 320-331.

③ 关于另外一个充满争议的类似例子，见 James Ferguson, *The Anti-Politics Machine*: "*Development*", *Depoliticization, and Bureaucratic Power in Lesotho* (Cambridge: Cambridge University Press, 1990). 福格森总结说："莱索托的'发展'机器并非是消除贫困的机器，这只是附带地被包括在国家的官僚机构中；发展机器只是强化和扩大官僚国家权力的机器，它只是恰巧将'贫困'作为进入点"（第255~256页）。在坦桑尼亚，除此之外还有许多重要的途径使官僚阶级获得权力，包括取代亚洲裔商人购买农产品和从事零售业的地位，还包括实行普遍的工商业国有化。直到20世纪70年代中期财政危机限制了它们的扩张以前，政府的预算和国家雇员的增长速度都大大高于经济增长的速度，这很能说明问题。

245 而在规划者的图景中，人们都在严格的行政控制之下，居住在政府设计的村庄中，按照国家的指令，在公共土地上种植单一的作物。如果我们忽略不计实际上私人占有的地块和相对较弱的劳动力控制，那么整个项目就很像是一个巨大的国有种植园，尽管土地不是连续的。一个中立的观察家可能认为这是一种新的奴役制度，尽管是善意的；但精英们不这样认为，因为这政策是在"发展"的旗号下开始的。

现在回想起来简直不可思议，任何一个国家能够在如此缺少信息和规划的情况下，狂妄地进行数百万人的移民。同样现在回想起来，这简直是荒诞和非理性的项目，无论从规划者的希望或不幸的受害者的物质和社会需求角度看，这个项目都必然会失败。

强制村庄化的非人性一面又被官僚制度中根深蒂固的独裁习惯和整个运动的混乱放大。如果只关注这些行政和政治方面的弱点，那么我们就忽视了最关键的问题。即使给这个项目更多的时间、更好的技术技能和更好的态度，党和国家也不可能完成如此大量的信息收集和消化工作，从而使项目成功。坦桑尼亚农民现存的经济活动和迁徙是适应他们多样性社会和物质环境的结果，是一套非常复杂的、精细的和有很强适应性的生活方式。① 如同在第一章中所考察的习惯土地制度安排一样，这些适应环境所产生的实践不可能被编纂成行政的规章。由于面对新条件，这些实践在不停地发生局部变化，变得更精密复杂而有弹性。如果说土地制度不能被政府整理编纂，那么有理由说，对于专家和行政官员来说，制约每个特定农民群体的整个物质和社会生活的结构关系也仍然是不透明的。

在这种条件下，照章办事的整体移民搬迁只能给农民的生活带来灾难。只需要几个村庄化所带来的明显生态问题就能显示这种无知。农民被强制从每年洪水泛滥的土地转移到瘠薄的高地，而洪水泛滥的土地对于他们的耕作方式是很重要的。正像我们已经看到的，他们被迁移到全天候的道路上，但是那里的土地是他们不熟悉的，且不适合他们所设想的作物。在村庄中居住使农民远离了土地，妨碍了他们看护作物和控制害虫，而这
246 在分散居住的时候是很方便的。牲畜和人口的集中往往会加剧霍乱和牲畜传染病的流行。对于高度流动的玛塞（Maasai）和其他牧民来说，建立乌贾玛牧场，将牛集中在一个地方放牧，给保护牧场和游牧生计带来了无法

---

① 在贫瘠的地方，留在原地相当于自杀，迁徙是生存所必需的。见 Bruce Chatwin, *The Songlines* (London: Cape, 1987). 这是详细的、用诗歌写成的例子。

第七章 坦桑尼亚的强制村庄化：美学和微型化

缓解的灾难。①

极端现代主义规划者和专家的傲慢决定了乌贾玛村庄一定会失败，他们坚信只有他们才知道如何为他们的公民组织更适合、更理性和更高产的生活。值得注意的是，他们的确可以对坦桑尼亚农村更有成效的发展做出贡献。但是他们坚持认为他们垄断了一切有用的知识并强制推行这种知识，这引起了后来的灾难。

并非只有独立后的坦桑尼亚民族精英才有计划地将人民迁入受监督的村庄。在坦桑尼亚以及其他地方，村庄化在殖民地时就已经有了很长的历史，一个接着一个的计划被设计出来以便将人口集中。到近代，世界银行、美国国际开发署（USAID）以及其他对坦桑尼亚发展做出贡献的发展机构也持同样的技术－经济观点。② 不管他们对充当这个运动的先锋有多少热情，但是坦桑尼亚的政治家也只是极端现代主义信念的消费者，早在他们成为信念的生产者之前，这些信念已经在其他地方产生了。

坦桑尼亚计划的特别之处在于它的速度、它的综合性和它意图提供学校、诊所和清洁饮水等集体服务。尽管在贯彻这个计划中也使用了强制力量，但与苏维埃集体化不同，它的结果相比之下不那么残忍和无可救药。③ 坦桑尼亚国家的相对软弱和不愿意诉诸斯大林的方法，④ 还有农民的战术

---

① M. L. Ole Parkipuny, "Some Crucial Aspects of the Maasai Predicament," in Coulson, *African Socialism in Practice*, chap. 10, pp. 139 – 160.

② 比如可参见 Raikes, "Eating the Carrot and Wielding the Stick"。"许多政策都建立在坦桑尼亚政府和反对社会主义的批评者所共有的农业'现代化'假设之上，而有不少政策是从殖民时代继承的（不管有没有变化）"（第106页）。关于世界银行的发展模范样式如何被应用于莱索托的出色分析，见 Ferguson, *The Anti-Politics Machine*，这部著作也讨论了世界银行在莱索托的村庄化计划。

③ 罗恩·阿敏扎德（来自我们个人之间的谈话，1995年9月22日）指出，尽管经过村庄化的失败，尼雷尔仍然很受欢迎，其原因可能在于它的移民和其他民族政策都削弱了年龄和性别的不平等，改善了年轻人和妇女的相对地位。

④ 继干旱使农作物的产量降低了50%和接下来的两年歉收以后，村庄化的速度在1974年晚期大为放缓。很难估计村庄化和强制的耕作在多大程度上恶化了食品供应的短缺。正当外国的石油和机械价格大幅度攀升的时候，坦桑尼亚不得不大量进口食品。尽管食品短缺使许多农民更愿搬迁以获得食品配额，但他们不愿意交出他们为国家市场生产的食品。在贫困的环境中，大型社会试验被搁置了。见 Hyden, *Beyond Ujamaa in Tanzania*, pp. 129 – 130, 141, 146。此外还有 Deborah Bryceson, "Household, Hoe, and Nation: Development Policies of the Nyerere Era," in Michael Hodd, ed., *Tanzania After Nyerere* (London: Pinter, 1988), pp. 36 –48。

优势，包括逃跑、非正规的生产和贸易、走私、懒散，所有这些结合在一起使村庄化实际上的破坏性比理论上的破坏性要小得多。①

"理想的"国家村庄：埃塞俄比亚的变异

埃塞俄比亚的强制村庄化在强制性方面与俄国相似，但表面的合理性与坦桑尼亚又很相似。除了同属社会主义阵营和埃塞俄比亚的官员多次正式访问坦桑尼亚以观摩实际项目的执行以外，② 国家权力在农村的确立与实际计划的结果和过程之间也有着紧密的联系。在坦桑尼亚，尼雷尔的计划与殖民主义者计划之间的连续性是很明显的。埃塞俄比亚却从来没有做过殖民地，在这里，移民可以被看作中央王朝征服非阿姆哈拉语人民和更广义地将分散的各省控制在中央政权之下的百年老项目。

尽管掌握政权的马克思主义革命精英早在1974年就已经开始尝试强制的移民，但是他们的领袖，门格斯图·海尔·马里亚姆（Mengistu Haile Mariam）中校，以及他的革命的影子政权——埃塞俄比亚革命军事政府（Dergue）直到1985年才开始大规模实施村庄化。这个政策预期最终将迁移3300万埃塞俄比亚农村人口。与尼雷尔相似，门格斯图指出："埃塞俄比亚农民分散和随意的居住及生活不能带来社会主义……到目前为止，努力都是分散的，生计都是个人的，这最多只能是无效的抗争和苦干，只能维持生存，不可能建设繁荣的社会主义。"③ 对村庄定居的其他解释与坦桑尼亚所用的解释没有什么不同：集中居住可以为原来分散的人口提供服务，实施国家设计的社会生产（生产者合作社），以及可以实现机械化和政治教育。④

---

① 在坦桑尼亚，许多有生产剩余的人口都有明显的方便，他们生活在国家边境附近，这使双边的走私都成为可能。
② 关于在马克思主义政权中，行政结构、发展计划和经济组织是如何被复制的，最好的资料来源见 Colburn, *The Vogue of Revolution*, 特别是第四章、第五章，第49～77页。
③ Girma Kebbede, *The State and Development in Ethiopia* (Englewood, N. J.: Humanities Press, 1992), p. 23.
④ 见"文化遗留（Cultural Survival）"的详尽和富有洞察力的报告：Jason W. Clay, Sandra Steingraber and Peter Niggli, *The Spoils of Famine: Ethiopian Famine Policy and Peasant Agriculture*, Cultural Survival Report 25 (Cambridge, Mass.: Cultural Survival, 1988), 特别是第五章，"Villagization in Ethiopia", pp. 106-135. 作为一个帝国，埃塞俄比亚有很长的军事占领和殖民的历史，在门格斯图领导下强制将人口从北方向南方的奥罗莫（Oromo）移民继承了这个传统。

第七章 坦桑尼亚的强制村庄化：美学和微型化

社会主义，以及作为社会主义前提条件的村庄化，就是门格斯图表达"现代"的方式。在论证大规模移民的正确性时，他将埃塞俄比亚描述为"落后的象征和无知的汇集"。他呼吁埃塞俄比亚人"团结起来从事农业以克服丑恶的自然力量"。最后，他谴责过去的田园主义，赞扬村庄化是"复兴我们游牧社会的"的唯一途径。①

在埃塞俄比亚，移民的步调是很强蛮粗暴的，这为接下来推翻这个政权的反叛提供了基础。到 1986 年 3 月，移民还比较少，政府宣布已将 460 万农民安置到 4500 个村庄中。② 从第一次"发动和宣传"（实际应该叫"命令"）到搬迁只有 3 个月的时间，而且迁徙多是到距离遥远的地方。所有的资料都说明，新的定居点并没有得到任何服务，与其说它们是村庄，还不如说是犯人流放地。

在阿尔西（Arsi）地区的强制村庄化显然是由亚的斯亚贝巴的中央设计的，很少有地方参与。这里有一套严格的模式是地方的调查员和管理人员必须遵守的。计划在各个地方被复制，因为统治者不能容忍任何地方的临场发挥。"但是当地的新手工作得很好，他们的村庄和 1000 平方英尺的场地都严格按照手册中所要求的几何形网格，用木桩和草皮标示出来。事实上，有些村庄的规划过于严格。比如，一个农民必须将已经建好的、面积很大的草屋（tukul）搬 20 英尺，这样才能与其他建筑在一条线上对齐。"③

将政府计划中关于理想的村庄格局与新村庄的航空照片对比一下就可以看到理论与实际的相互一致（见图 7 - 2 和图 7 - 3）。请注意政府主要职能部门所在的中心位置。每个村庄被期待有 1000 个居民，每一个场地有

---

① Jason W. Clay, Sandra Steingraber and Peter Niggli, *The Spoils of Famine: Ethiopian Famine Policy and Peasant Agriculture*, Cultural Survival Report 25 (Cambridge, Mass.: Cultural Survival, 1988), pp. 271, 273.

② John M. Cohen and Nils-Ivar Isaksson, "Villagization in Ethiopia's Arsi Region," *Journal of Modern African Studies* 25, (1987): 435 – 464. 这些数字多少有些可疑。每一个村庄都被设计为 1000 个居民，这里看来他们将移民村庄数与每村必需的 1000 个人相乘，也许增加了几个人作为官员人数。科恩（Cohen）和伊萨克森（Isaksson）比克雷（Clay）及其在"文化遗留"的同事更倾向于采用政府的数字。

③ John M. Cohen and Nils-Ivar Isaksson, "Villagization in Ethiopia's Arsi Region," *Journal of Modern African Studies* 25 (1987): 449.

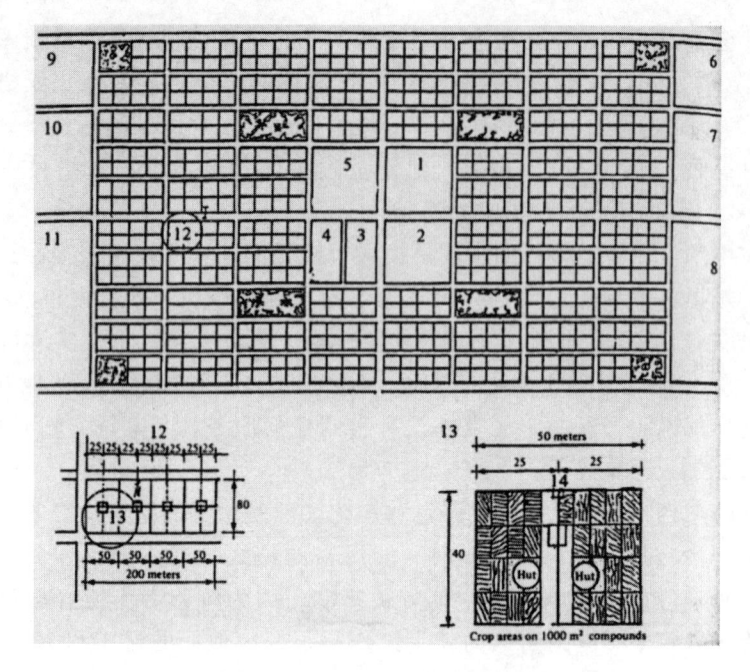

图 7-2 政府关于一个标准的社会主义村庄的设计，
阿尔西地区，埃塞俄比亚

这个布局显示出：1. 群众组织办公室；2. 幼儿园；3. 卫生所；4. 国有合作社的商店；5. 农民联合会办公室；6. 保留地；7. 小学；8. 运动场；9. 种子繁殖场；10. 手工艺中心；11. 畜牧配种站；详图 12 是一块场地的放大图；详图 13 是两块地的放大图，显示出相邻的公共厕所 (14)。

1000 平方米，这清楚地表现出标准化的、整数的和官僚化的精神。[①] 如果每个村庄的人口和耕地份额都是一样的，那么一个模型就可以在任何地方应用，而不需要任何地方知识。每个定居点都有一样的土地结构，这样就使当局很容易通过新的农业销售合作社（Agricultural Marketing Corporation, AMC）发布一般指示、监测作物生产和控制收获。对于那些承受很大压力的调查员来说，一般性的计划最方便，因为它们与地方的生态、经济和社会类型根本没有

---

① 后来柬埔寨的波尔布特也追随相似的几何学上的严谨。土墙被拆掉以建立长而直的运河，不规则的水田被改为大面积的方形稻田。人口集中、强制劳动、禁止搜集食物和私自离开、控制食品配额和执行死刑都达到了埃塞俄比亚不曾达到的极端程度。见 Ben Kiernan, *The Pol Pot Regime: Race, Power, and Genocide in Cambodia Under the Khmer Rouge, 1975 - 1979* (New Haven: Yale University Press, 1996), chap. 5.

图 7-3 埃塞俄比亚西南部的一个移民点的航空照片（1986 年）

关系。为了推动千篇一律的村庄设计，规划官员被教导要选择平坦且无阻碍的地方，坚持修建直的道路，以及按序号编排房屋。①

这种几何学活动的目标非常明确。当最终可以自由谈话的时候，索马里的难民告诉访问者，新的定居方式被发明出来是为了控制持不同政见的人和反叛，防止人民逃跑，"更容易地看管人民"，以及控制作物，进行财产和牲畜登记，[在沃累加（Wollega）]"是为了使他们更容易将我们的孩子送上战场"。②

"模范生产合作社"提供了标准的住房：方形的，有铁皮屋顶（chika bets）。在任何其他地方，传统的房屋被拆掉了，并按照严格规定加以重建。就像俄国一样，所有私人商店、茶馆、小的贸易站都被禁止了，只留下国有的空间作为公众聚集的场所，如村庄群众组织和农民协会的办公室，文化室、卫生所或国有的合作商店。与坦桑尼亚不同，埃塞俄比亚的

---

① Clay, Steingraber and Niggli, *The Spoils of Famine*, p. 121. 如同苏联一样，在埃塞俄比亚有一类特殊的国营农场，它们是由雇佣劳动力从事生产，至少在开始的时候机械化程度很高。它们被期望成为在政府直接控制下主要粮食和出口作物的供应者。"20 世纪 70 年代后期，自愿集体化的步子越来越慢，因此，政府开始确立未来的国有农场，即实行机械化农业的平坦而肥沃的地区。在巴莱（Bale）实现村庄化的主要原因是要清理这些地方的居民，从而使它们可以直接为国家所用。"（Clay, Steingraber and Niggli, *The Spoils of Famine*, p. 149）

② Clay, Steingraber and Niggli, *The Spoils of Famine*, pp. 190 - 192, 204.

运动具有更强的军事色彩。带着军事威慑和政治软化的目的,农民被远距离地迁徙。① 当然,埃塞俄比亚严酷的村庄化条件给农民的生计和环境带来了比坦桑尼亚更为严重的破坏。②

在埃塞俄比亚,强制移民的全部代价还不仅仅是被报道的饥饿、死刑、毁灭森林和农业歉收。新的定居点所应具有的社区和粮食生产单位的功能完全消失。大规模移民使宝贵的农牧业知识遗产,以及 3 万~4 万个具有这些知识的活的社区被废弃,这类社区的大多数过去都处在经常有粮食生产剩余的地区。

提格雷(Tigray)是一个被挑选出来采取严格村庄化措施的地方,这个地方的标准农民平均每个季节种植 15 种作物(包括谷类食物,如画眉草、大麦、小麦、高粱、玉米、粟;块根作物,如红薯、马铃薯、洋葱;豆类,包括蚕豆、小扁豆、鹰嘴豆;还有一些蔬菜类作物,包括辣椒、黄秋葵等)。③ 不用说农民是很熟悉每一种作物以及它们的变种的,他们知道什么时候播种、耕地要多深、如何准备土地、如何照管和收获。要成功地种植各种作物,必须要有关于降雨和土壤的地方知识,甚至要详细到了解耕种的每一块田地的特性,而这些知识是对特定地区才适用的。④ 此外还要知道,这些针对特定地区的知识是存储在地方的集体记忆中的,它们是有关技术、各种种子和生态信息的口头档案。

当农民被搬迁的时候,往往被搬迁到完全不同的生态环境下,他们的地方知识就完全没有用处了。就像杰森·克雷(Jason Clay)强调的,"当高地的农民被送到甘贝拉(Gambella)这样的定居营地,他立即就从一个

---

① 这个规划可以追溯到 1973 年一份世界银行的报告,这个报告"建议将农民从人口密集、水土流失和森林遭到破坏的北方移民",尽管它被说成是针对 1984~1985 年饥荒所采取的政策(Cohen and Isaksson, "Villagization in Ethiopia's Arsi Region", p. 443)。在下面的文章中可以发现在这些项目背后的一些社会控制逻辑。见 Donald Donham, "Conversion and Revolution in Maale, Ethiopia", Program in Agrarian Studies, Yale University, New Haven, December 1, 1995。

② Kebbede, The State and Development, pp. 5 – 102. 此外还可参见 Clay, Steingraber and Niggli, The Spoils of Famine。

③ Clay, Steigraber and Niggli, The Spoils of Famine, p. 23.

④ 一位农民告诉克雷,"我种植了六种高粱:两种红的,两种白的,白高粱是过渡型的,成熟很快。此外还有一些是果实还绿的时候就可以吃的。画眉草有五种,玉米三种:红的、橘黄的和白的。每种作物都按照不同季节种植,种植时间都不一样"(Clay, Steigraber and Niggli, The Spoils of Famine, p. 23)。

农业专家转变为没有技能的、无知的一般劳动力,他的生存不得不完全依靠中央政府"。① 移民不仅仅是自然景象的变换。它把农民从原有的环境中移走,在原有环境中他有满足自己许多基本需求的技能和资源,因而是独立和自给自足的。农民被转到新的环境中,他们的技能几乎没有用处。也只有在这种环境中,定居营地的官员才可能将移民变成乞丐,他们想要获得生存就只能服从和付出劳动力。

尽管在埃塞俄比亚的强制移民过程中也恰巧出现了干旱,然而国际援助机构救援的饥荒主要是大规模移民的产物(而不是气候原因造成的)。② 与计划错误和对新的农业环境的无知所带来的歉收一样,社会纽带的被破坏也是饥荒产生的原因。共同的纽带、与血亲和姻亲的关系、互惠与合作的网络、地方的慈善和依赖,这些都是村民在过去缺少食品的时候能够生存下来的主要手段。通过不加选择地强制移民、将他们与家庭分离开来,并且禁止离开新定居地,这样就剥夺了他们的社会资源。在饥荒面前,移民比他们在家乡的时候更加脆弱。

尽管这一计划从没有实现,但埃塞俄比亚革命军事政府农村政策的内在逻辑是很明白的。如果它们被成功地实施,埃塞俄比亚的农村人口就可以沿着主要公路被安置在大且清晰的村庄中,在每个村庄,外观一样的、被编号的房屋按照中心化网格状被建设起来,村庄中心是农民协会(也就是党)的总部,那里有协会的主席、代表和民兵的位置。在国家调查员所规划的统一且平坦的土地上,由机器集体种植被指定的作物,最后的收获上交到国家机构,由国家重新分配或出口。劳动是在专家和干部的严格监督下进行的。为了埃塞俄比亚农业的现代化,以及强化埃塞俄比亚革命军事政府的统治,这个政策为千百万农民带来了致命的危害,最终也危害了埃塞俄比亚军事政府自己。

结 论

在平静、没有麻烦的时候,每一个管理者都认为只有通过他的努力,在他统治之下的所有人民才能保持前进。正是这种不可缺少的感觉是管理者劳动和努力的主要回报。当历史的大海还平静的时候,乘坐在

---

① Clay, Steigraber and Niggli, *The Spoils of Famine*, p. 55.
② 食品援助被用于鼓励移民,并且移民搬迁以后,将他们保留在那里。埃塞俄比亚军事政府的标准做法就是宣布食品发放的时间和地点,然后把集合的人群送到那里。

自己小艇上的统治者,将小艇挂在人民所乘大船之上,自然会想象他的努力带动了他所乘挂的整个大船的运动。但当风暴起来,海浪翻滚,船开始晃动的时候,这种错觉就消失了。大船依靠自己的动力独立地前进,小船的钩子再也够不着前进的大船,突然,行政管理者不再是统治者和权力来源,而成为无足轻重的、没有用的、软弱无力的人。

——列夫·托尔斯泰:《战争与和平》

官方和专家对未来的积极规划与农民之间的冲突被官方归结为进步与蒙昧主义、理性和迷信、科学和宗教之间的斗争。但是,从我们所考察的极端现代主义项目来看,他们所提出的"理性"的计划往往是惊人的失败。作为生产单位、人类社区或者提供服务的手段,规划的村庄都不能如其所愿给他们的人民提供服务,尽管这愿望有时是很真诚的。从长期来看,规划的村庄甚至对于其发起者的目标都是失败的,既不能作为征收贡赋的单位,也不能作为保障农村人口忠诚的手段,尽管从短期来看,它们至少还可以作为有效的手段将人们从他们传统的社会网络中分离出来,从而阻止了集体的抗议行动。

极端现代主义和权力光学

如果说村庄化是如此的理性和科学,那么为什么它会带来如此普遍的毁灭?我相信,答案就在于,从真正科学和理性的意义上说,它们并不是科学和理性的。这些规划者心灵的眼睛所看到的是美学,也可以被称为现代农村生产和社区生活的视觉编码。正像宗教信仰一样,这些视觉编码几乎不受批评或反驳的影响。对大型农场、单一作物、"适当的"村庄、拖拉机耕地、集体或共同农业的信仰成为一种美学信念,坚信这是整个世界必须要走的唯一道路的目的论支持了这一信念。[①] 对于除一小批专家以外的所有人来说,这只是来自温和的西方背景下的、需要在实践中加以检验的特定经验假设。在特定的历史和社会背景下,比如农民在堪萨斯平原上

[①] 在齐奥塞斯库的罗马尼亚可以看到这一视觉编码的极端版本,那里数百个村庄被摧毁以建设有"现代单元公寓"的城镇(这更便于控制),农村被分成不同的区域进行专业化农业生产,就像有着劳动分工的单一企业一样。统治者将这种活动称为"系统化"。见 Katherine Verdery, *What Was Socialism and What Comes Next* (Princeton: Princeton University Press, 1996),特别是第三章,第 133~167 页,这可能是这方面最好的分析。

第七章 坦桑尼亚的强制村庄化：美学和微型化

开垦土地种植小麦，这一假设中的许多内容是有意义的。① 然而，作为一种信仰，它被不加批判地应用于各种不同的背景下，带来了灾难性的结果。

如果一个从火星上来的著名人物被这里的事实困惑，他不知道谁是经验主义者，或者谁是真正的信徒，这完全可以理解。坦桑尼亚的农民在村庄化之前的20年为适应气候的改变、新的作物品种和新市场而明显成功地调整了他们的居住模式和农业实践。他们显得对自己的实践有很出色的经验知识，尽管他们很谨慎。与此相反，专家和政治家倒显得似乎是抓住近乎宗教的热情不放，特别是在政府支持下更是如此。

这不仅仅是信仰问题，同时也直接关系到信徒的地位和利益。因为这些相信视觉编码的人自认为是他们社会中自觉的现代人，他们的视觉需要将看起来现代的（整齐的、直线的、同一的、集中的、简单化的、机械化的）与看起来原始的（不规则、散乱的、复杂的和非机械化的）做出清晰和充满道德意义的区别。作为垄断了现代教育的技术和政治精英，他们要用这种进步的视觉美学来定义他们的历史使命并强化他们的地位。

他们的现代主义信念在其他方面也一样是自我服务的。国家规划的理念本身就是非常中心化的：国家规划要在首都制作，这规划将按照他们的设想，将边疆地区重组为只服从单一命令的半军事化单位。每一个单位与邻近的定居点没有什么关系，只服从首都的统治中心；信息传播线很像早期文艺复兴时期画家组织透视关系所使用的向中心汇合的线条。"在旁观者的眼中，透视习惯将一切事物都集中到中心。它就像灯塔的光束——只是灯光不是向外发射，而是向内射进。习惯上这种现象被称为事实。透视原理使单一的眼睛成为视觉世界的中心，所有的事物都集中于这只眼睛，就像无穷大所指向的终点一样。整个视觉世界似乎都是为观察者安排的，正像整个宇宙曾经被认为是为上帝安排的一样。"②

这里关于协调与权威的构想让我们想起前面提到的群众性运动——数千人按照经仔细排练的剧本，采取完全一致的行动。当这种协调成功的时候，这种表演就会产生很多影响。设计者希望，群众协调的示范会使旁观

---

① 甚至在这里也会出现问题。见 Donald Worster, *The Dust Bowl: The Southern Plains in the 1930s* (New York: Oxford University Press, 1979)。

② John Berger, *Ways of Seeing* (London, 1992), p. 16, quoted Martin Jay, *Downcast Eye: The Denigration of Vision in Twentieth-Century French Thought* (Berkeley: University of California Press, 1993)。关于现代主义与视觉的论文集，见 David Michael Levin, ed., *Modernity and the Hegemony of Vision* (Berkeley: University of California Press, 1993)。

者和参与者都因其所展示的强大凝聚力而产生敬畏。像泰勒主义的工厂一样，只有在表演之外且之上的一些人才能完全欣赏展示的整体，这个事实更强化了这一敬畏；基层的个体参与者只是有机体中的小分子，有机体的大脑在其他地方。想象一个民族国家都可以按照这个方式运行，这使处于顶点的精英获得极大的满足——当然，也同时贬低了普通人的地位，他们被简化成密码。除了给观察者以深刻印象之外，至少在短时间内，这些展示还形成了自我催眠术，强化了精英们的道德目的和自信。[①]

鼓舞了规划村庄的现代主义视觉美学含有静止的特性。它像一张已经完成的画，不能再被改进。[②] 它的设计是科学和技术规律的产物，其暗含的假设是，一旦被建立以后，主要的任务就是如何保持其形式不发生变化。对于每一个新的村庄，规划者的目的都是使其看起来像刚建好的那个。像罗马军官进入一个新的军营一样，从达累斯萨拉姆来的官员应该知道从非洲国民联盟的总部到农民协会和诊所，所有的东西在什么地方可以找到。理论上，每一块地和每一处房子都几乎是相同的，并且按照总的项目安排。如果这种观念在实践中被实现，那么项目与具体的地点和时间就完全没有关系了。它将是可以在任意地点看到的景象。代替不可重复的、适应当地生态和生存规律的多种居住方式，以及对不断变化的人口、气候和市场的不同反应，国家建立了空泛的、通用的村庄，它们从政治结构和社会阶层到耕作技术，所有的事情都是一样的。起作用的变量被尽可能减少。在最清晰和最同一的意义上说，这些村庄将成为国家规划的大厦上理想的、可以相互替换的砖。至于他们是否可以发挥作用，那是另外的事情了。

网格状布局的失败

> 理念无法消化事实。
>
> ——让-保罗·萨特

对于一个未来的改革家来说，改变一个机构正式的结构远比改变其实

---

① 这方面更详细的论述，见 James C. Scott, *Domination and the Arts of Resistance: Hidden Transcripts* (New Haven: Yale University Press, 1990), pp. 45–69。

② Zygmunt Bauman, *Modernity and the Holocaust* (Oxford: Oxford University Press, 1989). 鲍曼也用"园艺的比喻"表达了类似的观点。他认为现代主义者的思想普遍都有这样的特征，特别是纳粹的种族主义政策。

第七章 坦桑尼亚的强制村庄化：美学和微型化

践更容易。重新设计组织结构中的线路和单元要比改变组织实际的运行更容易。改变规则和制度也比要人们去遵守它更容易。① 重新设计村庄表面的格局要比改变它的社会和生产方式容易。显然，政治精英——特别是独裁的极端现代主义精英——基本上都从改变正式的结构和规则开始。法律和法规的改变是最容易实现的。

任何一个在正式组织中工作过的人——甚至是那些小的、由具体制度严格管理的组织——都知道，手册和成文的指导都绝对不能解释机构是如何成功工作的。真正对机构顺利运行的解释是无穷的、不断变动的隐含理解，默契的协调和实践上的互动，成文的文件根本不可能掌握这些内容。这个普遍存在的社会事实对雇员和劳工工会很有用。这也就是一般所说的合法怠工能够存在的前提。当巴黎的出租司机要抗议市政当局的制度和收费时，有时就会采用合法怠工。他们会小心翼翼地遵守所有的交通法规（Code routier），从而使巴黎中心区的交通变得非常缓慢。实际上正常的交通依赖于司机掌握了一套实践知识，这些知识完全是在正式规则之外，有时甚至与正式制度相矛盾。这个事实使司机能够实施这个战略。

任何完全设计村庄、城市或语言的企图都会与这样的社会事实发生冲突。一个村庄、城市或语言都是共同创造的，是许许多多的人无意识的产物。当掌权者要用正式的规则和制度代替那些非常复杂的网络时候，他们必然会以预想不到的方法打破这个网络。② 自由主义学者经常阐述这个观点，如哈耶克倾向于指出，无论如何复杂和清晰，指令经济都不能代替实际运转的市场和价格体系多样的、快速的和相互的调整。③ 在这种背

---

① 在 Sally Falk Moore 的 *Social Facts and Fabrications*，特别是第六章中，从经验和分析两个方面清楚地阐述了这个观点。

② 下面的经典的论文都与此相关。它们论证说，我们对推行重要政策所能带来的后果所知甚少，因此它们提出了一个"小心谨慎"的调整战略，也就是采取哪些失败后复原不会带来更大危害的调整，这是一个更慎重的过程。见 Charles E. Lindblom, "The Science of Muddling Through," *Public Administration Review* 19 (1959), pp. 79-88。20 年以后他又发表了另外一篇文章，"Still Muddling, Not Yet Through"，这篇文章见 Lindblom, *Democracy and the Market System* (Oslo: Norwegian University Press, 1979), pp. 237-259。

③ 我想，这些观点的支持者忘记或忽略了这个事实，为了能够交易，市场也需要极大的简化，将土地（自然）和劳力（人民）作为生产要素（商品）。这反过来能够而且也深深破坏了人类社区和自然。某种意义上说，科学林业的简化与科学度量的简化和商业化的木材市场带来的简化是混合在一起的。卡尔·波兰尼（Karl Polanyi）的经典著作《伟大的变革》(*The Great Transformation*)(Boston: Beacon Press, 1957) 到现在为止还是反对纯粹市场逻辑的最好著作。

景下,这一观点也适用于更复杂的社会与物质环境互动的模式,也就是我们所称的城市或村庄。具有悠久历史的城市可以被称为"深"或"厚"的城市,因为它们是大量的、已经逝去的、来自各种地位的人(也包括官员)在长期历史中创造出来的。当然也可以建立新的城市和新的村庄,但它们是"薄"和"浅"的城市,尽管有各种规则,但是它的居民不得不从零开始(可能是从已知的功能开始)使城市运行起来。在巴西利亚或坦桑尼亚被规划的村庄中,人们可能可以理解为什么国家的规划者首选清除干净的地方,以及采取突然迁徙方式"震惊"人民,因为这样规划者的影响可以被最大化。与此不同的另外一种选择是就地改革已有的、运行中的社区,这些社区居民有较多的资源反抗或改变规划者所设计的变迁。

　　人工设计社区的弱小可以与人工设计语言的孱弱相媲美。① 短时间内规划的社区——巴西利亚或者坦桑尼亚和埃塞俄比亚经过规划的村庄与古老的、自然社区的关系就像世界语与英语或缅甸语的关系一样。事实上人们可以设计一种语言,它在许多方面是更有逻辑、更简单、更易普及和更有序,而且从技术上也可以使它更清楚和精确。这当然是世界语的发明者拉扎·柴门霍夫(Lazar Zamenhof)的目标,他还设想作为国际语言的世界语可以消除欧洲的地方民族主义。② 缺少国家支持的世界语在欧洲各国本国语和方言面前为什么会失败是很清楚的。(如同社会语言学家经常说,"一个民族的语言是有大量使用者的方言"。)这是非常弱的语言,没有任何共鸣、内涵、成熟的比喻、文学、口头史、习惯语和实践中形成的传统,而这些是任何一个扎根于社会的语言都会有的。世界语作为某种乌托邦的新奇而存在,为很少数知识分子使用,只有这少数人才保持着它当初的承诺。

---

① 我知道涉及语言和社区,"人工的"和"自然的"之间的二元区别最终是站不住脚的。我在这里所说的"人工的"是指由中心规划的语言和社区,简单地说,是与逐渐积累而成长起来的社区相反。

② 见 J. C. O'Connor, *Esperanto, the Universal Language*: *The Student's Complete Text Book*(New York: Fleming H. Revell, 1970); Humphrey Tonkin et al., *Esperanto language, Literature and Community*(Albany: State University of New York Press, 1973)。当然世界语的推动者所说的"普遍的"意味着"欧洲的"。

完美的最小化与控制

独裁的极端现代主义项目自命要控制它们所涉及的所有事物,这必然会遇到难以克服的反抗。社会惯性、封闭的特权、国际价格、战争、环境变化,以及许多其他因素都会使极端现代主义规划的结果与最初的设想相去甚远。即使在斯大林主义集体化这类例子中,国家投入了大量资源保证对既定方向的服从也同样如此。那些全心投入到实现这些计划中的人都无法不在严酷的社会现实和物质事实面前感到挫败。

对这种失败的一个回应就是撤退到表面和微型化的范围——就像过去的模范城市和泡特金村庄一样。① 新建一个巴西利亚比根本改变巴西或巴西人更容易。撤退所导致的结果就是创造出了小型的、相对自给自足的、乌托邦的空间,极端现代主义的渴望在这里可以更接近实现。这有限的例子只能被放在博物馆或主题公园,它们虽然受到最大程度的控制,但对外界的影响甚小。②

尽管暗含了对大规模变革的放弃,但是我认为完美的微型化有自己的完整逻辑。模范村庄、模范城市、军事殖民地、示范项目以及示范农场都给政治家、管理者和专家以进行精确试验的空间,在这里,许多杂乱和未知的因素被最小化。当然,如果这样的实验能够成功地从试验阶段发展为普遍的应用,它们就成为完美的理性政策规划方式。微型化有许多优点。注意力的集中可以达到更高程度的社会控制和秩序。由于将国家的物质和人力资源都集中到一个点上,微型化可以在建筑、布局、机械化、社会服务和耕作模式方面最大可能地达到它的想象。如同泡特金充分理解的,一个有序、现代的小岛对于那些想告诉上司他们能做什么的官员有着重要的政治价值。如果上司被十足封闭起来并被给予错误信息,那么就会像叶卡

---

① 关于这方面的背景,见 Susan Stewart, *On Longing: Narratives of the Miniature, the Gigantic, the Souvenir* (Baltimore: Johns Hopkins University Press, 1984)。

② 关于1939年举办的"人民经济成就展"中苏维埃的主题公园,见 Jamey Gambrell, *Once upon an Empire: The Soviet Paradise* (New Haven: Yale University Press, forthcoming)。关于根据印度尼西亚总理苏哈托的夫人在访问迪士尼乐园以后产生的热情所建造的类似物品有两个描述,见 John Pemberton, "Recollections from 'Beautiful Indonesia'(Somewhere Beyond the Postmodern)," *Public Culture* 6 (1994): 241-262; Timothy C. Lindsey, "Concrete Ideology: Taste, Tradition and the Javanese Past in New Order Public Space," in Virginia Matheson Hooker, ed., *Culture and Society in New Order Indonesia* (Kuala Lumpur: Oxford University Press, 1993), 166-182。

捷琳娜对泡特金村庄风景所做的一样，他们就会错误地认为这些示范代表了外面大范围的现实。① 微型化的作用在于在特定的时间和地点可以避免大规模的失控，从而体现一种极端现代主义版本的凡尔赛宫或小翠安农宫（Le Petit Trianon）的景象。

微型化的视觉美学也很重要。正像建筑学的草图、模型和图纸都是为了处理那些难于整体把握和管理的大型社会实体一样，极端现代主义发展的微型化也提供了关于未来图景的完整视觉例子。

这样或那样的微型化是普遍存在的。让人不由得想知道，人类制造微型化——代替难以操纵的大型实体而制造"玩具"——的倾向是否在官僚体制中有同样的对应物。段义孚（Yi-fu Tuan）对我们如何在良好愿望下将我们控制能力之外的大型现象微型化，并将之驯化进行了精彩的分析。在他那里，这类事物包括盆景、日本沙画（bonseki）、园林（植物世界的微型化），以及洋娃娃、玩具屋、玩具机车、玩具士兵和武器、特别养殖的作为"活玩具"的鱼和狗。② 段义孚所关注的主要是一些玩物的驯化，在更大规模的官僚制度上也存在同样的控制和掌管的愿望。实物的目标是否成功很难被衡量，人们便用一些细小和概念化的统计来代替——形成村庄的数量、被耕种土地的英亩数——同样它们也可以被一些微观环境中的现代主义秩序代替。

作为中央政府和统治者所在地、一个象征的（新的）国家中心以及外国元首经常访问的地方，首都往往作为极端现代主义发展的主题公园而备受关注。即使在现代世俗的外表下，国家首都在某种程度上还保留了作为神圣的民族崇拜中心的古老传统。极端现代主义首都的象征力量不再像过去那样依赖于它多大程度上代表了神圣的过去，而是它在多大程度上代表了统治者为国家所制定的乌托邦理想。应该说一直以来，首都的外观就在向外传达着过去和未来的权力和威严。

殖民地首都的建设都带有这样的功能观念。埃德温·路特恩斯（Edwin Lutyens）所设计的帝国首都新德里是一个极好的例子，它要用它的规模和宏大、展示军事力量的阅兵轴线和凯旋拱门来威慑它的臣民（可

---

① 另外一个将典型作为普遍实施的例子发生在 20 世纪 50 年代的"大跃进"，毛泽东的下属们在他的火车要经过的地方假造了农民健康和作物丰收的场面。
② Yi-fu Tuan, *Dominance and Affection: The Making of Pets* (New Haven: Yale University Press, 1984).

第七章 坦桑尼亚的强制村庄化：美学和微型化

能还包括官员)。新德里自然是要否定旧德里。乔治五世（George Ⅴ）的私人秘书在他关于未来英国总督官邸的笔记中透露了新首都的主要目的。他写道，它必须是"醒目和有权威的"，不能被过去帝国的结构或自然景观的特点支配。"我们现在要让印度人第一次看到西方科学、艺术和文明的威力。"[①] 在举行仪式的时候，一个人站在总督官邸的中心可能会暂时忘记，这座帝国建筑的小宝石完全是被淹没在与此相对立或完全不理会它的真实印度的巨大海洋中。

许多国家，包括以前的殖民地，都建立了全新的首都，不与他们的领导人决心超越的旧城市取得任何折中。这些国家包括巴西、巴基斯坦、土耳其、伯利兹、尼日利亚、象牙海岸、马拉维和坦桑尼亚。[②] 首都的建设大多数都遵从西方或西方培训出来的建筑学家的计划，即使试图将当地的建筑传统综合进来的时候也还是如此。如劳伦斯·维利（Lawrence Vale）指出的，多数的首都似乎都试图成为完整和自足的。不需要做任何减少、增加或修改——只有仰慕。他们使用山和高坡，将建筑安置在墙或者水帘的障碍后，用精细的结构等级来反映功能和地位，他们运用这些战略传达出领导权和支配的感觉，虽然这种印象在城市边缘之外就已经消失了。[③]

尼雷尔规划了新的首都多多马，这与其他的城市有所不同。建筑中所表现出的官方意识形态是有意建成非纪念碑式的。许多相互联系的定居点随周围景观高低起伏，由于建筑物的规模适中，所以不需要电梯和空调。然而，多多马的目的完全是要建立乌托邦的空间，它既代表了未来，也否定了达累斯萨拉姆。多多马的主方案谴责达累斯萨拉姆是"发展的支配中心……与坦桑尼亚的发展目标相反，它的增长速度如果毫无节制，其本身

[①] Lawrence Vale, *Architecture, Power and National Identity* (New Haven: Yale University Press, 1992), p. 90.

[②] 新首都的一个政治优势在于它不属于任何一个已有的社区。建立一个新的首都可以避免定都其他地方所必需的选择，如果这种选择不是爆炸性的，也是尴尬的。正是基于同样逻辑，英语成为印度的官方语言，因为这是最广泛使用的语言，不属于任何一个特定的传统社区。它的确属于印度那些说英语的"知识分子"，他们的"方言"成为官方语言以后，他们获得了极大特权。在美国和澳大利亚没有要超越的城市传统，他们建立经过规划的、代表了进步和秩序观念的首都，而且并非偶然地，首都与当地的定居实践完全不同。

[③] Vale, *Architecture, Power and National Identity*, p. 293.

作为适合人类居住的城市和平等社会主义国家的坦桑尼亚都将因此受到损害"。① 当统治者不管人们的喜好为其设计了村庄的同时，却为他们自己设计了一个新的象征性中心，而且并非偶然地包括山顶上的避难所，周围环绕着修剪整齐、井然有序的环境。

如果说改变现有城市具有难以克服的困难促使人们建立新的模范城市，同样改变现有村庄的困难也使人们退却到微型化。这种趋势的唯一例外是四处碰壁的殖民地农业技术推广员所精心设计的、可以控制的生产环境。库尔森（Coulson）注意到了这里蕴涵的逻辑："如果一个农民无法被强制或说服，剩下唯一的选择就是完全不管他们而使用由外来者控制的机械化农业（如同花生项目或欧洲人所控制的殖民农场），或者将他们迁移出传统的环境，在新的定居点，要想获得土地就要服从农业官员的指示。"②

另外一个例外的方法是从一般的人口中选择出进步的农民作为干部，他们能够被动员从事现代农业。在莫桑比克，这些政策被精确仔细地实施，在殖民地时期的坦桑尼亚这些措施也很重要。③ 1956年坦噶尼喀农业部的档案中写道，如果国家遇到"农民保守主义的砖墙"，那么就要"将努力从一些部分那里收回来，转而集中到一些经过选定的点上，这个过程被称为'聚焦方式'"。④ 在将那些他们认为会响应科学农业的农民与其他人分离开来的努力中，农业推广机构经常忽略其他的事实，而这些事实却与他们的根本任务直接相关——这些事实就在他们眼前，但并不受关注。波琳·皮特斯（Pauline Peters）描述了马拉维消减某农村地区人口的努力，只有那些农业权威任命的"农民大师"被保留下来。农业技术推广员试图建立微型景观，即"基于单一品种轮作农业而形成的整齐的复合农田，将取代散乱的、被他们认为是落后的混种农业。与此同时，他们完全忽视了自发的和普遍的种植烟草的干劲——这正是他们试图强制推行的变革。"⑤

---

① Vale, *Architecture, Power and National Identity*, p. 149.
② Coulson, "Agricultural Policies in Mainland Tanzania", p. 86.
③ 关于莫桑比克例子的详细描述，见 Isaacman, *Cotton is the Mother of Poverty*, chap. 7。
④ Coulson, "Agricultural Policies in Mainland Tanzania", p. 78. 这份文件接下去强调区别好的、勤奋的农民与坏的、懒惰的农民是很重要的。人们不禁要想，拉丁美洲的中心（focos）革命战略，即建立一些小的造反者飞地［20世纪60年代，里吉斯·德布雷（Regis DeBray）详细地阐述了这一战略］与发展工作的"聚焦"战略具有共同的知识来源。
⑤ Pauline Peters, Transforming Land Rights: State Policy and Local Practice in Malawi (Paper presented at the Program in Agrarian Studies, Yale University, New Haven, February 19, 1993).

第七章 坦桑尼亚的强制村庄化：美学和微型化

我们强调过，规划的城市、规划的村庄和规划的语言（更不用提指令性经济）是很薄弱的城市、村庄和语言。说它们很薄弱是因为它们只能对非常简单的几个项目因素进行合理规划，而无穷无尽的复杂活动才是"厚重"的城市和村庄的特征。这类薄弱规划的必然结果就是被规划的机构生产出非官方的事实，即"黑色的双生子"，来满足被规划的机构所无法满足的多种需求。如同霍尔斯顿所展示的，巴西利亚同时也创造了由建筑工人、移民以及那些城市需要而又不曾被预见或被包括在规划中的人组成的"非规划的巴西利亚"。几乎任何一个新的示范的首都城市都会同时产生与官方结构相并行的另外一个"无序"和复杂的城市，这个城市使官方的城市能够正常运行——这是它实际存在的条件。也就是说，黑色的双生子并不仅仅是怪胎和"非法的事实"，它代表了那些官方的城市正常运行所不可缺少的活动和生活。那些非法的城市与官方城市的关系就像巴黎出租车司机的实际操作与交通规则的关系一样。

如果从上面推测，我们可以想象，越要求与官方制定的微观秩序保持内在一致，那么要维持这个神话就需要越多不符合要求的实践。越是严格计划的经济就越会伴随着大规模"地下的、'灰色的'、非正规的"经济，它们以千万种方式提供正规经济所不能满足的需求。[①] 如果这些地下经济被无情地压制，那么代价就会是经济毁灭和饥饿（中国的"大跃进"和"文化大革命"；柬埔寨波尔布特的自给自足、消灭了货币的经济）。强制不许国家居民流动的努力会在禁止人口流入的城市形成大规模的、非法的和未登记的人口。[②] 在首都的城市中心保持严格的视觉美学的努力会使城市中的非法居民的居民点和贫民窟迅速扩大，这些人为那些在文雅的、经过规划的中心地区工作的精英清扫垃圾、煮饭和照顾孩子。[③]

---

① Birgit Müller, unpublished paper, 1990.
② Kate Xiao Zhou, *How the Farmers Changed China: Power of the People* (Boulder: Westview Press, 1996).
③ 在薄弱的独裁极端现代主义社会神话与那些不能公开承认，但不可或缺的非正规的、"离经叛道的"实践之间存在着巨大的差距，这个差别具有诊断性的特征。尽管我们还会回到这个主题上来，但在这里应该想到，虚假公共领域中官方的一本正经与进行日常生活所必需的实践之间的差距所产生的伪善、犬儒主义和喜剧经常成为社会中最好的文学、诗歌和歌曲的原材料。

第八章 驯化自然：清晰和简单的农业

故致数舆无舆①
始制有名，名亦既有，
夫亦将知止，知止可以不殆。

——《道德经》

如同我们已经看到的，大型官僚制度所必然带来的简单抽象无法充分地表示出自然或社会过程的复杂性。他们所使用的范畴过于简单、静态和程式化，因此无法公正地代表他们所要描述的世界。

很明显，国家发起的极端现代主义农业也依赖于同等程度的抽象。农业技术推广和农业研究中简单的"生产和利润"模型在很大程度上不能反映真实的农民，以及他们社区中复杂、灵活和洽谈达成的目标。这个模型同样不能反映农民种植作物的空间——它的微观气候、湿度和水分的运动、微观地貌、地方生物史。由于不能有力地表明真实农民和农田的丰富性和复杂性，极端现代主义农业便经常对农民和农田进行根本性的简单化，这样他们才能更直接地进行理解、控制和管理。我强调极端现代主义农业的根本性简单化是因为，即使在最初的原始形式下，农业就是对自然中丰富的植物进行简单化的过程。② 不然

---

① 英语翻译来自早年译本，与通行的《老子》略有不同。——译者注
② 有可靠证据说明，即使最原始的森林也是人类数个世纪活动的产物。例证请见 Darryl Posey, "Indigenous Management of Tropical Forest Eco-Systems: The Case of the Kayapo Indians of the Brazilian Amazon," *Agroforestry Systems* 3 (1985): 139–158; Susanna Hecht, Anthony Anderson, and Peter May, "The Subsidy from Nature: Shifting Cultivation, Successional Palm Forests, and Rural Development," *Human Organization* 47 (1988): 25–35; J. B. Alcorn, "Huastec Noncrop Resource Management: Implications for Prehistoric Rain Forest Management," *Human Ecology* 9 (1981): 395–417; Christine Padoch, "The Woodlands of Tae: Traditional Forest Management in Kalimantan," in William Bentley and Marcia Gowen, eds., *Forest Resources and Wood Based Biomass Energy as Rural Development Assets* (New Dehli: Oxford and IBH, 1995).

第八章　驯化自然：清晰和简单的农业

我们应该如何理解人们鼓励他们发现有用的植物而限制他们认为有害的植物？

隐藏在耕地根本性简单化背后的逻辑与森林根本性简单化背后的逻辑基本是一样的。事实上，发展得更早的简单化农业曾被作为科学林业的范本，其主导思想就是使产量或利润最大化。[①] 森林被重新定义为"木材农场"，在那里单一的树种被整齐地按行种植，"成熟"以后，就可以像作物一样被收割。这类简单化的前提是商品市场的出现，以及利润或税收最大化对国家和企业所产生的竞争压力。单一作物的农田和单一树种的森林都是如此，生物社区中无数其他成员被忽略，除非它们对要收获物种的健康和产量有直接的影响。将注意力只集中在单一的产出上——总是那些最具有商业或财政利益的产出——使林业官员和农学家可以仔细地考察其他因素对这唯一因变量的影响。在这个范围内，对于提高产量来说，这种方法是非常有用的。但是我们将会看到，有两个原因限制了这一有效但狭隘的方法，首先是不可避免的盲点，其次是在所限定视野之外的现象。如果继续使用这个比喻，我们会说，单纯为了产量的狭隘的农学有时会出其不意地被那些在分析视野之外的因素所困扰，为了避免引起危机，农学不得不扩展它们的视野。

我们在这章将要回答的问题是，在温和的、工业化的西方已经明显取得成功的现代科学农业模式为什么在第三世界总是受到挫折？尽管其结果并不成功，但殖民地的现代化推动者、取得独立的国家和国际机构仍然热衷于这个模型。在非洲的结果尤其不能让人掉以轻心，一个经验丰富的农学家已经宣称："过去约50年在非洲所进行的农业生态研究所得到的最重要的经验就是，'急剧现代化'方法的历史纪录是如此之差，因此现在必须更多和更持续地关注回到比较缓慢的、逐渐增长的模式。"[②]

我们在这里的讨论主要不是关注特定项目或种植计划失败的具体原因。当然，相同的官僚主义弊病和公开的掠夺实践通常大大加剧了这些失败。我要说的是，这些失败可以追溯到更深层的原因；换句话说，这是系

---

① 在完全市场化体系中的经济作物，利润最大化极少等同于产量最大化。当劳动力短缺的时候，农民就会更关注平均每个劳动力投入产出的最大化，如果土地短缺，就会关注每英亩土地的回报。

② Paul Richards, *Indigenous Agricultural Revolution: Ecology and Food Production in West Africa* (London: Unwin Hyman, 1985), p.160. 我这章在很大程度上是依靠这本杰出的著作。尽管理查兹（Richards）推崇科学农业研究，但是他坚持要不带偏见地考察非洲农民已有的实践，并要求科学农业研究反映当地耕作者面对的实际问题和目标。

统的失败，即使有最好的管理效率和诚实正直的机构也同样会失败。

导致这些系统失败的原因至少有四个。前两个原因与极端现代主义农业的历史起源和制度关系有密切联系。第一，由于这些原理都起源于温和的、工业化的西方，农业规划中的现代主义者继承了许多未经检验的关于种植和耕作的假设，这些假设完全不符合当地的环境。第二，由于现代农业规划所包含的专家评鉴的前提，实际的项目往往屈从于官员的权力和地位，以及由他们所控制的国家机构。①

第三个原因是比较深层的，这就是导致特定形式失败的极端现代主义农业系统本身和独眼巨人般的短视。它所关注的只是生产主义目标，所有在农场直接的投入产出关系之外的结果全都忽略不计。这意味着，长期的后果（土壤结构、水的质量、土地租赁关系）和第三方的影响，以及福利经济学家所称的"外部事物"都很少被关注，除非它们开始影响到生产。

最后，科学农业试验的长处——它简单化的假设，以及它将某一个变量对整个生产过程的影响分离出来的能力——不可能适当地处理某些形式的复杂关系。它倾向于忽视或轻视不能被其技术同化的农业实践。

为了避免误解我的目的，我要强调，我并不是反对所有的现代农业科学，更不是攻击科学研究的文化。当代农业科学有着复杂的作物繁殖、作物病理学、作物营养分析、土壤分析以及技术上的完美技巧，已经建立了一整套技术知识，甚至最传统的农民也在使用这些知识。我的真实目的在于表明，农业科学皇帝般的自负极大地限制了它对许多农民的可用性——它不能理解或综合其模式之外的知识。我们将会看到，农民对来自于任何方面的知识，只要能够服务于他们的目的，都非常关注，而现代农业规划者接受任何其他途径知识的能力却很差。

各类农业的简单化

早期农业

耕作就是简单化，甚至最粗糙的农业所生产的植物景观也比未经管理

---

① 指导农业政策的结构和制度利益往往偏向于国家权力、城市消费和精英的经济利益。罗伯特·贝茨（Robert Bates）很有说服力地说明了这一点。见 *Markets and States in Tropical Africa: The Political Basis of Agricultural Policies*（Los Angeles: University of California Press, 1981）。我关于政策失误深层根源的分析超出了贝茨的政治-经济视野。

的景观缺少多样性。人类所耕作的作物一旦被完全驯化,就会完全依赖耕作者的管理才可以生存——这些活动包括清除杂草、烧掉灌木丛、打碎土壤、播种、剪枝、施肥。包括人类在内的所有动物都在采集食物过程中改变它们的环境,从这个角度说,田地里的作物并不仅仅是人工景观。然而可以肯定的是,现代人所栽培的大多数品种已经非常适应它们所在的被改变的环境,已经成了不能在野外生存的"生物怪物"。[1]

经过数千年的变异和人类有意识的选择,许多作物与它们野生和杂草般的堂兄弟之间产生了系统性的区别。[2] 为了方便,我们更喜欢种子颗粒较大和容易发芽、开更多花从而也结更多果的植物,它们的果实也容易脱粒和去壳。种植的玉米都有更大的玉米穗和玉米粒,而野生的和半驯化的玉米的穗和籽粒都比较小。籽粒丰满、商业化的大向日葵与其在树林中的野生亲属之间的差别可以清楚地说明这种区别。

除了收获的问题之外,耕种者选择时还会考虑到许多其他特征:质地、味道、颜色、可贮存性、美学价值、易磨性和烹饪的质量等。人类的目的是广泛的,他们并没有在一个物种中只选择一种作物,而是选择了许多不同种类,每一种之间都有很大区别。因此我们才有用于煮粥、做面包、生产啤酒和喂牲畜的不同大麦;所以才有"用于咀嚼的甜高粱、做面包的白籽高粱、生产啤酒的深红色小粒高粱,以及用于建房和编筐的秸秆强壮、多纤维的高粱"。[3]

然而,最大的选择压力还是来自耕作者最主要的担忧:他们不想挨饿。这种最基本的对生存的关注也使他们选择了大量不同的作物,也就是所谓各种作物的"当地作物品种"(landraces)。当地作物品种是适应不同土壤条件、水分、温度、光照、病虫害、微观气候等而产生的具有不同遗传特性的种群。随着时间推移,传统的耕作者像有经验的实用植物学家一样,培育出数千种单一物种的当地作物品种。只要具有许多关于这些当地作物品种的实际操作知识,即使不是全部,耕作者便有了很大的弹性空

---

[1] Jack R. Harlan, *Crops and Man*, 2nd ed. (Madison, Wis.: American Society of Agronomy, Crop Science Society of America, 1992), p. 5.

[2] 对于主要的粮食作物来说——它们都属于草的家族——这导致了某种共生的模仿。每一种主要的谷物在同一个家族中都或多或少有一些类似的"专性杂草"obligate weeds,它们与作物在完全同样的土地条件下生长,但是它们的种子更早成熟并掉落地上,从而被自我种植在耕作的田地上。

[3] Harlan, *Crops and Man*, p. 127.

间,从而使他们可以面对他们所无法控制的各种环境因素。①

对于我们的目的来说,这么多当地作物品种的长期发展至少在两个方面很有意义。首先,在改变并将其自然环境简单化的过程中,早期耕作者对促进某种多样性也很有兴趣。他们广泛的兴趣和对食物供给的关注促使他们选择并保护了很多当地作物品种。他们所种植作物的基因多样性(为收获)提供了内在的保障,可以抵抗干旱、洪涝、植物疾病、害虫和气候的季节性反常变化。② 一种病原体可能影响某种当地作物品种,但是不会影响到其他品种;一些作物耐干旱,另外的则耐潮湿;一些适合黏性土壤,一些适合沙性土壤。通过下赌注般地种下许多慎重挑选的作物,并根据地方小环境做出精细的调整,耕作者扩大了收获的稳定性。

在另一种意义上,当地作物品种的多样性也是很重要的。所有具有经济意义的现代作物品种都来自当地作物品种。直到1930年,所有科学的作物培育基本上就是从已有的当地作物品种中进行筛选的过程。③ 当地作物品种和它们野生的祖先,以及"野化种"代表了作为现代农业基础的"胚胎原生质"或者种源。换句话说,如同詹姆斯·博伊斯(James Boyce)所指出的,现代的多样性与传统农业是相互补充,而不是相互替代。④

---

① 在我工作过两年的一个马来人的村庄,任何一位老农都知道约80种水稻的名字和特性。
② 事实上,空旷地或农田本身就是强有力的抵抗选择者。甚至耕作者随机地选择下一个季节用的种子,或者将作物留在地里让它们自我播种,下一年作物的抵抗力都会增强,这种现象被称为野外的抵抗力。那些随着时间推移能最好地抵抗虫害、坏天气等的当地作物品种(包括随机的杂交和变异),无论如何都会在下一个作物季节有更多的种子保留下来。见 Harlan, *Crops and Man*, pp. 117 – 133。
③ "很可能,在数千年中农民创造的所有基因变异比近一二百年来系统和科学的努力所达到的大得多。"[Norman Simmonds, *Principles of Crop Improvement* (New York: Longman, 1979), cited in Jack Ralph Kloppenberg, Jr., *First the Seed: The Political Economy of Plant Biotechnology, 1492 – 2000* (Cambridge: Cambridge University Press, 1988), p. 185] 后面可以看得很清楚,在整个这一章中我从克劳朋伯格的出色分析中得益颇多。
④ James Boyce, "Biodiversity and Traditional Agriculture: Toward a New Policy Agenda-a Pre-Proposal" (unpublished paper, January 1996). 还可参见 Boyce, "The Environmental Impact of North-South Trade: A Political Economy Approach", Working Paper, 1996 – 3, Department of Economics, University of Massachusetts, Amherst, 1996. 事实上,现代多样性与传统农业的关系是依赖的关系,而不是互补的关系。传统农业不需要现代农业作为自己存在的前提,而现代农业需要依赖当地作物品种的基因资本。在此基础上,博伊斯赞成原地的保护(与保存在种子库中相反),并在这些中心保护传统的耕作者以发展当地作物品种。

第八章 驯化自然：清晰和简单的农业

20世纪的农业

现代的、工业化的和科学的农业的特征是单一作物种植、机械化、杂交品种、使用化肥和农药、资本密集，这些都给农业带来前所未有的标准化。这已经大大超过我们以前探讨过的科学林业模式中的单一树种，这个简单化还带来了关注范围的根本性收缩，因此而来的很多后果我们还只是刚刚开始了解。

提高作物一致性的基本原因之一是来自大众市场利润最大化的强大商业竞争压力。提高作物密度从而扩大土地产量的努力鼓励采用那些适合密植的作物。密植反过来又促进商业性化肥的大量使用，以及选择那些善于吸收化肥（特别是氮肥）并对化肥反应灵敏的亚品种。与此同时，连锁超级市场的发展，以及它们对运输、包装和展示的标准化规则坚决要求对规格、形状、颜色和"看起来"的一致。[1] 这些压力的结果就是只关注很少能够满足这些条件的作物，而放弃其他的作物。

机械化的逻辑可以帮助我们很好地把握田地里的一致性生产。至少从1950年开始，由于价格的原因，在西方，人们倾向于用机械代替雇用劳动力，于是农民便寻求种植那些与机械化相适应的作物。也就是说他要选择那些不影响拖拉机和喷雾器的作物，这些作物同时成熟，机械经过一遍就可以完成收割。

由于杂交技术在大致相同的时间内发展起来，为了适应机械化而培育新的作物品种变得触手可及。如同杰克·拉尔夫·克劳朋伯格（Jack Ralph Kloppenberg）所指出的，"基因变异是机械化的敌人"。[2] 在玉米的例子中，杂交——两个近交系的后代——产生出整群基因一致的个体，这对机械化非常理想。适合机械化的品种早在1920年就已经产生了，那年亨利·华莱士与收割设备厂联合栽培他的新品种，新品种的秆很粗壮，有很结实的柄将穗和秆连在一起。一门被称为"植物工程"的育种科学应运而生，它要使自然界适应机械化加工过程。两位"植物工程"的支持者指

---

[1] 吸引目光往往依靠美学价值，这与产量、口味，甚至赢利性往往并不一致。在美国农产品市场上的水果、蔬菜和牲畜竞赛中，一等奖往往给那些最漂亮的玉米穗或最漂亮的猪，尽管它们的赢利能力可能很差。当然如果有买主愿意为漂亮的猪支付额外的"美学酬金"，那么美学和赢利可能会统一起来。见 Kloppenberg, *First the Seed*, p. 96.

[2] Kloppenberg, *First the Seed*, p. 117. 接下来的两个观察也来自于同一节。

出,"机械并不是为收割作物而造,事实上,作物必须被设计成能为机械所收割"。① 在适应了耕作的土地之后,现在这些作物又要适应机械化。那些"与机械友好"的作物在培植过程中被增加了许多特点,这使它们更容易由机械收割。这些特征中最重要的是有弹性、果实集中、作物的大小和组织都相同、果实的形状和规格也相似、植株较矮(特别是树生作物),而且果实容易从植株分离。②

20世纪40年代和50年代加州大学戴维斯分校的 G. C. 杰克·哈纳 [G. C. (Jack) Hanna] 发展的"超市番茄"就是一个早期有诊断特征的例子。③ 受到战时农业劳动力短缺的影响,研究者开始发明收获番茄的机械,并培植番茄来配合这种机械。最终培育的番茄是低矮的和成熟期一致的,果实有厚实的果皮、坚实的果肉,而且不开裂;果实还是绿色的时候就要采摘以避免被机械碰伤,它们在运输的途中用乙烯人工加以催熟。结果是大小一致的冬季小番茄,每四个一包,占据了超级市场的货架数十年。比起适合机械的需要,口味和营养价值都是次要的。或者从更善意的角度去说,育种者已经在机械化所限制的狭小范围内尽其所能开发出了最好的番茄。

利润最大化的要求,以及在这个例子中的机械化收获共同发挥作用同时改变并简化了田地和作物。相对僵化、对一切一视同仁的机器最适合在种植着同种作物、生长着同样果实和同时成熟的平坦的土地上工作。农业科学被用来实现这样的理想状态:大型的、被仔细分类的农田;同样的灌溉和营养成分以调节生长;为保持作物同样健康大量使用除草剂、杀真菌剂、杀虫剂;最重要的,通过育种产生理想的作物。

---

① R. E. Webb and W. M. Bruce, "Redesigning the Tomato for Mechanized Production," in *Science for Better Living: Yearbook of Agriculture, 1968* (Washington: United States Department of Agriculture, 1968), p. 104, cited in Kloppenberg, *First the Seed*, p. 126. 克劳朋伯格继续写道,"对于蔬菜工业,杂交特别有吸引力。菠菜、胡萝卜、黄瓜和甘蓝类(卷心菜、菜花等)已经被杂交并被重新设计从而适应不需要选择的、一次性的机械收割"(Kloppenberg, *First the Seed*)。值得注意的是,除了收割以外,作物的机械化耕作、分类、包装早已经影响了其选择和栽培。

② Kloppenberg, *First the Seed*, p. 127.

③ Jim Hightower et al., *Hard Tomatoes, Hard Times*, 特别工作组关于兰德格兰特综合学院农业企业的可信性项目的最终报告 (Cambridge: Schenkman, 1978)。

第八章　驯化自然：清晰和简单的农业

未预期到的简单化结果

从 1850 年爱尔兰马铃薯引起的饥荒开始，在回顾了主要作物的流行病历史以后，美国国家研究委员会（United States National Research Council）的一个专门委员会总结说："这些事例清楚地说明，作物的单一种植和基因一致带来流行病。适合寄生虫攻击的植物脆弱性成为疾病流行的条件。如果作物都一样很容易受到攻击，对寄生虫自然更有利。就这样，枯黄病摧毁了甜菜和桃子，马铃薯感染了卷叶病和病毒 X 和病毒 Y，可可得了肿枝病，苜蓿突然死亡，甘蔗染上了花叶病，水稻得了白叶病。"① 当玉米叶斑病损害了 1970 年大部分玉米作物的时候，委员会被召集起来以研究所有主要作物的基因脆弱性。作为杂交玉米最早的培育者之一，唐纳德·琼斯（Donald Jones）早就预见到了损失基因多样性可能带来的问题："当环境条件合适和没有害虫侵害的时候，同样基因的品种会有很高的产量并令人满意。但是一旦外部因素不合适了，出现一些新的有毒寄生虫，结果就会是灾难性的。"②

作物流行病学的逻辑大体上是比较清楚的，所有植物对病菌都有一定的抵抗力，否则的话这种作物和病菌（如果只在这一种作物中传播）就都会消失。同时，所有植物因为基因的关系都容易受到某种病菌的攻击。如果一块农田里都是基因相同的作物，如单系杂交或克隆的，那么每一棵植物都很容易以同样的方式受到同一种病菌的攻击，不管病菌是病毒、真菌、细菌或线虫。③ 这样的农田为那些侵害这些作物的本系或变异病菌的繁殖提供了理想场所。这样条件一致的生活环境，特别是产生了自然选择压力的植物密集环境，更适合这些病菌。只要有了适合病菌繁殖的季节条件（温度、湿度、风等），流行病呈几何级数增长的经典条件就形成了。④

---

① Committee on Genetic Vulnerability of Major Crops, Agricultural Board, Division of Biology and Agriculture, United States National Research Council, *Genetic Vulnerability of Major Crops* (Washington: National Academy of Sciences, 1972), p. 21.

② Committee on Genetic Vulnerability of Major Crops, Agricultural Board, Division of Biology and Agriculture, United States National Research Council, *Genetic Vulnerability of Major Crops* (Washington: National Academy of Sciences, 1972), p. 12.

③ 基因一致性的另外一个后果是使整个植物种群受同样的环境压力影响。

④ 凡·德·普兰克（Van der Plank）第一个完成了植物流行病的数学模型。见 Committee on Genetic Vulnerability of Major Crops, *Genetic Vulnerability of Major Crops*, pp. 28-32。

与此相反，多样性是流行病的天敌。在一个有许多种植物的农田，只有很少的植物容易受到特定病菌的感染，而这些植物往往很分散、彼此距离很远。在这样的条件下，传染病的数学模型就被打破。① 如同国家研究委员会的报告所说的，因为某一作物品种的所有成员都具有共同的基因遗传，所以单一种植明显提高了其脆弱性。当一块田地有众多基因不同的当地作物品种生长的时候，风险大大降低。任何在时间或空间上增加农业多样性的实践，比如在农场或区域内的轮作、间作，都会阻止传染病的蔓延。

只是在过去的50年中才普遍使用农药，现代使用农药的方式应被看作基因脆弱性整体的一部分，而不是与此无关的科学进步。恰恰因为都是一样的杂交，它们容易染病，所以要采用比较极端的措施控制作物所生长的环境。这些杂交作物就像免疫系统受到损坏的患者，他们必须被安置在消毒的地方，以免受到感染。在这个例子中，消毒的环境是由普遍使用农药建立起来的。②

玉米在美国是种植最广泛的作物（1986年有0.85亿英亩），③ 也是最早进行杂交的，这为害虫、疾病和各种杂草提供了近乎理想的环境。相应地，农药的使用量就很高。整个市场上除草剂的1/3和杀虫剂的1/4都用于玉米。④ 根据自然选择的理论可以预测到长期的结果，由于在害虫、真菌和杂草中抗药性的出现，或者需要更大的剂量，或者需要新的化学试

---

① 人类的疾病也存在同样的逻辑。如果其他条件相同，分散的人群比聚集的人群更健康。在19世纪之前，西欧的城市人口一直无法成功地繁殖，他们靠比较健康的农村来实现人口补充。关于多样性和分散与健康之间、生物一致性和密集人群与高死亡率之间联系背后的传染病原因，见 Alfred Crosby, *Ecological Imperialism: The Biological Expansion of Europe, 900 – 1900* (New York: Cambridge University Press, 1988), 还有 Mark Ridley, "The Microbes' Opportunity", *Times Literary Supplement*, January 13, 1995, pp. 6 – 7。早在人们了解主要传染病的原因和传染媒介之前就已经知道在传染病期间要分散远离。比如，可参见 Daniel Defoe, *A Journal of the Plague Year* (London, 1722; Harmondsworth: Penguin, 1966)。

② 并不完全如此。就像我们已经看到的，在人类中滥用抗生素和在作物中滥用杀虫剂已经造成了作为攻击目标的病菌的适应和变异问题。由于生存的选择压力，病菌的变异和适应速度是人和植物的免疫系统跟不上的。因此人类必须赶在病菌变异之前生产出新的杀虫剂。一些被认为已经根治了的流行病，如肺结核、霍乱又回来了，并且更凶猛。关于这个背景，见 Randolph M. Nesse and George C. Williams, *Evolution and Healing: The New Science of Darwinian Medicine* (London: Weidenfeld and Nicolson, 1995)。

③ David Pimentel and Lois Levitan, "Pesticides: Amounts Applies and Amounts Reaching Pests," *BioScience* 36 (1986): p. 87.

④ Kloppenberg, *First the Seed*, pp. 118 – 119. 全世界的范围内，棉花和高产水稻使用了大部分的杀虫剂。

第八章　驯化自然：清晰和简单的农业

剂。可以预测，一些病菌可能会发展出对整个一类农药的"交叉抗药性"。[1] 随着有更多代的病菌接触到农药，相应出现抗药性的可能性也就越大。农药的使用给土壤的有机物、地下水的质量、人体健康和生态系统带来了很多不利后果，除此之外，农药还带来了一些新的作物疾病，并加剧了一些已有的疾病。[2]

在 1970 年南方的玉米叶斑病发病前，71% 的玉米地只种植了六种杂交玉米。调查叶斑病的专家强调，机械化的压力和产品的一致性导致基因作物选种范围缩小。报告断言，"一致性是关键词"。[3] 大多数的杂交玉米都是使用"得克萨斯细胞质"通过雄性不育（male-sterile）方法培育出来的。这种一致性导致了玉米小斑病（Helminthosporium maydis）真菌的攻击；那些没有使用得克萨斯细胞质培育的杂交玉米只有很小的损失。病菌并不是新的；国家研究委员会在它的报告中估计，在斯匡托（Squanto）向美洲早期移民讲授如何种植玉米的时候，这种病菌可能就已经存在了。随着时间推移，玉米小斑病不断生产出毒性更强的菌株，"美国的玉米品种**太多**了，新的菌株找不到好的立脚点"。[4] 但是后来被感染作物变得更为脆弱了。

这份报告继续记录了如下的事实，"许多主要作物的基因都具有惊人的相似性，并且对（流行病）也惊人地脆弱"。[5] 从稀有的墨西哥当地作

---

[1] 同样，这与人类的流行病有惊人的类似，病毒性和细菌性疾病中也发展出了一些抗药株和抗药传播媒介。见 John Wargo 关于疟疾及其携带者——虐蚊——的研究。见 *Our Children's Toxic Legacy: How Science and Law Fail to Protect Us from Pesticides*（New Haven: Yale University Press, 1996), pp. 15 – 42。

[2] "除草剂的广泛使用并非没有代价。在由 45 种治疗（也就是使用杀虫剂）所导致的作物疾病中，有 30 种是由除草剂引起的"（Kloppenberg, *First the Seed*, p. 247）。各种文献中还包括大量杀虫剂和其他化学制剂所引起的间接的，但也同样严重的结果。比如 1995 年得克萨斯广泛使用马拉硫磷（malathion）杀虫剂控制棉花象鼻虫，也同时杀死了大量益虫，这触发了黏虫的大暴发，绝大部分甜菜被吃光。见 "Where Cotton's King, Trouble Reigns", *New York Times*, October 9, 1995, p. A10; Sam Howe Verhovek, "In Texas, an Attempt to Swat an Old Pest Stirs a Revolt", *New York Times*, January 24, 1996, A10。

[3] Committee on Genetic Vulnerability of Major Crops, *Genetic Vulnerability of Major Crops*, p. 6。

[4] Committee on Genetic Vulnerability of Major Crops, *Genetic Vulnerability of Major Crops*, p. 7（重点是加加的）。

[5] Committee on Genetic Vulnerability of Major Crops, *Genetic Vulnerability of Major Crops*, p. 1. 让我们来看一种非主要作物，比如 1969 年商业化种植的豌豆，96% 只属于两个品种。1970 年玉米的叶斑病已在燕麦上有小规模的出现。一种可以抵抗所有燕麦冠锈菌的"奇迹燕麦"——维多利亚——被培育出来。1940 年在全国普遍种植，到 1946 年就感染了毁灭性的流行病。因为当时燕麦没有像 20 世纪初那样大面积种植，所以这场灾难也没有被大规模报道。

物品种中引入的胚芽原生质杂交培育的新品种被证实不易感染叶斑病。包括这个例子在内的许多例子都说明，不受专家影响的当地作物品种长期发展所形成的基因多样性是摆脱传染病的唯一方法。① 如同经过规划的巴西利亚街区和集体化农业的正式秩序，现代的、简单化的和标准化的农业依赖于非正规实践和经验的"黑色双生子"，归根结底，现代化农业是寄生在非正规实践上的。

极端现代主义农业问答

在1945～1975年的31年中，美国农业现代主义者的模式和展望占据着霸权地位，这也就是流传甚广的"出口模式"。模仿田纳西流域管理局（TVA）的数百个灌溉和大坝工程开始建设，许多资本密集的农业项目大张旗鼓地开始，数千名顾问被派出。无论是人员或是观念都有连续性。那些原来供职于田纳西流域管理局、美国农业部、财政部的经济学家、工程师、农学家和规划者带着他们的经验和观点转移到联合国、世界粮农组织或美国国际开发署（USAID）。美国的政治、经济和军事霸权与贷款和援助的承诺、对世界人口和粮食供应的关注、美国农业的高产，所有这些因素结合在一起，使美国模式的自信达到无以复加的程度。

尽管也有为数不多的，像蕾切尔·卡逊一样的怀疑者对这个模型提出了疑问，但他们被淹没在那些可以看到无限美好未来的幻想家之中。乐观主义的一个典型代表是詹姆斯·B. 比拉德（James B. Billard）1970年在《国家地理》（*National Geographic*）上发表的文章，题为《为倍数增长的人口提供更多食品：美国农业革命》。② 从图8-1可见，他关于未来农场的想象并不是一个无根据的幻想；我们被告知，这幅图"是在美国农业部专

---

① 关于这类例子惊人的清单，见 Kloppenberg, *First the Seed*, p. 168。
② James B. Billard, "More Food for Our Multiplying Millions: The Revolution in American Agriculture", with photographs by James R. Blair and a painting of the farm of the future by Davis Meltzer, *National Geographic* 137 (1970): 147–185; Wendell Berry, *The Unsettling of America: Culture and Agriculture* (San Francisco: Sierra Club Books, 1977), chap. 5 中对这篇文章做了无情的批评。值得注意的是，作为"有材料依据"的幻想，从1997年的观点看来，文章没有经受住时间的考验，它所做的预期与事实相去甚远。农业中最重要的变化是生物技术革命和转基因合成，在它的视野中这根本不存在，基因的脆弱性和使用农药引起的问题也同样如此。

家的指导下"画的。比拉德的文字是对机械化、科学奇迹和大型化的长篇赞美诗。他为所有的科学技术设想了景观简单化和命令集中化的过程。农田要被扩大,树、矮篱笆和道路要减少;每块农田要"数百英里长、数百码宽";"天气控制"可以防止冰雹和龙卷风;原子能可以"扫平山头",并用海水来制造灌溉用水;卫星、传感器和飞机使农民坐在控制塔中就可以发现流行病。

图8-1 戴维斯·梅尔泽（Davis Meltzer）"在美国农业部专家的指导下"绘制的未来农场图景
（来自《国家地理》1970年号）

图片描述了21世纪早期的农场："农田像航空跑道一样延伸出去，牛圈像是高高的住宅楼……在外观现代的农舍旁是球形圆顶的控制塔，塔内的计算机、天气预报、农产品报价收录机一片忙碌。遥控的联合收割机在十英里长的小麦田中滑过，它运行的轨道使它不会将土地压实。经过脱粒的谷物被送进田边的气流输送管道，然后流进靠近遥远城市的升降谷仓。收割谷物的机器也为下一季作物准备好农田。相似的设备在浇灌邻近田垄的大豆，同时喷气动力的直升机在播撒杀虫剂。""跨过服务街，圆锥形粉碎机正在为育肥的牛搅拌饲料，牛圈是多层的，可以节省空间。输送管自动分配饲料。一个中心升降装置可以将牛进行升降，牛圈边的排水管道将牛粪冲走，并打碎成肥料。在最远的牛圈之外是加工厂，牛肉被装进圆桶，以便于直升机或单轨铁路将它们运到市场。图上所示的塑料圆顶大棚为高价值的作物，如草莓、番茄、芹菜提供了可控制的环境。靠近远方的湖和娱乐场有一个抽水站为如此大规模的运行提供用水。"

在操作层面，美国出口农业的信条也包含了相同的基本信念。出口商和他们大多数急切的客户都信奉以下事实：大型农场的卓越技术效益，机械化在节约劳动力和打破技术瓶颈方面的重要，种植单一和杂交品种比种植多种作物和当地作物品种要优越，包括商业化肥和农药的高投入农业具有优势。更重要的是，他们相信大规模的、综合的规划项目，而不是逐次渐进的进步，这可能是因为大的、资本密集的项目能被规划成更接近纯粹的技术活动，很像他们在芝加哥旅馆的房间中设计的苏联集体农场。项目中包括的工业内容越广，环境被改造得越一致（通过控制灌溉和营养、使用拖拉机和康拜因、平整土地），留给偶然的机会就越少。[①] 当地的土壤、当地的景观、当地的劳动力、当地的工具、当地的天气似乎对早已经规划好的项目没有什么影响。同时，如此规划的项目强调规划者的专业技术和中央控制的可能性，同样不能忽视的是那些可以被应用于任何地方的"单元模式"。对于那些一心想主持现代示范项目的地方精英，好处也是明显的。

大多数这些项目糟糕的结果，不管是私营的或是公共的，现在都有案可查。[②] 尽管有大量的信贷补贴和行政支持，大多数项目还是失败了。每一个项目失败都有具体原因，但是大多数项目在构想形成阶段的抽象程度都是致命的。我们将会看到，引进的信念和抽象概念凌驾于对地方实际情况的密切注意之上。

现代主义者的信念与地方实践

为了比较外来的信念与地方实践的区别，我们可以将现代主义农业的几个简单原则和不同于它们的地方实践相并列。我们将会看到，与现代主义的预期不同，这些地方实践反而是很科学的，在很多时候比农业改革者所强加和推动的农业项目更好。

单一栽培和多元栽培

对单一栽培胜过在第三世界多数地区实施的多元栽培的坚定信念最好地反映了极端现代主义农业的短视。单一栽培产生于温带地区，后来传播到热带地区。

[①] 见 Albert O. Hirschman, *Development Projects Observed* (Washington: Brookings Institution, 1967)。

[②] 关于五个这类项目（四个是私营的，一个是公共的，也就是坦噶尼喀 1947 年的花生项目）的分析，见 Nancy L. Johnson and Vernon W. Ruttan, "Why Are Farms so Small?", *World Development* 22 (1994): 691-706。

第八章 驯化自然：清晰和简单的农业

以西非地方农业系统为例，殖民主义的农业专家遇到了令他们吃惊的多元栽培模式，甚至在同一块地里同时种植了四种作物（还不算亚品种）。[①] 图 8-2 有代表性地描述了他们的所见。在西方人眼中，这个视觉效果是混乱的和没有秩序的。从现代农业实践的视觉规则考虑，大多数专

图 8-2 在塞拉利昂水稻田中原始河渠上用木棍修建的堤岸

[①] Richards, *Indigenous Agricultural Revolution*, pp. 63-116. 在这个讨论中，我将互换地使用"多元耕作"（polycropping）和"混合耕作"（mixed cropping）两个术语，间作（intercropping）是多元耕作的一种形式，也就是在第一茬作物的行间种上第二茬作物。接替耕作（Relay cropping）是连续种植的作物之间有时间上的交叉，因此也是多元耕作的一种。

家无须做进一步的实际调查就会认为作物的明显无序是技术落后的表现；它们在科学农业的视觉考察中失败了。殖民地的官员，以及独立后他们的继承者，都以同样的热情推动用单一种植取代多元栽培的运动。

我们逐渐了解到地方的特殊逻辑——尤其是在热带土壤、气候和生态条件下——可以帮助解释多元栽培的功能。如果其他方面是一致的，在热带环境下自然产生的物种多样性总会比温带环境下的更强。一英亩热带森林的物种比同样一英亩温带林地的物种多很多，尽管每种植物的个体会少一些。因此在温带气候下未经管理的自然因为不够多样而显得更有秩序，这可能对西方人的视觉文化产生影响。① 采用多元栽培，是热带农民模仿自然的耕作技术。多元栽培就像热带森林本身，可以保护瘠薄的土壤不因风吹、雨淋和日晒而出现水土流失。此外，热带农业的季节性更多受控于雨水，而不是气温。因此，多元耕作战略的多样性使农民可以在两方面对雨水下赌注，一方面播种抗旱作物保持土壤，同时播种耐涝作物从雨水中获益。最后，在热带地区形成统一的、可控制的农业环境比在温带困难得多，而且这里人口密度比较小，从严格的新古典经济学角度来看，为开垦梯田和建设水利工程组织大量劳力是不经济的。

这里人们可能会想起简·雅各布斯提出的视觉秩序和功能性工作秩序间的重要区别。报纸的编辑部、兔子的大肠以及飞机引擎的内部看起来都可能是混乱的，但是每一个都很出色地反映了与其所承担的与功能密切相关的秩序。在这样的例子中，表面上的混乱掩盖了深藏的逻辑，多元栽培就是这类秩序的一例。只有很少的殖民地专家才关注隐藏在混乱表面后面的逻辑，其中之一就是在尼日利亚的真菌学家霍华德·琼斯（Howard Jones），他在1936年写道：

> （对于欧洲人来说），整个项目显得……可笑和荒谬，最终他可能得出结论，以如此幼稚的方式将各种不同的作物混种在一起纯粹是愚蠢的，它们会抑制彼此的生长。但是如果仔细观察，可以发现一切都有道理。作物并不是乱种的，而是按照合适的距离被安排在一小堆土壤上，当下雨的时候，既不会形成涝灾，也不会冲刷表面而洗掉表层土壤……总有植物保护，土壤既不会被阳光晒干，也不会被雨水冲走，如果没有植物，这些都会发生……这只是许多例子中一个，警告

---

① 气候越恶劣，生物多样性越少。接近冻土带，树种、哺乳动物和昆虫的数量都会减少。当然，在高山地区，随着高度不断升高，气候带发生变化，也会出现同样的现象。

第八章 驯化自然：清晰和简单的农业

我们在对土著农业发表我们意见之前要特别谨慎和对情况要进行彻底了解。对于我们，这里整个农业耕作方式和农民的看法都是全新的，因此很容易从本能的保守主义出发，称他们为傻瓜。①

在热带地区的其他地方，几位敏锐的观察者发现了另外一种不同的农业逻辑。基于在危地马拉农村的植物学研究，埃德加·安德森（Edgar Anderson）提供了视觉秩序与工作秩序差别的最惊人例子。他认识到，表面看来过于拥挤、"繁乱"、在任何西方人的花园中都不能被接受的植物堆积，在仔细观察下竟然具有非常高的效率和计划周详的秩序。安德森绘制了其中一个花园的草图（见图8-3和图8-4），而他对这一逻辑的描述也值得在此大段引用。

  尽管第一眼看来没有任何秩序，但是当开始绘制花园图的时候，我们发现它们是按照一定的行列交叉种植的。有许多不同品种的当地的和来自欧洲的水果树：番荔枝、南美番荔枝、鳄梨、桃子、温字、李子、无花果和咖啡灌丛。还有为了结果的巨大仙人掌，有一大株迷迭香、一棵芸香、一些一品红，还有一株攀缘到一半的香水月季。还有整垄的人工种植的当地山楂，它的果实是黄色的，像是小号的苹果，做成的果酱味道很好。有两种玉米，一种早已结果，现在用来做刚刚开始生长的豆子藤爬的支架；另外一种比较高的正在抽穗。还有一种小香蕉类，它光滑的宽叶子在当地被作为包装纸用，或者用来代替玉米叶做玉米粉蒸肉（一种辣味墨西哥食品）。在它身上爬满了各种葫芦藤。佛手瓜在成熟的时候会有几磅重的富有营养的块根。有个时期花园的一端有一个小澡盆大的洼地，是刚挖出佛手瓜的果实形成的，这被用来汇集家中的垃圾和粪便做堆肥。在花园的另一端有一个用盒子和铁罐做的蜂巢。如果与美国和欧洲的概念相对应，这个花园同时是菜园、果园、草药园、垃圾堆放地和堆粪场，还是蜂场。尽管

---

① Paul Richards, "Ecological Change and the Politics of African Land Use," *African Studies Review* 26 (1983): 40. 理查兹也引用了杜德利·斯坦普（Dudley Stamp）的著作，他在同一个时期热情地报道了非洲防止水土流失的技术可以被广泛应用："最近在尼日利亚的旅行使作者坚信，原住农民已经开发出一套原则上尽善尽美的农业体系，即使局部细节可能需要调整。这种农业体系在许多地方被实践，几乎可以完全保护土壤，避免水土和肥力流失。这可能使非洲为其他地区解决严重的水土流失问题做出贡献"（第23页）。

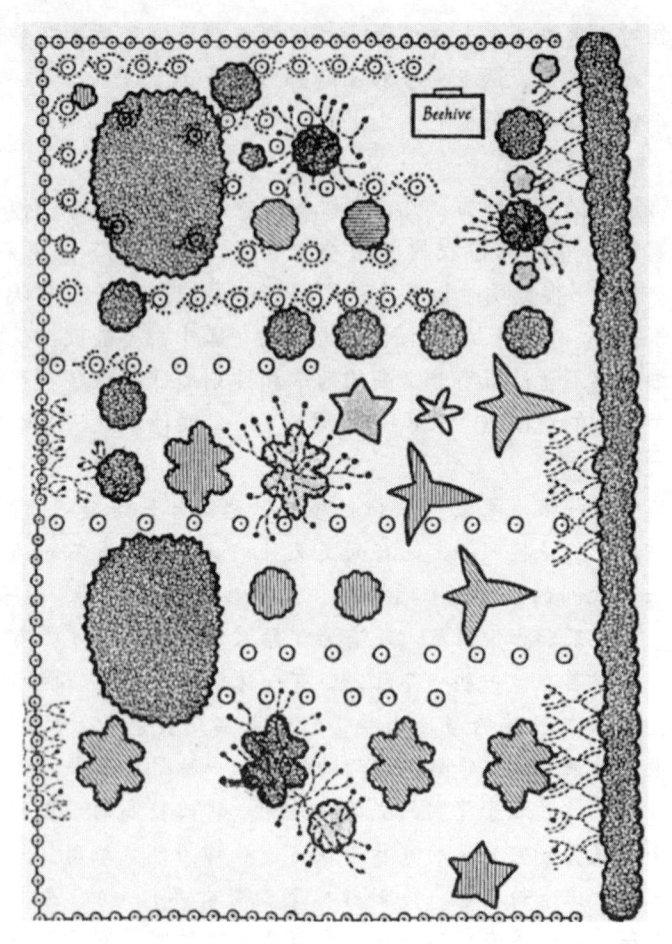

图 8-3 埃德加·安德森绘制的危地马拉圣卢西亚
（Santa Lucia）的一幅果园图

在陡坡上，却没有水土流失问题；土地表层实际全部被覆盖了，并且全年如此。在干旱季节，湿气能被保留住，同种的植物被插入的草木隔开，害虫和疾病很难从一棵植物传染到另外一棵。肥力被保存；除了补充农家肥以外，成熟的植物在没有用处以后也被埋在垄间。

欧洲人或欧洲裔美国人经常说，对于印第安人，时间是没有意义的。而对于我来说，这个园子是一个很好的例子，如果我们更深入地观察他们的活动就会发现，印第安人比我们更有效率地计划他们的时间。这个园子在不断产出，而任何时候只需要很少的劳作：当

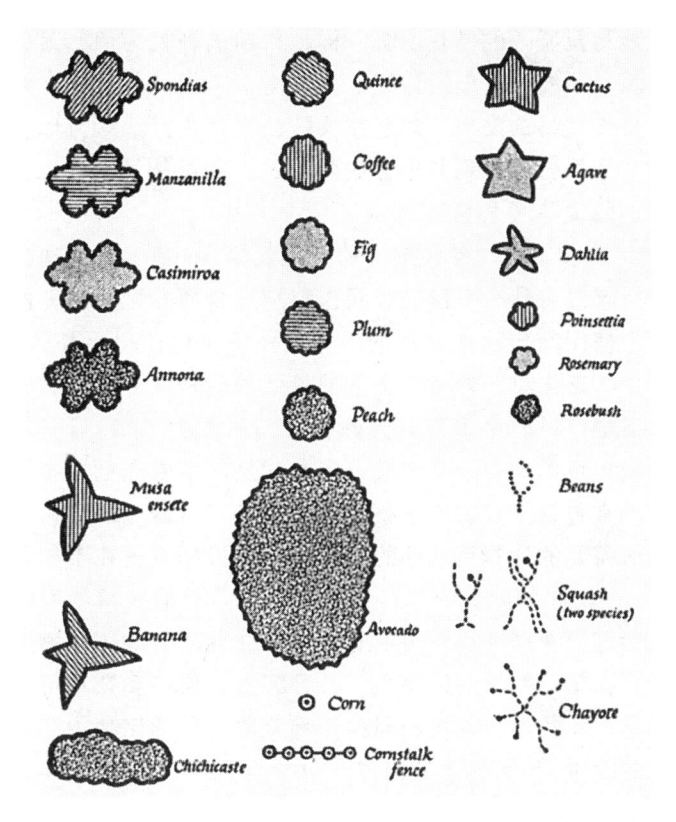

图 8 - 4 在圣卢西亚的果园图中，安德森使用图标不仅表示植物，也表示出它们的类别

环状图表示欧洲起源的果树（李子、桃子），圆而不规则图标表示美洲起源的果树（西班牙小橄榄），点状线表示爬藤的蔬菜，小圆圈表示小灌木，大的星状符号表示肉质植物，楔形图表示香蕉家族。图 8-3 中右侧狭窄的植物群为咖啡灌木丛（chichicaste）围成的篱笆，这是过去玛雅人使用的灌木。

人们采摘南瓜的时候顺手拔掉几株杂草，当最后爬藤豆子被收获以后，玉米秸和豆子秧就被埋在垄间，几个星期之后，在它们上面就可以种上新的作物。①

---

① Edgar Anderson, *Plants, Man and Life* (Boston: Little, Brown, 1952), pp. 140-141. 不言自明，安德森描述的园子是如此多样化，原因之一就是村民想生产许多生存所需的食品，而不必去集市上购买。这是视觉上秩序混乱计划的中心内容。

就像危地马拉园子的微观逻辑一样，长期被轻视为原始落后的西非多元耕作的逻辑，最终为人们所认识。事实上，它们被加以研究的部分是因为许多单一耕作项目的失败。甚至在狭隘的直接生产成果方面，其优越性也是明显的；如果再考虑到其他方面的目的，如可持续性、水土保持、食品安全，它们的优势就尤其明显。

西非80%的农田进行各种形式的多元栽培。[1] 基于我们现在对那里的了解，这种情况没有什么奇怪的。间作特别适合西非肥力较低的土壤。在贫瘠的土地上使用间作比在肥沃的土地上使用可以获得更高的产量。[2] 原因之一是间作状态比单一种植状态下的最佳种植密度要高。这种现象的原因现在还不清楚，可能是根部真菌的相互作用改善了每一种作物的产量。生长后期的密集可以抑制杂草生长，而杂草是热带农业的主要问题。因为作物的混作经常包括了谷物和豆类（比如玉米、高粱与豇豆和花生混种），每一种作物所需要的营养是互补的，而它们的根部系统在不同的土壤层中吸收营养。[3] 在轮作的例子中，第一轮作物收获后的残留物可以给留下来的作物提供营养。在同一块农田中的作物多样性也有益于作物的健康，从而提高产量。在单一耕作的地块中，各种害虫、疾病和杂草可以形成惊人的规模，但是在作物混合种植和同种作物分散种植的田块中，可以大大减少这种现象的发生。[4] 实际上有两位与20世纪30年代和40年代农艺学完全脱节的专家甚至建议"对混合耕作和其他本土实践的系统研究会发现，对约鲁巴人（Yoruba）以及其他的农业形式只需做很小的修改，它们集合在一起可以比绿色肥料或多种经营农场的革命性变革提高生产并保持肥力"。[5]

多元耕作的多层作用对产量和水土保持有特别的好处。"上层"的作物给"下层"庇荫，而下层植物都是经挑选可以在阴冷的地表生长的植物。雨水不是直接到达地面，而是像细雾一样被吸收，对土壤破坏很小，

---

[1] Richard, *Indigenous Agricultural Revolution*, p. 63.

[2] Richard, *Indigenous Agricultural Revolution*, p. 70.

[3] 多数传统的耕作系统，不管是多元耕作或作物轮种，都按这种方式将谷物和豆类结合在一起。

[4] Richard, *Indigenous Agricultural Revolution*, pp. 66–70.

[5] H. C. Sampson and E. M. Crowther, "Crop Production and Soil Fertility Problems", *West African Commission*, *1938–1939: Technical Reports*, part 1 (London: Leverhulme Trust, 1943), p. 34. 引自 Richard, *Indigenous Agricultural Revolution*, p. 30. 不能将混作（mixed cropping，是多元耕作）与多种经营农场（mixed farming）混淆，后者是指欧洲在同一农场生产不同作物（每个物种往往是在自己的单一地块中）和牲畜的小农场模式。

水土流失也少。高层作物还经常为低作物挡风。最后，混作或者轮作的耕作方式保障田地上总有作物，这固定了土壤，并减少了太阳、风和雨对土地的侵蚀，特别是在脆弱的土地上。即使多元栽培对土地当时的产量没有直接好处，为了可持续性和长期生产也应大力鼓励。

至此，我们关于混合耕作的讨论只关注了产量和土壤保护的问题。我们忽视了耕作者自身和他们应用这一技术的其他目的。保罗·理查兹（Paul Richards）指出，间作的最重要优点在于它的巨大弹性，"它提供了许多种组合来满足个人的需求和偏好，迎合地方条件，适应季节内与季节间不断变化的环境"。[①] 农民可能为了避免在种植和收获时候的劳动力短缺而使用多元耕作。[②] 种植多种作物也是分散风险和增加食品安全的方法。如果农民不是仅种植一两种作物，而是种植成熟期不同、可以适应干旱和洪涝条件、可以抵抗不同害虫和疾病、可以在地下储藏而损失很小（如木薯）的作物，一些作物在其他作物收获以前的"饥饿时间"就可以成熟，这可以减少挨饿的危险。[③] 最后，也可能是最重要的，每一种作物都植根于特定的社会关系中。家庭的不同成员可能对每种作物有不同的权利和义务。换句话说，种植领域反映了社会关系、仪式需要和烹调口味；这不是一个直接取自新古典经济学书本的利润最大化的企业家生产战略。

大多数殖民地的农学家及他们继承者所推崇的极端现代主义的美学和意识形态已经排除了对地方耕作实践做公平冷静考察的可能，地方实践被认为是可悲的落后，必须要现代的科学农业加以矫正。对这一占霸权地位观点的批评不可能来自内部，只能来自边缘，就像在雅各布斯的例子中所看到的，在那里，知识分子观点的出发点和研究假设是完全不一样的。因此赋予混作农业合理性的例子往往是来自领域之外的一些非主流的人。

这些人中最著名的可能是阿尔伯特·霍华德（Albert Howard，后来成为阿尔伯特爵士），他在当地的赞助下在印度从事了 30 年的农业研究。他主要因印多尔（Indore）过程而知名，这是用有机垃圾制作腐殖质的科学方法。与大多数西方农学家不同，他很投入地观察森林生态和地方实践，

[①] Richards, "Ecological Change and the Politics of African Land Use", p. 27.
[②] 这只是一个例子说明技术选择是如何受到农民要素禀赋的影响——很重要的考虑要素，但并不是唯一的。
[③] 严格地说，通过在不同的小块地种植单一作物也可以得到这些好处。所损失的是我们前面提到的多元耕作其他特定的好处。

并特别关注土壤肥力和可持续农业。霍华德观察到森林和地方多元耕作实践的自然多样性是保持和提高土壤健康和肥力的成功途径。土壤肥力不仅仅是化学成分的问题，也同时包括了结构特征：土壤的可耕性（或松碎土壤结构）、通风程度、保湿能力以及产生腐殖质所需要的"真菌联系"（菌根的结合）。[①] 在复杂的土壤相互作用中，只有一部分成分是可以被精确测量的，其他的只能被实地的观察者所了解，却不能被测量。霍华德进行了关于腐殖质生产、土壤结构、植物反应的精细试验，并取得了远比标准的西方实践更好的田野试验结果。他更关注的是长期的作物和土壤的健康和质量，而不是每英亩能生产多少蒲式耳的小麦或玉米。

多元栽培的实践也进入了西方，尽管仍然只是少数人的声音。蕾切尔·卡逊在她1962年出版的革命性著作《寂静的春天》中，追溯了破坏性地大剂量使用农药、除草剂，一直到单一栽培本身。她解释说，害虫的问题来自"大面积的单一作物种植。这样的系统为大幅度增加某种害虫的数量提供了舞台。单一作物农业没有应用自然规律，而只是工程师可能设想的农业。自然引进了富有多样性的景观，但是人们表现出对简单化的热情……要核对的一个重要指标是对每一物种适当的栖息地的限制"。[②] 正如霍华德所坚信的，单一栽培导致了土壤肥力的损失，以及作为补偿的化肥使用的增加（1970年美国每英亩土地使用了260磅化肥）。卡逊也指出，单一作物种植导致了害虫数量的大幅度增加，以及作为补偿的杀虫剂使用量的增加——这种治疗的方法比害虫本身还可怕。

从这些及其他原因看，至少有一些迹象表明，多元耕作的某些形式与非洲一样，也适合西方的农民。[③] 这里并不是试图展示多元栽培超过单一

[①] "菌根结合"（Mycorrhizal Association）指某些真菌的菌丝体与种子植物根部的共生关系。

[②] Rachel Carson, *Silent Spring* (Boston: Houghton Mifflin, 1962 1987), p. 10.

[③] 有时有机农业选择混作以避免大量使用化肥和杀虫剂。采用一些特定形式的多元栽培的最大障碍是在劳动力短缺的背景下，它需要大量劳动力。很难弄清，这种劳动力集约事实上多大程度是只为单一栽培设计的机械化耕作所导致的结果。作为先行者，韦斯·杰克逊（Wes Jackson）已经表明，在三年的时间段中，单纯从生产上说，多元栽培都能超过单一栽培。多元栽培在第二年和第三年的收获更大，这表明两种作物的相互影响对其成绩有很大影响 [Jackson, "*Becoming Native to This Place*" (paper presented at the Program in Agrarian Studies, Yale University, New Haven, November 18, 1994)]。同霍华德一样，杰克逊主要关注可以保护和加强土壤资本的农业形式的发展。在稳定的低洼地，这种保护并不很迫切，但是在土壤脆弱的生态地区（比如山地和高地），这就很关键。多年生作物的多元栽培看起来很适合达到这个目标。

第八章 驯化自然：清晰和简单的农业

栽培的地方，我也没有资格这样做。对这个问题没有单一绝对的回答。回答取决于许多因素，包括所要达到的目标、播种的作物、种植它们的微观环境。我试图展示的是，甚至在西方农学家所关注的单纯生产取向的背景下，在众多农业战略中，多元栽培也是值得实践检验的战略之一。然而，它几乎被所有人草率地抛弃，只有很少几个非主流的农学家研究关注，这只能是因为极端现代主义农业的帝国主义意识形态和视觉美学的霸权。

多元栽培还提出了一个有关农业实践与社会结构的问题，我们将在本书关于"多样性的恢复和持久力"一节中，以更长的篇幅来思考这个问题。不论其他的优点或是缺点，多元栽培的模式与单一耕作相比是更稳定、更容易持续的农业方式。它更像是生产经济学家所说的希克斯（Hicksian）收入：收入不会破坏要素禀赋，这可以使收入自由持续地流向未来。多元栽培同时具有更强的适应性，也就是它更能够吸收压力和损害，而不会被毁灭。最近有很好的研究表明，至少在一定范围内，同一地块上的作物种类越多，它就有越强的生产和恢复能力。[1] 如同我们已经看到的，多元栽培更能够抵抗天气和害虫的破坏，更不用说还可以改善土壤。即使单一栽培表明可以在短期内提高产量，多元栽培还是被认为可以得到肯定的长期利益。[2] 从林业中得到的一些证据也可以被应用到农业：德国和日本的单一品种种植的森林已经引起了如此严重的生态问题，以致必须重建健康森林所原有的多样性（昆虫、植物、动物）以恢复生态。[3]

---

[1] 牧场生态的比较试验证实了达尔文最早提出的假设，越多样的生态系统越有高的生产和恢复能力。明尼苏达大学的生态学家在 147 块 100 平方英尺的地块上随机种植了不同种类的草进行比较。"一个地块上的物种越多，植物生物量就越大，在增长过程中吸收的氮肥就越多"；"物种越少，生长得越稀疏，就有越多的氮肥从上层土壤中流失"。在干旱季节以后，物种多的地块比物种少的更快地恢复了全部生产能力。每增加一个物种，土地的生产能力都有惊人的提高，直到增至十个物种之后，再增加的物种对整个生产能力做出的贡献就小多了。从长远来看，可以得出结论说，增加物种是保护生态系统、对付恶劣天气和害虫蔓延的关键因素。见 Carol Kaesuk Yoon, "Ecosystem's Productivity Rises with Diversity of Its Species", *New York Times*, March 5, 1996, C4.

[2] 从成本角度看，这些好处包括减少化肥和农药投入的支出。

[3] 那些研究表面看来混乱的自然系统（云、水流、气流、传染病等）背后秩序的人已经发现了他们所称的不规则破碎系统与线性系统之间的差别。对于我们来说，最重要的区别是不规则细碎系统的弹性和稳定性，它们可以承受干扰，并在很宽的频率范围内正常运作——这是许多生物过程共有的特点。与此相反，线性过程一旦脱离其原有轨迹，就会沿新的切线运行，再不能回到初始的平衡范围。从这个角度看，多元栽培有更大的耐干扰能力。

这里值得注意的是农业和林业的多样性与雅各布斯所指出的城市邻里多样性之间的相似。雅各布斯推论说，邻里越复杂，它越能抵御工商活动和市场价格的短期振荡。同样，多样性提供许多潜在的增长机会，从而可以从新的机会中获益。而与此相反，高度专业化的邻里像在轮盘赌中一次下光了所有赌注。如果赢，就会赢得很多；如果输，就会输掉一切。对于雅各布斯来说，邻里多样性的关键在于它所培育的人类生态：当地所能提供的多样物资和服务、可形成的复杂人际关系、安全的人行道、活跃和方便的邻里所提供的可观赏性——所有这些的相互作用形成了一个地方优势的累积。① 多样性和复杂性可以使植物系统更持久和有恢复力，在另外一个层面上，也可以使人类社区更灵敏、更适应人的需要。

恒久的农田和轮耕

西非多数农民都采取某种形式的轮耕（shifting cultivation）。② 刀耕火种、临时开荒（swiddening）、农田与灌木丛的轮流休耕，所有这些都是轮耕。轮耕是通过砍伐和火烧植被开垦出临时耕作的农田。在耕作数年以后，田块就被放弃，转而耕种新的农田。当新生植被使农田恢复到原来肥力的时候，它再重新被开垦。在轮耕中，多元栽培和最小耕作经常结合在一起。

与多元栽培一样，我们会发现，在当地的土壤、气候和社会条件下，轮作也是理性、高效率和可持续的技术。多元种植和轮作总是结合在一起。哈罗德·康克林（Harold Conklin）对菲律宾轮作的描述是较早和详细的，至今仍无人能及。他指出，在一块新开垦的土地中，一个季节内平均有40~60种作物被种植。③ 但是，从主权国家及其推广机构的角度看，轮作是非常复杂，因而也是不清晰的农业方式。农田是不断变动的，不定期地被耕作或放弃——很难成为地籍图册的素材。耕作者阶段性地搬迁到新开的土地附近，因而也同样难以被掌握。登记和监督这样的人口就像是西西弗斯（Sisyphean）所做的艰苦而无尽头的工作一样，更不用说将他们变

---

① 在一定程度上，雅各布斯显示了一个邻里的成功是如何对不动产价值形成影响，从而损害邻里的某些功用，并最终改变这个地方。在雅各布斯看来，不存在平衡，有的只是在城市不同地方重复开始的循环。

② 在东南亚和拉美，轮耕也很普遍。

③ Harold C. Conklin, *Hanunoo Agriculture: A Report on an Integral System of Shifting Cultivation in the Philippines* (Rome: Food and Agriculture Organization of the United Nations, 1957), p. 85. 从康克林认真细致的叙述中，人们不能不对这些耕作者知识和技能的广度感到敬畏。

成容易征收的纳税人。① 如同我们在坦桑尼亚的例子中看到的，国家和农业主管当局的项目就是用永久的定居和永久的农田（倾向于单一耕作）来代替这些不清晰的、有不安定隐患的空间。

轮作侵犯了所有类型的农业现代化，因为它几乎违背了所有对农业现代化的理解。"早期对轮作的态度几乎完全是负面的"，理查兹写道，"这是一个坏系统：滥用自然资源、凌乱无计划、被误导"。② 轮作很好地适应环境的逻辑在于它尽可能少地打扰景观和生态，在可能的情况下尽量模仿当地植物的共生关系。也就是说，这样的农田比大多数农业官员习惯的经过整理的、直线式的整齐农田更像是未经改造的自然。换句话说，它们冒犯发展官员的外观的背后原因就是轮作在生态上的小心谨慎。

循环的灌木休耕地有许多不为人们知道的好处。它帮助保持了高地或山地土壤的许多物理特征，这些特征一旦被破坏就很难恢复。而循环本身，只要有足够的土地，就可以保证这种活动的稳定性。轮作很少根除大树或树桩——这种习惯可以减少水土流失并保持土壤结构，但在农业官员的眼里是邋遢和难看的。临时开发的荒地一般用锄或挖洞的木棍，而不是用犁来耕地。在西方化的农学家看来，他们只是漫不经心地或懒惰地挠挠土壤的表面。当他们看到深耕和单一栽培的农业系统时，他们相信他们看到了更先进和更勤奋的人口。③ 烧掉新开垦土地上的灌木也被认为是浪费。但是经过一段时间会发现，浅耕和火烧都有很大的意义：前者保护了土壤，特别是在雨量大的地方；而后者减少了害虫数量并为作物提供了宝贵的肥料。实验表明，就像定期烧荒一样，在农田上烧掉灌木（而不是将它们移走），可以提高产量。④

---

① 当然，这也是这些人口经常停留在或逃跑到非国家控制地方的原因之一。

② Richards, *Indigenous Agricultural Revolution*, p. 50. 理查兹继续写道："全国议会负责殖民地事务的副议长奥姆斯比-戈尔（W. G. A. Ormsby-Gore）概括了当时的态度，比如在塞拉利昂，为了给耕作者的'山地'或'陆地'水稻找到原始的土壤而无情地破坏自然的森林。"（见第50~51页。）

③ Richards, *Indigenous Agricultural Revolution*, p. 42.

④ Richards, *Indigenous Agricultural Revolution*, chap. 2. 理查兹总结说："从施肥的角度看，现代土壤科学肯定了林地农民对草木灰的重视和南美草原农民对'粪肥'和'堆肥'的重视"（第61页）。关于洪都拉斯烧荒技术的出色分析，见 Kees Jansen, "*The Art of Burning and the Politics of Indigenous Agricultural Knowledge*"（paper presented at a congress entitled "Agrarian Questions: The Politics of Farming Anno 1995", May 22-24, 1995, Wageningen, The Netherlands）。

对于那些接受西方观点培训的人来说，这些耕作实践的总成果上写满了"落后"——未经耕作、只清理了一半的农田里残留着树桩，大堆的灌木等待被烧掉，农田的作物散乱而没有秩序。然而有越来越多的确凿证据表明，外表是骗人的，甚至只从生产的角度讲也是如此。如同理查兹总结的，"检验某种实践的正确方法是看其在特定环境中的作用如何，而不是看起来是否'先进'或'落后'。检验需要仔细控制的投入—产出试验。如果进行比较，在一定投入条件下，在'部分清理'的土地上进行'浅耕'比别的方法能得到更高的回报，并且这些结果可以被保持，那么这个技术就是好的，不管它是昨天或几千年前发明的"。① 由于过去对轮作制度一概的责难使我们忽视了非洲农民采取因地制宜的方式从事这种实践。多数农民将低地的持久耕作与更脆弱的山地、高地和林地某种形式的临时耕作结合在一起。多数轮作的农民并不像经常假设的那样没有头脑，他们都熟悉许多耕作技术，并从中进行了仔细的选择。

化肥与肥力

田之佳肥乃农人之足迹

——孔子*

商业化肥经常被宣传为神奇的增强剂，可以改善贫瘠土壤和提高产量；推广机构往往将化肥和农药作为土壤的药。但实际结果往往令人失望。导致失望的两个主要原因与我们的讨论直接相关。

首先，推荐使用化肥必然是整体的简单化。在特定农田中使用化肥是可质疑的，因为标明土地等级的地图往往忽略了地块之间，乃至地块内部的微观差异。使用化肥的条件、"剂量"、土壤结构、要种植的作物、紧接在化肥使用前后的天气变化情况都会对化肥的吸收和作用产生很大影响。如同理查兹观察到的，农场和农田不可避免地存在巨大差异，这"要求更开放的方式，农民尽可能自己从事必需的试验"。②

---

① Richards, *Indigenous Agricultural Revolution*, p.43. 在这里，理查兹所接受的假定前提是只有在可持续的条件下，市场效益是唯一的检验标准。

* 英文原文的意思是"任何农场中最好的肥料是场主的脚步"。尽管在西方被广为引用，但查了中英文《论语》，都找不到此文出处，所以这里只能根据译者的猜测写出。

② Richards, *Indigenous Agricultural Revolution*, p.61.

其次，化肥的公式受限于分析的狭窄。这个公式来自德国著名科学家李比希（Justus Freiherr von Liebig）。他在1840年发表了他的经典手稿，在手稿中确定了土壤中主要的化学营养成分，我们至今还照此制定化肥的标准配方（氮、磷、钾）。这是一个惊人的科学进步，其影响深远，并产生了有益的结果。但是将之当作"帝国主义"的教条知识——当它被作为可以解决所有土壤贫瘠问题的方法时，就容易产生麻烦。① 正像霍华德等人经过艰辛努力证明的，有许多相互作用的因素——包括土壤的物理结构、透气性、可耕性、腐殖质以及真菌共生——这些都大大影响到植物的营养和土壤的肥力。② 事实上，化肥可能使有益的有机物彻底氧化，这会破坏土壤的松碎结构，使土壤逐步碱化并失去肥力。③

重要的观点比细节更重要：有效的土壤科学不能仅停留在分析化学营养成分上；它要包括物理学、细菌学、昆虫学、地质学等各科的因素，这还只是最低限度。理想状态下，化肥的实践方式要求同时具有任何单个专家都不可能具备的广泛的跨学科知识，以及只有农民才可能有的对一特定地块的特殊性知识。如果离开了特定农田的特殊性，只是将化学营养与土壤分类表一一对应地使用农药，这样的做法只能开出无用，甚至有害的药方。

"非权威" 发明的历史

对于多数殖民地官员和他们的继承者来说，极端现代主义的委托使他们对地方农业形成了错误的假设，并使他们看不到其动力所在。与永恒、静止和僵化不同，地方农业实践永远处于被修改和变化状态。它的可塑性正在于地方实践是可以根据不同雨水条件、土壤、土地坡度、市场机会和劳动力供给等因素做出调整的一整套技术。多数的非洲农民在一个季节中使用多种耕作技术，他们掌握了许多可能有用的技术。如果有任何全新的作物从新大陆来，只要合适，他们就会迅速地采用。玉米、木薯、马铃

---

① 李比希的确相信他的公式可以解决所有土壤问题。
② 在霍华德众多的实验中，有精细的"绿肥"实验（在种植谷物之前将可以固氮的豆科植物埋入土壤中），结果表明效果如何在很大程度上依赖其他这些因素，还有如正确的时间和土壤中的湿度，这些都是促进生成有机腐殖质化学反应（首先是有氧的，然后是厌氧的）的必要条件。见 Sir Albert Howard, *An Agricultural Testament* (London: Oxford University Press, 1940)。
③ 在大量灌溉以后所留下的盐分也会导致土壤碱化。加利福尼亚帝王谷中碱化土地上的耕种者不得不越来越频繁地更换排水管以避免盐分堆积达到破坏性的程度。

薯、辣椒以及来自新大陆的各种豆类和葫芦都被纳入非洲的植物王国中。①

与其他地方一样，在农业生产中的试验、选择和改良对于非洲也是非常古老的故事。民族植物学和古植物学可以追溯杂交和变异的详细历史，比如，旧大陆的谷物和新大陆的玉米被选择和传播，以适应不同的用途和生长条件。对于那些通过无性繁殖传播的植物——也就是通过插条而不是种子传播的植物，这种观察也同样正确。②

从严格客观的角度讲，有很多专家会承认，有理由将每一个非洲的农场都看作是一个小型实验站。有理由相信，一个依靠吝啬和易变环境维持生存的农民社区不可能忽视改善他们安全和粮食供给的机会。当然也需要强调地方知识的局限。当地农民对自己的环境和各种可能了解得很清楚，但是他们当然缺少只有现代科学工具才能提供的知识，如显微镜、航空摄影以及植物的科学育种。如同各地农民一样，他们经常缺少大规模灌溉工程和高度机械化所需要的技术和掌握技术的条件。与地中海盆地、中国和印度的农民一样，他们也能损害生态系统，即使目前为止低人口密度使他们还不足以聚集许多人口犯这样的错误。③ 如果多数农业专家能够充分意识到地方农民已经知道的知识，体会他们的实践和实验态度，愿意采用适合地方需要的作物和技术，那么这样的专家就会与罗伯特·钱伯斯（Robert Chambers）一样得出结论，"尽管被咨询专家不重视或完全忽视，但是地方农业知识是从事发展的企业唯一还不曾动用的最大知识来源"。④

---

① 来自旧大陆的水稻早已引入，并被改良。尽管水稻是常年生长的，但还是被每年种植。
② 现代人在过去 4000 年中没有增加任何重要的新植物和动物物种，这个事实反映了这一历史的悠久。关于这方面的故事，见 Carl O. Sauer, *Agricultural Origins and Dispersals* (New York: American Geographical Society, 1952)。索尔非常依赖俄国科学家在这一领域的重要工作，见 N. I. Vavilov, *The Origin, Variation, Immunity and Breeding of Cultivated Plants*, trans. by K. Starr Chester, *Chronica Botanica* (1949–1950), vol. 13, nos. 1–6。马铃薯是只能通过插枝进行无性繁殖的绝好例子。
③ 也有例外，其中一个就是生态被严重破坏的埃塞俄比亚北部和厄立特里亚省。值得提出的是，工业化世界有关土壤流失、污染、地下水的过度消耗以及全球转暖的记录也不能作为例子表明人类具有先见之明。
④ Robert Chambers, *Rural Development: Putting the Last First* (London: Longman, 1983), quoted in Richards, *Indigenous Agricultural Revolution*, p. 40. 有例子支持霍华德的结论，"农业革命"总是农民的自发行动，而不是政府推动的结果。从不列颠提供了工业化基础的农业革命到非洲引进种植新作物，如可可、烟草和玉米，霍华德的概括是正确的。但是对于大型灌溉工程，或最近由科研推动的高产小麦、水稻和玉米品种的培育，这个结论就不正确了。这些国家推动的创新往往意味着集权化。

极端现代主义的制度亲和力

我相信，许多农业专家对地方能力的有意轻蔑并不仅仅是因为偏见（受过教育的、城市的、西方化的精英对农民的态度）或极端现代主义隐含的美学信念。官方态度更是制度特权的问题。农民的实践越被假设和证实是合理的，专家同时能从农民那里学到的越多，专家越是要在政治上平等地与农民协商，那么官方机构地位和权力背后的基本前提受到的损害就越大。多数农业现代化国家项目的背后都暗含了未公开的逻辑，就是要巩固中央的权力，并削弱农民和他们与国家机关相对的社区自主性。每种新的物质实践都会改变现存的权力、财富和地位分配；农业专家声称他们是中立的技术家，对其结果毫无制度上的利害关系，我们不能被这表面现象蒙蔽。[1]

苏维埃集体化和乌贾玛村庄的集权效果是很明显的。那些大型水利工程以及大型农场也一样，前者由当局决定什么时候放水、如何分配水、收取多少水费；后者的劳动力受到像工厂一样的监督。[2] 对于殖民化的农民来说，集权和专家的作用都是降低耕作者的技能，甚至在家庭农场和自由经济条件下也是如此。这实际上是利伯蒂·海德·贝利（Liberty Hyde Bailey）的乌托邦理想。贝利是植物育种专家、农业科学的信徒、西奥多·罗斯福（Theodore Roosevelt）领导下的国家生活委员会（Country Life Commission）的主席。贝利指出，"在开放的乡间将有植物医生、植物育种家、土壤专家、健康专家、剪枝专家和喷雾专家、林业专家、娱乐专家和

---

[1] James Ferguson, *The Anti-Politics Machine*: "Development", *Depoliticization and Bureaucratic Power in Lesotho* (Cambridge: Cambridge University Press, 1990). 福格森出色地表明，国际和国家发展机构的权力是如何依赖科学专家将他们的活动标示为完全中性的干预。

[2] 人们可能会反对说，在大型灌溉工程中，中央托管的逻辑是为了分配上游和下游的用水权力。但是事实上许多大型水利系统无须集中的政治权威使用强迫权力已经被成功地组织了数百年。有个出色的研究说明了这样的系统如何工作，并如何差点被亚洲开发银行的水利专家和农学家强加的"简单化"破坏。见 J. Steven Lansing, *Priests and Programmers: Technologies of Power in the Engineered Landscape of Bali* (Princeton: Princeton University Press, 1991). 另外有参考价值的著作还包括: Elinor Ostrom, *Governing the Commons: The Evolution of Institutions for Collective Action* (Cambridge: Cambridge University Press, 1990).

市场专家……还有家务专家……需要（所有这些人）提供专业的建议和指导"。① 贝利的未来完全是由管理精英组织起来的："然而我们不应认为社会是完全建立在相互分割的区域上，像由那些安于现状的人所组成的家庭农场一样；这意味着所有在土地上的人都将成为劳动者。我们需要将一些人固定在土地上，他们具有很强的组织权力，他们是管理者，他们能大胆地处理问题；如果这些人在土地上不能找到足够的机会而被迫进入其他职业，那么即使对于最好的社会和精神成果，这也将形成致命的威胁。"②

尽管有这些充满希望的宣言和预期，但是如果仔细考察 20 世纪的许多农业发明——这些发明看起来是纯技术的，因而也是价值中立的——人们不得不承认许多发明都带来了商业和政治垄断，这明显削弱了农民的自主性。杂交种子的革命，特别是玉米种子，就有这样的作用。③ 因为杂交种子或者是不育的，或者到第二代使用时已经不"纯正"（即与原种相同），培育出杂交种子父本的种子公司掌握了杂交种子的财产价值，这些种子可以每年出售，这与农民可以自由选择的自然授粉的品种不同。④

不同但是类似的集权逻辑也被应用于过去 30 年发展起来的小麦、水稻和黄玉米高产品种（HYVs）。它们将对氮肥的强烈反应和作物的矮而粗壮的秆的抗倒伏效应相结合，对产量产生了巨大影响（随不同作物和不同生长条件有很大不同）。它们潜在的产量需要大量的水（往往通过灌溉），需要大量地使用商业化肥，并定期使用农药。这同样也促进了农田耕作和收获的机械化。由于使用杂交种子，农田中缺少了生物多样性，这意味着每一代高产品种都要面对真菌、锈病、害虫的侵害，必须购买新种子和农药

---

① Stephen A. Marglin, "Farmers, Seedsman, and Scientists: Systems of Agriculture and Systems of Knowledge" (unpublished paper, May 1991, revised March 1992). 马格林的解释是对科学农业的生态和制度结果的敏锐分析。他对知识系统的分析与我在第九章对米提斯（mētis）的分析非常一致。我们各自都发现使用从希腊哲学借鉴来的知识概念以区分实践知识和演绎知识是很有价值的。我发现他的讨论是很有帮助和清晰的。将马格林对美国农业的分析与德布拉·菲兹杰拉德的《自耕农不再：美国农业的工业化》（*Yeomen No More: The Industrialization of American Agriculture*）结合在一起读是很有帮助的。

② Marglin, "Farmers, Seedsmen, and Scientists", p. 7.

③ 杂交（hybrid）的含义变了。最初它指的是任何不同系的配种，现在特指两种同系"纯种"的交配。

④ 马格林注意到，美国农业部与大型种子公司的密切协作使后者掌握了对玉米杂交种子的控制。小麦和水稻是自我授粉的，对它们的控制相对较弱。提高这些作物的产量是通过新的、基因稳定的品种取得的。Marglin, "Farmers, Seedsmen and Scientists", p. 17.

(因为害虫已经有了抗药性)。这导致了生物武器竞争,制种专家和化学家相信他们可以继续赢得这场竞赛,但这将农民越来越置于公共和私人专家的掌握之中。就像在尼雷尔政治的真正民主条件下,那些威胁到管理精英地位的研究和政策的元素或者完全得不到探讨,或即使被探讨,也在政策实施中"被舍弃"。

农业科学的简单化假设

全面控制的企图会导致无序。规律似乎是,专家的界定范围越是僵化和特定,在其内部控制得越严格,那么围绕制度就越会产生混乱。人们可以在冬天建立暖棚生产夏季蔬菜,但是这样做的同时也产生了新的缺陷,容易受到天气影响,有可能完全失败。与一月份橡树生长和山雀生存的自然规律相比较,可以使一棵番茄生长至一月底所需的人工控制可能带来很多问题。

——温德尔·贝瑞(Wendell Berry):《美国的不安》
(*The Unsettling of America*)

国家发展项目的主要内容并非只是权力精英的灵机一动。甚至坦桑尼亚的村庄化也曾经过长期出色的农业经济分析。引进新的作物品种,如棉花、烟草、花生和水稻,以及机械化、灌溉和施用化肥的计划都做过长期的技术研究和实地试验。但为什么这么多项目都没有达到原来预期的结果呢?我们将在下一章中讨论与此密切相关的一个问题,这就是,在农业实践和生产中的许多成功变迁为什么都不是由国家倡导的,而是由农民自发发起的?

分离试验变量

在我看来,记录已经表明,每当科学工作的最终目的是使完全不同工作条件下的各种各样执行者在实践中都采用这种方法的时候,大部分问题就出自科学工作本身系统的和内在的缺陷。这就是,问题不仅仅来自中央控制的制度目标、管理上的不完善或喜好只追求美学效果却不经济的示范项目,而是来自更深层的问题。甚至在最好的情况下,实验室的结果和研究站小块试验田的数据与它们最终要到达的人类和自然环境也是相去甚远。

科学农业试验的标准方法历来只是通过一个作物接一个作物的试验来检验投入的各种要素对产量的影响。近年来一些新的变量开始被考虑。这样的试验可能验证不同土壤和湿度条件下的产量，或者确定哪些杂交品种抗倒伏，或者成熟的方式更适合机械收割。有生态意识的研究经常按照下面同样的方式进行：将可能的影响因素一个接一个地分离出来，比如可以使特定水果品种对特定的害虫产生生物抵抗力的因素。

只分离出来几个影响变量——理想状态是控制其他变量而只保留两个——是实验科学的关键原则。① 作为程序，它对科学工作是有价值且必要的。只有大大简化实验条件才有可能保证有明确、可证实、公正和具有普遍性的结果。② 正像一位混沌理论的先行者所说："物理学有个基本假设就是，我们理解世界的方式就是不断将各种因素分离出来，直到你理解了你所认为是真正根本的事物。然后你就假设你所不理解的都是枝节问题。这里的假设就是，你可以通过观察事物的纯粹状态——这是真正的分析概念——发现那些为数不多的基本原理，而当你要解决更困难问题的时候，你就按照更复杂的方式将它们组合在一起。"③ 在农业研究中，如果要控制实验所要检测的变量之外所有影响因素的话，就要对天气、土壤和景观进行标准化的假设，更要对农场规模、劳动力供给和农民的愿望这些经常隐含的假设进行标准化。"试管研究"当然更接近理想的变量控制。④ 甚至试验站中的试验田也是极端简单化的。它在"一个小而高度简单化的封闭区域中"最大限度地提高控制程度，并忽视其他因素，将它们归为"所有不可控因素"。⑤

显而易见，单一栽培和对产量的关注最适合这个模式。单一种植消除了所有设计出更复杂的其他作物的可能，单纯的产量避免了要达到特定的

---

① 因为在实际的试验中，这样的控制只是近似的，每一个试验后都会有大量关于"外来干扰因素"以及在实验设计中被选出的影响因素之外的变量的讨论，这些讨论可能会有所发现。实际上这样的发现是含混不清的，除非接续的实验能控制那些游离的变量。
② Marglin, "Farmers, Seedsmen, and Scientists", p. 5.
③ Mitchell Feigenbaum, quoted in James Gleick, *Chaos: Making a New Science* (New York: Penguin, 1988), p. 185.
④ 实验室的科学必须要有标准和净化的自然物（如：产品目录中的纯化试剂），并使用人工的观察工具。只有可靠地操作这些物质才能进行成功的试验并维护实验室实践的可靠。见 Theodore M. Porter, *Trust in Numbers: The Pursuit of Objectivity in Science and Public Life* (Princeton: Princeton University Press, 1995), chap. 1. 还可参见 Ian Hacking, "The Self-Vindication of the Laboratory Sciences," in Andrew Pickering, ed., *Science as Practice and Culture* (Chicago: University of Chicago Press, 1992), pp. 29 – 64.
⑤ Berry, *The Unsettling of America*, pp. 70 – 71. 实际上并没有理由说营养价值、耕作时间、口味或者耐储存等不是最需要关注的因变量。但是所关注的变量越不是主观的、越容易被计量，那么研究也就越容易进行。

品质和口味时会出现的烦人的测量问题。如果只考虑单一树种的商业化木材，林业科学是最简单的。如果只关注从一块"标准"英亩中最有效地获得最大量蒲式耳的单一品种杂交玉米，农业科学就是最简单的。

从实验室到技术站的试验田，再到真实农场的大田试验，试验过程中的控制越来越难。理查兹注意到西非的研究人员在进行这种转移过程中的不安，他们渴望自己的研究有更多的实际可操作性，却又担心对试验条件控制的减少会带来什么样的后果。在讨论了应选择相对一致的农场做试验，这样才可能对实验结果做出一致的反应以后，研究人员接着哀叹离开研究中心以后所失去的试验控制。他们写道，"几天之内要在所有地方都种上作物是很困难的，而且几乎不可能找到同样土壤的农田"。他们继续写道，"另外的一些影响，如虫害或坏天气，可能只影响某些工作，而不涉及其他"。[1] 理查兹解释说，这"提醒人们，为什么在试验站中'正式'的、强调控制除一两个直接研究变量以外所有变量的科学研究，在遇到众多小农的时候就'没有作用了'。农民主要关注的是如何应付复杂的相互作用和意外事件。从科学家的观点看（特别是涉及需要明确的结果以便出版时），在农场的试验对他们是严峻的挑战"。[2]

科学越是要处理各种因素复杂的相互关系，它就越开始失去其作为现代科学的特征。许多关注一个问题的单项研究的累积，并不等同于包含所有复杂性所做的单项研究。我需要再次指出，这并不意味着反对现代科学研究的试验技术。任何一项范围广泛的、不对复杂关系进行简化的、在农田的实地研究都可以像农民一样展示一套可以产生"好结果"，也就是高产量的复杂实践，却无法从中分离出几个对结果最关键的因素。我这里想阐述的是，要了解科学工作在其范围内的力量和用途，也要了解在处理那些不适合科学解决的问题时它的局限性。

盲　点

再回到多元栽培的例子，我们可以理解为什么农学家从科学、美学和制度方面都反对多元栽培。间作带来了太多同时起作用的因素，以致很难

---

[1] D. S. Ngambeki and G. F. Wilson, "Moving Research to Farmers' Fields", International Institute of Tropical Agriculture Research Briefs, Vol. 4, pp. 1, 4, 7-8, quoted in Richards, *Indigenous Agricultural Revolution*, p. 143.

[2] Richards, *Indigenous Agricultural Revolution*, p. 143.

得到明确的因果关系。我们知道多元栽培的确提高了产量，特别是固氮的豆类与谷物的结合，但是我们很少知道导致这种结果的精确关系。① 甚至我们将注意力完全集中在产量这样单一因变量的时候，也会发现找出因果关系困难重重。② 如果我们暂时放开这个关注点，开始考虑更广泛的因变量（产出），如土壤肥力、与家畜间的相互关系（饲料、肥料）、与家庭劳动力的兼容等，那么比较的困难会迅速超出科学方法所能处理的范围。

在这里，科学问题的性质与物理体系的复杂性相仿。牛顿力学原理的简单公式使我们在知道了两个空间物体各自的质量和距离以后，很容易计算出它们的运行轨道。但是若再增加一个物体，它们之间的相互作用就使轨道的计算复杂很多。当有 10 个星体相互作用的时候（这是太阳系最简单的版本），③ 就已经没有严格重复的轨迹，也无法预测系统的长期状态。当每一个新因素被引入时，由此衍生的各种相互影响关系就呈几何级数增加。

农业科学研究倾向于选择其方法适用范围内的农业技术，我想这么说离事实并不会很远。使单一种植的地块达到产量最大化是一项这样的技术，在这里，科学的力量可以被最好地利用。在制度权力所允许的范围内，农业机构，就像科学林业官员一样，往往按照自己的意志简化环境，使之更能适应自己的知识系统。与他们现代美学和政治－行政利益一致的农业形式也恰好与他们科学的专业本领相符合。④

---

① Sauer, *Agricultural Origins and Dispersals*, pp. 62 – 83.
② 除了要在许多可能中发现"起作用"原因的困难外，多元耕作的研究还要建立并证明一个可以比较各种不同作物组合产量的公式。假设在同样成本下，200 蒲式耳利马豆加 300 蒲式耳玉米，或者 300 蒲式耳利马豆加 200 蒲式耳玉米，究竟哪个更好？用什么做公分母？是市场价格（这意味着每个星期和每年答案都在变化）、热量、总的营养价值，还是其他什么标准？困难迅速地累积起来。
③ 这是减掉了各种卫星、小行星、邻近星体以后的太阳系版本。
④ 1977 年，温德尔·贝瑞诘问美国农业部："检验不同土壤管理系统的对照试验田在哪里？现代使用畜力耕作、小型技术和替代能源的小农场的成绩数据在什么地方？不用化肥和农药的农田在什么地方？如果这些都存在，那么我们这个时代没人知道它们在哪里。如果它们不存在，科学农业的科学权威来自何处？没有适当的对照物就没有证据，从任何正规的意义上说，也就没有试验。"（*The Unsettling of America*, p. 206）从那以后做了一些比较研究，美国农业部有机农业组准备的报告《有机农业的报告和建议》（*Report and Recommendations on Organic Farming*, Washington: USDA, 1980）报告了美国农业部有关有机农业的研究成果。它们与西非情况的相似让人吃惊。在每一个例子中都有一些实践被认为不值得去研究，原因之一就是他们及他们的实践者被设定为落后和低效的。只有当主流规律的反常和长期后果很明显的时候，这些实践才会被仔细地考察。

第八章 驯化自然：清晰和简单的农业

什么是实验设计之外的"混乱"？在实验之外的相互作用实际上可能是有益的，如果它们可以增强人们所希望的结果的话。[1] 没有办法预测它们的效果会是什么，重要的是它们完全在试验模型之外。

然而，有时候这些效果既重要也具有潜在威胁。1947～1960年最引人注意的例子是在世界范围内大量使用农药，其中名声最坏的就是DDT。喷洒DDT是为了消灭蚊子，从而减少蚊子所传播的疾病。试验的模型主要集中于消灭蚊子所需要的剂量浓度和使用条件。在其视野之内，这个模型是成功的；DDT的确杀死了蚊子，并大量减少了疟疾和其他疾病的发生。[2] 我们逐渐地理解到，它同时对环境产生了负面影响，DDT的残留被各有机物沿食物链吸收，而人类也是这个链条的一部分。DDT和其他农药的使用对土壤、水、鱼、昆虫、鸟和植物产生的后果是如此错综复杂，以至于我们到现在还没有完全了解。

弱周边视觉

部分问题在于主效果之外的负效应不停地衍生出分支。第一级影响，如当地昆虫数量的减少和消失，引起了开花植物的变化，这又引起其他植物和啮齿动物等的生存环境的变化。另外一个问题是农药对其他物种的效果只在实验条件下被检验过。而DDT是在大田条件下被使用的，并且如同卡逊所指出的，科学家对农药与水和土壤混合并接受阳光照射后的相互作用产生的效果完全不清楚。

对于这些相互影响效果的了解来自科学模式的外部，这一事实既有趣同时我想也有诊断意义上的代表性。它具体开始于人们注意到鸣鸟数量的急剧减少。公众对在他们厨房窗外失去的鸟鸣的警觉，引发并最终通过科学研究追踪到DDT是如何沉积在鸟的机体中，这使蛋壳易碎，从而导致繁殖的失败。这一发现反过来促进了对农药作用的类似调查，并最终通过立法禁止使用DDT。这个例子与其他例子一样，都说明科学模式的力量在一定程度上是通过排除试验之外的影响因素而取得的，但是这些因素经常返回进行报复。

---

[1] 比如阿司匹林一直被用于缓解头痛，只是近年来才发现它很多其他的效用。

[2] 事后看来，仍可以争论说，如果用成本效益方法分析，减少疾病如此重要，远远超过了其对环境的损害。但这不是问题所在。这个例子的问题在于，对环境的损害代价是在试验模型之外的，是不可能估价的。

对农场效率和利润的农业经济学分析逻辑也是通过类似的限制其所关注领域而获得力量的。在将农场作为一个公司进行微观经济学考察时，它的工具往往很有效。在关于成本、投入、天气、劳动力使用和价格的简单化假设基础上，它们可以表明使用特定的机械、购买灌溉设备或者种植某种作物而不种植其他作物能获益多少或不获益。这类分析和市场分析往往用于展示大型的、资本密集的和高度机械化的农场可以取得的规模经济。在这狭窄视野之外的大量因素就被简单地归为一类，不再被考虑，就像实验科学中所使用的方式。但是在这里，采用这种观察问题的方法从事农业经济学分析的行动者至少在短时间内有政治能力保证，他们对于按照这个逻辑产生的"公司之外"的更大结果没有经济责任。一个非主流的经济学家1972年在呈给国会的证词中清楚地勾画出美国农业的模式。

> 只有在过去十年人们才真正意识到大型农场……可以通过外部化它们的某些成本而获得利润。大型农场运行的害处都存在于大型农场的决策框架之外。垃圾处理、污染控制、给公共服务增加的负担、农村社会结构的破坏、损害税收基础以及经济权力集中所带来的政治后果，这些问题都没有被公司认为是规模扩大的成本。毫无疑问，它们是更大的社区成本。
>
> 从理论上说，在其内部的决策框架内，大型化使公司同时具有广泛的成本和利益。但在实践中，与大型化相伴随的经济和政治权力却总是使大公司想得到利益而转嫁成本。①

换句话说，尽管农业公司的经营分析师周边视觉较弱，但是单个或大公司整体所有的政治影响可以帮助它们避免受到出其不意的打击。

短 视

几乎所有声称评价关注农民利益的决策研究都只是延续一个或几个季节的试验。这种研究设计暗含的逻辑是，长期的效果与短期的效果不会冲突。但即使是对于那些最关心产量最大化的人们来说，研究的时间范围长

---

① Philip M. Raup, University of Minnesota, testifying before the U. S. Senate Small Business Committee (March 1, 1972), quoted in Wendell Berry, *The Unsettling of American*, p. 171.

短与研究的结果也有直接关系。除非他们只关注眼前的产量,完全不管任何后果,否则,他们都要关注可持续性问题,或希克斯收入。那些带着文化和社会目标(如保护家庭农场、景观和多样性)的农业政策设计者与那些只管产量和利润最大化的设计者之间最重要的区别可能并非是实践上的不同,而是在于短视和关注长远目标的生产主义者之间的区别。毕竟对水土流失和水源供应的关注主要不是出于环境考虑,而是对现有生产可持续性的关心。

急功近利的作物研究和农场经济甚至排除了生产主义者所关心的长期结果。比如许多人都声称,作为一种生产系统,多元栽培有长期的优越性。如同史蒂芬·马格林所建议的,对多元栽培进行20年,甚至更长时间的试验,就很可能得出与只进行了一两个季节试验不同的结果。[1] 与杂交化相对,自然授粉和农民自己的选择过程也可能得到与最好的杂交品种产量相同,但在包括营利性等其他方面优于杂交品种的作物。[2] 我们现在知道,科学的、单一品种森林的账上利润是以森林长远健康和生产能力的巨大损失为代价换来的。人们可以设想,因为多数的农场都是家庭企业,所以有很多关于栽培和公司的经济学研究会将整个家庭的周期作为研究的时间单位。[3]

在科学方法本身的逻辑中并不必然导致急功近利观点的流行,相反,这种观点似乎是对制度和商业压力的反映。但在另一方面,科学方法本身的确需要将几个因素隔离出来而假设其他变量是常数,以及将其他相互影响的效果排除在试验模型之外。这是在其视野之内达到惊人清晰度的必要条件。总的说来,实际的科学实践将景观的一部分封闭起来——盲点、周边视野和长期的观点——这部分正构成了真实世界中令人生畏的一部分。

---

[1] Marglin, "Farmers, Seedsmen and Scientists", pp. 33 – 38.

[2] 比如可参见,Kloppenberg, *First the Seed*, chap. 5. 哈兰(Harlan)在《作物与人》(*Crops and Man*)第129页报道,留在农田里作种子的一批大麦,经过60年的试验,大麦产量达到育种专家所能培育品种的95%,并且是更坚硬和更抗病虫害的作物品种。

[3] 家庭发展周期的经典研究是 A. V. Chayanov, *The Theory of Peasant Economy*, introduction by Teodor Shanin (Madison: University of Wisconsin Press, 1986)。将稳定的家庭农场作为制度建立的政策原因是,对于保持和改善土地和环境,它比资本主义公司有更多的代际利益。传统上,同样的逻辑也被用来解释许多分成佃租和租赁形式导致了破坏性的实践活动。

科学农业的简单化实践

一些产出比其他的更平等

现代农业科学研究一般都假设农民最关注的是每单位最少投入所带来的产出。这个假设很方便：就像科学林业中的商业木材，一般的、同种的和标准的商品使比较不同耕作技术的产量和进行汇总统计成为可能。包括了种植面积、每英亩产量和年复一年的生产总量等内容的常见表格成为衡量一个发展项目成功与否的关键指标。

但是所有水稻、玉米和粟都"相等"的假设，不管如何有用，都是无法被简单接受的，除非它们纯粹只是在市场上出售的商品。① 每一种谷物都有自己的特性，不仅在于如何生长，也包括收割以后的特性。在一些文化中，某些特定的水稻是在特定食品中使用的；一些品种的水稻只用于一些特定的仪式，或者仅在结算地方债务的时候使用。从理查兹在塞拉利昂观察到的当地人如何考虑权衡中可以看到，因为煮饭的性质不一样，对不同的水稻有复杂的区分。

> 一句"煮起来很差"可以表明与储藏、准备和消费有关的许多品质，这不仅仅是主观的"口味"问题。这个品种是不是适合当地的食品加工过程？是不是便于去皮、碾磨？舂煮的时候需要多少水和薪柴？在生的时候或煮熟以后能保存多长时间？门迪（Mende）妇女指出，吃剩饭的时候，改良的湿地水稻不如"高地"的较硬水稻可口。如果是合适的水稻品种，在农忙的季节就可以减少煮饭的次数。因为每天煮饭有时候需要 3~4 小时（包括去掉稻壳、生火和担水的时间），那么当劳动力短缺的时候，这就不是一个小问题。②

到目前为止，我们只考虑了带壳的作物。我们如果也考虑其他植物，结果又会如何？我们立刻可以看到，植物上可收获的东西远比种子更多。

---

① 即使这些谷物在市场上是相等的，但每一种作物仍会有自己独特的劳动力需求、生长的特点和抵抗力。对于生产者来说，这些都是很重要的差别。

② Richards, *Indigenous Agricultural Revolution*, p. 124.

所以中美洲的农民可能不只关心收获玉米穗的数量和大小。他们可能还想用玉米棒做饲料和擦洗的刷子；用玉米皮和叶子做包装、盖屋顶和做饲料；用玉米秧做豆子爬藤的架子、饲料和临时的篱笆。事实上，中美洲的农民比美国玉米带的农民知道更多的玉米品种，部分原因在于不同的用途需要不同的品种。玉米可以有许多种用途在市场上销售，因此评价玉米的质量就不仅仅考虑玉米穗。当然这样的故事也适用于任何广泛种植的作物。在不同生长阶段的不同作物部分可以用作搓绳、植物染料、制作药膏、生吃或煮熟的蔬菜、包装用品、草垫或者作为仪式或装饰用品。

甚至从商业化的角度看，植物也不仅仅是谷粒。并非所有亚品种的谷粒与杂交玉米和杂交水稻都是相同的。对于农民来说，用体积或重量衡量的谷籽产量仅仅是许多目标中的一个，而且可能并不是最重要的一个。但是一旦科学农业或作物育种开始将这许多价值和用途引进他们的计算，他们就会再次面对十个天体的牛顿力学的困境。即使他们的模型能够包括一些复杂性，但是这些用途都可能会没有任何先兆地发生变化。

试验田和实际的农田

如同我们前面了解的，所有的环境都带有错综复杂的地方性。在把来自实验室和试验站的一般和标准化的"高级教堂拉丁语"转变为地方教区方言的时候，总存在我们所说的移植问题。当被应用到，比如说刚刚种过两季燕麦的、石头多的、背阴低地的时候，田地耕作、种植时间表和对化肥的需要这些标准化的方法都要相应调整。试验站和推广站的农业科学家像其他应用科学的专家一样，都很清楚这个移植问题。问题在于如何发现并传达这些信息，使它们对农民有所帮助。只要这些发现和方法不是被简单地灌输给农民，农民就要做出决定，它们是否符合他的需要。

就像地籍图一样，农业研究站的试验田不可能包括农民大田中的多样性和可变性。研究人员的工作只能建立在关于土壤、农田耕作、杂草生长、降雨、气温等标准和正常范围的假设之上，而实际上每块农田的环境、所采取的措施和结果之间的联系都是特殊的，有些（土壤结构）可以预期，有些（天气）任何人都无法掌握。它们之间，以及与其他影响因素的相互作用至少与每个因素本身一样重要，比如早来的季风对刚刚除过草的多石土壤与对没有除草的水淹土壤的影响肯定是不一样的。

试验工作的平均值和标准化混淆了一个事实，平均天气或标准土壤仅仅是统计虚拟。正像温德尔·贝瑞指出的：

> 在农业的工业化看法中，农业年复一年地给农民带来同样的问题，而对于每个问题，都存在着同样的一般化的解决办法，因此，工业的解决方案可以简单和安全地代替农民的方法。但这是错的。一个好的农场，因为天气和其他所谓的影响因素，每年出现的问题系列和单个问题都不可能在两年内完全相同。一个好的农民（就像画家、四分卫、政治家）必须要掌握许多可能的解决办法，他必须在压力下选择一个，并有技巧地将之在适当的时间应用到适当的地方。①

土壤尽管不像天气一样每天都不相同，但在同一块农田中也是很多样的。农业科学要求最基本的简单化，首先是土壤要根据酸性、氮含量和其他的特征分成几类。为了分析一块农田的土壤，通常的方法是从农田的几个不同地方各收集一些土，然后将它们混合起来进行分析，从而使结果可以代表平均值。这个程序说明他们实际上了解同一块农田中巨大的土壤差别。化肥施用的建议可能并不适合农田的任何一部分，但是比较从其他公式推导出来的结果，对于整块农田平均来说，这个值可能是"较少错误"的。贝瑞再次提醒我们要注意一般性的概括："许多农场，甚至许多农田，都是由不同的土壤类型和土壤感觉构成的。好的农民很了解这些，并据此利用土地；他们很好地研究了自然植被、土壤厚度、结构、坡度和排水。他们不是理论地、方法论地或机械地应用普遍化结论。"② 由于土壤条件的复杂和多变，再加上多元栽培的实践，要成功地应用普遍公式就有着几乎无法克服的障碍。我们关于一些植物对气温和湿度忍耐程度的知识并不能保证它们在这个范围内生长良好。植物往往"非常挑剔在什么地方和什么时候生长，在什么条件下发芽"，如同埃德加·安德森解释的，"它们容忍或不容忍哪些植物作为邻居，以及在什么条件下容忍或不容忍，

---

① Wendell Berry, "Whose Head Is the Farmer Using? Whose Head Is Using the Farmer?" in Wes Jackson, Wendell Berry and Bruce Coleman, eds., *Meeting the Expectations of the Land: Essays in Sustainable Agriculture and Stewardship* (San Francisco: North Point Press, 1984), quoted in Marglin, "Farmers, Seedsmen, and Scientists," p. 32.

② Berry, *The Unsettling of America*, p. 87. 根据贝瑞的定义，我并不认为我是一个好的农民，但是在我的小农场上有三英亩牧羊的草场，我从植被上就可以区分出至少六种不同土壤。它们中的四种与排水直接有关，两种反映了坡地、阳光和过去的利用对它们的持续影响。

第八章 驯化自然：清晰和简单的农业

这些非常复杂的事务似乎从没有被考察过，除了对很少物种所做的初步观察"。①

本土的农民对一定地域和环境的微观特点非常警觉，这对农业活动是很重要的。理查兹对西非分析中的两个例子可以表明，在标准化格局中根本看不到小的细节。在各种各样错综复杂的小规模地方灌溉实践中，理查兹区分出至少 11 种不同的类型，其中一些还有更进一步的变化类型。所有这些都依赖于当地特殊的地形、洪水、降雨等，而当地是否有季节性洪水泛滥的三角洲、排水不畅的盆地或是内陆的沼泽地决定了使用什么类型的灌溉方式。这些对已有景观因地制宜的小"项目"距离大型工程项目甚远，大项目要不遗余力地改变景观以适应工程计划。

理查兹的第二个例子表明，西非的农民如何用简单而巧妙的办法选择种植的水稻种类以应付当地的害虫。塞拉利昂区域的门迪农民选择了与教科书推荐完全相反的水稻品种——有长的稻芒（胡须或鬃毛）和颖苞（苞叶）。教科书反对这类稻谷的理由是这样的品种产量比较低，或者稻芒和颖苞会增加脱谷时的稻糠。农民的理由是，长的稻芒和颖苞可以防止鸟在脱谷之前大量吃掉水稻。这些具体的微观灌溉和鸟带来的损失对于当地农民是至关重要的；但在现代农业规划的俯瞰图中没有也不可能出现这样具体细微的情况。

对于科学农业的大量批评不仅仅因为它系统地倾向于大规模、产量取向的单一栽培，同时也因为研究发现它的用途很有限，因为所有农业都是地方性的。霍华德基于两个理由提出了从根本上不同的实践。第一个理由是，试验田的结果没有用处。

> 小块试验田与农场是完全不同的。不可能将小块田作为像一个良好的农场一样的自给自足单位来管理。没有了牲畜与土地的基本关系，也没有了好的农业生产制度中通过适当的轮耕保持土壤肥力的措施。小块试验田与农场没有什么关系，甚至试验田都不能代表它所在的农田。许多小块农田汇集起来并不能代表他们所要调查的农业问题……那么对这样一个缺乏根本依据的技术，应用高等数学又能得到什么益处？②

---

① Anderson, *Plants, Man and Life*, p. 146.
② Howard, *An Agricultural Testament*, pp. 185 – 186.

霍华德的第二个理由是，关于农场和作物健康的大量最重要指标都是定性的："像作物和土壤这样相互作用的系统，依赖于每周、每年都在发生变化的多重因素，怎么可能按照数学的精确产生定量的结果？"① 霍华德认为，危险在于那些狭隘的、试验的和排他的定量倾向会成功地驱逐干净大多数农民所掌握的各种形式的地方知识和判断。

但在我看来，霍华德和其他一些人都遗忘了科学农业的试验工作中最重要的抽象。在知道耕作者最终会怎样采用它之前，我们如何知道这些研究是有用的？有什么用处？正是在人类能动性的层面上，科学农业建立了最大的抽象：它创造了一个普通人的角色，一个只关注以最小的成本取得最大产量的普通农夫（everyman）。

小说中的农民和真实的农民

不仅仅天气、作物和土壤是复杂和多变的，农民也同样如此。一个季节又一个季节、一天又一天，数百万农民在追求各种各样复杂的目标。这些目标，以及它们不断变动的组合使得任何简单模型和描述都不可能。

种植一种或几种赢利的作物，这是农业研究的标准，也是多数农民共同的目标。观察其他与此不同的目标是如何深深地影响了这一目标甚至完全推翻这个目标是富有启发意义的。我下面所说的复杂性仅仅是很初步的。

每一个家庭农场都有独特的土地、技能、工具和劳动力禀赋，这大大限制了它如何打理农场。仅仅想象一下劳动力供给的一个方面：一个有许多年轻强壮劳动力的"劳动力富有"的农场可以种植劳动力密集的作物，从事"劳动力缺乏"的农场所不能进行的手工副业。此外，家庭农场在家庭发展周期中要经历几个不同的阶段。② 每年外出打工的农民也可能根据他外出的时间表种植早熟或晚熟的，或不需要太多照顾的作物。

如同我们前面看到的，特定作物是否赢利不仅仅取决于粮食产量和生产成本。作物秸秆可能是家畜和家禽的重要饲料。某种作物的重要性可能在于作物轮种中它对土壤的作用，或者对间作的其他作物的影响。另外一种作物最主要的可能不是它所提供的粮食，而是其为手工业提供的原材料，不管这种原材料是在市场上出售还是在自己家中使用。对于在生存线

---

① Howard, *An Agricultural Testament*, p. 196.
② Chayanov, *The Theory of Peasant Economy*, pp. 53 - 194.

附近的家庭，他们并不是根据营利性选择作物，而是根据这种作物的产量是否稳定，以及如果市场价格暴跌时，它们是否可以被吃掉。

到目前为止我们所介绍的复杂性，至少从理论上说，与经过重大修正的新古典经济最大化的概念是相容的，尽管它们过于复杂，很难用模型表现出来。如果我们加入对美学、仪式、口味、社会和政治的考虑，那么情况就变了。存在许多完全合理却非经济的原因：可能是希望保持与邻里的合作关系而使用某种方法种植某种作物，或者种植某种作物是群体认同的标志。这些文化习惯与商业成功并不矛盾，如同阿们宗派（Amish）、门诺派（Mennonites）、胡特尔派（Hutterites）所表现出的。科学农业是以高度抽象的"家庭农场"为工作对象的，当我们指向它们的时候要注意，要理解任何一个农场的实践活动都必须区别家庭不同成员的不同目的。如果近距离观察就会发现，每一个家庭企业都是合伙制，有着自己内部的政治，尽管成员之间地位一般并不对等。

最后，"农民"和"农场社区"的单元也完全像天气、土壤和景观一样非常复杂和多变。要掌握他们甚至比分析土壤还困难。我想原因可能在于，农民在分析他自己的土壤时有可能会犯技术错误，但我们不应怀疑农民了解自己的思想和利益的本领。①

正像在现代不动产终身制法律的约束下无法适当地表现出习惯土地制度实践的复杂性和可塑性一样，科学农业的标准化也无法有效地描绘农民复杂的动机和目标，以及他们耕作的土地。对于试验工作非常重要的提纲式描述能够，并且已经产生了许多重要的新知识，这些知识经过适当的修改，已经被纳入多数的农业常规中。这些抽象的描述，像终身制土地所有一样，是对现实的误解，但是它反过来可以强有力地影响现实。至少，它们产生出研究及结果最符合他们规划的农场：大型的、单一栽培的、机械化的、单纯为市场生产的商业化农场。此外，这样标准化的农场受到许多公共政策的支持，如税收鼓励、贷款、价格支持、销售补贴，以及更重要的对那些不符合规划的企业设置政策障碍，这些都系统地将真实农业逐步推向其被观测的格局。它们的效果与苏维埃集体化和乌贾玛村庄化的休克疗法不同，后者更多依靠大棒而不是胡萝卜。但是从长远来看，这些强有力的被观测的格局可以，也确实改变了实际的景观。

---

① 至少我们可以肯定，在涉及自身利益的时候，他是最好的专家，不管他是不是能完全确定它们。

比较两个农业逻辑

如果说农业的实际逻辑是对多变环境的富有创造性地、实践中的反应，科学农业的逻辑则相反，它是改变环境使之尽可能地适应集权和标准化的公式。感谢杨·杜威·范德普勒格（Jan Douwe van der Ploeg）的开创性研究，使我们可以清楚地说明这个逻辑在安第斯山马铃薯种植中如何发挥了作用。[1]

杨·杜威·范德普勒格称当地的马铃薯耕种为"工艺"。[2] 耕作者在非常多样性的地方生态条件下，带着双重的目标来同时适应和改进它。仅从狭隘的生产主义者目标看，安第斯农民的技能使他们获得了值得称道的结果，而产量稳定性和可持续性方面的成就则更为出类拔萃。

农民一般在不同地方耕种 12~15 块农田作为轮作的基础。[3] 如果考虑到每一块农田多样性的条件（高度、土壤、耕作历史、坡度、相对于风和阳光的方向），那么每一个地块都是特殊的。在这个背景下，"标准农田"是个不存在的抽象。"一些地块只有1种作物，另外一些在 2~10 种，有时在同一行中间种植不同作物，有时在不同行中。"[4] 每一种作物都是在其位置上的最好安排。多种作物使当地的杂交试验成为可能，每一种都在农民中间被检验和交换，这样，一些发展出特定品质的当地马铃薯品种就广为人知了。新物种从出现到农田里的大面积推广至少要 5~6 年。以上一季的产量、疾病、价格和已经被仔细考虑过的对地块环境变化的反应等结果为依据，每一个季节都是一轮新的赌博。这些农场是有着良好产量、适应性和可靠性的市场取向的试验站。可能更重要的是，他们不仅仅生产作物，他们同时也在创造有着植物育种技术、灵活的战略、生态知识和强烈自信和自主的农民和社区。

比较一下这种"基于手工艺"的马铃薯生产和科学农业内在的逻辑。

---

[1] Jan Douwe van der Ploeg, "Potatoes and Knowledge," in Mark Hobart, ed., *An Anthropological Critique of Development* (London: Routledge, 1993), pp. 209-227. 感谢史蒂芬·古德曼（Stephen Gudeman）使我注意到了这篇文章。

[2] 可以将"工艺"（craft）与第九章将详细讨论的"米提斯"进行比较。

[3] 人们可以看到为什么科学农业的逻辑使推广机构成为多块田地和多种作物不可调和的敌人。它们一起给出了太多的变量，使科学方法无法模拟。

[4] Jan Douwe van der Ploeg, "Potatoes and Knowledge," p. 213.

科学农业过程开始于对理想植物种类的定义。"理想的"主要是通过产量来定义的,尽管产量不是唯一的指标。然后职业的植物育种专家开始将不同的种系综合在一起,以生产出带有所希望的特征的新基因类型。在这之后,也只有这时才将上述植物种系种植在试验田中以确定这些新的潜在基因种系生长的条件。这一基本过程与安第斯山区的工艺生产过程正好相反,农民开始于田地、土壤和生态,然后选择或开发可能在这个地方生长良好的作物品种。这些作物种类多数反映了地方需求和生态条件。科学的马铃薯种植与此相反,它的出发点是新的作物或基因类型,所有的努力都是为了改变和统一农田的条件,从而使农田适应基因类型的特殊需要。

从理想的基因类型开始,按照其生长所需条件改变自然,这个逻辑带来了一些可预期的后果。推广工作从本质上就是改造农民的农田以适应基因类型。这往往需要农民购买并在适当的时候施用氮肥和农药。它们还需要浇水,这在许多地方只有通过灌溉系统才能实现。[①] 所有这些基因类型的运行时间表(种植、耕作、施肥等)都要被仔细地制定。这个过程的逻辑——在实际农田中远未实现的逻辑——就是要将农民转变为"标准"的农民,他们在同样土壤和同样平整的土地上,按照种子说明书的指示,使用同样的化肥、农药和同样数量的水,种植同样的基因类型。这实际是一个同质化和消灭地方知识的逻辑。这种同质化成功的程度也就决定了这种基因类型在短期生产方面的成功程度。反过来说,这种同质化如果不成功,基因类型就会失败。

一旦农业科学家的职业被限定在将农民的地块提高到同一状况,从而满足新作物的要求,那么他们就不再需要关注农民实际农田中的多样化条件——其中一些是无法改变的。将研究的抽象强加到农民的农田(或生活)中比从泥泞的土地上发现研究题目更方便。考虑到安第斯山生态的极其复杂多样性,这简直是致命的灾难。[②] 很少有农业专家反问自己的工作

---

① 广义上说,灌溉、施用标准化肥、温室、云的催化、杂交育种和克隆都是为了使气候和环境适应作物,而不是使作物适应环境。这些就是弗农·拉坦(Vernon W. Ruttan)所说的"土地替代物"。见"Constraints on the Design of Sustainable Systems of Agricultural Production," *Ecological Economics* 10 (1994): 209–219。

② 一些农业环境比其他环境更容易被抽象对待。水土条件良好的河谷地带很少有水土流失,可以将这些土地作为同质对待而不会立刻有大的损害;但脆弱的、半干旱的山地会有整片或沟壑状的水土流失,这就需要特别小心地对待。

出发点是否错误，像革命前俄国的 S. P. 弗里多林（S. P. Fridolin），"他认识到他的工作实际上在戕害农民。不是先了解当地的条件，再使农业实践更好地适应这些条件，他一直试图去'改善'当地的实践以适应抽象的标准"。① 毫不奇怪，科学农业倾向于鼓励创造大型人工的实践和环境——灌溉系统、大型的平整土地、按照公式使用化肥、暖棚、农药——所有这些都是为了创造同质化和控制自然，从而为基因类型保持"理想"的实验环境。

我认为，这里有一个更大的教训。如果一个环境是刻板正规的，那么一套清晰的制度对你会有帮助。越是静止和单维的固定格式，越少需要创造性的翻译和改变。杨·杜威·范德普勒格暗示，在安第斯山中，附着于新马铃薯的各项"规则"具有如此大的限制性，它们不可能被成功地翻译为本土农业的多样性。国家的简单化、集体化、自动流水线、种植园和人工规划的社区都具备的主要目的之一，就是要将有血有肉的现实精简到极点纯粹的骨头，这样这些规则才可以更好地解释条件，并指导行为。在这些简单化可以被强加的范围内，那些创造规则的人可以提供重要的指导和指令。这就是我所认为的社会、经济和生产失技能（de-skill）的内在逻辑。如果环境可以被简化到几条规则就可以基本解释的地步，那么那些阐明规律和技术的人就可以极大地扩展他们的权力。相应地，他们也会削减那些不能阐明规则和技术的人的权力。如果他们成功，那些有着高度自主、技能、经验、自信和适应变化的农民就被遵从指令的农民代替。如果使用雅各布斯的用词，那么这些对多样性、运动、生活的简约化代表的是某种社会"标本"。

如同杨·杜威·范德普勒格表明的，新的马铃薯基因品种往往失败，即使不是立刻，也会在 3~4 年中发生。与所有当地品种不同，新的品种只在很狭小的环境范围内才能生长良好。换句话说，新品种的良好生产需要许多因素的保证，一旦其中任何因素超出范围（天气太热、施肥晚了等），产量就会受到很大损失。几年中，新的基因类型"甚至不能达到最低的生产水平"。②

---

① Yaney, *The Urge to Mobilize*, p. 445.
② Van der Ploeg, "Potatoes and Knowledge", p. 222. 作者并没有明确指出减产的原因。可能的原因包括：被鼓励的单一种植可能带来了害虫数量和疾病的增加，耗尽了土壤的重要营养元素或破坏了它的结构特征，或者经过二到三代，这种基因类型失去了活力。

事实上，大多数安第斯山的农民既不是纯粹传统的农民，也不是没有头脑的科学专家的追随者。他们仔细地将各种反映了他们自己的目标、资源和当地条件的战略综合在一起。当新的马铃薯看来符合他们目的的时候，他们就种一些，但是他们可能还间种一些其他作物，同时他们可能使用农家肥，或耕作的时候使用绿肥（紫花苜蓿、三叶草），而不是使用标准化肥。他们不断发明和试验各种轮作、调整时间和除草技术。但是由于这数以千计的"大田试验"的具体性，也因为专家的研究不重视他们，因此对于科学研究来说，它们如果不是隐形看不见的，至少也是模糊不清的。农民在农业实践上是崇拜多神的，他们能从正式科学的认识论中迅速采用任何看起来有用的内容。但是研究者都是受一神论的训练，因此无法吸收非正式试验的实践结果。

结　论

极端现代主义农业在其实践者和追随者中间产生了巨大的信心，这一点也不奇怪。它是与西方空前的农业生产力和科学与工业革命的力量和威望联系在一起的。也不奇怪，极端现代主义的原则就像真正信仰的法宝一样，应在全世界不加区别地实施，并深信只有它们才能照亮农业进步的道路。[1] 我相信，对被界定为科学农业的人为产物和技术的不加鉴别，从而也是非科学的迷信，是其失败的原因。与对半工业化极端现代化农业模式的崇拜逻辑并存的是对真实农民实践，以及对从中所能学到内容的蔑视。科学应保持怀疑精神，对这些实践进行客观公正的探讨，作为盲目迷信的现代农业则鼓励对其蔑视和草率抛弃。

西非及其他地方的农民应该被看成整个一生都在农田中从事季节性试验的试验者，他们不断将试验结果纳入他们不断进展的实践总体中。因为这些试验者周围有成千上万其他当地试验者，他们交换各自的发现，并分享民间智慧中所包含的前代人的知识，可以说他们是在直接使用丰富的民间研究图书馆。当然也不可否认，他们的大部分试验是在缺少适当试验控制的条件下进行的，因而从他们的发现中也会得出错误的推论。他们也受

---

[1] 对维生素的崇拜提供了类似的例子。发现它们的存在和在健康中的作用是一个重大突破，但是现在有很多人按照统一剂量服用它们，虽然多数人可能都不需要，这与我们祖先在颈上挂上大蒜做成的花环而感到得到保护是一样的。

到观察能力的限制。他们看不到只有在实验室才能看到的微观过程。在单独一个农场中长期起作用的生态逻辑是否会在整个地区产生可持续的总体结果也不清楚。

尽管如此，西非的农民一生都在对当地情况仔细观察，他们有着对本地细致入微的知识，这是任何一个科学家都无法比拟的。我们不要忘记他们是一些特殊的试验者。他们的生活，乃至他们全家的生活都依赖于他们农田中的试验结果。农民有着如此重要的地位优势，人们可能会设想农业科学家应该会关注农民已经知道的知识。霍华德的研究表明，现代科学农业的弱点恰恰是由这方面的失败构成的："解决农业问题的途径必须要从农田中，而不是从实验室中寻找。发现决定因素就已经完成了整个战役的3/4。在这方面，那些作为观察者的农民和劳动者一生都与自然紧密接触，对于研究者会有很大帮助。所有国家农民的观点都值得尊重，他们的实践有很多道理；在混合耕作的实践中，他们现在仍然是先行者。"① 霍华德将他自己关于土壤、腐殖质和根部活动的发现都归功于对地方农业实践的仔细观察。他相当轻视那些"不必接受他们建议"的农业专家——也就是那些从来没有观察过自己的作物从播种到收割整个过程的人。②

为什么会有对实践知识的非科学轻视？我发现至少有三种原因。第一个原因是我前面提到的"职业化"原因：农民知道得越多，专家及其机构的作用越低。第二个原因是极端现代主义的单纯体现，也就是对历史和过去知识的轻蔑。由于科学家往往与现代联系在一起，而与当地的农民联系在一起的则是现代化要消灭的过去，所以科学家认为他们没有什么要学习的。第三个原因在于实践知识是以与科学农业不同的方式被表现和编纂的。从狭隘的科学观点看，除非可以被严格控制的实验证明，否则不可能有任何发现。只要不是使用正规科学实验过程的技术和方法，以任何形式形成的知识都不值得重视。科学现代主义承认的知识只是那些从实验方法建构的通道中来的知识。存在于实践和谚语中的传统实践已经预先假定为不值得重视，更不要说被加以证明了。

---

① Howard, *An Agricultural Testament*, p. 221.
② Howard, *An Agricultural Testament*, p. 160. 理查兹在《地方的农业革命》（*Indigenous Agricultural Revolution*）中也写道："如果没有从参与者的角度完全掌握所有的问题，任何学者都不应认为能向农民建议改变他们的农业实践。没有人指望飞行员仅根据教科书的知识就能指挥飞机。那为什么农民要把'控制权'交给一个可能从来没'真正'指导过农场的顾问呢？"（第157页）

第八章 驯化自然:清晰和简单的农业

然而,如同我们已经看到的,农民发明和完善了一系列有效的技术,在作物生产、害虫控制、土壤保护等方面产生出人们所希望的结果。通过持续地观察他们实地试验的结果并保持成功的方法,农民发现并完善了有效的实践,尽管他们不知道这些实践发挥作用的化学和物理原理。与其他许多领域一样,在农业中"实践远远早于理论"。[①] 的确,这些在实践中成功的技术涉及了许多同时相互作用的变量,科学的方法也许永远不能完全掌握这样的技术。接下来,我们来仔细考察实践知识,这是现代主义冒险忽视的知识。

[①] Howard, *An Agricultural Testament*, p.116.

第四部分

失去的环节

第九章　薄弱的简单化和实践知识：米提斯

> 从塔鲁季诺、博罗季诺到奥斯特利兹，战役不会按照人们所预计的发生。这是最基本的条件。
>
> ——列夫·托尔斯泰：《战争与和平》

我们已经多次看到国家权力机构所赋予的薄弱刻板的简单化所带来的自然和社会失败。导致几何式的、单一栽培的和同一树龄森林的实用主义商业和财政逻辑也带来了严重的生态灾害。哪里最严格地按照公式去做了，哪里就必须要努力恢复森林原来的多样性和复杂性——更确切地说是要创造"真正"的森林，从而模仿"前科学"时代森林的生机和持久。

那些遵循几个理性定律所规划出的"科学城市"对于绝大多数的居民来说也是社会失败。荒谬的是，那些经过设计的城市的失败往往被一些完全在计划之外的临时即兴实践和非法行动改变，正像巴西利亚的例子那样。"科学林业"背后精练的逻辑并不是建设健康和"成功"森林的良方，同样勒·柯布西耶那些薄弱的城市规划也不是建立合适人类社区的良方。

无论是从预期还是回顾的角度看，任何大型社会过程或事件一定比我们所能制作的图解更复杂。作为即将取得政权的政党领袖，列宁有理由强调革命中军队的纪律和等级制度。十月革命以后，布尔什维克的国家政权更有理由夸大党在进行革命中的中心和无所不在的角色。然而我们知道——列宁和卢森堡早已知道——革命是侥幸成功的，它依赖于托尔斯泰在《战争与和平》中所描述的偶然行动、失误和运气，而不是阅兵场上的精确训练。

不论是苏联的集体农庄或尼雷尔坦桑尼亚的乌贾玛村庄，农业集体化和中央计划生产的薄弱简单化都遭遇了类似的命运。那些没有完全毁灭而保存下来的计划，主要归功于计划本身所不曾预见或被明令禁止的孤注一掷的办法。因此非正式经济在俄国的农业中发展起来，他们从国有部门中

"偷来"时间、设备和物资经营自己的小块自留地,俄国餐桌上的奶制品、水果、蔬菜和肉食主要是由他们提供的。① 同样坦桑尼亚被强制定居的农民也成功地抵制了集体生产,流动并回到更适合放牧和耕种的地方。很多时候国家对农业生活和生产强制实施简单化的代价是饥荒,如斯大林的集体化和中国的"大跃进"。然而,国家官员在灾难面前多半也会悬崖勒马,即使不宽恕,也会容忍事实上支持官方项目生存的非正规实践。

我想,这些国家实施的大规模社会工程的极端例子说明了正式组织起来的社会行动的大问题。在每一个例子中,促成规划过程的社会组织和生产所必要的薄弱规划模型,都不足以成为创造出成功社会秩序的指令。简单的规则本身完全不能建立可以正常运作的社区、城市或经济。更明确地说,正式制度在很大程度上总是寄生于非正规过程,虽然正式制度并不承认非正规过程的存在,但没有它们又无法生存;同时,没有正式制度,非正式制度也无法自我创造或保持。

对于很多工会主义者来说,这些朴素的深刻发现具有重要的策略意义,这是他们合法怠工的基础。在合法怠工行动中(法国人称之为 grève du zèle),雇员开始在工作中严格遵守每一条制度,只做那些在他们工作条例中规定的工作。这样达到的预期结果就是工作停顿,即使不停顿也如同蜗牛的步子一般非常缓慢。工人没有停止工作,他们逐字逐句地遵守书面指令,但又取得了罢工的实际效果。他们的行动突出地表明了真正的工作过程严重地依赖非正式的理解和即兴的行动,而不是正规的工作制度。比如在反对大型设备制造商卡特彼勒(Caterpillar)的长期合法怠工中,工人回到遵守工程师制定的低效程序中,虽然他们明知比起他们早已经在工作中发明的快速实践,这种做法将使公司损失宝贵的时间和质量。② 他们所依据的经过检验的假设就是,严格按照书本工作肯定比主动地工作低效。

这一关于社会秩序的观点更是一个社会学的真理,而不是分析的观点。但它提供了一个宝贵的出发点来理解为什么独裁的、极端现代主义的

---

① 关于自留地经济的深入讨论,见 Lev Timofeev, *Soviet Peasants, or Peasants' Art of Starving*, trans. by Jean Alexander and Victor Zaslavsky, ed. by, Armando Pitassio and V. Zaslavsky (New York: Telos Press, 1985)。唯一例外的是牛肉,其他的猪肉、羊肉和鸡肉主要来自自留地或国家市场渠道之外。

② 参见 Louis Uchitelle, "Decatur", *New York Times*, June 13, 1993, C1。

项目具有如此潜在的破坏性。它们所忽视的——经常也是它们禁止的——正是支撑复杂活动的实践技能。本章的目的就是给各种被称为实际知识（know-how，savoir faire 或 arts de faire）的①共识、经验、本领、米提斯的实践技能加以概念化。这些技能是什么？它们是如何产生、发展和保存的？他们与正式认识论的知识有什么关系？我希望表明，各种形式的极端现代主义已经用"占统治地位的"科学观点代替了这两种知识之间宝贵的协作。在好的情况下，科学知识认为实践知识是不重要的；在坏的情况下，科学知识认为实践知识是危险的迷信。我们将会看到，科学知识与实践知识的关系是专家及其机构争夺制度霸权的政治斗争的一部分。由此看来，泰勒制和科学农业不仅仅是生产的战略，更是控制和占用的战略。

米提斯：实践知识的轮廓

沿着马塞尔·德蒂安（Marcel Detienne）和让-皮埃尔·韦尔南（Jean-Pierre Vernant）所做的具有启发性的研究，我们发现在希腊的米提斯概念中包括了将蕴涵于地方经验中的各种知识形式与国家及其机构所使用的更一般和抽象的知识进行比较的手段。② 在解释这些概念及其应用之前，我们先来看一个简单例子以表明地方知识的本土特征，并为后面的讨论提供基础。

到达北美的第一批欧洲殖民者不知道什么时候和如何种植新大陆的作物，如玉米，他们转而求助于土著美洲邻居的地方知识。按照一个传说，是斯匡托（Squanto）告诉他们［另一个传说是马沙索特酋长（Chief Massasoit）］要在橡树的叶子长到松鼠耳朵大小的时候开始种植玉米。③ 在这个建议里面包含的是通过仔细观察获得的新英格兰春天各种现象交替的

---

① Michel de Certeau, *The Practice of Everyday Life* (Arts de faire: Le pratique du quotidien), trans. by Steven Rendall (Berkeley: University of California Press, 1984). 还可参见 Jacques Rancière, *The Names of History: On the Poetics of Knowledge*, trans. by Hassan Melehy, (Minneapolis: University of Minnesota Press, 1994).

② Marcel Detienne and Jean-Pierre Vernant, *Cunning Intelligence in Greek Culture and Society*, trans. by Janet Lloyd (Atlantic Highlands, N. J.: Humanities Press, 1978), originally published in French as *Les ruses d'intelligence: La mētis des grecs* (Paris: Flammarion, 1974).

③ 我知道的这个故事的版本中没有特别指定橡树的品种，是白的、红的、大果栎或其他品种；也没有表明松鼠的种类，一般猜想就是灰色松鼠。对于土著印第安人来说，当地的背景一定可以清楚地说明是哪一种。

知识，不管今天听来这是多么民俗。对于美洲土著来说，正是这种有序的前后相续，比如臭菘菜发芽，柳树开始吐叶，美洲红翼鸫飞回来了，蜉蝣开始孵化了，提供了可观察的春天日历。尽管某一年中这些事情发生的时间可能会提前或推迟，它们前后相续的步伐可能延长或加快，但是这些事情的顺序是不会错的。作为经验方法，它们几乎是避免霜冻的最简单可靠的公式。我们往往像殖民者可能做的一样，将斯匡托的建议歪曲为某项单一的观察。我们对地方技术知识的所有了解都说明，它依赖于在某种程度上显得多余的许多各方面信号的积累。如果仅有橡树叶一项指标，其他相应的指标与此不一致，那么谨慎的种植者会继续推迟种植。

我们可以将这个建议与那些更普遍的测量单位相比较。一个当地编纂的典型的《农民年历》很能说明问题。它可能建议在5月第一个满月以后，或者一个特定的时间之后，比如5月20日后种植玉米。在新英格兰，这个建议要根据不同纬度和高度进行很大的调整。适合南康涅狄格州的日期并不适合佛蒙特州；在山谷正确的日期到山坡上（特别是向北的山坡）就错了；靠近海岸地区的合适日期，到内地就不行了。而且年历的日期几乎是最安全（fail-safe）的日期，因为对于历书的出版者来说，最坏的事情莫过于按照他/她的建议却导致种植失败。作为商业考虑的结果，许多有价值的种植时间都因为过于慎重而没有表现出来。①

与此不同，土著美洲人的谚语是乡土和地方的，与地方生态系统的共同特征相协调；它查询这个地方的橡树叶，而不是任何地方的。尽管它有很强的特指性，但它在各地的实用性非常之好。它在北美的任何有橡树和松鼠的地方都可被成功应用。观察到的季节交替提供的精确性一般都会赢得几天的生长时间，同时又不会大大增加在严重霜冻之前种植的危险。

像斯匡托这样的实践知识当然可以被翻译成为更普遍的科学术语。一位植物学家可能观察到，由于地温和周围环境温度提高，橡树开始出叶，这当然也保障了玉米可以生长，致命霜冻的可能性已经非常小了，可以忽略不计。一定深度的平均土壤温度也能起同样作用。沿着这个思路，19世纪早期的数学家阿道夫·凯特莱（Adolph Quetelet）将他科学的眼光转向了世俗的问题：布鲁塞尔的紫丁香在什么时候开花？经过严密的观察，他

---

① 我在讨论年历所给出的建议时候没有涉及欧洲殖民者很快发展出自己的经验方法，而且与各地的农民一样，他们很注意观察其他当地人在做什么。任何一个人都不想做第一个犁地的人，也不想做最后一个。

第九章 薄弱的简单化和实践知识：米提斯

得出结论说，"在最后一个霜冻以后，当日平均气温的平方和达到 4264 热容时"，紫丁香就开花了。① 这当然是很确切的知识。考虑到观察所需要的技术，这可能是非常精确的，却是不现实的。凯特莱有趣的公式提醒我们注意最可实践、最地方化知识的特征：从需要解决当前问题的角度看，它的经济和准确程度不多也不少。

在将另外像"米提斯"这样不熟悉的概念引进这个讨论之前我很犹豫。但是在这里，"米提斯"看来比任何其他的选择，像"本土技术知识"（indigenous technical knowledge）、"民间智慧"（folk wisdom）、"实践技能"（practical skills）、"技术知识"（techne）等能更好地传达我头脑中实践技能的意思。②

这个概念来源于古希腊人。奥德修斯（Odysseus）经常被赞扬有丰富的米提斯并使用它智胜敌人，找到回家的路。米提斯经常被英文翻译为"狡猾的"或"狡猾的智能"。虽然并非错误，但是这个翻译无法公正地反映米提斯所包括的知识和技能。更广泛的理解是，米提斯包括了在对不断变动的自然和人类环境做出反应中形成的广泛实践技能和后天获得的智能。很明显，奥德修斯的米提斯并不仅仅是欺骗女巫瑟茜（Circe）、独眼巨人（Cyclops）、波吕斐摩斯（Polyphemus），或把自己绑在桅杆上以免受女海妖（Sirens）之害，而且也包括把自己的人团结起来、准备船只、使用一些随机的手段将自己的人从一个个困境中解脱出来。这里同时强调奥德修斯成功地适应不断变化的环境的能力和他的理解领悟力，从而能智取他的人和神的对手。

所有人类的活动都需要一定程度的米提斯，一些活动尤其需要。适应反复无常的物理环境，后天获得的如何航海、放风筝、钓鱼、剪羊毛、驾车、骑自行车的知识都依赖米提斯的能力。这些技能每一项都需要通过练

---

① Ian Hacking, *The Taming of Chance* (Cambridge: Cambridge University Press, 1990), p. 62. 甚至在凯特莱的公式中也是从无法预期的"最后一次霜冻"开始计算的。因为最后一次霜冻是需要回顾才知道的，因此凯特莱的公式并不能指导行动。

② 我觉得"本土技术知识"和"民间智慧"似乎是将这些知识局限于"传统"和"落后"的人，而我想强调即使在最现代的活动中，这些技能也存在，不管是在工厂车间还是在实验室中。"地方知识"和"实践知识"好一些，但是这两个概念过于受限制和静态，不能把握米提斯的持续变化、动态的特征。这一术语源自希腊神话。米提斯是宙斯的第一个新娘，她欺骗克罗诺斯吃了一种药草，使他吃下后吐出宙斯的哥哥们，克罗诺斯很怕他们起来反对他。宙斯反过来吞吃了米提斯，在她生出雅典娜之前就吸收了她的智慧和诡计。雅典娜后来是从宙斯的大腿中出生的。

习获得的手眼协调以及"读懂"波浪、风和道路并做出正确判断的能力。说明他们需要米提斯的一个有力指标就是不参与活动就无法教授这些活动。人们可以设想写出一份清晰的骑自行车指南，但是很难想象初学者能够按照指南第一次试骑就学会。"实践出真知"的格言正是为这类活动而写的，要掌握骑自行车就需要不断地、几乎察觉不到地调整，最好的方法就是实际练习。只有通过练习中获得的对平衡运动的"感受"才能自动地进行平衡。① 这也就不奇怪，对于那些必须依靠对生产工具和材料的触摸和感觉才能掌握的手艺和生意，传统上都要做很长时间的学徒才能最后成为师傅。

　　无疑，有些人能比别人更快地获得并掌握一门技能的要点。除了有些说不出的差别（这经常是能力和天资的差别）之外，骑自行车、钓鱼、剪羊毛等都可以通过实践学会。因为每条道路、每阵风、每条河流和每只羊都是不同的并在不断变化，像奥德修斯一样最好的实践者就应该具有不同条件下的经验。如果你的生命就依赖于你的船是否能从恶劣天气中返航的话，那么你一定希望有个经验丰富的船长，而不是可以分析航行中的自然规律但从未实际航海过的杰出物理学家。

　　那些处理紧急情况和灾难的专家也是米提斯的一个例子。救火队员、营救队、伞降医生、矿山救援队、医院急诊室的医生、电线修理人员、油田灭火队，以及我们将看到的在不稳定环境中生存的农民和牧民对减少灾害和抢救生命都要做出快速和果断的反应。尽管有经验的方法可以教授，但是每一次火灾和事故都是特殊的，成功的重要条件是知道按照什么程序应用哪些方法，以及什么时候抛开书本而依据现场情况发挥。

　　红色艾德尔（Red Adair）队在世界范围内扑灭油井口火灾的事例可以作为一个很好的分析例子。在1990年海湾战争以前，他的团队是唯一具有相当"临床"经验的队伍，他可以自己定价。每一次油井火都代表了新的问题，都需要经验和临场发挥的积极结合。我们可以想象如果艾德尔在一边，一个进行具有高度重复性工作的小职员在另外一边会是什么情况。艾德尔的工作肯定不能被简化为老一套。他必须从不可预期的事故开始，一次事故、一场火灾，然后想出扑灭大火并锁住油井的方法及其需要的设备

---

① 刚学习走路的孩子跌跌撞撞的步子和学会走路一年以后孩子步态之间的区别说明，掌握这样看起来很简单的技能也是很复杂的，需要"工作中的培训"。

(当然是从现有的经验中来,但还需要新发明很大一部分)。① 与此相反,小职员负责处理的是可预期的常规环境,通常可以预先指导并计划到细节。艾德尔不可能为了应用统一简单的方法而简化环境。

至此引用的例子主要关注的是人与物理环境的关系,但是米提斯也同样适合人类的关系。可以想象那些需要不断对其他人的运动、价值、欲望和姿态做出不断调整的复杂物理活动。拳击、摔跤、击剑要求迅速地、半自动化地对对手的动作做出反应,这些只有通过长时间练习才能学会。这里同样也有使用诡计的成分。一个成功的拳击手要学会做假动作以引起他所需要的反应。如果我们从身体的竞赛活动转向舞蹈、音乐或调情这样的协作行动,同样从经验中产生的实践反应是最基本的。许多运动都包括了米提斯的合作和竞争两个方面。一个成功的足球运动员不仅要知道他的队友们的步骤,而且要知道球队迷惑对手的措施和假动作。特别要注意,这些技能既是一般的,也是特殊的;每一个运动员在比赛的不同方面都有不同的特长,每一个队都有特殊的技能组合和特殊的"化学组成",而每一次与不同对手的比赛都代表一次独特的挑战。②

在战争外交和政治这样更大和具有更高风险的竞技场上,充满了米提斯的技能。一个成功的实践者要影响他的伙伴和对手的行为,从而达到自己的目的。航海者要适应风和海浪,但不能直接影响它们;将军和政治家与他们的对手总是处于持续的相互作用中,他们都试图用计谋战胜对手。迅速并很好地适应突发事件——包括自然事件,如天气和人类事件,如敌人的行动——并且运用有限的资源以创造最好的结果,这种技能很难作为预先计划好的方法被教授。

不易言传和经验似乎是米提斯的核心特征。哲学家查尔斯·皮尔斯(Charles Peirce)所做的一个简单的隐含学习的试验有助于传达出这些过程的一些内容。皮尔斯要人提起两个重物,并判断哪个更重。最初他们的辨别很粗,但是随着实践的时间越来越长,他们就可以精确地区别重量上的微小差别。尽管他们不能精确地指出他们感到的是什么东西,但是他们实

---

① 在海湾战争期间,许多没有经验的队伍被从世界各地雇来以应付大量的油井大火。许多新的技术被实验,并获得了许多新的现场经验。一个灭火队采用了固定的喷气引擎吹火(与使用炸药和水相反),要将火吹灭,就像吹灭生日蛋糕上的蜡烛一样。

② 正是因为团体运动具有这样的特点,所以结果往往是不可传递的。也就是说,正常情况下,A 队打败 B 队,B 队打败 C 队,但是由于 A 队和 C 队特定的技能关系,所以 C 队经常打败 A 队。

际的区别能力有了显著提高。皮尔斯以这一结果证明人们之间通过"模糊意识"(faint sensations)可以进行潜意识的交流。对于我们来说,这表明存在一种只有通过实践才能获得的基本知识,它们不可能远离实践而通过书写和口头形式进行交流。①

从已经触及的范围广泛的例子中,我们可以大胆对米提斯的本质及相关方面提出一些初步的概括。米提斯最适用于很多大体相似但从不完全相同的情况,这些情况需要几乎已经成为实践者第二天性的迅速和娴熟的适应。米提斯也需要经验法则,但是这些法则主要通过实践(往往通过正式的学徒身份),以及成熟的感觉和技巧获得。米提斯抵制将其简化为可以通过书本学习获得的演绎规律,因为它所起作用的环境是非常复杂和不可重复的,不可能应用任何正式的理性决策程序。从某种意义上说,米提斯位于天资灵感与被编纂知识间的巨大中间地带,前者根本无法使用任何公式,而后者却可以通过死记硬背学会。

地方化的艺术

为什么即使从熟练工艺中得到的经验规律仍不能够完全满足实践?迈克尔·奥克肖特(Michael Oakeshott)注意到,艺术家和厨师的确也可以用文字记录他们的艺术,并尝试将其精炼成技术知识,但是他们所写出的代表不了他们所知道的全部,而只是其中可以简化展示的一小部分。了解一门手艺的速成规律离成功的表现还有很漫长的道路:"这些制度和原则只是活动本身的缩写,它们并非早于活动产生,它们不能正确地支配行动,也不能提供行动的动力。对规律的完全掌握与完全没有开展行动的能力可以并存,因为从事行动并不包含对这些规律加以应用;即使是,那么如何实施也不是由这些规律给出的。"②

---

① 道家特别重视这类知识和技能。将皮尔斯的观察与庄子的观点进行比较,"庖丁释刀对曰:'臣之所好者道也,进乎技矣。始臣之解牛之时,所见无非全牛者;三年之后,未尝见全牛也;方今之时,臣以神遇而不以目视,官知止而神欲行。依乎天理,批大郤导大窾因其固然。技经肯綮之未尝,而况大軱乎!'"[Chuang Tzu: Basic Writings, trans. by Burton Watson (New York: Columbia University Press, 1964), p. 47]

② Michael Oakeshott, Rationalism in Politics and Other Essays (New York: Basic Books, 1962). 作为伯克派(Burkean)意义上的保守主义思想家,奥克肖特积极地为从过去继承下来的权力、特权和财产进行辩护,不管是什么。但从另外一个方面看,他对纯理性的人类生活设计的批评,以及他对实践中偶然性的理解是敏锐和有说服力的。

第九章 薄弱的简单化和实践知识：米提斯

在具体条件下了解如何与什么时候应用这些经验规律是米提斯的本质。应用过程中的微妙之处是非常重要的，因为在变异的、不确定的（许多事实是未知的）和特殊的背景下，米提斯才是最有价值的。[1] 后面我们还会回到不确定性和变化的问题，但在这里我想进一步探讨米提斯的地方性和特殊性。

在航海中，一般的航行知识与更具体的导航知识之间的区别是富有指导意义的。当大的货轮或客船进入主要港口的时候，船长一般将船的控制权交给当地的导航员，他将船驶入港口的停泊处。当船离开的时候也会重复同样的过程，直到安全地进入航线。这个明智的程序是为避免事故发生而设计的，这反映了在大海中（比较"抽象"的空间）航行是比较一般的知识，而在某个港口的繁忙运输中引导一艘船则是与环境联系紧密的具体知识。我们可以将导航的艺术称为"地方性的和有特定环境的知识"。导航员所知道的是当地沿海岸和港湾的潮汐和水流、当地风和浪的特点、不断变化的沙洲、没有标记的暗礁、季节性变化的小水流、当地的交通条件、从山岬和海峡吹来的每日变幻莫测的风、晚上在这个水域如何导航，以及在不同条件下如何将不同的船安全地引导到停泊地。[2] 这类知识肯定是特殊的，它只能通过当地的实践和经验获得。就像已经出色地适应狭窄生态环境的鸟或昆虫一样，引航员了解一个港口。如果一个引航员被突然转移到不同港口，他大部分的知识将是没有用的。[3] 尽管他的知识适用范围很窄，但是船长、港务长尤其是那些为海洋商业保险的人都同意，引航

---

[1] Martha C. Nussbaum, *The Fragility of Goodness: Luck and Ethics in Greek Tragedy and Philosophy* (Cambridge: Cambridge University Press, 1986), p. 302. 努斯鲍姆特别关注道德系统与封闭、自足的道德系统之间的区别，前者允许人类生活中的热情和喜爱；后一个系统则是以全部人类生活为代价获得"道德安全和理性力量"。根据对《会饮篇》的不同诠释，柏拉图被认为是后者的代表，而亚里士多德则是前者的样板。

[2] 我之所以能做出这种区别，要特别感谢吉尼·阿玛瑞尔出色的博士论文，"Bugis Navigation" (Ph. D. diss., Department of Anthropology, Yale University, 1994)。阿玛瑞尔关于布吉传统航海技术的分析是我见过的关于地方技术知识最吸引人的分析。

[3] 可以将引航员的知识与布鲁斯·查特文（Bruce Chatwin）在《歌之版图》（*Songlines*）(London: Jonathan Cape, 1987) 中的观察做个比较："澳大利亚干旱的中部是由各种小气候、土壤中包含的不同矿物质、不同植物和动物组成的拼图。一个出生和生活在沙漠某个地方的人会对当地的动植物非常熟悉。他知道什么植物会吸引猎物。他知道他的水。他知道哪里的地下有块根。换句话说，通过命名他地区内的所有'东西'，他总能够依赖这些东西生存……如果鲁莽地将他带到另外的国家……他可能只有迷路和饥饿。"（第269页）

员关于特定海港的知识必须占支配地位。引航员的经验在当地要比航海的一般知识更重要。

马克·吐温在其经典著作《密西西比河上的生活》中用了很大篇幅反映河流上引航员的知识。部分知识是由经验规律组成的，像河流的水面特征可以反映出河中的浅滩、急流和其他航行危险。但是，大部分则是对密西西比河特定流段不同季节和水位的具体熟悉——这些知识只有在当地通过经验才能获得。尽管有些东西也可以被称为关于河流的一般知识，但在特定河流的具体航行中，这些知识是很薄弱和不能解决问题的。就像在特定丛林中需要本土引路人，在布鲁日和古阿拉伯城市的居民居住区需要本土向导一样，在特定的河流上本土的引航员也是必需的。

米提斯所反映的实践和经验几乎总是地方的，因此登山的向导对她过去经常攀登的策马特（Zermatt）最熟悉；飞行导航员最擅长驾驶他受培训时所使用的波音747；外科整形医生的最大权威在于她积累了经验，成为膝盖处的专家。现在还不清楚，如果他们被突然转到勃朗峰（Mont Blanc）、DC3飞机和手部整形，这些专家的米提斯有多少是可以转移使用的。

一项特定的技能每次应用都需要针对本地条件做出相应的调整。对纺织工人来说，每种新的棉纱或线的手感都不一样。对于制陶工人来说，新黏土使用起来会不同。长期与不同材料打交道的经验使他们可以半自动地做出这样的调整。特殊知识的具体性还可以更深入一步，比如意识到每一台织机和陶轮都有其自身的不同特征，工匠会逐步了解并加以充分利用（或者避开易出的问题）。因此，任何被实际应用的一般性知识都需要富有想象力的翻译。关于织机完整的一般知识并不能直接被翻译成使这台织机成功运行的知识，具体织机有着设计、使用、制作的木材和修补上的特点。描述某一台织机的艺术、一条河流的艺术、一台拖拉机的艺术或一台汽车的艺术并不荒谬；它指出了存在于一般性知识和特定环境知识之间差别的大小和重要程度。

我们有理由把特定环境的地方知识认为是与一般知识不同的派系知识。也就是说，这些知识的持有者往往对某种特定的产出有着特殊的热情。一个为大型资本密集的海运公司提供商业保险的公司只依赖事故的概率分布依旧能够赢利。但是对于希望平安航行的船长或海员，每次事故、每次航行的结果都与他们息息相关。米提斯就是影响特定事件中最终结

第九章 薄弱的简单化和实践知识：米提斯

果——以提高成功的可能性——所必需的能力和经验。

我们在前面几章中已经考察过的国家的简单化和乌托邦项目都涉及在具体空间和时间背景下的活动。尽管在林业、革命、城市规划、农业和农村定居中有一般的规律可言，但这些一般规律对我们理解**这个**森林、**这个**革命和**这个**农场的作用也是有限的。所有的农业都发生在特定的空间（农田、土壤和作物）、特定的时间（气候类型、季节、害虫数量的变化）、为了特定的目的（有着自我需求和口味的家庭）。不顾这些特殊性，机械地应用一般的规律只能导致实践上的失败、社会理想的幻灭，或者二者兼有。一般化的公式没有，也不可能提供将粗糙的一般理解翻译为成功的、细腻的地方应用所需要的地方知识。如果要取得在当地的成功，那么越是一般适用的规则，就越需要通过翻译。这不仅仅是船长或航海家了解在什么地方自己的经验不如引航员熟知的地方知识那么简单的问题。这实际上是认识到经验本身主要来自于对航海和引航实践经验的总结。

最后一个类比可能会帮助弄清一般经验和米提斯之间的关系。米提斯不仅仅是为了将一般公式应用于本地所做的对地方价值的详细阐述（如当地的平均温度和降雨）。如果以语言为例，我想经验的方法就类似于语法，而米提斯就像实际的说话。就像讲话并不是从语法中推演出来的，米提斯也不是从一般规律推演出来的。讲话是通过模仿、使用、试验和错误而发展的。学习母语是一个随机的过程——一个连续的、不断纠正错误以接近目标的过程。我们并非从学习字母、单词、句子片段和语法规则开始，然后使用这些内容创造语法正确的句子。如同奥克肖特所指出的，有了语法知识也完全可能仍讲不出明白易懂的句子。语法规则来自于实际语言实践的说法更接近于事实。目的在于培养良好口语能力的现代语言训练认识到这一点，他们都从简单的短句开始，机械地重复，从而强化对模式和重音的记忆。语法隐含在练习中，或者是在后面才被引入语法作为整理和总结实践知识的方法。

与语言一样，成功的从事农业或牧业所需要的米提斯也最好是在每日的实践和经验中学习。就像经过长期培训的学徒一样，在可以不断实践一门手艺的家庭中成长为其将来从事这项工作提供了最好的准备条件。通过这种形式进行的职业社会化可能会鼓励对技能的保存，而不是大胆的创新。但是任何排除和压制米提斯经验、知识和适应性的公式都面临着前后不连贯和失败的风险，学习连贯的语言绝不仅仅是学习语法规则。

与认识论和技术知识的关系

对于希腊人,特别是柏拉图来说,认识论(episteme)和技术知识(techne)代表了与米提斯完全不同种类的知识。[①] 技术知识可以通过严格的规则(**不是**经验规则)、原理和命题精确且完整地表现出来。在最严格的情况下,技术知识可以从不证自明的第一原理经过逻辑推导得出。作为一个理念形式,在如何组织、如何整理和教授、如何被修正,以及它所表现出来的分析精确性等多个方面,它都与米提斯不同。

米提斯是在一定背景下的特殊,而技术知识是普遍适用的。在数学逻辑中,10乘以10在任何地方永远都等于100;在欧几里得几何学中,直角代表90度;在传统的物理学中,水的冰点总是摄氏零度。[②] 技术知识是固定的知识。亚里士多德写道,技术知识"来自于许多从经验中产生的概念,当关于一组相似事物的普遍判断形成时,技术知识就产生了"。[③] 技术知识可被分析地组织成小而清晰的逻辑步骤,它是可以分解的,也是可被证实的,这

[①] 下面的论述我要深深感谢努斯鲍姆在 The Fragility of Goodness 中的讨论,以及 Stephen A. Marglin, "Losing Touch: The Cultural Conditions of Worker Accommodation and Resistance," in Frédérique Apffel Marglin and Stephen A. Marglin, eds., Dominating Knowledge: Development, Culture, and Resistance (Oxford: Clarendon, 1990), pp. 217–282。玛格林在接下来的两篇文章中详细阐述了他的观点:"Farmers, Seedsmen, and Scientists: Systems of Agriculture and Systems of Knowledge" (unpublished paper, May 1991, revised March 1992); "Economics and the Social Construction of the Economy," in Stephen Gudeman and Stephen A. Marglin, eds., People's Ecology, People's Economy (forthcoming)。阅读了上面提到的两本书的读者都会注意到努斯鲍姆和马格林在使用技术知识(techne)一词时的不同。对于努斯鲍姆来说,技术知识是认识的同义词,至少在柏拉图的著作中,它们都与米提斯和实践知识完全不同。而马格林几乎是与我使用米提斯一词的同样方式使用"技术知识"(T/知识);它与"认识"(E/知识)完全不同。我选择了使用古典主义学者努斯鲍姆的术语,我相信她的用法更符合柏拉图和亚里士多德最初的文本。对努斯鲍姆用法的支持还来自于皮埃尔·维德—纳奎特(Pierre Vidal-Naquet),他写道:"正像 G. 凯姆比诺(G. Cambiano)所正确观察到的,在柏拉图的观点中,认识,动力和技术知识组成了概念体系,它们相互支持。比如在《理想国》中将一个由技能(technai)、知识过程(dianoiai)和科学(Epistemai)组成的单位置于数学控制之下" [The Black Hunter: Forms of Thought and Forms of Society in the Greek World, trans. by Andrew Szegedy-Maszak (Baltimore: Johns Hopkins Press, 1986), p. 228]。尽管如此,那些熟悉马格林观点的人可以发现,在正式的对比中,尽管我没有使用他的术语,但是他的对照给了我很大帮助。

[②] 请注意,这个结论只有在海平面才是正确的,水的标准沸点也一样。这个常数只是一般的惯例,在不同高度,实际的冰点都是不同的。

[③] Nussbaum, The Fragility of Goodness, p. 95.

个事实是其具有普遍性的原因。这一普遍性意味着，以技术知识形式存在的知识基本上可以被作为一般原理完整地教授，而那些提供理论知识的技术知识规则可能没有实际用途。最后，技术知识的特点是非个人化的、准确量化的，并关注解释和考证，而米提斯关注的是个人技能、"感觉"和实践结果。

对技术知识作为理想和典型的知识系统所做的描述与现代科学的自我形象很相似，这并非偶然。然而，真正科学的实践则又是完全不同了。① 技术知识的规则一旦发现就要阐明知识是如何被整理、表达和证实的。技术知识或认识论的规则不能解释科学发现和洞察力。发现一条数学定律可能需要天赋，也可能还有米提斯；而证实原理则必须遵守技术知识的原则。② 因此，系统和客观的技术知识规则能帮助产生那些可以被组装、综合地记录和正式教授的知识，但是它们自己不能添加新内容或解释这些知识是如何产生的。③

技术知识最重要的特点在于它是典型的自我推论系统，它的发现可以由其最初的假设逻辑推论得出。某种知识形式越是符合这些条件，它就越客观、普遍和不受具体背景的影响。但是如同德蒂安和韦尔南所强调的，米提斯的背景特点是"短暂的、不断变化的、无法预计和模糊的，这些条件使它们不能被准确地测量、精确地计算或有严格的逻辑"。④ 努斯鲍姆令人信服地指出了柏拉图如何尝试将属于偶然、愿望和冲动范畴内的爱转化为技术知识和认识的范畴，特别是在《理想国》中。⑤ 柏拉图将世俗的爱看作是低级欲望，他希望清除这些低等的本能，从而使爱就像哲学家对真理的纯粹追求一样。纯粹推理，特别是科学和数学逻辑类的，其优越性在于它们是

320

---

① 关于科学的实践或民族学方法论的文献在迅速增加，特别是关于实验科学。大多数的文献都强调实际的科学实践和它被整理成的形式（比如论文和实验报告）之间的区别。关于这方面文献的介绍，见 Bruno Latour, *Science in Action: How to Follow Scientists and Engineers Through Society* (Cambridge: Harvard University Press, 1987); Ian Hacking, "The Self-Vindication of the Laboratory Sciences," in Andrew Pickering, ed., *Science as Practice and Culture* (Chicago: University of Chicago Press, 1992), pp. 29 – 64; Andrew Pickering, "From Science as Knowledge to Science as Practice", ibid., pp: 1 – 26。还可参见 Pickering, "Objectivity and the Mangle of Practice," in Allan Megill, ed., *Rethinking Objectivity* (Durham: Duke University Press, 1994), pp. 109 – 125。

② Marglin, "Losing Touch", p. 234.

③ 对这些问题多方面的透彻哲学解释，见 Michael Polanyi, *Personal Knowledge: Towards a Post-Critical Philosophy* (Chicago: University of Chicago Press, 1958).

④ Detienne and Vernant, *Cunning Intelligence*, pp. 3 – 4.

⑤ Nussbaum, *The Fragility of Goodness*, chaps. 5 and chaps. 6.

"纯粹的努力、最稳定并直通真理"。如此推理的对象"永远不必考虑人类如何做或如何说而保持自我"。① 柏拉图声称,所爱,或应该爱的不是那个被爱的人,而是反映在被爱人身上纯粹的美的形式。② 只有通过这种方式才能保持不受欲望影响的纯正和理性的爱。

完全不受偶然性、猜测、背景、愿望和个人经验影响,从而也不受米提斯影响的人类努力范围就此被看作是人类的最高追求。它们是哲学家的成果。基于这个尺度我们就看到,为什么欧几里得几何学、数学和一些自我推论的分析哲学,可能还有音乐被认为是最纯粹的人类追求。③ 与自然科学和具体的实验不同,这些原理都存在于纯粹的思想领域中,不被物质世界的偶然性所触及。他们开始于人的头脑或一张白纸。毕达格拉斯的公式,$a^2 + b^2 = c^2$,永远适合于任何地方的所有直角三角形。

西方哲学和科学,也包括社会科学中不断循环出现的主题就是试图重新系统地阐述知识体系,从而排除不确定性,达到欧几里得几何学所具有的精确逻辑推理。④ 在自然科学中,结果是革命性的。但在哲学和人文科学所涉及的地方,尽管也做了同样不懈的努力,结果却仍不明确。笛卡尔的名言"我思故我在"模仿了数学证明的第一步,并且"回答了威胁到社会存在的混乱"。⑤ 杰里米·边沁(Jeremy Bentham)与实用主义者的目的就是通过对快乐和痛苦(快乐论)的计算,将伦理学研究简化成纯粹的自然科学,简化成对"所有可以影响个人境况的考察,对此给予评价和分类,不给机会、突变和无控制的决定留下任何可能。所有事物的大小、数

---

① Nussbaum, *The Fragility of Goodness*, p. 238.
② 我在这里使用"男性的他"(himself)是因为柏拉图所指的是他所认为的爱的最高形式,在男人(men)和男孩(boys)之间。
③ 音乐从某种意义上说是纯粹的形式,但是柏拉图深深怀疑音乐的情绪感染力,所以他坚信在理想国中要禁止某些音乐。
④ 对社会科学的重要批评往往都从这一观察出发。借用生物科学的科学语言和方法的声望影响,社会科学已经设想并开始尝试建立客观、精确和可以被严格复制的技术——这些技术可以提供公正和量化的回答。因此多数正式的政策分析和成本-效益分析都要通过大胆的假设和使用难以置信的衡量尺度来比较无法测量的变量,这样才能对各种棘手的问题提供数量化的回答。他们得到了公正、精确和可复制的回答,却付出了准确的代价。Theodore M. Porter, "Objectivity as Standardization: The Rhetoric of Impersonality in Measurement, Statistics and Cost-Benefit Analysis," in Allan Megill, ed., *Rethinking Objectivity* (Durham: Duke University Press, 1994), pp. 197–237 中提供了这方面的简短而有说服力的例子。
⑤ Marglin, "Farmers, Seedsmen, and Scientists", p. 46.

量、重量和尺度等方便都被加以勘测,并被固定下来"。①

技术知识被设计出来以掌握机会(tuche),但由于统计学和概率论的发展,机会本身也被转化为可以代入技术知识公式的单一事实。只要能给定一个已知的概率,风险就变得与其他事实一样,但是不确定性(其潜在的概率仍然未知)仍然在技术知识范围之外。② 风险和不确定性的知识"生涯"可以表明,在调查到的许多领域内,分析的领域被重新阐述和缩减,从而将许多只能被判断而不能被量化和测量的因素排除在外。更适当地说,许多技术被发明出来以隔离和培养那些关键变量可以量化的方面(如用国民生产总值表示国家的财富,用民意调查的数字表示公众意见,用心理学普查表示价值观)。新古典经济学已经沿着这个方向做了调整。消费偏好首先被假设为既定的和可以计量的,以排除喜好所带来的不确定性。发明和企业家的活动因为太复杂了,难以计量和预测,因此被作为外生变量处理,不在科学原理的范围之内。③ 科学包括了可以计算的风险,但放弃了一些真正的风险因素和占主导的命题(生态危机、喜好的改变)。④ 如同史蒂芬·马格林所表明的,"经济学中对利己主义、计算和最大化的重视"是"不证自明假设"的一个典型例子,反映了"更强调在意识形态上认可认识论,而不是探索人类复杂和神秘动机和行为的认真努力"。⑤

---

① Jeremy Bentham, *Pauper Management Improved*, cited in Nussbaum, *The Fragility of Goodness*, p. 89.

② 参见 Hacking, *The Taming of Chance*。瓦伦·韦弗(Warren Weaver)很早以前就对他所说的"无组织复杂性"和"有组织复杂性"进行了区别,前者可以通过统计技术得到平均的结果,而后者(包括最典型的有机系统)却不适合用这样的技术,因为它非随机的、系统的复杂关系,使我们无法理解任何干预所产生的直接效果,更不用说间接和更间接的结果了["Science and Complexity", *American Scientist* 36 (1948): 536–544]。

③ Marglin, "Economics and the Social Construction of the Economy", pp. 44–45.

④ 虽然经济学的关注重点缩小了,其范围却扩大了。我们可以来看一看威廉·D. 诺德豪斯(William D. Nordhaus)尝试探讨的全球转暖这样的生态问题,这类问题的精确性往往是虚假的。见 William D. Nordhaus, "To Slow or Not to Slow: The Economics of the Greenhouse Effect," *Economic Journal* 7 (1991): pp. 920–937。

⑤ Marglin, "Economics and the Social Construction of the Economy", p. 31. 马格林还描述并批评了在认识论经济学范围内各种对处理公共物品、可持续性和不确定性的尝试。弗里德里克·哈耶克本身是个怀疑主义者:"促进理论知识进步的错觉越来越将我们放在一个将复杂关系简化为确定事实的位置上,但这种错觉经常会导致新的科学错误……这种错误主要来源于僭称对知识的掌握,但事实上却没有人掌握这种知识,而且即使科学进步也不能为我们提供它。"[*Studies in Philosophy, Economics and Politics* (Chicago: University of Chicago Press, 1967), p. 197]

这种再表述的逻辑与实验活动和现代农业自我界定范围是类似的。通过限定其研究范围，它获得了很高的精确性和科学力量，但是所付出的可能代价就是范围过窄、不适用以及来自人为限定范围之外讨厌的隐藏变量的干扰。① 技术知识最适合那些"只有单一目标或结果，而且目标可以在行动本身之外被详细说明，并且容易进行量化"的活动。② 因此，科学农业能够成功地解决的问题是如何在单位面积内用最小的投入生产最多的谷物，就像在实验田中进行的每次改变一个变量的试验所展示的一样。农业生活、社区、家庭需求、长期的土壤结构、生态多样性和可持续等问题，或者很难被纳入进来，或者被完全排除在外。只有在寻求的目标很简单、有清晰的定义和可以测量的情况下，效率的公式、生产函数和理性行动才能被具体指明。

如同亚里士多德已经认识到的，问题在于某些实践选择"甚至在理论上，也不可能适当地和完全地被普遍规律系统来表达"。③ 他以航海和药物学为例，说明长期经验带来的实践智慧是出色的表现不可或缺的。它们是充满米提斯的活动，需要回应、临场发挥，以及技巧的逐次接近。如果相信柏拉图的说法，苏格拉底故意避免写下他所教授的内容，因为他认为哲学活动更多地属于米提斯，而不是认识论或技术知识。书写的文本，即使采取哲学对话的形式，也是一套被编纂的原则的呆板汇集。与此不同，口头的对话是实时的反映参与者之间相互共鸣的回应，它的最终结果是无法预先设定的。苏格拉底明显地相信，我们现在称之为苏格拉底方法的教师与学生之间的互动就是哲学，而不是作为结果的课本。④

实践知识与科学解释

只有把握米提斯潜在的成就和范围才能欣赏它的知识价值，当极端现

---

① 在最极端的情况下，这种战略就像越战时期的追踪人体记录（tracking body counts），这种技术被认为至少可以为军事进步提供一种准确的测量。
② Nussbaum, *The Fragility of Goodness*, p. 99.
③ Nussbaum, *The Fragility of Goodness*, p. 302.
④ Nussbaum, *The Fragility of Goodness*, p. 125. 因此在《斐德罗篇》（*Phaedrus*）里，通过柏拉图之口，苏格拉底对书写的发明表示遗憾，并且宣称书籍不能回答问题。他为艺术工作的有机统一做辩护，它的观点和风格都以预期的听众为主。在他的《第七封信》中，柏拉图写道，他最深入的教学并不是文字记录的形式。见 R. B. Rutherford, *The Art of Plato: Ten Essays in Platonic Interpretation* (London: Duckworth, 1996)。

代主义项目仅仅强调实现自己的计划时就完全丧失了这些知识。米提斯被贬低，特别是在科学知识的霸权范围内，其主要原因之一就是它的"发现"是应用的、处于具体时间和背景之下的，而不能被综合进科学交流的一般惯例中。

我们已经看到过在历史上各地方不同的面积、重量和体积的度量制下，米提斯起作用的特殊方式。它的目标总是要达到当地的目的和表达重要的地方性特征（如"两头牛的农场"），而不是提供一些普遍的测量单位。如同斯匡托的格言一样，这些地方性度量单位往往比抽象度量单位包含了更多的信息，它们的确包含了与当地更有关的信息。对于国家机器的目标而言，正是这些在各地都不同的地方性和实践性指标使得米提斯成为混乱的、内在不一致的和无法整合的。

当地人对植物的分类也遵循了同样的逻辑。最重要的是当地的使用和价值。因此各种植物的分类遵循了实用的逻辑：煮汤的材料、编绳的材料、医治伤口的植物、治疗反胃呕吐的植物、对牛有毒的植物、可以用于纺织衣物的材料、兔子喜欢的食物、编篱笆的材料等。这些知识从来不是静止的；它总是通过实践中的试验不断扩大。显然，他们对实际植物的分类与科学研究者所喜欢的林奈植物分类不同，后者有时是看不见的。①

检验米提斯的试金石是实践中的成功。引航员是否安全回航？奥德修斯的计谋是不是击败了独眼巨人？膏药是不是治好了疖子？农民的收成是不是足够？如果技术可以有效并反复地达到预期的目标，那么米提斯的实践者不会停下来问它为什么和如何发挥作用，不会想要准确地找出因果之间的机制。他们的目的并不是对广大的知识体系做出贡献，而是要解决他们面对的具体问题。这并不意味着米提斯的实践者没有发明新的解决方法。他们绝对这么做了。直到最近，农业上所有的进步实际上都来自于田间，而不是来自于工业和科学。这也就是说，米提斯的创新往往表现为各种已有因素的重新组合［如果用列维-斯特劳斯（Lévi-Strauss）的术语，就是用现成东西的制作（bricolage）］。② 农民没有发明用拖拉机解决牵引

---

① 见 Harold Conklin, *Hanunoo Agriculture: A Report on an Integral System of Shifting Cultivation in the Philippines* (Rome: Food and Agriculture Organization of the United Nations, 1957)。

② Claude Lévi-Strauss, *La pensée sauvage* (Paris: Plon, 1962)。

动力的问题。[1] 同样的，实践知识的重新组合也往往产生复杂的技术——如多元耕作和土壤改良战略——这些技术起了显著作用，但是还没有被科学地理解。

实践知识的力量来自对环境非常细致和敏锐的观察。现在应该很清楚，像斯匡托一样传统的农民为什么是他们环境最出色的观察者，但是我们仍然值得在与科学知识的比较下重复这些原因。首先，密切观察中有着农民直接切身的利益。从事研究的科学家和推广机构无须采用自己的建议，而农民是自我结论的直接消费者。与典型的现代农民不同，除了有经验的邻居之外，小农没有外界的专家可以依赖；他必须根据自己所知道的做出决策。

其次，我认为，许多小农的贫困和最低限度的经济地位是他们小心谨慎地观察和试验的主要原因。我们假设有两个渔民，他们都要依靠河流生存。一个渔民生活在河边，捕获丰富且稳定。另一个渔民的捕获贫乏且不稳定，只能提供贫困且不稳定的生活。那么两人中比较贫困的一个就会有切身的、生死攸关的兴趣来发明新的捕鱼技术、仔细观察鱼的习惯、细心设置渔网和鱼梁、发现不同种鱼的季节性洄游的时间和信号等。

我们也不应忘记，小农和牧民一年到头都生活在所观察的原野上。他们会观察到不在农田的农民和科学研究人员注意不到的事情。[2] 最后，如同我们前面章节中已经谈到的，农民始终是社区中的成员，社区作为一个有生命力的口头文献图书馆，它是农民所做的观察、实践和试验的总和，这些知识是个人无法独立积累起来的。

"前科学"人民的实验趋势往往是由致命的威胁推动的，它带来许多重大的发现。南美洲的印第安人知道嚼金鸡纳树皮可以治疗疟疾，但是他们不知道它的有效成分是奎宁，也不知道它为什么会有作用。西方人知道在早春吃一些特定的植物，如大黄，可以缓解冬季坏血病的症状，但他们完全不知道维生素C。早在青霉素发明之前很久，某些面包上的霉就被用

---

[1] 在拖拉机发明之后（特别是有动力发动的拖拉机），农民和机械师对之进行了富有想象力的改变，提供了发明者从未想到的用途。

[2] 在这章稍后的部分我将描述马来西亚村民如何清理受到红蚁破坏的芒果树，从而为这个论断提供有趣的例证。

以阻止感染。① 按照安尼尔·古帕特（Anil Gupta）的说法，现代药典约3/4的内容来自于已知的传统药品。② 甚至在没有治疗方法的情况下，人们也知道采取什么措施能减少受传染病感染的机会。在丹尼尔·迪福（Daniel Defoe）《大疫年纪事》（Journal of the Plague Year）中的伦敦人就已经知道，搬迁到郊区，如果不能，就将自己关闭在房间中，这都大大增加了在1665年鼠疫中生存的机会。③ 如果像我们现在一样知道，瘟疫是由老鼠携带的跳蚤传播的，我们当然可以了解这些办法是如何发挥作用的，但是尽管笛福同时代的人认为瘟疫是由蒸汽导致的，却发现了解决方法。

最引人注目的表现前科学实践的例子是早在威廉·詹纳爵士（Sir William Jenner）1798年发明种牛痘之前，人们已经广泛使用引痘以控制天花的流行。弗雷德里克·阿帕法尔·马格林对故事进行的令人佩服的细节分析是很有价值的，因为它表明了纯粹的米提斯技能导致了接种形式，这与后来被称为科学医药上的里程碑很相似。④ 让我澄清一下，我在这里的目的完全不是和现代医药研究和实验方法相比较为传统医药辩护。⑤ 这个叙述所强调的是，地方知识通过反复试验，或者如一般所说的随机方法，很多时候不需借助于科学方法就找到了解决实际问题的方法。

---

① Gladys L. Hobby, *Penicillin: Meeting the Challenge* (New Haven: Yale University Press, 1985).

② Anil Gupta, paper presented at a congress entitled "Agrarian Questions: The Politics of Farming Anno 1995", May 22 – 24, 1995, Wageningen, The Netherlands. 在过去的20~30年中，研究实验室开始清点和分析大量传统的药品，这有力地表明了米提斯给现代医学和药学所遗留的大量发现。对于这些产品的知识产权问题，见 Jack Ralph Kloppenberg, Jr., *First the Seed: The Political Economy of Plant Biotechnology, 1492 – 2000* (Cambridge: Cambridge University Press, 1988).

③ Daniel Defoe, *Journal of the Plague* (1722; Harmondsworth: Penguin, 1966). 值得注意的是，这些战略对于富人比对穷人更实用。结果并非对所有人都一样，瘟疫在贫穷的伦敦人中造成了最大的破坏。

④ Frédérique Apffel Marglin, "Smallpox in Two Systems of Knowledge," in Marglin and Marglin, *Dominating Knowledge*, pp. 102 – 144.

⑤ 在科学医药学中也存在不同的模式，其中一些模式有着与标准对抗疗法完全不同的视角。在许多被认为是处于病态条件下的现象，在达尔文主义的医学中被认为是适应性功能。一个典型的例子是许多妇女在怀孕前三个月的晨吐，这被认为是拒绝食物，特别是水果和蔬菜的正常反应，这些食物最可能带有对胎儿有害的毒素。另外的一个例子是正常流感或感冒时候的发烧，这被认为是适应的机制在动员免疫系统的各种因素对抗传染。如果达尔文主义的观点正确，它就会迫使我们追问，一种医疗条件的益处，或者更确切地说适应功能是什么。从这个角度看植物的疾病必然可能会带来新颖的见解。作为入门介绍，可参见 Randolph M. Nesse and George C. Williams, *Evolution and Healing: The New Science of Darwinian Medicine* (London: Weidenfeld and Nicolson, 1995).

至少到 16 世纪，在印度、中东、欧洲和中国就已经广泛使用引痘技术。这种实践包括使用从天花患者身体得到的物质，将之植入皮下或吸入，从而使受者出现轻微和一般不严重的天花感染。他们从来不使用"新鲜的"天花材料——通过一般途径被感染且正在发病的患者身上脓包和结痂中提取的材料。接种的材料都是经过弱化处理的材料，或者是从那些在过去一年得过轻微天花，或者从前一年被接种人的脓包中得到的材料。接种的剂量则根据患者的体重和年龄控制。

种痘背后的逻辑与顺势疗法（homeopathy）的基本理论相通，都反映了古老的实践。在现代医药发展之前，接种就已经以不同形式被广泛应用了。在印度，接种是由宗教仪式专职人员从事的，完全成为崇拜女神锡塔拉（Sithala）的一部分。[①] 在另外的社会中，文化背景无疑是完全不同的，但实际的程序非常类似。

所以詹纳发明的使用牛痘的疫苗也并不是完全创新。一个年轻女孩告诉过他，自己可以抵抗天花的感染是因为她已经感染了牛痘。沿着这条思路，詹纳给他自己的孩子们接种了牛痘的感染物，发现他们对接下来的天花疫苗没有反应。种牛痘当然比使用人痘前进了一大进步。因为使用的是天花的活体物质，人痘会引发轻微但仍具有感染力的发病，接种过的人有 1%~3% 的死亡率，这与传染病中每六个人中就有一到两个人死亡相比还是好得多。詹纳的技术使用已死的病毒，这就避免了传染，接种疫苗的医疗死亡率是很低的：接种牛痘疫苗只有千分之一的死亡率。他的成功是值得庆贺的，但是更要记住，"詹纳的疫苗并不是完全与过去隔离的突兀的成功，而是原有接种技术的直接继承者"。[②]

尽管不能说人痘比牛痘好，但是它的确是前科学医药实践中令人佩服的成果。接种的原理早已经被人们掌握，可以设想，许多在被传染地区的实践者曾尝试发展出成功的技术。一旦高效的新方法被确立，消息就会比

[①] F. A. 马格林的许多叙述都涉及英国人抑制人工引种人痘而代之以接种疫苗，这无疑是善意的，却是强制的，这种努力遭到了普遍反对。马格林的研究暗示着英国人很快就用疫苗代替了人痘。但是研究同样问题的一位印度同事萨米特·古哈（Sumit Guha）相信，英国不可能有如此多的人力和（足够的）能力来如此快地消除人痘。

[②] Donald R. Hopkins, *Princes and Peasants: Smallpox in History* (Chicago: University of Chicago Press, 1983), p. 77, cited in Marglin, "Losing Touch", p. 112. 关于疫苗发展的科学过程，以及在炭疽热和狂犬病方面的应用，见 Gerald L. Geison, *The Private Science of Louis Pasteur* (Princeton: Princeton University Press, 1995)。

第九章　薄弱的简单化和实践知识：米提斯

传染病更快地传播，并迅速取代那些不太成功的预防方法。这里不存在魔法。这些实践知识的组成都很简单：急迫的需求（这里真的就是生死攸关的事），几个在相同背景下发挥作用的线索（接种），一大批几乎愿意试验任何方法的独立试验者，[①] 慢慢发展酝酿的时间（也就是试验者和他们的委托人在疾病连续流行过程中不同观察战略的结果），以及试验结果的交流（通过传播链）。只要他们不需要电子显微镜，这些热情、细致的观察，大量业余专家试验各种不同的可能和反复试验所需要的时间结合在一起，如果不能产生多种解决实际问题的方法才是奇怪的。在詹纳之前为人接种牛痘的人与保罗·理查兹所描述的多元耕作的农民不无相似之处。他们不仅仅是偶然发现，而且是发明了有用的方法，虽然并不立刻知道它为什么能起作用。即使这增加了从所见所闻中引出错误推论的可能，也并不能抹杀他们使用已有因素重新组合所达到的实践成就。

重视实践知识、经验、随机的推理，米提斯不仅仅是科学知识已被超越的先驱。它的推理模式特别适合复杂的物质和社会任务，在这里，不确定性是如此之大，我们只能相信我们（有经验）的直觉，摸索着前进。阿尔伯特·霍华德对日本水管理的描述提供了一个富有启发意义的例子："日本的水土流失控制就像下象棋。林业工程师在考察了受侵蚀的山谷以后，走出了第一步，建起了一座或数座防洪试验堤。他等待着，看自然对这有什么反应。这决定了他的第二步，可能是再建几座堤坝，增加原有的堤坝，或者建立护岸堤。再观察一段时间，然后走出下一步，这样一直进行下去，直到水土流失被控制。自然力量的作用，如沉淀、植被恢复等都被加以引导和利用以取得最好的利益，从而降低成本和取得实际效果。**在这个地区所尝试的都是自然已经取得的成就。**"[②] 在霍华德的描述中，工程师无疑意识到他在和"一个山谷的艺术"打交道。基于过去经验的每一个谨慎的小步骤都会带来新的不可完全预测的效果，这又成为下一步的出发点。许多包括了大量无法准确预测其价值和相互影响变量的复杂任务都属于这一类：建房、修车、完善一架新的喷气飞机、手术治疗膝

[①] 就像所有看来不可治愈的疾病一样，存在成千上万的竞争者寻找治疗和预防的法子。

[②] Albert Howard, *An Agricultural Testament* (London: Oxford University Press, 1940), p.144（重点是原有的）。在这里，霍华德是在解释罗德民（Lowdermilk）的著作。尽管他没有提供索引，但我相信他指的是 A. W. C. 罗德民。他于1949年访问了莱索托，在耶鲁大学的斯特林图书馆可以找到他的论文。

盖、种植一块农田。① 相互作用不仅仅在物质环境中, 也包括社会互动——建设新的村庄和城镇并迁移人口, 组织革命夺取政权, 实现农业集体化——如此复杂的互动和不确定性（与可计算的风险不同）令人恐惧。

在 35 年前, 了解到野心勃勃的社会政策所具有的复杂性, 查尔斯·林德布洛姆 (Charles Lindblom) 创造了如下给人深刻印象的表述: "勉强应付的科学。"② 大型的政策问题不可能被完全理解, 更不用说综合解决了, 这个短语正反映了对这些问题的实际处理方式。林德布洛姆抱怨说, 公共管理的模型隐含了对政策主动权具有全面掌握的假设, 而实际上, 知识是有限的且支离破碎, 手段从来不能从目标中清楚地区分出来。他对实际政策实践特征的概括所强调的是有限的、比较零碎的方式, 不断地试错和修正, 依靠原有的经验和"不连贯的渐进主义"。③ 阿尔伯特·赫希曼 (Albert Hirschman) 将社会政策与房屋建筑相比较, 得出了同样的结论, 只是更多比喻: "社会变迁的建筑师从没有可靠的蓝图。不仅是他所建筑的房屋与以前的每个都不同, 他还要使用新的建筑材料, 甚至还要试验从未经受检验的压力和结构原理。因此, 一个房屋建筑师所能传达的最有用的内容就是对其建筑经验的理解, 只有这些经验使在这种艰难条件下建房成为可能。"④

总的说来, 林德布洛姆和赫希曼的观点是从全面掌握的野心做合理的战略性退却, 转为综合和理性的规划。如果可以原谅我在这里使用社会科学 (social-science) 的专业术语的话, 那么"有限的理性"（不是"概括

---

① 对于喷气飞机来说, 飞机的状况"在研制过程中是非常不确定的", 在试航员飞行试验以后, 需要具有丰富经验的工程师不断调整。见 Nathan Rosenberg, *Inside the Black Box: Technology and Economics* (New York: Cambridge University Press, 1982), 特别是第 120~141 页。罗森伯格 (Rosenberg) 清楚地说明, 在喷气机中, 大量独立变量（还有不同技术）之间的相互影响是科学方法论完全没有办法预测的。还可参见 Kenneth Arrow, "The Economics of Learning by Doing," *Review of Economic Studies*, June 1962, pp. 45-73。

② Charles E. Lindblom, "The Science of Muddling Through," *Public Administration Review* 19 (1959): 79-88。这篇文章发表 20 年以后, 林德布洛姆用了一个很容易记忆的名字扩充了他的观点: "Still Muddling, Not Yet Through." See Lindblom, *Democracy and the Market System* (Oslo: Norwegian University Press, 1988), pp. 237-259。

③ Lindblom, "Still Muddling, Not Yet Through"。

④ Albert O. Hirschman, "The Search for Paradigms as a Hindrance to Understanding," *World Politics* 22 (1970): 243。

的统管")和"适度"(而不是"最大化")等术语背后的概念与米提斯很接近,这些术语被发明出来是为了描述有依据的猜测和经验规律所控制运作的世界。

书本之外的学习

一步步"勉强应付"的工作方式是水土流失管理和公共政策实施领域中唯一明智的过程,这里肯定会有意想不到的事情发生。虽然在这些例子中,可以通过将整个过程分解为可以控制的小步骤来减少不确定程度,以及由此可能带来的灾难,但是这并不意味着任何新手都可以承担这样的工作。相反,只有具有广泛经验的人才能正确解释前一步带来的结果和反应,从而决定下一步。人们会需要那些经历过多次意外和有许多成功经验的水利专家和政策管理者。他们会有更多的相应措施,在观察环境中他们的判断更肯定,对可能的意外会有更准确的感觉。虽然他们的一些能力可以被翻译和教授,但是更多还是不成文的——长期实践中形成的第六感觉。即使冒着要准确描述这些难以表达的概念的危险,我还是想指出,这些知识是如何重要,以及被翻译成正规形式有多么困难。[①]

米提斯知识是如此的不成文和自动,以致具有这种知识的人往往不知如何解释它。[②] 我被告知,早期医疗训练时一个内科医生的故事,在世纪之交,他取得了诊断早期梅毒的很高的成功率。实验室检验结果确认了他的诊断,但他自己并不清楚地知道使他做出结论的身体检查结果是什么。好奇于他的成功,医院的行政官员要两个医生几个星期内密切观察他是如何检查患者的,看看能否发现他看到了什么。很长时间以后,官员和医生本人发现,他只是无意识地注意了患者眼睛的轻微震颤。眼睛的震颤从此成为梅毒症状被广为了解。尽管这个见解可以被整理编纂,但具有指导意义的是,只有通过细微的观察和长期的医疗实践才能获得这些知识,甚至在这之前,这些知识已经存在于潜意识中了。

---

① 在知识哲学和认知心理学中,隐含的知识几乎是讨论的主要内容。比如,可参见 Gilbert Ryle, *Concept of the Mind* (New York: Barnes and Noble, 1949) 中对"知道如何做"与"知道那点"的区分与我对米提斯和认识论的区分一样。还可参见 Jerome Bruner, *On Knowing: Essays for the Left Hand* (Cambridge: Belknap Press, Harvard University Press, 1962)。

② 篮球运动中的漂亮动作可以用图形表示,甚至可以教授,但是在真正比赛的匆忙变化中做出这一动作就完全是另外一回事了。

任何一个有经验的技能和手艺实践者都发展出了很多自己的动作、触摸感觉、有区别的格式塔心理（gestalt）以评价其工作和从经验产生的准确直觉，这些直觉无法交流，只有通过实践获得。举几个简单的例子有助于表明这一知识的微妙和深奥之处。在印度尼西亚，上了年纪的布吉人船长即使在甲板下沉睡，只要航向、天气、水流或三个的任意组合出现变化，他立即就会醒来。当海浪的大小改变，或者开始从不同方向冲击船，船长马上就能从船的前后左右的摆动中感觉这种变化。

当白喉患者还被关在家中隔离的时候，一位医生带着他的学生在城中出诊。当他们被让进白喉患者家中前厅但未见到患者之前，那个老医生停下来说，"停一下，闻闻这味道！永远不要忘记这种气味；这是有白喉患者的房子的气味"。① 另一位医生有一次告诉我，在繁忙的诊所看过了数千婴儿以后，他相信他看一眼就可以准确地说出婴儿病得是否严重和是否需要立即诊治。他不能肯定地指出帮他进行判断的确切的视觉表象，但他认为这是许多因素综合的结果，包括肤色、眼睛的表情、身体语言和活力。阿尔伯特·霍华德又为"有经验的眼光"提供了具有说服力的例子："一个有经验的农民可以通过植物——它们的活力、它们的生长，充沛的根和健康的'光泽'——来说出土壤的状况和有机腐殖质的质量……在良好土地上生长的牲畜也同样如此。"他继续说，"根本无须称重或量尺寸，一个成功的放牧人，或经常与牲畜打交道的屠宰高手，只要看一眼就足以了解土壤或牲畜管理得是不是很好，有什么问题"。②

这些见识和直觉处于什么地位？我们可以称这种技能为"生意上的窍门"（并无欺骗的意思），这是大多"狡猾的"实践者后天学会的。③ 实际上在这些故事中所描述的经验判断都可以通过检验和测量得到证实。白喉可以在实验室中检测出来，儿童的贫血症可以通过验血检查出来，布吉人的船长可以走到甲板上证实风的转向。那些既有直觉，又可以使用正式测

---

① 类似的一个故事说在芝加哥的医院中一个人患病将死，医生却无法诊断他的病。尽管他们知道患者的国外旅行可能使他感染热带疾病，但他们的检查和试验都没有结果。有一天，一个很有经验的印度医生和他的同事路过病房去赴约，他突然停下来，闻了闻空气说，"这里有个得了 X 病（我忘记了这种病的名字）的家伙"。他是正确的，但是患者已经病入膏肓，无法救治了。

② Howard, *An Agricultural Testament*, pp. 29 – 30.

③ 马格林注意到"crafty"一词将手艺的经验知识与米提斯所暗示的"狡猾"（cunning）两种意思结合在一起。见"Economics and the Social Construction of the Economy", p. 60。

量技术的人知道他们的判断是可以被检验的,这使他们更加放心。但是对于米提斯来说,这些认识论的方法太慢、太辛苦、太浪费钱,并且往往不明确。当需要一个快速和准确(不是完美的)的判断,或者判断向好的方向或坏的方向发展的前兆很重要的时候,那么没有什么东西可以代替米提斯。在一个有经验的医生那里,事实上是米提斯告诉他是否需要做检查,如果需要,是哪些检查。

甚至米提斯可以通过经验规律表达的部分也只是对实践经验的整理编纂。将枫树液煮成糖浆是一项不容易的工作,如果时间长了就会煮得过火。也可以使用温度计或液体比重计(这是测比重的仪器)来决定停火的时间。但是那些有经验的人只要看看浮在树液表面的气泡就可以知道——一个容易应用的经验规律。获得这样的知识需要糖浆的制作者至少犯过一次错误,煮得过火。中国的菜谱总是让我觉得有趣,其指令常是"把油加热到要冒烟"。菜谱假设厨师已经犯了足够多次的错误,知道油在冒烟之前是什么样子。枫树液糖浆和油的规律都是经验规律。

那些没有机会接触科学方法或实验室验证的人经常依赖米提斯发展出一套具有惊人准确性的知识系统。在六分仪、指南针、海图和声呐发明之前的传统航海技能就是一例。我再次在这种背景下以布吉人为例,因为吉尼·阿玛瑞尔出色地记录了他们的技能。[①] 尽管缺少正式的潮流时间表,布吉人已经有很可靠的计划来预测潮水的升降、水流的方向和潮汐的相对力量——所有这些对于他们的航行计划和安全至关重要。[②] 根据处于一天的什么时段、进入月亮周期的天数和季风的季节,布吉人船长的头脑中形成了一个系统,可以准确地提供他所需要的有关潮汐的准确信息。从天文学家的观点看,他们不参考月亮的倾角而制订他们的计划是很奇怪的。但是因为季风与月亮的倾角是直接相关的,因而成为有效的代替物。如同阿玛瑞尔已经做的,为了展示的目的,布吉人的船长的认知图也可以用书面形式加以重构,但在布吉人中,它是通过口头和非正

---

① 布吉人的航海者是非常机敏的海上环境观察者,他们汇集了许多信号以预测天气、风、着陆处和海浪。彩虹中的主要颜色是有意义的:黄色代表多雨,蓝色代表多风。早晨的西北方有彩虹表明西季风开始了。如果灰胸的秧鸡发出"咔咔"的声音,就是说风要变了。如果猛禽高飞,那么雨水不会超过两天就要来到。这些可靠的联系可能可以被更"科学地"解释,但是它们已经为许多代人提供了快速、准确,有时是救命的信号。

② Ammarell, "Bugis Navigation", chap. 5, pp. 220 – 282.

式的学徒关系学习的。考虑到所面对潮汐现象的复杂性，布吉人评价和预测潮汐的系统是非常简单和有效的。

米提斯的物力论和可塑性

在我尽量避免使用的"传统知识"一词中，"传统"是一个误用，它发出的都是错误信号。① 在19世纪中叶，到达西非的探险者偶然发现了种植玉米作为主要食品的人们，这是一种新世界的谷物。尽管西非人种植玉米不可能超过两代人，但是农民已经有了关于玉米女神或给他们第一个玉米穗的神灵的许多仪式和神话。使人吃惊的是他们接受玉米并将其综合进自己传统的速度。② 种痘在四个大陆的迅速普及进一步说明了"传统的人民"是如何迅速和广泛地接受那些解决至关重要问题的技术。还可以举出许多例子。缝纫机、火柴、手电筒、煤油、塑料碗、抗生素等只是这些产品的一小部分，它们或者可以解决他们的切身问题或者可以消除单调无聊的工作，因此被欣然接受。③ 像我们已经注意到的，实践的效率是检验米提斯知识的关键，所有这些产品都极其成功地通过了检验。

---

① 在不断增加的文献中使用的另一词语是"地方知识"（indigenous knowledge）或"地方技术知识"。虽然我不反对使用这个词的本来意义，但它指向发展项目的主体已经具有的技能和经验，因此在有些人那里，这个词暗示着自满、自给自足和顽强地抵制现代科学知识，而实际上通过不断的实验和与外界的接触，它是处于持续变化中的。对这个词有两个杰出的批评，见 Akil Gupta, "The Location of 'the Indigenous' in Critiques of Modernity", Ninety-First Annual Meeting of the American Anthropological Association, San Francisco, December 2–6, 1992, 还有 Arun Agrawal, "Indigenous and Scientific Knowledge," *Indigenous Knowledge and Development Monitor* 4 (1996): pp.1–11, 以及随后的注释。还可参见 Agrawal, "Dismantling the Divide Between Indigenous and Scientific Knowledge," *Development and Change* 26 (1995): 413–439。

② 关于这方面的辩论，见 Eric Hobsbawm and T. O. Ranger, *The Invention of Tradition* (New York: Cambridge University Press, 1983)。尽管霍布斯鲍姆（Hobsbawm）和兰格（Ranger）主要关注的是精英"发明"的传统以使他们的统治合法化，但是他们关于那些并不古老的所谓传统的一般观点是正确的。

③ 在这里，我不想讨论其他一些相关的问题，如人民如何放弃与他们的认同紧密相关的习惯和规范：死亡仪式、宗教信仰、朋友观念等。适应的一个最有趣，也是最重要的特点是，那些挣扎在贫困边缘的人经常成为不需要太多资本的主动创新者。这也并不奇怪，如果贫困人口现在的实践都是失败的，那么赌一把往往是有意义的。偶尔，当整个社区或文化都感受到无法抵抗的无能为力，它们的分类无法理解世界的时候，这种赌博就会带着千年盛世的调子，新的预言家会宣布新的前进道路。前工业时代的殖民征服、宗教改革时期德国的农民战争、英国国内战争、法国革命都属于这一类。

第九章 薄弱的简单化和实践知识：米提斯

我要表达的观点本来无须强调和细述，除了以下事实之外：由于对科学、现代性和发展的一些理解已如此成功地决定了占统治地位的观点的组成，其他各类知识都被作为落后和静止的传统，就像无稽之谈和迷信一样。极端现代主义需要这一"它者"，一个黑暗的双生子，以清楚地表明自己是落后的解药。① 这种二元的对立还来自围绕这两种形式的知识所生成的一些制度和个人之间的长期竞争。在很大程度上，现代的研究机构、农业试验站、化肥和机械的销售商、极端现代主义的城市规划者、第三世界的发展者、世界银行的官员都是通过系统地贬低我们所称的米提斯，也就是实践知识，来建立自己成功的制度化之路。

在这种背景下对实践知识特征的概括就完全背离事实。米提斯远远不是僵硬的和铁板一块，而是可塑的、本土的和有多重含义的。② 正是它对独特背景的依赖、它的不完整等特征使其具有渗透性，乐于接受新观念。米提斯不需要教条和集权的训练；每一个实践者都有自己的角度。如果用经济学术语来说，米提斯的市场是一个接近完美竞争的市场，地方垄断往往被来自下层和外面的创新打破。如果一项新技术能发挥作用，很容易就可以找到使用者。

在保卫传统主义反对理性主义的斗争中，迈克尔·奥克肖特强调现存的真实传统的实用主义："理性主义者最大的错误——尽管并不是这种方法本身内在的——就是假设'传统'，或者更确切一点'实践知识'是僵化、固定和不变的——事实上，它是'具有极强流动性的'。"③ 因为它在各地都不同，所以传统是有很强适应性的和动态的。"所有传统的行为方式、所有的传统技能都不是固定不变的"，他在许多地方都这样说，"它的历史就是不断变迁的历史"；④ 尽管变化很小，是逐渐的（渐进主义），而不是突然的和不连续的。

值得强调的是，与书写文化相对的口头文化可能会避免正统性的僵化。因为口头文化没有参考的文本来表明有多少改变，所以它的宗教神话、仪式和民间传说都处于变化中。现在流传的故事和传统在不同的说故

---

① James Ferguson, *The Anti-Politics Machine*: "*Development*", *Depoliticization, and Bureaucratic Power in Lesotho* (Cambridge: Cambridge University Press, 1990).
② 阿图罗·埃斯科瓦尔（Arturo Escobar）对杂交的概念做了精细的分析，见 Marglin and Gudeman, *People's Economy*, *People's Ecology*。
③ Oakeshott, "Rationalism in Politics", *Rationalism in Politics*, p. 31.
④ Oakeshott, "The Tower of Baal", *Rationalism in Politics*, p. 64.

事者、听众和不同地方需求的条件下都会不同。因为没有一条像神圣文本一样的准绳来衡量它们偏离了最早的传统（ur-tradition）有多远，所以随着时间的延续，它们发生了很大变化，却同时认为自己忠诚地信守了传统。①

与一个社会中所储存的米提斯最好的类比的是它的语言。的确，有表达的经验规律：陈腐的规律（clichés）、礼貌的表达、诅咒的习惯和普通的谈话；但是除非有一个有着极其严厉警察权力的中央语法委员会，否则语言总是在增加新的表达方式，发明新奇的组合，双关语和讽刺也在破坏旧的公式。在巨大的压力和快速的变迁之下，语言可能会变化很大，不断出现新的混合词，但使用这些语言的人都懂这些新的语言。对语言方向产生影响的力量从不会均衡地分配，创新可以来自很远或很广大的地方，一旦其他人发现创新是有用和贴切的，就会将它们作为自己语言的一部分使用。同米提斯一样，在语言中也很少能够记住创新者的名字，这也有助于产生共同和交互的产品。

米提斯的社会背景和它的被破坏

我在马来西亚的一个小村做实地调查的时候，常惊讶于我邻居们广泛的技能和对当地生态的随意知识。有一个很有代表性的轶事。在我所居住的院子中生长着一棵当地著名的芒果树，每到芒果成熟的时候就会来许多亲戚和熟人，他们希望得到芒果，更重要的是希望得到一些种子以种植到自己的院子中。在我到来之前不久，果树被大批红蚂蚁侵扰，在成熟之前大部分果实已经被破坏。看起来除了把每一个果子都套上袋子外似乎没有什么办法。但是有很多次我注意到老家长马塔·伊萨（Mat Isa）将干的尼帕果树叶（nipah palm）带到芒果树树根下，并观察它们。当我终于问他在做什么的时候，尽管有些犹豫，他还是解释给我听，因为对于他来说，这要比我们一般的闲聊乏味得多。他知道在院子后面的几窝小黑蚂蚁是大红蚂蚁的天敌，他还知道那些很薄的矛状尼帕果树叶脱落以后就会紧紧地卷成长筒（实际上当地人经常用这个圆筒卷制雪茄）。这些树叶筒也是黑蚂蚁蚁后产卵的理想地方。他将干树叶放到一些特定地方，几个星期以后，上面他就有了很多开始孵化的黑蚂蚁卵。然后他将这些有黑蚂蚁的树叶靠在芒果树上，观

---

① 如果在这个社会中的创新必须被表现为与传统是相容的才能被接受，这是传统可塑性的另外一个原因。

察接下来为期一个星期的哈米吉多顿（Armageddon）① 大战。许多邻居，尽管其中也不乏怀疑者，以及他们的孩子都很关注这场蚂蚁战争的结果。尽管黑蚂蚁比红蚂蚁小，还不到红蚂蚁（身量）的一半，但是最终黑蚂蚁的数量超过了红蚂蚁，并占领了芒果树根附近的地面。黑蚂蚁对芒果树的叶子和树上的果实并不感兴趣，所以芒果被保护了下来。

这一成功的生物控制实验需要掌握几种知识作为先决条件：黑蚂蚁的栖息地和食物，它们产卵的习性，要猜想什么物质可以替代作为移动的产卵房，并且还要有黑蚂蚁和红蚂蚁喜爱彼此打仗的经验。马塔·伊萨清楚地表明，这类昆虫学的实践技能是普遍存在的，至少他年长的邻居们记得，这种战略过去曾有过1~2次的成功经验。我很清楚地知道，农业推广人员根本不知道蚂蚁，更不用说生物控制了；大多数推广人员都是在城镇中生长的，几乎完全关注水稻、化肥和贷款。当然他们绝大多数人也不会问，毕竟他们是专家，是被训练出来指导农民的。很难想象如果没有一生的观察，和保持数代相对稳定的社区，从而能够有规律地交换和保存这类知识，这些知识怎么能够被创造和保留。

讲这个故事的目的之一是提醒我们注意产生类似的实践知识所必需的社会条件。这些社会条件至少需要有兴趣的社区、积累的信息和持续的试验。偶尔也会有一些正式组织看来非常适合收集和交换实践信息，就像19世纪法国的聚会（veillées）。正像其名字所指，聚会是农民家庭冬季晚上的一种传统聚会形式，往往在谷仓中举行，以借助牲畜的体温来节约燃料。除了社交和节省燃料没有什么正式的议程，就是当地人集合在一起，一面脱粒或刺绣，一面交换各种意见、故事、农业新闻、建议、闲话、宗教或民间故事。考虑到每一个成员都有其一生的观察经验和实践，由此而做的农业决定和每一个家庭休戚相关，聚会则成为未经预报的日常实践知识交流会。

这直接给我们带来了对米提斯的两个最大讽刺。首先，米提斯不是民主分配的。它不仅依赖一些并不常见的机敏和窍门，而且积累经验和实践以获得米提斯的机会也是受一定限制的。工匠协会、天才的手工艺人、特定的阶级、宗教兄弟会、整个社区以及一般的人，都会将一些知识垄断起来，不愿与其他人共享。换句话说，这些知识是否可以提供给别人在很大

---

① 《圣经》中世界末日善恶决战的战场。——译者注

程度上要取决于那个社会的社会结构和垄断知识所能带来的好处。① 在这方面,米提斯并不是统一的,我们可能在说米提斯的时候要认识到它的不一致性。第二个讽刺是,不管米提斯是如何有可塑性和包容性,但是一些形式的米提斯需要依靠前工业生活的一些关键因素以进行详细阐述和传播。远离市场和国家的社区会保留更高程度的米提斯。他们别无选择,因为他们必须依赖手边的知识和材料。如果到当地的商店或农民协会可以找到很便宜的杀红蚂蚁的农药,我肯定马塔·伊萨会使用它们。

每天都有一些形式的米提斯在消失。② 由于各种物质的流动、商品市场、正式教育、职业的专业化和大众传媒甚至普及到了最边远的社区,精心制作米提斯的社会条件受到了破坏。一个人可能很有理由欢迎地方知识的消失。当火柴广泛流行的时候,除了闲暇时的好奇心之外,为什么人们还要知道如何用打火石和火绒取火?知道用洗衣板或河边的石头洗衣服肯定是一种艺术,但那些可以买得起洗衣机的人会很高兴放弃这种艺术。当便宜的机器制造的袜子进入市场以后,织补技术也同样失传了,没有人怀念它。就像布吉人航海的老人所说的,"现在有了海图和指南针,任何人都可以驾驶"。③ 为什么不呢?标准知识的产生已经使一些特定的技能更广泛地——更民主地——容易获得,它们不再被行会保护,也不再拒绝其他人取用或者不再坚持很长的学徒期。④ 我们失去的大多数米提斯都是工业化和劳动分工不可避免的结果。而多数米提斯的失去都使人们从繁重和艰苦的工作中解脱出来。

但是如果认为米提斯的被破坏是经济进步不可逆转和必需的副产品,那就大错特错了。米提斯的被破坏和被来自中心清晰的标准公式取代,是国家和大型官僚资本主义活动的中心内容。作为一个"项目",这是主动倡议的持续目标,但是这种主动性从来没有彻底成功过,因为任何形式的

---

① 对经过整理的认识论知识的享用权也受到财富、性别、社会地位以及在发展中国家所处地区等因素的限制。主要的区别在于,在发达社会,医药、科学、工程学、生态学等的秘密是公开的秘密,对于所有人的使用和修改都开放。
② 不用说一些新形式的米提斯也在不断被创造出来。计算机的黑客行为就属于这类米提斯。很清楚,不管在现代社会或落后社会,米提斯都是普遍存在的。其最主要的区别在于,与前工业社会相比较,现代社会更依赖经过整理的认识论知识,这些知识往往是通过正式指导训练被传递的。
③ Ammarell, "Bugis Navigation", p. 372.
④ 无疑,学徒期远比培训一个青年学徒所需要的时间长,这可能只是为了掩盖增加师傅所控制的利润而设计的一种师徒契约形式的用工制度。

生产和社会生活都不能只按照公式来安排——也就是说没有米提斯。刺激这些项目的逻辑只是控制和征收赋税，因为地方知识是分散的和相对自主的，几乎是无从控制的。削减米提斯和它所带来的地方控制，或者更接近乌托邦的理想。而将其完全根除，对于国家来说是行政秩序、征收赋税的前提条件，而对于大型资本主义公司来说，它是劳动纪律和利润的前提。

在大众化工业生产的发展中，米提斯明显处于次要地位。我相信类似的失技能的过程在农业生产中会更有吸引力，但是由于完全标准化有很多棘手的障碍，所以最终将不会很成功。

史蒂芬·马格林早期的著作已经令人信服地表明，资本主义利润不仅仅需要效率，更需要效率和控制的结合。[1] 在半成品层面的劳动分工和工厂中的生产集中都是关键的创新，是将劳动过程纳入统一控制之下的关键步骤。效率和控制可能正好重合，就像在机械化棉花纺织中看到的一样。但有时候它们也会毫无关系，甚至是完全对立的。"效率只能产生潜在的利润"，马格林指出，"没有控制，资本主义就无法实现利润。因此巩固资本主义控制的组织形式可能增加利润，即使它对生产力和利润产生负面影响也仍为资本家所欢迎。反过来说，有效率的生产组织形式如果削弱了资本主义控制，也可能导致利润的减少并被资本家拒绝"[2]。典型的工匠生产结构经常是低效的，它几乎总是阻碍资本主义实现利润。在工厂组织出现之前广泛流行的纺织品包出制（"putting-out" system）使村庄的工人控制了原材料，他们可以决定生产的速度，并通过各种难以监控的战略增加他们的回报。从老板的角度看，工厂的重要优势在于使他可以直接决定工作时间和工作强度，并控制原材料。[3] 有效率的生产越是可以以工匠为基础组织起来（按照马格林的说法，比如早年的羊毛纺织和丝带的编制），资本家越是难于从分散的工匠群征收利润。

弗里德里克·泰勒是现代大众生产的天才，他非常清楚地看到米提斯

---

[1] 对于工作过程控制的愿望不仅仅是获得利润所必需的短期先决条件。对于管理者是否有能力为了适应市场和满足上级需求而自上而下地转换工作过程，控制是十分关键的。肯·库斯特勒称对生产过程的管理控制是"掌握公司方向的能力"。见 Kusterer, *Know-How on the Job: The Important Working Knowledge of "Unskilled" Workers* (Boulder: Westview Press, 1978)。

[2] Marglin, "Losing Touch", p. 220.

[3] Marglin, "Losing Touch", p. 222. 但是如同资本家很快发现的，包出制（putting-out system）的长处在于可以消除大规模工人罢工和设备损坏的可能。

被破坏和将有抵抗力的、半自主的工匠转变为更容易利用的生产单位——"工厂人手"——的问题。"在科学管理下……管理者要承担……汇集过去工人所掌握的所有传统知识的工作，并将之分类、列表和简化为规则、规律和公式……因此在旧系统下由工人所做的规划在新的系统下都必须由管理者按照科学规律来做。"① 在泰勒制工厂中，只有工厂的管理者才有整个过程的知识并支配整个过程，而工人被降为只执行整个过程的一小部分，只是执行者的身份。结果经常是很有效率的，如同早期的福特工厂一样，它为控制和实现利润提供了巨大的方便。②

泰勒制的乌托邦梦想——在工厂中所有的人手都或多或少被简化为自动的运动，就像被程序化的机器人一样——是根本不现实的。这并非没有尝试过。戴维·诺贝尔（David Noble）描述了大量资金支持的尝试通过数字控制生产机器工具的例子，因为它预示了"要从人工中获得解放"。③ 它最终的失败正是因为系统设计排除了米提斯——实际的修正，也就是在材料、温度轻微变化和机器出现磨损和不规则，以及机器出现故障等情况的时候，一个有经验的工人可以做的相应调整。一个操作者说过，"数控被想成魔法，但你能自动做的事情完全就是生产废品"。④ 这个结论可以被普遍化。在描述那些看来完全丧失技能的机械操作者工作程序的出色人种志学著作中，肯·库斯特勒（Ken Kusterer）已经表明，工人如何必须发展出个人的技能，这些技能是成功的生产所必需的，而且不能被简化为新手可以立即使用的公式。一个被划入"无须技能的"机械操作者将自己的工作与开车做了一个类比："车基本上都是一样的，但是每台车又都不同……当你刚开始学习的时候，你只学习开车的规则。但是当你知道了如何开车，你对自己开的车有了感觉——就是，在不同速度时感觉如何、汽车的刹车有多好、什么时候会过热、天冷的时候如何启动……你可以把旧车想象成已经三班倒工作了20年的老机器，好比你有一台没有喇叭的车，当你踩刹车的时候它却向右，如果你不按照一定方法踩油门，它就不能启

---

① Taylor, quoted in Marglin, "Losing Touch", p. 220, n. 3.
② 如同马格林所写的，"只有将工人的知识重新概括为只有管理层才有权使用的认识论形式才能为管理控制提供坚实的基础"（Marglin, "Losing Touch", p. 247）。
③ David F. Noble, *Forces of Production: A Social History of Automation* (New York: Oxford Press, 1984), p. 250, quoted in Marglin, "Losing Touch", p. 248.
④ Noble, *Forces of Production*, p. 277, quoted in Marglin, "Losing Touch", p. 250.

动——那么你可能就知道使用这些老机器是怎么一回事了。"①

在农业生产中也有类似泰勒制的内容，但是农业具有更长期和多样化的历史。在农业中，与制造业同样，仅仅有高效的生产形式并不足以保障税收或征收利润。如同我们已经注意的，在许多作物的种植中，独立的小农是最有效率的。这种农业形式，尽管在它们的产品会聚、加工和出售的过程中也有机会征税和获得利润，但是不够清晰，并且很难控制。就像在独立的手工艺人和小资产阶级店主的例子中一样，监测小农场的商业赢利简直就是管理的噩梦。逃避和反抗的机会很多，获取准确的年度数据成本很高，甚至是不可能的。②

主要关注征收赋税和控制的国家发现，比起畜牧业和轮垦农业，它们更喜欢定居农业。同样的原因，它们更喜欢大农场而不是小农场，因此也就喜欢种植园和集体农业。当控制和征收赋税成为最首要考虑的时候，只有后两种形式才能控制劳动力及其收入、选择作物的种植模式和技术，最终直接控制企业的生产和利润。尽管集体和种植园农业很少是有效率的，但是如同我们看到过的，它们所代表的是最清晰，因而也是最容易征收赋税的农业形式。

大型的资本主义农场主也面临着工业资本家同样的问题：如何将本质上是工匠或米提斯的农民知识转变为标准的系统，从而使他可以控制其工作和强度。种植园是一种方法。在殖民地国家，强壮的人都被强制进入奴役劳动（gang labor）。在那里，种植园代表了一种私营的集体化，它依赖国家提供的非市场的惩罚维持其对劳动力的控制。有许多种植园都通过政治影响以获得补贴、价格支持和垄断特权，从而弥补它所缺乏的效率。

大量种植园以及集体农庄才可能进行的控制无一例外地证明了，实施这种控制要为监督、刻板的规则和管理费用支付很高成本，最终效率也很低。现在种植园农业已经没有了信用，但是一些新的选择被发明出来以复制它的功能和标准化，这具有启发意义，因为它表明，不同的形式可以有相似的功能。③ 世界范围契约农业的发明就是一个值得

---

① Kusterer, *Know-How on the Job*, p. 50.
② 这也就是为什么在征收所得税之前，原有税收体系的管理者发现以固定财产为基础的税务征收，如土地税和房产税是最容易的。
③ 一个被称为委托－代理分析的社会理论分支专门研究各种可能使人按照他人的命令做事的技术。人们可以很容易想到，这种理论被最直接地应用于管理科学。

注意的例子。① 当农民意识到大型的、中央控制的培育仔鸡系统的运转不仅低效，而且有严重的疾病和环境问题的时候，他们策划出一种高科技的包出制度。② 大型公司与农民签订合同供给他鸡雏，并购回一定数量达到标准的成鸡（大约六个星期以后）。农民的责任是按照公司的要求建造鸡舍，并且使用公司提供的饲料和药品，按照公司制定的时间表按时喂食、喂水、防疫。公司的巡视员经常检查执行情况。对于公司来说，益处是很大的：除了对鸡的投资，它没有其他资本风险；它无须自己的土地；管理费用很小；它取得了统一标准的产品；尤其是，在每一轮结束以后，它可以停止合同，或改变价格，而无须支付任何成本。

其逻辑，而不是形式，与种植园是一致的。在国内市场和国际市场条件下，公司所需要的是完全一致的产品和稳定的供应。③ 在不同地方生产同样的仔鸡，这样的管理工作就需要标准化和聚合的眼光。如同我们在科学林业中所看到的，这不仅仅是发明一些指标以准确反映实际的情况并传达给管理人员的问题，更重要的是改变环境从而使之从一开始就更加标准化。只有存在标准的繁殖、按照详细说明建筑的鸡舍、按照固定公式喂养以及强制的喂养时间表——这些都写在合同里面——那么一个专家才能够视察数百家养仔鸡的农场，比如肯德基家乡鸡的农场，并且能保证差别最小。人们可以预见视察要核对的清单。契约农业的目的不是为了理解农场并适应它们，而是从一开始就要改变农场和农场的劳动力，使之适应契约的格局。

对于那些签了合同的农民来说，在合同期内，他们可以获得利润，尽管也有不小风险。合同都是短期的、工作时间表是具体的、设备和物资是必须具备的。契约农民是理论上的小企业家，但是除了他们所冒的土地和建筑的风险之外，他们对自己的工作时间无法控制，与流水线的工人没有什么区别。

---

① Michael J. Watts, "Life Under Contract: Contract Farming, Agrarian Restructuring, and Flexible Accumulation," in Michael J. Watts and Petter O. Little, eds., *Living Under Contract: Contract Farming and Agrarian Transformation in Sub-Saharan Africa* (Madison: University of Wisconsin Press, 1974), pp. 21–77. 还可参见 Allan Pred and Michael J. Watts, *Reworking Modernity: Capitalism and Symbolic Discontent* (New Brunswick: Rutgers University Press, 1992)。
② 仔鸡体系也包括不同分工的农场，一些专门负责孵化和养殖，一些专门生产某些饲料成分。在第三世界中，蔬菜的契约农业很流行，现在也扩展到养猪上。
③ 这种一致性是一开始就通过科学配种取得的。

第九章 薄弱的简单化和实践知识：米提斯

一个反对知识帝国主义的例子

> 他们说……他是如此沉迷于纯粹科学……他宁可人们因正确治疗死亡，也不愿意因错误治疗而康复。
> ——辛克莱·刘易斯：
> 《阿罗史密斯》

我大胆提出的这些观点并不是要反对极端现代主义或国家的简单化本身，也不是反对认识论知识本身。我要说明，我们关于公民身份、公共卫生项目、社会安全、交通、通信、统一的公共教育以及在法律面前人人平等的理念都受到了国家创造的、极端现代主义简单化的强烈影响。我还要进一步说明，布尔什维克和中国革命后的土地改革都起源于国家发起的简单化，这给成千上万过去事实上的农奴以公民权利。认识论的知识，尽管在实践中从来无法与米提斯决然分开，并给我们提供了关于世界的知识，但是这些知识中也有我们不愿意屈服的阴暗面。

我认为，对我们和我们环境的真正威胁来自对认识论知识的普遍主义自负与独裁主义社会工程的组合。在城市规划中、在列宁的革命观点中（但不是在其实践中）、在苏联集体化中和坦桑尼亚的村庄化中都有这种组合在发挥作用。科学农业的逻辑中隐含了这种组合，并且清晰地体现在其殖民地的实践中。当这类项目越是无视或压制了米提斯和地方的变异，越是接近于实现他们不可能的梦想的时候，他们的实践就必然失败。

普遍主义的要求似乎内生于追求理性主义知识的方式中。尽管我不是知识哲学家，但是在这个认识论大厦中似乎没有为米提斯或实践知识而开的进入之门。正是这种帝国主义带来了麻烦。如同帕斯卡（Pascal）所说的，理性主义的最大失败"不在于它对技术知识的认知，而在于**不能认知其他**"。[1] 与此不同，米提斯没有将所有鸡蛋放到一个筐中；它从不要求普遍性，因而在这个意义上是多元主义的。当然，认识论的帝国主义要求也受到了一些结构条件的阻碍。民主和商业的压力有时会使农业科学家把农民提出来的实践问题作为工作的出发点。在明治维新时代，三个人组成的

---

[1] Oakeshot, "Rationalism in Politics", p. 20（重点是后加的）。

技术队伍开始调查农民的创新，并将它们带回到实验室中加以完善。那些拒绝按照计划离开巴西利亚的建筑工人或那些逃离定居点的已经觉悟的乌贾玛村民在某种程度上破坏了为他们而设的计划。这些反抗来自认识论知识的范围之外。当有像阿尔伯特·霍华德这样的人，自己是谨慎的科学家——了解到农业的"艺术"和非计量的研究方式，他们就会走出经过编纂的科学知识领域。

掌握了不证自明（往往也是半生不熟的）的社会理论的独裁的极端现代主义国家已经给人类社区和个人生计带来了无可挽回的损害。如果领袖们认为人民是新政权可以书写的"白纸"，就会出现更大的危险。乌托邦的工业主义者罗伯特·欧文（Robert Owen）对工业城镇新拉纳克（New Lanark）也持有相同的看法。（尽管只是在城市范围，而不是在国家的范围）："每一代，实际上每个行政部门都应看到其面前展开的白纸中所包含的无限机会，并且如果白板偶然被传统祖先的乱写乱画弄脏，那么理性主义者的第一项任务就是要将其擦洗干净。"①

我认为，像奥克肖特一样的保守主义者所忽略的一点正是，极端现代主义对那些有理由轻视过去的知识分子和一般民众有一种自然的吸引力。②晚期殖民地的现代化者有时利用权力将他们认为落后和需要指导的人民加以残酷地改造。革命家有许多理由轻视那些封建的、极度贫困的、不平等的过去，他们希望永远消灭它们。有时他们怀疑若立刻实行民主会将旧的秩序简单地搬回来。非工业世界的后独立时代领袖（有时他们就是革命领袖）痛恨殖民统治的过去和停滞的经济并没有错。他们在创造一个值得骄傲的人民的时候没有浪费时间或民主的感伤，这也没有错。我们理解他们信奉极端现代化目标的历史和逻辑，但是这并不意味着我们可以忽视他们的信仰与独裁主义的国家权力结合起来的时候所带来的诸多灾难。

---

① Oakeshot, "Rationalism in Politics", p. 5.
② 奥克肖特极为满意地看待过去所遗留下来的习惯、实践和道德。但是对于多数现代的读者来说这很难接受，他们会想，犹太人、妇女、爱尔兰人和工人阶级对历史残留是否也像这位牛津教授一样感到幸运。

第十章 结语

> 他们要按照他们想象的计划重构社会,就像天文学家按照他们的计算而改变宇宙系统一样。
>
> ——皮埃尔-约瑟夫·蒲鲁东:《论乌托邦社会主义》
> (*On the Utopian Socialists*)

> 当然,如果一个人拿着一张假想的地图,并自以为是张真实的地图,那比根本没有地图还糟;他会在能询问的时候也不询问,一路仔细观察一切细节,使用他所有的感官和智力去不断寻找他应该去的地方。
>
> ——E. F. 舒马赫:《小的是美好的》

我们所考察的那些极端现代主义的插曲至少在两个方面可以被认为是悲剧。第一,那些项目背后的预言家和设计者犯了自大的毛病,忘记了自己也是凡人,行动的时候似乎觉得自己是上帝。第二,他们的行动远非攫取权力和财富,而是被改善人类条件的真诚希望所鼓舞——这个希望本身带有致命的弱点。这些悲剧与对进步和理性秩序所持的乐观主义看法紧密地联系在一起,这本身就是要找出严格的诊断的原因之一。另外一个原因则是极端现代主义信念在世界范围的普遍存在。这些以不同形式随处可见,在殖民地的发展计划、在从东方到西方人工设计的城市中心、集体农庄、世界银行的大型发展计划、游牧人口的定居,以及工厂的工人管理中都可以见到。

如果说这样的项目在一些国家给人类和自然带来巨大损失,原因一定是不受代议制制约的国家权力可以消除所有的反对而推行项目。然而,这些项目背后具有合法性和感染力的理念却是完全西方的。过去被认为是由全能上帝所赐予的秩序与和谐现在则被由科学家、工程师和设计者所赐予的进步理念的相似信仰所替代。应该记住,当战争、革命、经济崩溃或新取得独立的时候,其他形式的合作已经失败,或者完全不适应将要面临的艰巨任务,他们的权力就是无可争议的。他们制作出的那些计划在清晰性和标准化方面与17世纪和18世纪绝对君主的规划非常相似，如出一辙。所完全不同的只是，无论是全方位改造社会的方案规模，还是国家机器使用的工具，如人口调查、地籍图、身份卡、统计局、学校、大众传媒、国内安全机构，都很庞大，这使他们能沿着同样的道路走得更远，远远超出了17世纪君主的梦想。因而20世纪在进步、解放和改革的口号下出现了如此多的政治悲剧。

我们已经详细地考察了这些计划是如何损害了他们预期的受益者。如果要我将这些失败背后复杂的原因归结为一句话，我要说这些计划的始作俑者往往将自己看得远比实际上更聪明、更深谋远虑，同时也将他们的对象看得远比实际上更愚蠢和低能。本章的目的在于深化这个粗略的结论，并提出一些适当的建议。

"那是无知，傻瓜！"

> 我们祖先的错误在于认为自己是"最后的数字"，但是数字是无限的，所以他们不可能是最后的数字。
>
> ——尤金·扎米亚京：《我们》

比尔·克林顿在1992年总统竞选中有句内部知情人的口号，"是因为经济，傻瓜！"上面这句格言适合做汽车保险杠上的标贴，作为本小节的标题并非只是模仿克林顿的话，而是要提起人们注意，那些设计者通常是如何忽视了未来的不确定性。从承认我们的知识还不完整的前提出发给出的建议是多么少见。我所在的耶鲁大学健康诊所出版的一本营养手册是一个例外，这更强调了它的少见。一般的营养手册都会解释均衡营养所必需的主要食物组、维生素、矿物质，并根据这些已知的成分提供一个日常饮食的建议。但这个手册指出，在过去的20年中适当营养所需要的许多新的、基本的成分才被发现，在未来的几十年中应该有更多新的成分被发现，因此，基于他们还不知道的东西，这本书的作者建议在一个食谱中应包括尽可能多样的食品，只有这样才能包括那些尚未被发现的基本物质。

几乎是不可避免的，社会和历史的分析会减少人类事件的不确定性。一个历史事件或事物的状态仅仅就是它所呈现的样子，表面上看来是宿命的或必然的，但其实完全有可能出现另外的结果。甚至概率论的社会科

第十章 结语

学，不管他们如何仔细地建立一系列可能的结果，为了便于分析，也倾向于将这些概率看成肯定的事实。如果以未来为赌注的话，不确定性是肯定存在的，但人类能够影响这些不确定性从而塑造未来的能力也是明显的。许多情况下，当那些下赌注的人认为凭借对历史进步规律和科学真理的掌握就可以知道未来是什么的时候，所有关于不确定性的意识都在他们的信念面前消散了。

可是，不出所料，每一个这种项目都被那些规划者无法控制的不确定性破坏。即使他们所掌握的历史规律和对各种变量及计算的规范是正确的，可因为他们计划的范围和综合性，还是会产生许多不可预见的结果。他们暂时的雄心意味着，即使他们可以有把握地预测到他们行为的直接结果，但无论如何计算，没有任何人可以预测第二轮或第三轮的结果，或者它们之间的相互作用。他们这副牌中的未知因素就是那些不在他们模型之内的人或自然因素——干旱、战争、反叛、瘟疫、利率、世界消费价格、石油禁运。他们可以，并且也已经面对这些不确定性采取了调整和临时的措施，但他们起初所实施的干预范围和强度是如此之大，以致他们的许多错误根本无法纠正。史蒂芬·马格林将他们所遇到的问题简洁地归纳为，"如果对未来唯一能够确定的就是它的不确定性，如果唯一能够肯定的是我们将要不断面对意外和惊奇，那么任何计划、任何药方都无法应付未来不断显现出的不确定性"。①

指令性经济的右派批评家，如弗里德里希·哈耶克，与彼得·克鲁泡特金这样来自左派的集权统治的批评家，在这一点上达到了惊人的一致。克鲁泡特金说："永远不可能为未来立法。"双方都高度重视人类行动的多样性，关注成功协调成千上万交易的无法克服的困难。在对失败的发展范例的激烈批评中，阿尔伯特·赫希曼（Albert Hirschman）提出了相似的结论，呼吁"对生命有更多一点敬畏，对未来少一点约束，给不可预期的事物留更多一点余地，少一点一厢情愿的想法"。②

---

① Stephen A. Marglin, "Economics and the Social Construction of the Economy," in Stephen Gudeman and Stephen A. Marglin, eds., *People's Ecology*, *People's Economy* (forthcoming).

② Albert Hirschman, "The Search for Paradigms as a Hinderance to Understanding," *World Politics* 22 (1972): 239. 在其他地方赫希曼也是这样申斥社会科学："当这么多的预言失败以后，难道社会科学还不应该包括更多的复杂内容，即使牺牲一些他们的预测力？" ["Rival Interpretations of Market Society: Civilizing, Destructive, or Feeble?" *Journal of Economic Literature* 20 (1982): 1463 – 1684]

— 365 —

基于经验也可以得出几条法则，如果遵循它们，也可以使发展避免走向灾难。虽然我的目的并非要对发展实践做详细全程的改革，但这些法则肯定会包括与以下几点相似的内容。

小步走。从社会变迁的试验角度看，我们要假定我们并不知道我们的干预在未来会有什么结果。在这种条件下，我们更应该尽可能迈小步，停一停，退后观察，然后再计划下一小步的行动。如同生物学家 J. B. S. 霍尔丹（J. B. S. Haldane）在论述小的优点时所比喻的："你可以将一只小老鼠扔到几百英尺深的矿井中，它只会小小惊吓一下，然后迅速逃走；如果是一只大老鼠，就会被摔死；如果是一个人，就会被摔成几块；如果是一匹马，就会被摔得粉碎。"①

鼓励可逆性。鼓励那些一旦被发现有错误就很容易被恢复原状的项目。② 不可逆的干预就会产生不可逆的后果。③ 对生态系统的干预要特别注意，因为我们对生态系统内的相互关系一无所知。奥尔多·利奥波德（Aldo Leopold）掌握了所需要的谨慎精神："聪明的修补匠的首要原则就是保留所有零部件。"④

为意外情况做计划。要选择那些对未预见事物有最大适应性的计划。在农业项目中，这意味着要选择和准备土地从而使之可以生长多种作物。在房屋计划中，这意味着房屋设计上可以适应家庭结构和生活方式变化的弹性。在一个工厂中，这意味着工厂的地点、布局或者机器的选择都要能适应新的流程、原材料或新的产品线路。

为人类创造力做计划。计划永远要建立在这样的假设上，那些计划涉及的人将来都会发展出经验和洞察力，从而改进设计。

为抽象公民做的计划

极端现代主义项目的霸权和精确不仅仅来自忽略不确定性，而且还在

---

① Roger Penrose, "The Great Diversifier", a review of *Freeman Dyson, From Eros to Gaia, New York Review of Books*, March 4, 1993, p. 5.
② 像所有的经验的定律一样，这个定律也不是绝对的。比如，当灾难就要来到，必须要马上做出决定的时候，这条定律就可以被打破。
③ 我相信，即使那些人在其他方面不会反对，但涉及死刑的时候，这是他们最重要的反对理由。
④ Aldo Lepold, quoted in Donald Worster, *Nature's Economy*, 2nd ed (New York: Cambridge University Press, 1994), p. 289.

于将发展的主体标准化。在设计者的宏伟目标中往往已经隐含了一些标准化。他们之中的大多数都致力于一个更公平的社会,满足公民的基本需要(特别是工人阶级),并且使所有人都享受现代社会的福利设施。

让我们停下来,思考一下所有那些接受这些利益的人类主体。这些主体是异常抽象的。各种各样的人,从勒·柯布西耶、瓦尔特·拉特瑙、苏联农庄集体化的规划者,甚至到朱利叶斯·尼雷尔(只为他言辞间对非洲传统的关注)都在为被简化到一般的主体做设计,他们需要多少平方英尺的住房、多少英亩的耕地、多少升清洁的水、多少单位的交通,以及相应的食品、清洁的空气和娱乐场所。标准化的公民有统一的需求,甚至是可以互换的。令人惊奇的是,这些主体,就像是自由主义理论中的"无印痕公民"一样,为了执行计划的需要,成了没有性别、品位、历史、价值、意见和自己的想法,没有传统和特定个性的人,没有任何东西可以贡献给企业。他们没有任何独特的、属于一定境况和背景的属性。我们认为任何人群都会有这些特性,特别是社会的精英。

缺少背景和特性并非一个疏忽,这是任何大规模计划行动所必需的前提。主体越是被作为标准化的单位,其在执行计划中的分辨能力也就越强。在此严格限制内的问题才能得到精确的定量回答。同样的逻辑也适用于自然界的改变。商业木材的出产量、小麦产量有多少蒲式耳一类的问题比土壤的质量、谷物的多功能和口味或者社区的安康等问题更容易有精确的计算。[1] 经济学的规律通过单一的尺度和基线——赢利或亏损,将别的学科中质的问题转化成为量的问题,从而取得了不可思议的解析分辨能力。[2] 如果了解取得如此精确度所必需的大胆假设和它无法回答的许多问题,单一的度量标准是无价之宝。只有当它处于霸权地位的时候才成为问题。

---

[1] 社会科学在解决这类问题的时候,典型的办法是将其转为定量的分析,比如请居民将社区安康按事先定好的等级来进行评价。

[2] "当你将事实从其成千上万的特征中简化到一个特征,而且只有一个特征后,那么所有的东西就像水晶一样透明。你知道该做什么……同时也会有完善的判断成功或失败的标准……要点在于,私营企业理论的真正力量在于无情的简单化,极好地适应了人们头脑中由科学的惊人成就所创造的模式。同样,科学的力量也来自于将具有多面性的事实'简化为'只有一个特征,主要是将质的特征简化为量的特征。"[E. F. Schumacher, *Small Is Beautiful: A Study of Economics as if People Mattered* (London: Blond and Briggs, 1973), pp. 272–273]

在极端现代主义的项目中可能最令人吃惊的是,尽管他们有真正的平等主义或社会主义的推动力,但他们对普通人的技能、才智和经验的信心何其缺乏。在泰勒制的工厂中,这表现得很清楚。在那里,工作组织的逻辑就是要将工厂中人的工作降为一系列的重复运动,也就是尽可能像机器一样。在集体农庄、乌贾玛村庄和规划的城市中也可以清楚地看到,所有人的移动都被尽可能地纳入社区的设计中。如果尼雷尔有关合作式的国家农业的理想落空的话,那么也不是因为计划中没有包括劳动合作的项目。规划越宏大和越详细,留给地方自主和经验的机会就越少。

剥开事实见本质

> 如果他们试图描述的世界能够按照他们的设想被重新塑造,那么定量的技术才能最有效地为研究社会经济生活服务。
> ——西奥多·M. 波特:《对数字的信任》
> (*Trust in Numbers*)

> 如果事实,也就是有生命人类的行为,反抗这样的试验,试验者就会烦躁,并试图改变事实以与理论吻合,这实际是对社会的重新剖析,直到他们能够成为理论最初所宣称试验应该导致的结果。
> ——以塞亚·伯林:《论政治判断》
> (*On Political Judgmentf*)

极端现代主义者视觉的清晰来源于彻底的单一。它简单化的假设是,在它监督下的所有行动或过程,都只有单一的事件在运行。在科学林业中只有商业的木材生长,在规划的城市中只有货物和人员的高效运动,房产只是高效地提供居住、供暖、排污和供水,规划的医院只是快速地提供职业的医疗服务。而我们和规划者双方都知道,上述每个场景都是一系列相互联系活动的交叉处,不能被如此简单地描述。甚至一条从 A 到 B 这样单一功能的公路也同时可以作为从 A 到 B 的休息、社会交往、有趣的消遣或观看风景的地方。①

---

① 见 John Brinckerhoff Jackson, *A Sense of Place, a Sense of Time* (New Haven: Yale University Press, 1994), p.190。

第十章 结语

对于任何一个这类地方，我们最好想象两种不同行动图示的存在。在一个规划的城市邻里社区中，第一个图示是由街道、建筑物构成的，由此我们可以追溯设计者为从工作场所到住家、货物运输、购物等所设计的道路；另外的一幅图示颇像慢速拍摄的照片，所反映的是那些未规划的活动——推儿童车走路、逛街、散步、看朋友、在便道上玩跳房子游戏、遛狗、看街景、在工作和家之间抄近路等。第二幅图示所展现的比第一幅图示要复杂得多，反映了完全不同的流通模式。越是古老的邻里社区，第二幅图示越可能代替第一幅图示，就像当初规划的城郊社区莱维敦（Levittowns）那样，50年以后，它的格局与当初设计者所展望的完全不同了。

如果我们的研究已经给了我们以教导的话，那就是，单纯的第一幅图示是曲解的，实际上也是不可持续的。一个同时种植的、单一树种的、各种杂物都被清除干净的森林从长远来看是一个生态灾难。如果没有熟练工人的临时办法，泰勒制工厂也不能进行持续的生产。规划的巴西利亚是由各种各样没有规划的巴西利亚所支撑的。如果没有任何雅各布所指出的多样性，那么单纯的公众房屋计划［如圣路易斯的普鲁特－艾格（Pruitt-Igoe in Saint Louis）或芝加哥的卡比尼·格林（Cabrini Green in Chicago）］只能使居民失望。甚至对于那些急功近利计划中的有限目标来说，如商业化的木材、工厂的产出，这种单一维度的图示也没有意义。就像工厂化农业对当地作物品种的依赖，只因为有在它的参数范围之外的过程，第一种图示才可能是有效的，而这些过程却被甘冒风险地忽视了。

我们的考察还表明，这些清晰和控制的图示，尤其当它们有独裁制的国家做后盾时，会成功地按其蓝图促成社会和自然环境的改变。如果这类苍白无力的图示能够在社会生活中留下印迹，它们会培养出什么样的人呢？我要指出，就像单一种植、统一树龄的森林代表了缺少活力而无法持续的生态系统，极端现代主义城市中心代表了缺乏活力而无法持续的社会系统。

人类对各种严格的社会束缚形式的抵抗使这些来自中央理性的单一项目从来未曾实现过。如果这些项目以其最严峻的形势被实现，他们将给人类带来非常惨淡的前景。比如，勒·柯布西耶的一个计划要求工厂的工人与其家庭的工棚会聚在交通主干道沿线。从理论上来说，这是一个解决交通和生产问题的有效方法。但如果这个计划被实施，那么结果将是一个没有任何城镇生活活力的,只是严格管理的工作和生活得让人打不起精神的环境。这一计划有泰勒制的全部魅力,它使用相同逻辑,通过将工人的运动限制为几个重复的姿势来达到组织的效率。在苏联集体农庄、乌贾玛村庄,或者埃塞俄比亚定居等活动背后千篇一律的设计规则反映了同样狭窄的视野。设计的首要职能是为了辅助中央管理和控制公共生活。

几乎所有的功能有限、目标单一的制度都具有用于试验目的的感官剥夺箱(sensory-deprivation tanks)的特征。在极端情况下,他们更接近于 18~19 世纪的那些大型社会控制机构:收容所、济贫院、监狱、教养院。我们对这些设置的了解足以让我们知道,随着时间推移,它们将在它们的住院者中生产出制度化的神经官能症,其特征是冷漠、退缩、缺少创新和自主、很难沟通、顽固。这种神经官能症是这种沮丧、乏味、单调和压抑的环境的产物,它最终使人们麻痹。①

结论很简单,对生活和生产的极端现代主义设计会泯灭预期受益者的技能、机敏、自主性和向上精神。它会带来一种轻微的制度性的神经官能症。或者用功利主义的话说,他们的许多支持者都意识到,这些设计将减少劳动者的"人力资本"。如同雅各布斯所看到的,复杂的、多样的和活跃的环境会带来开朗、灵活和熟练的人,他们有更多的经验面对独特的挑战,并有主动性。与此相反,狭隘的、规划的环境将产生缺少技能、缺少创新和木讷的人。这些人一旦被创造出来,就将讽刺地成为的确需要上级密切监督的一类人。换句话说,在这个范围内,按照社会工程的逻辑,它们将产生出在计划之初所假设的那类主体。

虽然独裁的社会工程并没有按自我想象创造出一个世界,我们却不应忽略这个事实——它至少破坏了原有的相互关系和实践的结构,而这正是米提斯所必需的。苏维埃的集体农庄根本辜负了对它的期望,它将农庄中的劳动力不是作为农民,而是作为工厂的工人一样对待,这的确破坏了他们在集体化之前所掌握的许多农业技术。尽管在原有的结构中有许多东西应该被清除(基于阶级、性别、年龄和血统的地方专制),但某种制度的自主性也同时被取消了。在这点上我相信,古典的无政府主义的一些主张——有着实在的法律和中央集权制度的国家会损害个人的自治能力——对于极端现代主义的计划格局可能仍然是适用的。尽管它们自己的制度遗留

---

① 这点认识我要归功于 Colin Ward, *Anarchy in Action* (London: Freedom Press, 1988), pp. 110–125。

可能只是脆弱和短暂的，它们却可以耗尽经济、社会和文化自我呈现的地方源泉。

图解的失败和米提斯的角色

> 据说一切都在党的领导之下。蟹和鱼是没有人管理的，但它们都自由地活着。
> ——越南的村民，《宣惠村》(Xuan Huy Village)

1989年决定性的政治开放不久，在当时的苏联召开了一次农业专家的大会以讨论农业改革。多数与会者都主张打破集体，将土地私有化，希望从此建立现代的私有制部门。他们曾在20世纪20年代繁荣过，但到30年代被斯大林破坏了。然而他们对经过三代集体农庄生活以后的农民的技能、创造性和知识都一致感到绝望。与中国的情况相比较，他们认为苏联的状况更不利。中国只有25年集体化的历史，按照他们的想象，一定还保留了农民原有企业家的技能。突然一个来自新西伯利亚的妇女批评他们："你们以为农村人口是如何在集体化下生活了60年的？如果他们没用自己的主动性和才智，他们根本就不可能生存下来！他们可能需要信贷和物资，但他们的主动性没有任何问题。"[1]

尽管集体化在各方面都失败了，但是集体农庄的农民似乎已经找到了至少是忍受的途径和方法。在这里我们不要忘记，1930年农民对集体化首先的反应是坚决地反抗，甚至是叛乱。一旦这抵抗被破坏，幸存者除了表面的服从之外没有更多的选择。他们无法使农村的指令性经济成功，但是他们可以设法达到最低的定额，并保障他们最低的生存标准。

从1989年柏林墙倒塌之前东德的两个工厂聪明的个案研究中可以发现被允许和必需的制度之外的随机应变。[2] 每个工厂都受到极大的压力要完成生产定额，尽管设备老旧、原材料质量低劣并缺少备件，但是他们至关重要的奖金就依靠完成定额。在这种严酷的环境中，有两种雇员是公司不

---

[1] Personal notes from the first congress of the Agrarian Scientists' Association, "Agrarian Reform in the USSR", held in Moscow, June 1991.
[2] Birgit Müller, *Toward an Alternative Culture of Work: Political Idealism and Economic Practices in a Berlin Collective Enterprise* (Boulder: Westview Press, 1991), pp. 51–82.

可或缺的，尽管他们在官僚制度中的地位并不高。第一个是那些多面手，他们能够通过随机应变保持机器的运转，纠正或掩盖生产中的失误，并且尽可能充分地利用原材料。第二个是像小贩一样的人，他们负责查找、购买或交换那时通过官方渠道得不到的备件、机器和原材料。为了支持这些有办法的人，工厂往往使用它的资金囤积许多贵重的耐储存的物资，如洗衣粉、化妆品、高档纸张、纱线、好葡萄酒和香槟、医药与时髦的衣服。当工厂看来会因为缺少关键的阀门或机械工具而无法完成定额的时候，这些有办法的人就出发到全国各地，他们的特拉班（Trabant）牌汽车中装满了用于交换的物品，去搞到他们所需要的东西。这些职位在官方的组织表上是找不到的，但工厂的生存在很大程度上依赖于他们的技能、智慧和经验，而不是其他什么人。中央计划经济的关键因素总是由这些非官方的米提斯所支持的。

上述的例子并非偶然，而是常规的。它们的存在表明社会工程设计中所编制的正式秩序的确遗漏了许多对于它们的实际功能至关重要的因素。如果工厂被强迫只能在简化的设计所限定的角色和功能范围内工作的话，它很快就会被迫停产。各地集体化的指令经济经常需要依赖计划之外的非正式经济的令人绝望的即兴表演才能勉强前进。

换个有点区别的说法，正式秩序的社会工程系统实际只是一个子系统，如果不是寄生于，也是严重依赖于一个更大的系统。子系统需要依靠各种自己不能创造和维持的过程，这些过程经常是非正式和有先例的。正式秩序越是图解式的、越薄弱、越简单，那么在遇到来自其狭小范围之外的干扰时，它就更脆弱和缺少弹性。对极端现代主义的分析可以被看作是一个例子，显示出与中央集权经济相对的市场运行中看不见的手。然而要注意的重要一点在于秩序。市场是制度化的、正式的运行系统，尽管它给参与者留出了活动空间，它也同样依赖于它本身的计算法所无法了解的更大的社会关系系统，这是它无法创造，也无法保持的。我在这里所指的并不仅仅是合同或财产法等明显的内容，以及国家强制他们服从的力量，同时也包括已经存在的社会信任、社区、合作的模式和规范，没有它们，市场交换是难以想象的。最后和最重要的是，经济是"有限和非增长的生态系统的子系统"，必须将生态系统的能力和相互作用看作经济系统生存的前提。[1]

---

[1] Herman E. Daly, "Policies for Sustainable Development" (paper presented at the Program in Agrarian Studies, Yale University, New Haven, February 9, 1996), p. 4.

我想，这是大的正式协调系统的特征。在这个系统中有些现象表面看起来是不规则的，但是仔细研究会发现它们是正式秩序的有机组成部分。这种现象可以被称为"米提斯援救"（mētis to the rescue），尽管对被诱入独裁主义社会工程项目中眼看就要完蛋的人来说，这些临场发挥是仓促和孤注一掷。许多现代城市，不仅仅是第三世界的城市，它们的运转和存在依靠贫民窟和临时棚户区的居民的基本服务。如同我们看到的，随正式的指令经济而生的是小贩、以物易物和非法交易。正式经济中的养老金制度、社会安全和医疗保障是由缺少这些保护的流动人口所支持的。同样，机械化农场中的杂交作物之所以能存在，是因为原来存在的本地作物品种的多样性和免疫性。在每一种情况下，不规范的实践是正式制度不可或缺的存在条件。

一个亲和米提斯的制度案例

科学林业、完全的土地产权、规划的城市、集体农庄、乌贾玛村庄，以及工业化农业的发明都是很聪明的，代表的都是对非常复杂的自然和社会系统所做的简单干预。对一个很难算清的有许多相互作用的系统进行简单抽象以后，只有几个因素被作为所施加秩序的基础。在最好的情况下，新的秩序是脆弱和容易受攻击的，它由发起者所不曾预见的临时行动支持；在坏的情况下，它会带来数不清的未预期的灾难，损害到人们的生命、破坏生态系统并带来破裂或贫穷的社会。

至少有四个考虑要修正这些笼统的指责，特别是在社会系统中。首先，也是最重要的，原有的社会秩序是如此明显的不公平和具有压迫性，因此几乎任何新的秩序都会受到欢迎。其次，极端现代主义的社会工程往往披着平等和解放的外衣：法律面前的平等，所有人的公民权利以及生存、健康、教育、住房权利。极端现代主义信条的前提和最大吸引力就是国家要将技术进步的好处带给所有的公民。

减轻我们对这些项目指责的另外两个原因主要涉及的是，一般人类的行动者修正它们或最终推翻它们的能力，而不是这些项目潜在的破坏性。如果有正常运转的代表制度，这些制度必然会有一些调整。如果没有这样的制度，成千上万公民的顽强的、日复一日的反抗也明显地会迫使他们放弃或重构这些项目。如果有足够的时间和回旋余地，任何一个极端现代主义的计划都会被流行的实践彻底改变。最严峻的例子是苏联的集体农庄，它最终被农庄成员的反抗和刻板乏味的工作，以及莫斯科的政治变动共同摧毁了。

对于完成某些任务来说，劳动分工和分级协作所带来的好处是不可否认的，我只想提出那些对多重功能的、可塑的、多样的和可修正的制度有利的理由，换句话说，那些受到米提斯强烈影响的制度的作用。事实上，那些落入狭隘的正式制度系统的人在按照自己的利益，不断努力以使系统成为更通用的系统，这个事实可以被看作是"社会驯化"过程第一方面的指标。第二方面的指标是自治和多样性的社会吸引力，比如我们在雅各布斯的多重职能邻里社区的普及和自我就业的持续吸引力中所看到的。

多样性和某些复杂的形式不仅吸引人，而且有实际的益处。我们知道在自然系统中，益处是多重的。原生森林、多品种种植以及自然授粉的当地作物品种的农业可能在短时间内不如单一品种的森林和农田，以及单一杂交农业的产量高。但是已经证明它们的确更稳定、更自给自足，并且在传染病和环境压力下抵抗力更强，也很少要依赖外来的力量以保持其正常生长。每一次我们用所谓的"人工栽培的自然资本（包括农场式的养鱼和人工林）"代替"自然资本（野生的鱼或原生的森林）"，我们在获得税赋和当前生产力的时候，也付出了成本，包括更高的保持费用和更少的"繁荣、弹性和稳定"。① 如果这样系统所面对的环境挑战不严峻并可以预测，那么简单化也会相对稳定。② 如果其他方面条件相同，那么人工栽培的自然资本越是缺少多样性，就越是脆弱和缺少可持续性。实际的问题在于，在大多数经济系统中，外部成本必须积累很久才能在狭窄的赢利和损失意义上真正出现亏损（比如水或空气的污染、不可再生资源的消耗，还包括生物多样性的减少）。

我想也可以在人类制度中找到类似的例子——与僵化、单一目标和集权制度相对的更有弹性、多元目标、分权社会形式的适应性。当制度的工作环境是重复的、稳定的和可预测的，那么一套固定的程序就非常有效。

---

① Herman E. Daly, "Policies for Sustainable Development", pp. 12 – 13. 达里（Daly）补充说，"在这种限制下，其他物种成为人工栽培的自然资本，被小规模地繁育和管理，以便为人类和他们的设备留出空间。因为人们只关注'效率'，而'效率'被定义为任何可以增加人类规模的东西，一些工具性价值，比如繁荣、弹性、稳定和可持续性，都将被牺牲，同时失掉的还有人类生活乐趣的内在价值，而人类是有知觉的"（第13页）。
② 我非常感谢我的同事阿伦·阿格瓦尔对这一点的强调。

但这种情况在许多经济和人类事务中很少出现，而一旦环境出现变化，固定的程序就成为反生产的。那些长期存在的人类制度——家庭、小社区、小农场、一些行业中的家庭公司——它们在急剧变迁的环境里的适应能力受到了称赞。它们并非可以适应一切，但它们的确经历过不止一次似乎不可避免的死亡的预言。许多大型、有很大影响的、机械化和专业化的公司和国营农场已经失败的时候，小的家庭农场因为其有弹性的劳动力（包括剥削家里的孩子）、转向新作物与牲畜的能力和其多样化分散风险的倾向，在竞争经济中设法保存了下来。① 地方知识、对天气和作物条件的快速反应、低的管理费用（小型）对一些经济部门比对大工业更重要，在这种条件下，家庭农场的优越性是非常巨大的。

甚至在大型组织中，多样性也是对稳定性和弹性的巨大补偿。当原有技术被取代，需要新的专业产品的时候，像斯大林的钢铁明珠——马格尼托哥尔斯克一样的单一产品城市就非常脆弱，而非专业化的城市因为有众多的产业和多样的劳动力，可以经受更严重的打击。在最发达的工业化经济中，至今令人吃惊的是，那些复杂的，经常是低收入的生存战略，自我供应和无正式记载的工作既很流行，又很重要，尽管在许多经济统计中几乎看不到他们。② 在竞争十分激烈的纺织品市场上，意大利的艾米利亚-罗马涅（Emilia-Romagna）因为其互助的网络、适应性和具有很高技术并负责任的工人而已经繁荣了数代。当地社会数个世纪以来就以有组织的协会和高技能工人著称，家庭公司深深地嵌入这个勤奋的社会传统中。③ 这些公司，以及它们所依赖的浓厚和多样的社会越来越不像是古老的遗留，而更像是适应后工业资本主义的企业形式。甚至在狭隘的自由工业社会的市场竞争环境中，多价的、易适应的小单位比20世纪20年代任何极端现代主义者所能设想的都有更强的生命力。

如果我们使用更广泛的标准来衡量这些多价制度，证据就更充分了。在这个层面上的多数争论都回到早先提出的问题：这些制度孕育出了什么

---

① 在 Robert M. Netting, *Smallholders, Householders: Farm Families and the Ecology of Intensive, Sustainable Agriculture* (Stanford: Stanford University Press, 1993) 中可以找到建立在大量案例研究基础上的对这一观点的典型详细阐述。

② 见 Enzo Mingione, *Fragmented Societies: A Sociology of Economic Life Beyond the Market Paradigm*, trans. by Paul Goodrick (Oxford: Basil Blackwell, 1991)。

③ Robert Putnam, *Making Democracy Work: Civic Traditions in Modern Italy* (Princeton: Princeton University Press, 1993)。

样的人？对经济企业和政治技能之间的联系，没有人比托马斯·杰斐逊在庆祝自耕农的讲话中阐述得更清晰了。杰斐逊相信，独立务农所需要的自主性和技能将有助于培养公民，他们习惯做出负责任的决策、有足够的财产以避免依赖社会、与其他公民之间有辩论和协商的传统。自耕农为培养民主公民提供了理想的基础。

对于任何被规划、被建立和合法的社会生活形式，人们可以做一个比较测试：它在多大程度上能够提高其参与者的能力、知识和责任？如果在狭隘的制度基础上，问题就变为这些形式在多深的程度上打上了其成员的价值和经验的烙印。测试的目的在于要将"千篇一律的"(canned)、几乎不允许修正的状况与那些乐于接受发展、可以应用米提斯的状况区别开来。

一个比较两个战争纪念馆的小例子会帮助说明这个问题。如果用来访者的数量和密度来衡量的话，华盛顿的越战纪念馆无疑是迄今为止最成功的。这个纪念馆是林璎（Maya Lin）设计的，建在微微起伏的地势上，一条又长又低的、呈波浪状的、列出了所有（而不是占主导）死难者名单的黑色大理石墙。名单既不是按照字母顺序，也不是按照军队的编制，而是按照死亡年代列出的——因此在同一天同一个任务中牺牲的人被列在一起。① 不论是在解说或雕刻中都对战争本身没有大的断言，这并不奇怪，因为对这场战争完全不同的政治观点依然存在。② 最引人注目的是越战纪念馆通过什么方式为来访者特别是吊唁同事和爱人的来访者服务。他们抚摸那些雕刻在墙上的名字，制作拓本、留下纪念品和自己制作的物品——从诗歌、妇女的高跟鞋到一杯香槟、一副A牌在上的扑克。许多礼物都留在了这里，事实上已经建造了一个博物馆来放置这些物品。许多人聚集在墙的前面，抚摸那些牺牲在这场战争中爱人的名字，这种场景感动了所有人，不管他们有什么观点。我相信，纪念馆的象征力量很大程度上来自它向死者表示敬意的能力，它以开放的态度使来访者可以表达自己的想法、附加上自己的历史和自己的怀念。纪念馆需要来访者参与才能完成其意义。尽管没有人将这与罗夏（Rorschach）人格测验相比较，但是对于纪念馆所实现的意义来说，公民带来的与纪念馆本身所赋予的一样重要。

---

① 当建立纪念馆的时候，林璎所坚持的这种列名单方法曾引起很大争论。
② 在越南战争纪念馆附近，是一小群战士抬着受伤同志的塑像。这个塑像是许多反对现在的纪念碑的军人组织起初的设想。

第十章 结语

将越战纪念馆与一个极为不同的美国战争纪念馆相比较：用雕刻反映了第二次世界大战中美国国旗在硫磺岛的折钵山（Suribachi）山顶的升起。作为以无数生命为代价所取得最后胜利的象征，硫磺岛的雕塑本身展现了英雄主义。它的爱国主义（用旗帜所表现的）、它表现的征服、它带有英雄色彩的规模以及胜利中隐含的团结主题都没有给观众留下任何思考的空间。由于实际上当时和现在美国人对这场战争的看法都很一致，因此它所传达的信息也必然是不朽的和明确的。尽管硫磺岛纪念馆不是"千篇一律的"，但是与许多其他战争纪念馆一样，它在象征意义上也是自给自足的。访问者可以敬畏地站在其面前，凝视由照片和雕塑所创造的印象，这些照片和雕塑已经成为太平洋战争的固定图像，然而他们只是接受信息，而不是完成它。①

一个制度、社会形式或企业，如果受到其成员所具有的不断进化的米提斯影响，那么也会扩展这些成员的经验和技能的范围。如果遵循"使用或放弃它"格言的建议，那些亲和米提斯的制度既是使用，同时也是在更新一件有价值的公共物品。当然这不能作为社会形式唯一的试金石。所有的社会形式都是为了达到某些人类的目的而"人工"建造的。如果这些目的一直很狭窄、简单和稳定，那么那些经过编纂、等级分明的制度就足够了，而且可能在短期内是最有效的。但即使在这种情况下，我们也应明了这些徒劳无功的程序所耗费的人力成本，以及对这种生硬表现的可能反抗。

相反，每当判断制度及其产品的质量依赖于能否激起人们的热情参与时，这样的试金石就是有意义的。比如在住房的例子中，它的成功与否离不开使用者的意见。由于各个家庭的喜好是不同的，且家庭大小处于不断变动中（无法预测的），所以规划者要考虑到这些不同，从一开始就提供有弹性的建筑设计和可调整的楼面布置计划。邻里社区的发展者基于同样的原因，也要鼓励多样性和复杂性以保证其活力和持久力。最重要的是，那些有权力从事规划和分区的人不要将他们的任务看作是不管怎样都保持邻里社区的设计形式。我们可以设想多种制度形式——学校、公园、游乐场、市民协会、商业企业、家庭，甚至是规划机构——这些都可以通过同一透镜加以评估。

---

① 设想将类似的逻辑应用于儿童游乐场，见"Play as an Anarchist Parable", chap. 10. in Ward, *Anarchy in Action*, pp. 88-94。

在自由民主的社会中已经有许多采取这类形式的制度，它们可以为塑造新的形式提供样本。我们可以说，民主制度就建立在以下假设基础上，即公民的米提斯经过一定调整应该可以持续地修正这个国家的法律和政策。像制度一样，习惯法之所以能够长期存在，就是因为它不是最终的法律文本，而是一套不断适应新环境下更广泛原理的持续变化的程式。最后，语言是最好的例子，可以说明人类制度的特征：这是一个意义和连续性的结构，它从不静止，并且永远对所有使用者的临场发挥开放。

鸣　　谢

　　这本书的写作时间远远超出了我愿意承认的长度。在如此长的时间里如果一直在透彻地思考这本书，那当然很好。但事实并非如此。常开小差和所承担的管理事务凑在一起是导致延误的大部分原因。此外书的范围被扩大了，试图要覆盖我希望涉及的所有领域，这就像是帕金森定律（Parkinson's Law）的学院版。最后，这本书就像是我一生的工作一样，我不得不经常随机地停下或者开始思考。

　　因为这本书所涉及的领域很广，写作时间又很长，所以在这个过程中我得到了许多知识上的帮助。要列举所有这些帮助将是很冗长的，而且我也知道，许多提供帮助的人并不认同这一最终成果。因此尽管我很感谢他们，但并不会将他们在这里列举。我并非沿着他们所推动的方向进行我的争论，而是在坚持我自己意见的时候将他们的批评记在心上，从而可以更好地回答他们的反对意见。另外一些提供帮助的人没有预先表示不同意我的最终成果，我将在此列举他们，并希望包含了他们的意见。

　　我还要感谢一些机构。1990~1991学术年中，我在柏林的高级应用科学研究所（Wissenschaftskolleg）受到了他们友好和慷慨的接待。那正是柏林墙倒塌之后的一年，在柏林住一段时间的吸引力是不可抗拒的。在东德梅克堡平原的一个前集体农庄劳动六个星期以后（如果不去农庄，那么另外的选择是与那些长满青春痘的青少年在歌德研究所的课堂上坐六个星期，这是我最不希望的），我将自己投入到德国的语言、柏林和德国的同事中。从任何正式的意义上说，我的研究基本没有进展，但是我知道许多富有成果的探索都是从那个时候开始的。在这里我要特别感谢沃尔夫·勒泼尼斯（Wolf Lepenies）、莱茵哈德·普拉色（Reinhard Prasser）、约希阿姆·尼特莱贝克（Joachim Nettlebeck）、芭芭拉·桑德斯（Barbara Sanders）、芭芭拉·高尔夫（Barbara Golf）、克里斯汀·克劳恩（Christine Klohn）与杰哈特·里德尔（Gerhard Riedel），他们非常友好。我在当地的守护神乔治·艾尔沃特（Georg Elwert），以及沙里尼·兰德里亚（Shalini Randeria）、伽博·克拉尼泽（Gabor Klaniczay）、克里斯托夫·哈博斯梅尔（Christoph Harbsmeier）、芭芭拉·雷恩（Barbara Lane）、米切尔·阿什（Mitchell Ash）、胡安·林茨（Juan Linz）、约亨·布拉施克（Jochen Blaschke）、亚瑟·冯·梅伦（Arthur von Mehren）、阿吉姆·冯·欧本（Akim von Oppen）、汉斯·路德（Hans Luther）、卡罗拉·伦茨（Carola Lenz）、格尔德·斯皮特勒（Gerd Spittler）、汉斯·梅迪克（Hans Medick）以及阿尔夫·吕德克（Alf Lüdke），他们在知识上的友好帮助使我睁开了探索的眼睛，这些探索是很有意义的。正因为有了海因兹·勒赫赖特（Heinz Lechleiter）和乌尔苏拉·赫斯（Ursula Hess）的艰苦努力和不变的友谊才使我的德语达到勉强可以忍受的程度。

在繁忙地为此书准备的不同阶段，我得到了访问许多机构的机会，在这些机构中有许多富有勇气、充满怀疑精神的同事。非常幸运的是，他们经常以纠正我的想法为己任。虽然他们可能并不满意我的最终成果，但是我肯定他们可以从此书中看到他们的影响。在法国马赛的社会科学高等研究院（Ecole des Hautes Etudes en Sciences Sociales, Marseille），我要特别感谢我的资助人让-皮埃尔·奥立维亚·德·萨丹（Jean-Pierre Olivier de Sardan）、托马斯·皮尔申科（Thomas Bierschenk）以及他们同人会议的同事。居住在老箩筐街（Le Vieux Panier），每天在老仁爱会（La Vielle Charité）的宏伟气氛中工作，这种经历是让人难以忘怀的。在堪培拉的澳大利亚国立大学人文研究中心，我得到了一批无可匹敌的人文学者和亚洲问题专家的密切关照。我特别感谢中心主任葛瑞姆·克拉克（Graeme Clark）和副主任艾恩·麦克卡尔门（Iain McCalman）的邀请；还要感谢汤尼·雷德（Tony Reid）与戴维·凯利（David Kelly），他们发起组织了"亚洲的自由观念"研讨会，这次会议使我有机会访问这里。此外我还要感谢汤尼·米尔纳（Tony Milner）和克莱尔·米尔纳（Claire Milner）、拉纳吉特·古哈（Ranajit Guha）（我的导师）和麦克泰尔德·古哈（Mechthild Guha）、鲍勃·古丁（Bob Goodin）和戴安娜·吉布森（Diane Gibson）、本·特里阿·科尔科夫雷特（Ben Tria Kerkvliet）和梅林达·特里阿（Melinda Tria）、比尔·詹纳（Bill Jenner）、伊恩·威尔逊（Ian Wilson）和约翰·沃克（John Walker），他们通过各种方法使我在那里感到快乐，并得到知识上的回报。

如果不是狄克·欧曼（Dick Ohmann）和贝特西·特拉勃（Betsy

Traube）邀请我于 1994~1995 学术年到卫斯理大学（Wesleyan University）的人文中心做一年的访问学者，我这本书可能还需要更长的时间。那里的同事和每周的讨论会都在知识上给我以支持，这在很大程度上要感谢贝特西·特拉勃组织论文的出色能力。偏僻的地理位置，再加上它热心的职员，使这个中心成为我完成整个手稿第一稿的最佳地方。我非常感谢帕特·卡姆登（Pat Camden）和杰姬·里奇（Jackie Rich）不间断的友好支持。贝特西·特拉勃和卡奇·托罗兰（Khachig Tololyan）敏锐的洞察力在这部著作中留下了很多印记。此外，我还要感谢比尔·库恩（Bill Cohen）、彼得·拉特兰（Peter Rutland）和朱迪斯·戈德斯坦（Judith Goldstein）。

如果没有哈里·弗兰克·古根海姆基金会（Harry Frank Guggenheim Foundation）（研究理解和减少暴力、侵略和统治）以及约翰和凯瑟琳·T. 麦克阿瑟基金会（John D. and Catherine T. MacArthur Foundation）的和平与安全项目资助，我也不可能在 1994~1995 年有闲暇来思考和写作。他们对我工作的信任和支持使我从行政和教学的琐碎事务中解脱出来，如果没有这些，我根本不可能完成这项研究。

最后我要感谢我在荷兰以及在阿姆斯特丹社会科学研究院的同事。感谢他们给我参加第六次 W. F. 威尔泰姆（W. F. Wertheim）讲座的机会，这些同事包括：简·布雷曼（Jan Breman）、亚伯拉姆·德·斯瓦安（Abram de Swaan）、汉斯·索纳维尔德（Hans Sonneveld）、奥托·范·登·缪森伯格（Otto van den Muijzenberg）、安东·布洛克（Anton Blok）、罗德·阿亚（Rod Aya）、罗莎娜·鲁坦（Roseanne Rutten）、约翰·古德斯布洛姆（Johan Goudsblom）、扬-威廉·戴闻达（Jan-Willem Duyvendak）、艾多·德·翰（Ido de Haan）、卓翰·海布伦（Johan Heilbron）、乔斯·考门（Jose Kommen）、卡琳·皮泼卡姆（Karin Peperkamp）、尼尔斯·穆尔德（Niels Mulder）、弗兰斯·休斯肯（Frans Hüsken）、本·怀特（Ben White）、扬·尼德维·皮特斯（Jan Nederveen Pieterse）、弗兰茨·冯·本达-贝克曼（Franz von Benda-Beckmann）和吉卜特·冯·本达-贝克曼（Keebet von Benda-Beckmann）。我在那里的特权之一是能接受威姆·威尔泰姆（Wim Wertheim）的建议和批评。我非常尊敬他在社会科学理论和东南亚研究方面的诸多贡献。在我的研讨会上，我从那些写论文的研究生那里学到的至少与他们向我学到的一样多；塔尔加·伯特丝（Talja Potters）和皮尔·斯密兹（Peer Smets）非常友好地阅读了我关于城市计划的一章，并提出了很有意义的批评。

还有许多学者的著作打开了我的眼界，从新的角度对问题提出了出色的分析，而我自己不可能做如此综合的研究。有些人还没有看到这本书，有些人我从来没有见过，还有一些人很可能不想承认我所写的东西。然而，我还是要冒昧地将我的感谢献给下面这些人：爱德华·弗里德曼（Edward Friedman）、本·安德森（Ben Anderson）、迈克尔·阿达斯（Michael Adas）、特奥多·沙宁（Teodor Shanin）、詹姆斯·福格森（James Ferguson）和齐格蒙特·鲍曼（Zymunt Bauman）。如果没有詹姆斯·霍尔斯顿（James Holston）富有洞察力的关于巴西利亚的著作，我只能很惭愧地说，我不可能写出关于极端现代主义城市的那一章。关于苏联集体农庄以及与美国工业化农业关联的那一章在很大程度上依靠希拉·菲兹帕特里克（Sheila Fitzpatrick）和德布拉·菲兹杰拉德（Deborah Fitzgerald）。我要感谢希拉·菲兹帕特里克透彻的评论，尽管她的评论只有几项被充分反映在本书中。

我要感谢马塞尔·德蒂安（Marcel Detienne）和让－皮埃尔·韦尔南（Jean-Pierre Vernant）帮助我弄清了米提斯（mētis）的概念。尽管我们彼此互不相识，所用的术语不同，学术背景不同，但史蒂芬·马格林（Stephen Marglin）和我走向了一个共同的目标。感谢洛克菲勒基金会（the Rocke-Feller Foundation）的支持，玛格林在意大利的贝拉吉奥（Bellagio）组织了"经济学绿色化"（The Greening of Economics）的研讨会，在那个会上我第一次公开了我最初的想法。马格林关于认识论（episteme）和技术（techne）的著作以及他关于农业的著作对我有很大影响。史蒂芬·古德曼（Stephen Gudeman）深入的评论，弗雷德里克·阿帕法尔·马格林（Frédérique Apffel Marglin）关于"种痘"（variolation）的著作，以及阿伦·阿格瓦尔（Arun Agrawal）的著作和注释都使我增强了对实践知识的认识。关于农业的第八章通篇都打上了我所学习的保罗·理查兹（Paul Richards）和扬·多威·范德普勒格（Jan Douwe van der Ploeg）著作的印记。我只是一个业余的非洲学者，关于坦桑尼亚乌贾玛村庄的部分要特别感谢乔尔·高·西萨（Joel Gao Hiza），他在耶鲁大学的时候写出了非常出色的本科论文来讨论这个问题，并慷慨地与我分享他丰富的资料（现在他正在加州大学伯克利分校完成他的人类学论文）。布鲁斯·麦克金（Bruce McKim）、罗恩·阿敏扎德（Ron Aminzade）、戈兰·海登（Goran Hyden）、

鸣 谢

戴维·施佩林（David Sperling）和阿伦·伊萨克曼（Allen Isaacman）阅读了关于坦桑尼亚的章节，使我避免了许多错误；毫无疑问，尽管经过他们的努力，也还会有一些错误没有发现。比吉特·穆勒（Birgit Müller）关于德国统一之前东德工厂经济中"修理工和商贩"角色的精辟分析帮助我理解了有计划的命令和非正式安排之间的共生关系。

拉里·洛曼（Larry Lohmann）和詹姆斯·福格森阅读了早期的手稿并给出许多建议，这使我的思想更加清晰，并避免走许多弯路。尽管这部书稿很长，一些好朋友们仍主动要求阅读全部或部分手稿。我没有麻烦那些在提出要求时转动眼睛，或者用身体语言表达很复杂感情的人。那几个真正想读这本书的人，或者只是假装喜欢这本书但成功地使我确信不疑的人都给予了很多评论，并对本书产生了重要的影响。我要衷心感谢下列这些人，他们给我很多帮助：罗恩·赫林（Ron Herring）、拉玛山德拉·古哈（Ramachandra Guha）、齐格蒙特·鲍曼、K.斯瓦拉玛克里什南（K. Sivaramakrishnan）、马克·莱德尔（Mark Lendler）、阿兰·伊萨克曼（Allan Isaacman）和彼得·范德吉斯特（Peter Vandergeest）。

许多有思想的同事为我提出了很有用的批评或推荐给我一些著作，这些都有助于完善我的论点和论据。他们包括阿君·阿帕杜拉（Arjun Appadurai）、肯·阿尔德（Ken Alder）、格利戈瑞·卡扎（Gregory Kasza）、丹尼尔·戈德哈根（Daniel Goldhagen）、埃利希·戈德哈根（Erich Goldhagen）、彼得·普杜（Peter Perdue）、埃丝特·金斯顿－曼（Esther Kingston-Mann）、彼得·萨林斯（Peter Sahlins）、安娜·瑟琳尼（Anna Selenyi）、多戈·加伦（Doug Gallon）和简·曼斯布里奇（Jane Mansbridge）。我还要感谢苏伽塔·博斯（Sugata Bose）、埃尔·麦考伊（Al McCoy）、理查德·兰德斯（Richard Landes）、戈罗利亚·拉赫加（Gloria Raheja）、吉任·阿吉兹·乔杜里（Kiren Aziz Chaudhry）、杰斯·吉尔伯特（Jess Gilbert）、东猜·维尼察古（Tongchai Winichakul）、丹·凯利赫（Dan Kelliher）、丹·利特尔（Dan Little）、杰克·克劳朋伯格（Jack Kloppenberg）、汤尼·古里尔米（Tony Gulielmi）、罗伯特·埃文森（Robert Evenson）和彼得·萨林斯。还有其他许多做出贡献的人，他们包括亚当·阿什福斯（Adam Ashforth）、约翰·特兰尼恩（John Tehranian）、迈克尔·科瓦斯（Michael Kwass）、杰斯·李伯特（Jesse Ribot）、埃兹拉·苏莱曼（Ezra Suleiman）、吉姆·博伊斯（Jim Boyce）、杰弗·博德斯

(Jeff Burds)、弗雷德·库珀（Fred Cooper）、安·斯托勒（Ann Stoler）、阿图尔·科利（Atul Kohli）、奥兰多·费吉斯（Orlando Figes）、安娜·秦（Anna Tsing）、弗农·拉坦（Vernon Ruttan）、亨利·伯恩斯坦（Henry Bernstein）、米歇尔·瓦特斯（Michael Watts）、阿兰·普里德（Allan Pred）、维通·婆姆庞萨哈洛伊（Witoon Permpongsacharoen）、吉尼·阿玛瑞尔（Gene Ammarell）和戴维·菲尼（David Feeny）。

过去的五年中，耶鲁大学农业研究项目给了我广泛的、跨学科的有关农村生活的教育，同时也是我首要的精神和知识伴侣。这个项目给予我的远远超出我所能回报的。事实上，这本书的每一页都可以追溯到在这个项目中遇到的一些人和事。我不能列举每年来访的差不多50名博士后，但是他们所有人或多或少都对这本书做出了贡献。我们邀请他们参加我们的项目是因为我们尊重他们的工作，他们也从没有让我们失望。农业研究项目的主任马沃尔·凯·曼斯菲尔德（Marvel Kay Mansfield）是这个项目成功的核心和灵魂，也是我在耶鲁合作的所有项目的核心和灵魂。我在其他一些场合也表达过我对她的感谢，但是随着时间增加，我的感谢也在增加。如果没有K. 斯瓦拉玛克里什南、里克·莱因甘斯（Rick Rheingans）、多纳·佩里（Donna Perry）、布鲁斯·麦克金、尼娜·巴特（Nina Bhatt）和琳达·李（Linda Lee）的首创工作，农业研究项目也不会如此兴旺。

耶鲁的同事给我的帮助很难列举清楚。那些我曾教过的学生：比尔·凯利（Bill Kelly）、海伦·苏（Helen Siu）、鲍勃·哈姆斯（Bob Harms）、安格利克·豪格鲁德（Angelique Haugerud）、南希·佩鲁索（Nancy Peluso）、约翰·瓦格（John Wargo）、凯茜·科恩（Cathy Cohen）和李·万德尔（Lee Wandel），事实上也在很多方面教育了我。在这部著作中还可以发现耶鲁其他一些同事的印记，包括伊恩·夏皮罗（Ian Shapiro）、约翰·梅利曼（John Merriman）、哈尔·康克林（Hal Conklin）、保尔·兰道（Paul Landau）、恩里克·梅耶（Enrique Meyer）、迪米特里·古塔斯（Dimitri Gutas）、卡罗尔·罗斯（Carol Rose）、本·凯尔南（Ben Kiernan）、乔·艾灵顿（Joe Errington）、查尔斯·布莱恩特（Charles Bryant），还有阿韦德·尼尔森（Arvid Nelson），作为访问学者，他正在完成有关东德林业的论文，这是关于德国科学林业历史的最出色的信息来源。在我的"无政府主义"讨论班上，以及合作的"农业社会比较研究"的讨论班上，研究生们阅读了手稿的许多章节，并将它们拆开打乱，使我

鸣 谢

不得不考虑更多的问题。

我有幸得到几位杰出的研究助手,他们将散乱的、漫无头绪的东西变成严肃的探索。如果没有他们的想象力和工作,我根本不知道永久姓氏的发明、新村庄的空间布局和语言的规划。这里我有机会来感谢他们出色的工作,他们是:凯特·斯坦顿(Kate Stanton)、卡桑德拉·莫斯雷(Cassandra Moseley)、梅瑞狄斯·维斯(Meredith Weiss)、约翰·特兰尼恩、阿兰·卡尔森(Allan Carlson)。在这里我不仅仅要感谢卡桑德拉·莫斯雷,还要表示我的歉意,为了使本书篇幅不会太长,我忍痛将她关于田纳西流域管理局的很出色的一章删掉了。我坚信它可以在其他地方发表。

耶鲁大学出版社在很多方面为我提供了帮助,我想特别感谢约翰·赖登(John Ryden)、朱迪·梅特(Judy Metro)以及我的编辑查尔斯·格里奇(Charles Grench),还有我所遇见的最好的手稿编辑布兰达·科尔布(Brenda Kolb)。

第一章与后面不同章节的材料曾在许多不同地方出现过,如《国家简单化:自然、空间和人民》,加拿大萨斯喀彻温大学(University of Saskatchewan)历史系阶段论文1号,1994年11月;《国家简单化》,《政治哲学杂志》第4卷第2期(1995):1~42;《国家简单化:自然、空间和人民》,伊恩·夏皮罗和拉塞尔·哈丁(Russell Hardin)主编的《政治秩序》,《规范》(Nomos)38卷(纽约:纽约大学出版社,1996):42~85;《自由与自由的保有:东南亚的国家简单化,空间与人民》,戴维·凯利和安东尼·雷德主编的《亚洲的自由》(即将出版);《国家简单化:在东南亚国家的一些应用》,亚洲研究中心第六次W. F. 威尔泰姆讲座,阿姆斯特丹,1995年6月;还有《国家简单化与实践知识》,史蒂芬·马格林和史蒂芬·古德曼主编的《人民的经济,人民的生态》(即将出版)。

我希望踢开写书的习惯,至少有一段时间这样。如果有类似戒毒所或戒烟片一样可以治愈写书瘾的地方,我一定会接受治疗。我的习惯已经花费了我许多宝贵时间。写书和其他的瘾一样,戒除的时候很伟大,但是当痛苦的状况缓解,渴望又会迅速回来。我知道,只有当我彻底戒除写书瘾的时候,路易斯(Louise)和我的孩子们——米阿(Mia)、阿伦(Aaron)和诺亚(Noah)才会高兴。我在努力,天知道我在努力。

插图来源

图 1-1 Photograph from P. Mark S. Ashton Collection. Courtesy of P. Mark S. Ashton.

图 1-2 Photograph by Angelo Lomeo. Courtesy of Bullaty Lomeo Photographers.

图 1-3 ~ 图 1-6 From George Yaney, *The Urge to Mobilize: Agrarian Reform in Russia, 1861 - 1930* (Urbana: University of Illinois Press, 1982), pp. 147, 149, 148, 150. Copyright 1982 by the Board of Trustees of the University of Illinois. Used by permission of the University of Illinois.

图 1-7 Photograph by Alex S. MacLean, from James Corner and MacLean, *Taking Measures Across the American Landscape* (New Haven: Yale University Press, 1996), p. 51. Courtesy of Alex S. MacLean, Landslides.

图 2-1 From Mark Girouard, *Cities and People: A Social and Architectural History* (New Haven: Yale University Press, 1985), p. 91. Courtesy of the city of Bruges.

图 2-2 Map from the Chicago Historical Society. Used by permission of the Chicago Historical Society.

图 2-3 Map from A. Alphand, *Les promenades de Paris*, 2 vols. (Paris, 1867 -73), plates 11 and 12.

图 2-6 Photograph of map from the exhibition "Hungerwinter and Liberation in Amsterdam," Amsterdam Historical Museum, 1995. Courtesy of the Amsterdam Historical Museum.

图 4-1 ~ 图 4-4 From Le Corbusier, *The Radiant City*, trans. Pamela Knight (1933; New York: Orion Press, 1964), pp. 204, 220, 225, 149.

图 4-5 Plan by Lucio Costa, reprinted in Lawrence Vale, *Architecture, Power, and National Identity* (New Haven: Yale University Press, 1992),

p. 118.

图 4 – 6 ~ 图 4 – 13 Photographs by James Holston. From Holston, *The Modernist City: An Anthropological Critique of Brasília* (Chicago: University of Chicago Press, 1989), pp. 100, 102, 132, 313. For figure 23, photograph by Abril Imagens/Carlos Fenerich. Courtesy of James Holston.

图 4 – 14 Photograph from Ravi Kalia, *Chandigarh: In Search of an Identity* (Carbondale: Southern Illinois University Press, 1987), p. 97. Copyright 1987 by the Board of Trustees, Southern Illinois University. Used by permission of the Trustees of Southern Illinois University.

图 6 – 1 ~ 图 6 – 3 Plan and photograph courtesy of Teodor Shanin.

图 7 – 1 Jannik Boesen, Birgit Storgaard Madsen, and Tony Moody, *Ujamaa: Socialism from Above* (Uppsala: Scandinavian Institute of African Studies, 1977), p. 178. Used by permission of the publishers.

图 7 – 2 John M. Cohen and Nils – Ivar Isaksson, "Villagization in Ethiopia's Arsi Region," *Journal of Modern African Studies* 15, no. 3 (1987): 450. Reproduced by permission of Cambridge University Press.

图 7 – 3 Jason W. Clay, Sandra Steingraber, and Peter Niggli, *The Spoils of Famine: Ethiopian Famine Policy and Peasant Agriculture*, Cultural Survival Report no. 25 (Cambridge, Mass.: Cultural Survival, 1988), p. 248. Used by permission of Cultural Survival, Inc.

图 8 – 1 Painting by Davis Meltzer, from James B. Billard, "The Revolution in American Agriculture," with illustrations by James R. Blair, *National Geographic* 137, no. 2 (February 1970): 184 – 85. Used by permission of Davis Meltzer/National Geographic Image Collection.

图 8 – 2 Photograph from Paul Richards, *Indigenous Agricultural Revolutions: Ecology and Food Production in West Africa* (London: Unwin Hyman, 1985), plate 3. Courtesy of Paul Richards.

图 8 – 3 ~ 图 8 – 4 Drawings from Edgar Anderson, *Plants, Man, and Life* (Boston: Little, Brown, 1952), pp. 138 – 39. Used by permission of the Missouri Botanical Garden.

索　引

（索引页码为原著页码，即本书边码）

Aberdam, Serge, 37
Adas, Michael, 380*n*45
A.E.G. (Allgemeine Elektricitäs-Gesellschaft), 98–100, 380*n*36
Aesthetics: of high-modernist cities, 106, 116, 142, 261; of miniaturization, 258; of public form in cultural revolutions, 195–96; of scientific forestry, 18; of Tanzanian villagization, 224–25, 231, 244; of transportation grids, 75–76; of visual codification, 253–55, 412*n*105
Agriculture: effect of electrification on, 166–67, 392*n*58, 392*n*59; efficiency and competitiveness of family farms, 165, 198, 392*n*52
— high-modernist agriculture, 167–68; centralizing logic of, 286–87, 420*n*68, 420*n*69; in colonial East Africa, 225–29; failures of, 263–64, 271, 273; industrial farming as, 193, 196–201, 210–11, 401*n*59; in Lenin's *The Agrarian Question*, 164–68; monoculture privileged in, 273–74, 279–82; peasant forms of production condemned in, 164–66; plantation agriculture, 189–91, 396*n*17, 396*n*18; "production and profit" model of, 262; as radical simplification, 262–63; in Tanzanian villagization, 238–40, 409*n*63; visual codification of rural life by, 253–55, 412*n*105; world optimism about, 270–71. *See also* Collectivization, Soviet; Tanzania, ujamaa villagization in
— indigenous agriculture: early cultivar variations in, 264–66; experimentation in, 285–86, 304–5; farmers' alertness to land features in, 297–98; innovation in, 324–25; logic of cultivar development in, 301, 303–4; polyculture in, 273–82; shifting cultivation in, 282–83, 419*n*53, 419*n*56, 419*n*58
— scientific agriculture: chemical fertilizers in, 280, 284–85; and crop epidemics, 268–70, 416*n*20, 416*n*22, 416*n*29; crop yields generalized by, 294–96, 422*n*91; fictional farmers in, 299–300; isolation of experimental variables in, 288–90, 421*n*74, 421*n*77, 421*n*78; as a legibility enterprise, 2; logic of cultivar development in, 301–3, 422*n*102, 423*n*104; logic of mechanization in, 267–68; narrow field of focus of, 292–93, 322; overreliance on experimental plots in, 296–99; polyculture opposed by, 290–92, 421*n*82, 421*n*86; practical knowledge disdained by, 305–6, 311, 323–28; shortsightedness of, 293–94; standardization of "machine-friendly" cultivars in, 262–63, 266–68, 415*n*14, 416*n*19. *See also* Forestry, scientific
Alder, Ken, 364*n*51

索 引

Alexander I, 167, 194
Aminzade, Ron, 369n4, 410n87
Ammarell, Gene, 330, 425n15
Amsterdam: City Office of Statistics map of, 78-79, 375n76, 375n78
Anderson, Benedict, 225, 371n36, 374n63, 376n89
Anderson, Edgar, 275-77, 297, 417n37
Andes: potato cultivation in, 301, 303-4, 423n107
Appadurai, Arjun, 25
Arakcheev, Alexei, 167, 194, 196
Arendt, Hannah, 158
Aristotle, 322
Australia: Torrens land titling system in, 51, 58
Authoritarian high modernism, 5, 95, 97; institutional logic of, 218-20; limits of, 220-22; logic of "improvement" in, 224; Soviet, 193-96, 397n1; in *State and Revolution*, 161-64, 391n39; in *What Is to Be Done?* 148-57. See also Collectivization, Soviet; Revolution, Russian; Tanzania, ujamaa villagization in

Babeuf, François-Noël, 49
Baigent, Elizabeth, 47
Bailey, Liberty Hyde, 286-87
Bates, Robert, 414n4
Bauman, Zygmunt, 87, 92, 147, 379n21, 412n109
Beckmann, Johann Gottlieb, 14, 24
Beinert, William, 226-27, 404n9
Bellamy, Edward, 164
Bentham, Jeremy, 321
Berlin, Isaiah, 45, 347
Bernstein, Henry, 241, 409n65
Berry, Wendell, 288, 296-97, 417n31, 421n84, 422n94
Billard, James B., 271, 417n31
Bolsheviks: high-modernist social planning by, 194-95; hostility to peasants of, 204-9, 400n40; "reconquest" of Russia by, 158-61; retrofitting of rural Russia by, 214-17, 402n73. See also Collectivization, Soviet; Revolution, Russian
Boyce, James, 415n11
Brandes, Dietrich, 361n19
Brasília, 3, 117-18, 145; as Brazil's urban future, 119-20; construction of, 118; death of the street in, 120-21, 125, 385n60; functional separation in, 126; life in, 125-27, 385n65; as a negation of Brazil, 120-21, 125; Plaza of the Three Powers in, 121, 123, 124; *superquadra* housing in, 125, 126-28, 385n68; unplanned, 127, 129-30, 261, 309, 348; utopianism in, 125, 129-30
Bruges, 53-54, 59, 184
Buenos Aires, 104, 105
Burma, 186-89

Cadastral mapping, 3, 24, 36, 38-45, 49-52, 76, 367n82, 367n85; as myopic, 46-47; resistance to, 48-49
Calvino, Italo, 103, 117
Campbell farm, 197-200, 398n18
Capitalism, 7-8, 94, 100, 336, 430n75
Carr, E. H., 158
Carson, Rachel, 271, 280, 292, 386n79
Catherine the Great, 194, 258, 397n4
Census, Florentine (*catasto*), 66-67, 372n44, 372n45
Central Union of Consumer Cooperatives (Centrosoyuz), 113, 383n37
Centralization: in high-modernist agriculture, 286-87, 420n69; in the high-modernist city, 111; in resettlement schemes, 254; of socialist bureaucracies, 162-63; of transportation, 73-76
Chambers, Robert, 286
Chandigarh, 3, 103, 113, 131-32, 385n72, 385n73; as administrative capital, 145; functional segregation in, 110
Chatwin, Bruce, 415n16
Chicago: grid plan of, 56-57, 369n11
China: Great Leap Forward in, 3, 261, 310, 365n70, 399n34, 413n117; patronyms imposed in, 65, 371n39
Chisholm, Donald, 82
Christaller, Walter, 185, 382n29, 395n4
CIAM: and the design of Brasília, 130; uniform building standards of, 109; urban planning manifesto of, 103, 114, 118, 121
Cities: baroque redesigning of, 56; cross-use in, 138; diversity and complexity in, 136-37, 141, 184, 348-49; illegibility of to outsiders, 53-55, 184, 369n3; informal mechanisms of social order in, 134-36, 144, 386n85, 386n86, 386n88; military mapping of, 55, 369n4; mixed-use zoning in, 137, 353; single-use zoning in, 140-41
—geometric cities, 55-56, 369n10; as a formal spacial order, 58; grids as stan-

— 389 —

dardized commodity in, 58–59; as legible from above, 57–58; miniaturization of, 57–58; and the redevelopment of Paris, 59–63, 370n16, 370n17, 370n18, 370n22; utopian ideal of, 56–57
—high-modernist cities: above-ground perspective of, 104, 106; as administrative capitals, 145–46, 259, 413n120; aesthetics of, 106, 116, 142, 261; functional separation in, 109–11, 141; geometric simplicity of, 106–11; hierarchy of functions in, 111–12, 114–15; Le Corbusier's unbuilt schemes for, 103–17, 381n2; prefabricated buildings in, 108–9, 141, 387n101; slum-clearance projects in, 116, 140, 144–45, 388n108; thinness of, 256, 261, 309; transcendent goal of, 120–21, 125; unplanned parts of, 127, 129–30, 132, 142–46, 387n104; as utopian, 114–16, 125, 129–30; visual vs. experienced order in, 133–34. See also Brasília; Chandigarh
Citizenship, 32, 364n57, 364n59, 364n60, 365n61
Clark, T. J., 62
Claveria y Zaldua, Narciso, 69–71
Clay, Jason, 251, 411n102
Colbert, Jean-Baptiste, 48–49, 75, 360n8
Collective farms, 210–11, 365n70; limit of suitable crops for, 221–22; "Potemkin collectives," 207–8; in Tanzanian villages, 239–41, 409n63
Collectivization, Soviet, 3, 6, 167, 201–4, 210–18, 399n35, 399n36; American attraction to, 199–201; Bolshevik retrofitting of rural Russia in, 214–17, 402n73; death toll from, 202, 208–9; as the end of the peasantry, 211, 401n62; failures of, 202–3, 217–18, 350, 403n77; famines from, 212–13; grain procurement in, 209–10, 212–13; peasant commune destroyed by, 210, 213–14, 402n70; private-plot economy in, 310, 423n1; as serfdom, 213, 401n66, 402n68; sowing plans in, 212; as successful for state appropriation and control, 203, 218, 338; as a war against the peasantry, 202, 204–9, 399n33
Collins, James, 23, 363n32
Colonial high modernism, 97, 379n34; and East African agriculture, 225–29
Communication networks, 73–75
Complexity, 136, 184, 353, 426n31

Congrés International d'Architecture Moderne. See CIAM
Conklin, Harold, 282, 419n54
Conquest, Robert, 210, 397n5
Constant, Benjamin, 30
Contract farming, 338–39, 431n86
Costa, Lucio, 118, 119, 120, 125
Coulson, Andrew, 245, 260
Cromwell, Oliver, 49
Cultivars: favored types of, 264–66, 414n6; landraces, 265–66, 415n9, 415n10, 415n11; pathogen susceptibility of, 268–70, 416n20, 416n22, 416n29; standardization of, 266–68, 415n14, 416n19; suitability of for Soviet collective farming, 221–22. See also Monocropping; Polycropping

Daly, Herman E., 432n14
DDT, 291–92
Defoe, Daniel, 325
Denmark: land tenure practices in, 38
Descartes, René, 55–56, 111, 321, 383n33
Detienne, Marcel, 311, 320
Diversity, 353–57; in cities, 136–37, 141, 281, 348–49, 419n52; in polyculture, 281–82
Djilas, Milovan, 160

Economics, neoclassical, 322, 426n33, 426n34
Economists. See Social Democrats
Educational systems, legible, 219, 403n82
Edward I, 68
Eisenstein, Sergey, 113, 398n9, 401n62
Electrification, Soviet, 166–67, 392n55, 392n56, 392n58, 392n59; failure of, 202–3
Engels, Friedrich, 94
England: cadastral mapping of, 49; surnames imposed in, 67–68, 372n51
Enlightenment, 90–91; as a centralizing force in Central Europe, 193; equal citizenship in, 32; and social engineering, 92–93
Epidemics, 62, 77, 370n26; crop epidemics, 268–70, 416n20, 416n22, 416n29
Episteme, 319, 320, 340
Esperanto, 143–44, 256–57, 413n114
Ethiopia: compulsory villagization in, 3, 247–52, 411n92, 411n94, 411n99;

索 引

Ethiopia (continued)
  local measurement practices in, 25; state farms in, 411n97
Ettinger, Elzbieta, 393n64
Ezekial, Mordecai, 199, 200, 399n24

Factories: efficiency and control in, 336, 430n75; innovations in East German factories, 350–51; position of in the high-modernist urban plan, 111–12; Taylorist organization of, 98–101, 337
Facts, simplified, 80–81, 83, 375n79, 375n81
Famine, 310; Ethiopian famine caused by resettlement, 252, 412n104; response to by customary land-use practices, 34; Soviet famines caused by collectivization, 212–13
Faucher, Léon, 61
February Revolution, 148, 157–58, 390n28
Ferguson, James, 377n6, 378n15, 410n83
Fertilizers, chemical, 280, 284–85, 418n48
Festivals of mustering, 195–96
Feuer, Lewis, 200
Figes, Orlando, 206, 208–9, 390n32, 400n40, 400n44, 400n45
Fitzgerald, Deborah, 198, 200, 201, 398n14
Fitzpatrick, Sheila, 195, 210
Five-year plans, 95, 194–95
Forestry, scientific: aesthetics of, 18; commodification of forests in, 21, 362n28; cost externalization in, 362n29; developed from early modern European "fiscal forestry," 11–14, 360n8; failures of, 19, 20–22, 76, 361n22, 362n23; financial rotation in, 360n15; "forest hygiene" in, 21; as a legibility enterprise, 2; long-term dangers of, 294; measurement techniques of, 14–15, 360n10; monocropping in, 19–20, 263, 361n18, 361n22, 362n27; optimum control theory in, 140–41, 376n85; restoration forestry in, 21, 281; standardized trees in, 19–21; transformation of old-growth into legible forests, 15–18, 360n14, 360n16; variable bracketing in, 20
Foucault, Michel, 23, 101, 360n7, 378n11
France: cadastral mapping of, 49; *code rural* attempted in, 36–37; door-and-window tax in, 47–48; equal citizenship in, 32, 364n57, 364n59, 364n60, 365n61; French as the official language of, 72–73, 374n64; local measurement practices in, 25, 26; military mapping of cities in, 55, 369n4; patronyms in, 373n59; standardization of measurement in, 29, 30–33, 364n55; taxation forms in, 23–24; transport centralized in, 75–76, 374n70, 374n72, 374n74. *See also* Paris
Franco-Prussian War (1870–71), 76
Frank, Anne, 375n78
French Revolution: and the development of the metric system, 30, 31
Fridolin, S. P., 302–3
Friedman, Milton, 8
Front de Libération Nationale, 54, 369n2

Galvan, Dennis, 365n66
Gellner, Ernest, 193
Germany: industrial mobilization in, 98–100, 162, 380n36
Geyer, Karl, 361n19
Gibbs, Philip, 100
Gigantomania, 195, 397n5
Girouard, Mark, 370n18
Gray, John, 8
Great Purges (1936–37), 212
Guatemala: polycropping in, 275–77, 417n37
Guha, Ramachandra, 359n4
Guha, Ranajit, 367n92
Gulf War: firefighting in, 314, 424n10
Gupta, Anil, 325

Hacking, Ian, 49, 91–92, 378n17
Hahn, Steven, 361n17
Haldane, J. B. S., 345
Hanna, G. C., 267
Harvey, David, 96, 377n3
Haussmann, Baron, 59–63, 76, 116, 125, 145, 371n28
Havel, Václav, 89
Hayek, Friedrich, 8, 256, 344, 381n51, 388n106, 427n34
Heilbron, J. L., 363n35
High modernism, 4–6, 88, 341, 342–43, 351–52, 377n3; authoritarian implications of, 95, 97, 219–20; bureaucratic intelligentsia in, 96; "clean slate" attitude of, 94, 194, 379n24; and the contingency of the future, 343–45; emancipatory aspect of, 96–97; linear progress concept in, 89–90, 91, 94–95;

mētis-friendly institutions proposed for, 352–57; politics devalued by, 94; scientific authority of, 4, 89–90, 93–94; twentieth-century, 97–102; utopianism of, 89–90, 94, 115–16. *See also* Agriculture; Authoritarian high modernism; Cities
Hirschman, Albert, 328, 344–45, 431n2
Holston, James, 118, 121, 127
Howard, Albert: on the effect of chemical fertilizers, 284; experimental plots criticized by, 298–99; humus cultivation by, 279–80, 419n62; on innovation by indigenous farmers, 420n67; practical knowledge defended by, 305, 327, 329–30, 340
Howard, Ebenezer, 139, 141, 145
Hunting, state protection of, 13, 359n2
Hyden, Goran, 407n47

Iakovlev, A., 212
Identity, documents of, 71, 83, 371n38
India: effect of permanent settlement in, 48, 367n92; forest policy in, 361n21
Indonesia: Bugis sea captains of, 329, 330–31, 335, 429n61; Meratus hill peoples of, 187–88
Industrial farming, 193, 210–11, 401n59; Campbell farm, 197–200, 398n18; "chain farms" in, 199; national farming corporation plan for, 199, 399n24; Taylorism in, 197, 337–38; in the United States, 196–201, 398n17, 398n18, 398n22, 398n23; U.S.-Soviet exchange program in, 199–201, 399n27
Inoculation, traditional practice of, 325–26
Insecticides. *See* Pesticides
Ireland: cadastral mapping of, 49; local measurement practices in, 27
Iwo Jima memorial, 356

Jacobs, Jane, 6, 118, 132, 178, 386n77; architectural background of, 386n78; on diversity, 136–37, 281, 348–49, 419n52; as "functionalist," 133; on the informal mechanisms of social order, 134–36, 144, 386n85, 386n86, 386n88; on mixed-use districts, 137; slum-clearance projects opposed by, 144–45, 388n108; street-level perspective of, 132, 142; on the unplanned aspects of cities, 142–46, 387n104; urban planning criticized by, 139–42; on visual vs. experienced order, 133–34, 275; "woman's eye" frame of reference of, 138–39, 387n95
Jeanneret, Charles-Edouard. *See* Le Corbusier
Jefferson, Thomas, 49–50, 51, 58, 355
Jenner, Sir William, 325, 326–27
Jews: adoption of surnames by, 71, 373n60; legibility of in Nazi-occupied Amsterdam, 78–79, 375n76, 375n78
Johnson, Sherman, 199, 399n24
Jones, Donald, 268
Jones, Howard, 275
Jones, Peter, 365n64
Judt, Tony, 364n59
Jünger, Ernst, 100

Kaganivich, Lazar, 196
Kain, Roger J. P., 47
Kautsky, Karl, 151
Kerensky, Aleksandr, 159, 161
Khateyevich, M. M., 399n33
Khotynitsa village, 39–44
Khrushchev, Nikita, 167, 204
Kloppenberg, Jack Ralph, 267, 415n10, 415n12
Knowledge, practical, 6–7; in *The Farmer's Almanac*, 312, 424n6; scientific agriculture's disdain for, 305–6, 323–28; of Squanto, 311–12. *See also* Mētis
Kolakowski, Leszek, 391n40
Kollontay, Aleksandra, 147, 148, 175–79, 394n81, 394n83
Kropotkin, Prince Peter, 7, 344, 387n99
Kubitschek, Juscelino, 118, 119, 129–30
Kula, Witold, 25, 27–29, 30
Kusterer, Ken, 337

Lalouette, Député, 37, 39
Land tenure: and the adoption of patronyms, 68, 372n50; and cadastral mapping, 24, 38–45, 49–52; customary tenure practices, 33–35; local measurement practices for, 24, 26–27, 39–40; of peasant landholders in revolutionary Russia, 205–6; politics of measurement for, 27–29, 363n42, 363n43; and the problem of common property, 38–39; simplification of, 35–36, 48–49
Landau, Paul, 376n1
Landraces, 265–66, 415n9, 415n10, 415n11
Langston, Nancy, 363n31

Language: artificial, 143-44, 256-57, 412*n*113, 413*n*114; imposition of an official language, 72-73; mētis expressed in, 332-33
Le Bon, Gustave, 100
Le Corbusier, 5, 88, 94, 145, 346; aboveground perspective of, 104, 106, 134; airplane fascination of, 381*n*7; Brasília's plan influenced by, 118, 130; at Chandigarh, 131-32, 385*n*72, 385*n*73; doctrine of the Plan of, 111-13; his fascination with the Soviet Union, 113-14, 383*n*35, 384*n*38; functional separation doctrine of, 109-11, 348; geometric simplicity preferred by, 106-11; on happiness, 114; influence of on architecture, 116-17, 384*n*52; monumental axes used by, 120, 131, 386*n*74; prefabricated buildings envisioned by, 108-9, 141, 387*n*101; on the problem of slums, 116; on the role of authority, 114-15; unbuilt urban schemes of, 103-17, 381*n*2
Leach, Edmund, 186-87
League of Time, 195
Legibility, 2-3, 183-84; by the adoption of surnames, 65-71; and authoritarian intervention, 219-20; in the Bolsheviks' retrofitting of rural Russia, 214-17, 402*n*73; by cadastral mapping, 24, 38-45, 49-52; by citizenship, 32, 364*n*57; by collectivized agriculture, 203; discriminating state intervention made easier by, 78; in forest management, 11-22; of geometric cities, 55-59; by the imposition of an official language, 72-73; in land tenure practices, 35-36, 38-45; political motives for, 77-78; privileged vantage point of, 79; in the redevelopment of Paris, 59-63, 370*n*16, 370*n*17, 370*n*18, 370*n*22; by the standardization of measurement, 29-33, 77, 90; taxation techniques for, 23-24; by traffic centralization, 73-76
Legrand Star plan, 76, 374*n*74
L'Enfant, Pierre-Charles, 103
Lenin, Vladimir I., 6, 88, 94, 95, 388*n*3; *The Agrarian Question*, 164-68; on the asymmetrical relationship between revolutionary leaders and the masses, 153-56, 178-79; classroom metaphor of, 148-49, 153, 394*n*77; on the division of revolutionary labor, 151-53, 156; electrification celebrated by, 166-67, 392*n*55, 392*n*58, 392*n*59; freedom of criticism opposed by, 150; as high modernist, 147-48, 157; influence of German industrial mobilization on, 100-101, 162; Land Decree of, 205, 207; military metaphor of, 148-50, 152, 309; on the need for leadership, 149, 173-74, 388*n*7; peasant forms of agricultural production condemned by, 164-66; on the peasant uprisings, 208; on the rationality of modern production, 162-63, 391*n*45, 391*n*46; on ruthlessness toward the lumpen proletariat, 163, 391*n*47; on socialist vs. bourgeois ideology, 151, 389*n*11; *State and Revolution*, 161-64, 391*n*39; on the use of state coercive power, 161, 391*n*40, 393*n*61; *What Is to Be Done?* 148-57, 171, 172
Leopold, Aldo, 345
Lewis, C. S., 93, 379*n*20
Lewis, Sinclair, 339, 380*n*42
Liberal political economy, 101-2
Liebig, Justus Freiherr von, 284
Liebknecht, Karl, 168
Lilienthal, David, 88
Lin, Maya, 355, 432*n*19
Lindblom, Charles, 24, 327-28, 412*n*111, 428*n*53
Lissitzky, El, 114
Lohmann, Larry, 375*n*81
Lowood, Henry, 15
Lunacharsky, Anatoly, 195-96
Lutyens, Edwin, 259
Luxemburg, Rosa, 6, 147, 148, 309, 393*n*64; as aesthetic free spirit, 393*n*68; on the complexity of revolution, 168-74, 178-79; Lenin's appropriation of, 391*n*39, 391*n*44
Lynch, Kevin, 385*n*69
Lysenko, Trofim, 221

Magnitogorsk steel complex, 218, 354, 397*n*5, 402*n*74
Maier, Charles S., 380*n*41, 380*n*44
Malawi: "master farmers" plan in, 260; Shire Valley projects, 226-28
Malaya: plantation agriculture in, 189, 190-91; villagization in, 188
Malaysia: encounter with mētis in, 333-34; federal land schemes in, 190-91, 368*n*96; local measurement practices in, 25

Maps, 3; aerial view, 57–58; cadastral, 3, 24, 36, 38–45, 49–52, 76, 367n82, 367n85; city maps, 54–55, 57–58, 184, 369n4; customary maps, 27; one-to-one scale, 376n1; transformative power of, 87–88
Marglin, Frédérique Apffel, 325, 428n48
Marglin, Stephen A., 294, 322, 336, 344, 420n70, 420n73
Marseilles: L'Unité d'Habitation plan for, 103
Marx, Karl, 93, 94, 100, 161–62, 361n17
Maser, Chris, 360n16
Mass exercises, 156–57, 195–96, 254, 389n24
Mat Isa, 333–35
Matthews, C. M., 372n50
Mayer, Albert, 131
Measurement: local practices of, 24, 25–27, 39–40, 363n41; politics of, 27–29, 363n42, 363n43, 364n47; standardization of, 24, 29–33, 77, 90
Medicine, traditional, 325–26, 427n44, 427n47
Mengistu, Haile Mariam, 248, 411n92
Merriman, John, 370n19
Métis, 6–7, 311–16, 424n8; and the building of socialism, 177–78; destruction of, 335–39; dynamism of, 331–33, 429n64, 429n65, 430n70; as implicit and inexplicable, 328–31, 428n56, 428n58, 429n60, 429n61; innovation from, 324–25, 351–52; localness and particularity of, 316–19; pluralism in, 340; vs. scientific explanation, 323–28, 428n52; social context of, 333–35
Metric system, 30–33, 364n55
Military security: and the centralization of transport, 75–76; and the mapping of cities, 54–55, 57–58; and the retrofitting of Paris, 60–61, 370n20; and total mobilization, 97
Miniaturization, 4, 257–61, 413n116; of order in public spectacles, 196; in planned settlements, 227; in ujamaa villages, 225, 260; in urban planning, 57–58
Miranda, Suarez, 53
Mitchell, Timothy, 371n30
Monnet, Jean, 88, 377n4
Monocropping, 7, 21–22, 273–82; experimental variables lost by, 289–90; in forest management, 19–20, 263, 361n18, 361n22, 362n27; long-term dangers of, 294; in Tanzanian villages, 242–43; and vulnerability to pathogens, 269
Montana Farming Corporation, 198–200
Moore, Sally Falk, 49, 237, 367n93
Morgan, J. P., 198
Moscow: Le Corbusier's planned rebuilding of, 113, 384n39
Moses, Robert, 88, 370n18, 386n77
Mozambique: compulsory villagization in, 3, 408n57
Mumford, Lewis, 56, 58–59, 103, 370n20, 383n33, 387n96

Naming practices: customary, 64–65; patronyms, 65–71, 371n38
Napoleon, 37, 368n105
Napoleon, Louis, 59–62, 95, 371n28
Nature: as replaced with "natural resources," 13; science as emancipation from, 96–97; scientific attempts to control, 15–22, 94–95; utilitarian value of, 13
Nazism: as modernism, 89, 377n5
Nehru, Jawaharlal, 113, 131
Nelson, Arvid, 361n19
Netherlands: cadastral mapping in, 45; land tax in, 44–45, 367n83
New Delhi, 59, 259
New Economic Policy, 208
New York City: Manhattan's grid plan, 56–57, 108, 369n12
Niemeyer, Oscar, 118, 119, 125
Noble, David, 337
Norden, John, 45
Norway: land tenure practices in, 38
Novoselok village, 39–44
Nowicki, Matthew, 131
Nussbaum, Martha, 320, 424n14, 425n17
Nyerere, Julius, 88, 224, 346, 403n1, 404n2; bureaucratism of, 245, 409n80, 409n81; his desire to avoid coercion, 224, 232, 236; Dodoma plan of, 259–60; goals behind village formation, 229–31, 405n21, 405n23; orders compulsory villagization, 234–37, 406n34, 406n35; in the Ruvuma Development Association fiasco, 233–34; "streamlining" logic of, 237–38; traditional cultivation practices rejected by, 241–42

Oakeshott, Michael, 316, 319, 332, 341, 424n13, 431n90

索 引

October Revolution, 100, 148, 158–61, 309, 390n31
Odysseus, 313, 314
Operation Planned Villages, 234–37, 406n34, 406n35
Orthopedic architecture, 117
Orwell, George, 195
Owen, Robert, 341

Paris: Haussmann's redevelopment of, 59–63, 370n16, 370n17, 370n18, 370n22; Le Corbusier's Plan Voisin for, 104, 105, 110, 111, 115
Pascal, Blaise, 340
Peirce, Charles Sanders, 315, 424n12
Pesticides, 269, 280, 291–92, 416n22, 416n24, 416n26
Pétain, Philippe, 103
Peter the Great, 167, 194
Peters, Pauline, 260
Petty, William, 49, 368n98
Philippines: Hispanic surnames imposed in, 69–71, 373n53; shifting cultivation in, 282
Pinchot, Gifford, 19, 361n20
Plantation agriculture: appropriation and control afforded by, 338–39; in Southeast Asia, 189–91, 396n17, 396n18
Plato, 319–23, 382n28, 425n17, 426n26, 426n27
Platonov, Andrei, 147, 201, 210
Plochmann, Richard, 21, 361n22
Polycropping, 273–82, 417n34, 418n42, 418n45, 418n48, 418n49, 418n51; long-term advantages of, 294, 422n89; scientific agriculture's opposition to, 290–92, 421n82, 421n86
Porter, Theodore M., 22, 81, 347, 368n101, 374n70, 375n82, 426n28
Potemkin, Prince Grigory, 194, 25; "Potemkin collectives," 207–8
Potters, Talja, 381n1, 386n85, 387n91
Private sector: public functions of, 135–36, 386n88
Productivism, 98–99, 115
Progress, linear, 89, 91, 94
Proletariat: dictatorship of, 173–74; legibility of, 218
Property law, 35–36, 365n63. See also Land tenure
Property registers, 36, 38, 76
Proudhon, Pierre-Joseph, 7, 183, 342, 387n99
Public spectacles, 195–96

Quetelet, Adolph, 312–13, 424n7

Rabinbach, Anson, 98, 380n41
Rathenau, Walter, 88, 98–100, 162, 346, 377n4, 380n36
Revolution, Russian, 97, 147–48; authorized histories of, 159–61, 390n35, 390n37, 391n38; Bolshevik-peasant hostility in, 204–9, 400n40, 400n45; complexity of, 168–74, 178–79; cultural aspect of, 195–96; dangers of the masses to, 155; February Revolution, 148, 157–58, 390n28; public form emphasized in, 195–96, 398n9, 398n12; relation of the leadership to the masses in, 150–56. See also Vanguard party
Revolution of 1905, 148, 171–72
Richards, Paul, 282–84, 289–90, 295, 327, 414n3, 417n36, 419n56, 419n58, 419n59
Riggin, Guy, 200–201
Rio de Janeiro: Le Corbusier's housing scheme for, 104, 106
Rotterdam: Van Nelle tobacco factory in, 111–12
Russia: administrative utopianism in, 193–94; cadastral mapping in, 40–44; interstripped use of land in, 39–40
Rutland, Peter, 389n24
Ruvuma Development Association, 233–34

Sachs, Jeffrey, 402n74
Sahlins, Peter, 360n8
Saint Petersburg, 194, 369n10
Saint-Simon, Henri Comte de, 88, 103
Samuel, Frank, 229
Sanguinetti, Alexandre, 73
Sartre, Jean-Paul, 255
Schenk, Carl, 361n20
Schumacher, E. F., 104, 342
Science: certainty sought in, 321, 426n28; as emancipatory, 96–97; ethnomethodology of, 425n20; high-modernist faith in, 4, 89–90, 93–94; practical knowledge denigrated by, 323–28, 428n52. See also Agriculture
Sen, Amartya, 102
Sennett, Richard, 369n10
Settlements, permanent, 1–2, 223–25, 404n2, 404n4; in Ethiopia, 3, 247–52, 411n92, 411n94, 411n99; in India, 48, 367n92; in Southeast Asia, 184–91. See also Tanzania, ujamaa villagization in

— 395 —

Shanin, Teodor, 402*n*72
Shlyiapnikov, Alexander, 175
Sholokhov, Mikhail, 202
Simon, Herbert, 45
Simplification, 2–4, 76–77, 82–83, 376*n*89; of agriculture, 262–63, 266–68, 415*n*14, 416*n*19; applied in social engineering, 91–93; capitalist, 8; in citizenship, 32, 364*n*57; in employment, 81, 375*n*82; in forest management, 11–22, 263; as generic, 318; and the imposition of an official language, 72–73; of land tenure practices, 35–36, 39–44, 48–49; as myopic, 46–47; in official accounts of the Russian Revolution, 160; in the redevelopment of Paris, 59–63, 370*n*16, 370*n*17, 370*n*18, 370*n*22; in the standardization of measurement, 30–33, 76, 90; standardized facts in, 80–81, 83, 375*n*79, 375*n*81; surnames as, 65–71; traffic centralization as, 73–76; in urban planning, 138–39
Sivaramakrishnan, K., 360*n*11
Skinner, G. William, 185, 374*n*69, 395*n*4
Slum-clearance projects, 116, 140; Jacobs's opposition to, 144–45, 388*n*108
Smallpox, inoculation for, 325–26
Smith, Cecil O., Jr., 374*n*70, 374*n*74
Smith, David, 362*n*22
Social Democrats (Economists), 149, 153–54, 171, 388*n*7
Social engineering: authoritarian, 194, 245, 340, 349; elements of the tragedies of, 4–6, 88–89, 225; gardening metaphor of, 92, 379*n*21; imperialist, 6; origins of, 90–91; progressive high-modernist, 89; utopian projects in, 90–93. *See also* Settlements, permanent
Social order: informal mechanisms of, 134–36, 144, 386*n*85, 386*n*86, 386*n*88
Socialism: centralized production in, 162–63, 391*n*45, 391*n*46; as a collaboration between workers and the state, 174; the creation of the popular masses in, 161, 391*n*39; dictatorship of the proletariat in, 173–74; mētis and the building of, 177–78; state coercive power in, 161, 391*n*40; unions' role in the building of, 176; utopian, 94, 163
Socrates, 322–23, 427*n*38
South Africa: resettlement schemes in, 89, 223, 370*n*21
Southeast Asia: creation of state spaces

in, 186–89; planned settlements in, 184–86, 189–91; plantation agriculture in, 189–91, 396*n*17, 396*n*18
Soviet Union: Bolshevik-peasant hostility in, 204–9, 400*n*40, 400*n*45; electrification in, 166–67, 202–3, 392*n*58, 392*n*59; high modernism in, 193–96; Khrushchev's Virgin Lands initiative for, 167, 204; Land Decree in, 205, 207; Le Corbusier's fascination with, 113–14, 383*n*35, 384*n*38; proposed Palace of Soviets in, 109, 194; Taylorist management in, 101, 163. *See also* Collectivization, Soviet; Revolution, Russian
Squanto, 311–12, 323, 324, 423*n*5
Stalin, Joseph: collectivization ordered by, 167, 202, 204, 218, 400*n*38; on the goal of collectivization, 209; industrial farms favored by, 211; Le Corbusier's Moscow plans rejected by, 114; peasant commune destroyed by, 210
Standardization: and authoritarian intervention, 219; of citizens, 345–47; in contract farming, 339, 431*n*86; of cultivars, 266–68, 415*n*14, 416*n*19; in industrial farming, 198; in Le Corbusier's geometric ideal city, 108–9; of measurement, 24, 29–33, 77, 90; in scientific forestry, 14–15
Stanton, Kate, 372*n*48
Statecraft: citizenship in, 32, 364*n*57; and the creation of state spaces, 186–89; domestication in, 184; as internal colonization, 82; and nonstate spaces, 187, 396*n*11, 396*n*12; and planned settlements, 184–91; and the standardization of measurement, 29–33, 90; utopian goal of, 81–83. *See also* Legibility; Simplification
Stites, Richard, 193, 195, 196, 397*n*1
Stolypin, Petr, 41
Streets, death of, 120–21, 125
Sudan: Gezira scheme in, 89
Surnames, as fixed patronyms, imposition of, 64–66, 371*n*38, 373*n*59, 373*n*60, 373*n*61; in England, 67–68, 372*n*51; in the Philippines, 69–71; in the Third World, 71; and the Tuscany *catasto*, 66–67; for Western European Jews, 71

Taine, Hippolyte, 219
Tanganyika: groundnuts scheme in, 228–29, 404*n*14, 405*n*16

Tankel, Stanley, 144, 388n109
Tanzania, ujamaa villagization in, 3, 223, 229–31, 403n1, 405n21, 405n23; aesthetic dimension of, 224–25, 231; bureaucratic interests in, 232, 243–45, 409n81; coercion in, 224, 231–32, 232–33, 235–36; and communal production, 239–41, 409n63; compulsory era of, 6, 234–37, 406n34, 406n35; for control of agricultural production, 238–39, 408n55, 408n56; Dodoma plan in, 259–60; failure of, 245–47, 410n87, 410n88; logic of "improvement" in, 224; miniaturization in, 225, 260; monocropping in, 242–43; as a negation of traditional practices, 238, 241–42; "notional" villages, 244; pilot schemes for, 232, 405n27; plot plans for, 242, 243; poor areas singled out for, 236, 407n43; popular resistance to, 235–36, 310, 340, 407n41, 407n42, 407n47; resemblance to other resettlement schemes, 223–25, 404n2, 404n4; residential and labor hierarchies in, 240; Ruvuma Development Association fiasco in, 233–34; speed of, 234–35, 407n38; "streamlining" logic of, 237–38; voluntary period of, 231; World Bank view of, 231, 241, 247
Tanzanian African National Union (TANU), 224; coercion used by, 232–33, 405n28; as reaction against colonial agricultural policy, 225–26, 230; in the Ruvuma Development Association fiasco, 233–34
Taxation: absolutist, 23–24; assessed via surnames, 67–68; avoidance of, 23, 49, 363n34; and cadastral mapping, 44–45; collective form of, 37–38, 365n69; and forest management, 12; French door-and-window tax, 47–48; of land, 33, 36, 38; and plantation agriculture, 189–90; of Russian peasant landholders, 207–8; and the standardization of measurement, 29–30
Taxidermy, planning as, 139–40
Taylor, Frederick, 98–99, 197, 336
Taylorism, 98–101, 163, 337, 348, 380n41, 381n48, 384n52; in industrial farming, 197, 337–38; vs. practical knowledge, 311
Techne, 319–23, 425n17
Tennessee Valley Authority, 6, 224, 227, 270

Thailand: tattoo system for fixing populations in, 185–86
Thünen, Johann Heinrich von, 185
Tilly, Charles, 77, 82, 363n36, 368n94, 376n87
Tolstoy, Leo, 252, 309, 390n30
Torrens land titling system, 51, 58
Traffic, centralization of, 73–76
Tribe, Keith, 360n7
Trotsky, Leon, 88, 173, 176, 205, 389n21
Tsing, Anna Lowenhaupt, 187–88
Tuan, Yi-fu, 258, 370n13
Tuscany: *catasto* attempted in, 66–67
Twain, Mark, 317

United States: cadastral mapping in, 49–51, 368n99; enthusiasm for high-modernist agriculture in, 270–72; industrial farming in, 196–201, 398n17, 398n18, 398n22, 398n23; interest in Soviet-style collectivization in, 199–201; scientific forestry in, 14, 360n12
Urban planning: CIAM manifesto for, 103, 114, 118; dictatorship of the planner in, 111–13; diversity and complexity in, 136–38, 141; functional separation in, 109–11; grids as a commodity for, 59; in Le Corbusier's unbuilt schemes, 103–17, 381n2; miniaturization in, 57–58; prediction flaws in, 145; and the retrofitting of Paris, 59–63; simplifications in, 138–39; slum clearance schemes in, 116, 140, 144–45, 388n108; vs. social reality, 256; as taxidermy, 139–40; thinness of, 256, 261, 309; universal, 117; as a utopian project, 114–16. *See also* Brasília
Utopianism: in geometric cities, 56–57, 369n10; as the goal of early modern statecraft, 81–83; high-modernist, 89–90, 94, 114–16, 129; Russian administrative, 193–94; in social engineering, 90–93; socialist, 94, 163; twentieth-century, 97

Vale, Lawrence, 259
Van der Ploeg, Jan Douwe, 301, 303, 423n107
Vandergeest, Peter, 367n85
Vanguard party: instrumentalism of rejected by Luxemburg, 169–70; pedagogical role of, 148–49; relationship of to the masses, 150–56, 161–64, 178–79

Variolation, 325–26, 331, 428n48
Vauban, Marquis de, 11
Veblen, Thorstein, 380n42
Verchnyua Troitsa, state farm at, 214–16, 402n73
Vernant, Jean-Pierre, 311, 320
Verneilh Puyrasseau, Joseph, 37
Vietnam: head tax in, 365n69; simplification of land tenure in, 48; villagization in, 89, 188
Vietnam Memorial, 355–56, 432n20
Villages and Ujamaa Villages Act (1975), 239–40
Villagization, compulsory, 89, 188; in Ethiopia, 3, 247–52, 411n92, 411n94, 411n99. *See also* Tanzania, ujamaa villagization in

Wallace, Henry, 200, 267
Ware, Harold, 200–201
Wat Tyler rebellion, 68
Weber, Eugen, 72, 73, 74, 374n64
Weights and measures: local practices of, 25–27, 363n14; uniformity in, 24, 90

Welfare colonialism, 97
West Africa: agricultural research stations in, 289–90; local agricultural experimentation in, 304–5; local knowledge of farmers in, 297–98; maize cultivation in, 331; polyculture in, 278; shifting cultivation in, 282–83, 419n56
Wilde, Oscar, 89
Wilson, M. L., 199–201, 398n22
Winichakul, Thongchai, 371n36
Witte, Sergei, 41
Workers' Opposition, 148, 175–79
Work-to-rule strikes, 256, 310–11
World Bank, 231, 241, 247
World War I: German economic mobilization in, 98–100, 162, 380n36; and the Russian Revolution, 159

Yaney, George, 41, 204, 208, 366n77, 380n35, 401n47

Zamenhof, Lazar, 257
Zamiatin, Eugene, 87, 195, 343
Zendejas, Sergio, 366n74

再版译者后记

这本书在中国出版以后所产生的影响多少有些超乎我的想象,围绕这本书发生了一些故事,比如我知道,这本书被送给某些地方官员,希望阅读此书能让地方官员改变一下发展思路;这本书也曾经进入某报的学术著作畅销榜。叨本书的光,作为译者,我也被邀请在一些场合宣讲这本书所表达的思想。2007年底我邀请作者访问中国的时候,他的演讲受到了热烈的追捧,乃至他开玩笑说觉得自己几乎成为明星。斯科特的学术思想受到学界的广泛关注,这可以从我们编辑的《斯科特与中国乡村》(王晓毅、渠敬东编,民族出版社,2009)一书中看到。

我想这本书之所以在中国引起强烈反响,在很大程度上是因为它所批评的逻辑在许多地方每天都在发生。过去几年,我陆陆续续看了一些正式发表或发表在网络上的书评、读后感和批评,有一个很明显的感受,大多数读者在阅读这本书的时候并非局限于这本书,几乎都是一只眼在阅读这本书,而另一只眼睛在阅读他们自己的生活。阅读引起了他们的共鸣,他们可以联想到城市的扩张、无奈的拆迁、整齐划一的移民村等,日常生活中有大量的例子在验证斯科特的理论。正像斯科特在书中所说,人们是通过透镜在观察世界,这本书也提供了一个透镜,便于人们用来观察世界。斯科特提供的用于观察现实世界的透镜是如此有效,以至于有人将其称为斯科特的进路。

在这种情况下,能够冷静地思考斯科特的理论,并提出批评,就变得难能可贵了。与对斯科特分析的高度赞扬相比,批评的声音是比较弱的,但是其深度并不会因为其弱而受到影响。对其批评主要集中在斯科特用一种简单化来批评另外一种简单化。在斯科特的分析中,国家都是一样简单的,而基层社会也都是一样复杂多样的,它们之间的关系也总是处于冲突中。尽管这种分析模式可能很吸引人,但是不得不说这是将复杂的社会简单化了,在这里我们隐隐约约看到了一种简单二元对立的思维方式。

我们看到超越这种二元对立的一些研究正在出现，一些研究发现国家与社会之间并不存在严格的界限，它们之间的关系经常是相互影响的，不仅存在着对立，也存在着合作与共谋。在这样的背景下，斯科特所讨论的如何避免项目失败的建议就显得很不够了。

我想这本书对于中国读者的贡献在于它犀利的批评提供了另外一个视角，使读者可以从另外一个角度思考什么是人民的福祉，如何才能真正改善人类的状况。值得高兴的是，在许多已有的中国问题研究中已经可以看到，我们的许多学者已经开始了这方面的工作，比如在关于生态移民的许多研究中可以看到这种思考问题的方式。

社会科学文献出版社差不多在一年前就计划出版中文版的第二版，并希望我借此机会修正一下原有译文中的错误，这也是我所希望的，但是遗憾的是，还有许多问题没有得到解决。比如原来两个没有出处的中文引文，前面一个来自老子的《道德经》，后面一个来自孔子。我写信询问作者本人，作者遗憾地告诉我，他也没有办法帮助我。最后幸运的是，我查到了老子引文的出处。其中有关"舆"的英文译文来自早年的翻译，现在中文《道德经》经过校订，这句话被改为别的意思了（比较早的版本是"故致数舆无舆"，经过校订的版本已经改为"故致舆无舆"，前者将"舆"理解为车，而后者将"舆"理解为荣誉）。但是引自孔子的话至今没有找到原文出处，尽管这句话在许多西方的农业专家中被广泛引用。

国家与地方社会的关系一直为斯科特所关注，2007年他在北京发表了有关"文明缘何不能上山"的演讲，也就是在那次演讲中，他展现了其有关东南亚高地的国家与山民关系的研究。这一研究成果以《逃避统治的艺术》(The Art of Not Being Governed: An Anarchist History of Upland Southeast Asia) 为名在2009年由耶鲁大学出版社出版。在这部书中，作者更多地关注了山民如何逃避国家的统治。底层人民的主动性被作者展现出来。在西方学术界，这部著作已经得到了广泛的关注，相信这部著作以中文出版会产生更大的影响。

在中文第二版出版之际，作为本书的翻译，我要重复第一版出版后记中的感谢，感谢作者斯科特，以及我们共同的朋友，威斯康星大学的弗里德曼教授，霍普金斯大学的蔡心怡教授，感谢社会科学文献出版社当时的黄燕生和钟敏编辑，特别是钟敏编辑，无论在本书的初版还是再版过程中，她都做了大量工作，付出了艰辛的努力。

此外，我还要感谢祝得彬、曹义恒和兰珊编辑在本书再版过程中所做的大量工作。

福特基金会的白爱莲博士是本书的积极读者，也是本书的推广者，她积极地支持了斯科特访问北京的活动和本书的修订工作，借此机会，作者要表达对白爱莲博士及福特基金会的感谢。

译 者
2010 年 11 月 30 日

社科文献学术译库书目

阿玛蒂亚·森/让·德雷兹
  《印度：经济发展与社会机会》 35.00 元
阿玛蒂亚·森/让·德雷兹
  《饥饿与公共行为》 35.00 元
阿玛蒂亚·森
  《论经济不平等/不平等之再考察》 48.00 元
阿玛蒂亚·森/玛莎·努斯鲍姆
  《生活质量》 68.00 元
曼纽尔·卡斯特
  《网络社会的崛起》 59.00 元
曼纽尔·卡斯特
  《认同的力量》（第二版） 59.00 元
曼纽尔·卡斯特
  《千年终结》 45.00 元
孙伟平　选编
  《罗蒂文选》 53.00 元
涂纪亮　编
  《皮尔斯文选》 49.00 元
涂纪亮　编
  《杜威文选》 49.00 元
万俊人　陈亚军　编
  《詹姆斯文选》 59.00 元
李国山　编
  《刘易斯文选》 45.00 元
伊曼纽尔·沃勒斯坦
  《转型中的世界体系——沃勒斯坦评论集》 49.00 元

费尔南·布罗代尔
 《地中海考古》   49.00 元
山口重克
 《市场经济：历史·思想·现在》   35.00 元
莱斯特·M. 萨拉蒙等
 《全球公民社会——非营利部门视界》   59.00 元
雷蒙·阿隆/丹尼尔·贝尔
 《托克维尔与民主精神》   49.00 元
詹姆斯·M. 布坎南/罗杰·D. 康格尔顿
 《原则政治，而非利益政治》   39.00 元
詹姆斯·S. 科尔曼
 《社会理论的基础》（上、下）   125.00 元
速水佑次郎/神门善久
 《发展经济学》（第三版）   59.00 元
理安·艾斯勒
 《国家的真正财富：创建关怀经济学》   39.00 元
理安·艾斯勒
 《圣杯与剑：我们的历史，我们的未来》   49.00 元
理安·艾斯勒
 《神圣的欢爱：性、神话与女性肉体的政治学》   68.00 元
安东尼·吉登斯
 《超越左与右——激进政治的未来》   39.00 元
露丝·本尼迪克特
 《文化模式》   29.00 元
涂纪亮　编
 《莫里斯文选》   58.00 元
杜丽燕　余灵灵　编
 《布里奇曼文选》   49.00 元
李真　编
 《普特南文选》   69.00 元
丁东红　编
 《米德文选》   68.00 元
约翰·H. 杰克逊
 《国家主权与 WTO——变化中的国际法基础》   59.00 元

卡尔·雅斯贝尔斯
　　《大哲学家》 98.00 元
H. 孟德拉斯
　　《农民的终结》 35.00 元
齐格蒙特·鲍曼/蒂姆·梅
　　《社会学之思》（第二版） 29.00 元
汤姆·R. 伯恩斯等
　　《经济与社会变迁的结构化》 59.00 元
尤尔根·哈贝马斯
　　《理论与实践》 49.00 元
马克斯·韦伯
　　《新教伦理与资本主义精神》（罗克斯伯里第三版） 45.00 元
克里斯托弗·戴尔
　　《转型的时代——中世纪晚期英国的经济与社会》 49.00 元
吉尔贝·李斯特
　　《发展的迷思——一个西方信仰的历史》 59.00 元
佩里·安德森
　　《思想的谱系——西方思潮左与右》 59.00 元
尤尔根·哈贝马斯
　　《重建历史唯物主义》 59.00 元
何伟亚
　　《英国的课业：19世纪中国的帝国主义教程》 69.00 元
唐纳德·萨松
《欧洲社会主义百年史——二十世纪的西欧左翼》（上、下册）
 189.00 元
柯文
　　《历史三调：作为事件、经历和神话的义和团》 89.00 元
卢卡奇
　　《审美特性》（上、下册） 289.00 元
V. 帕累托
　　《普通社会学纲要》 98.00 元
何伟亚
　　《怀柔远人：马嘎尔尼使华的中英礼仪冲突》 59.00 元

迈克尔·沃尔泽
  《正义与非正义战争——通过历史实例的道德论证》   78.00 元
C. I. 刘易斯
  《对知识和评价的分析》（修订版）   98.00 元
芮乐伟·韩森
  《开放的帝国：1600 年前的中国历史》   79.00 元
贝内德托·克罗齐
  《美学纲要　美学精要》   59.00 元
贝弗里·J. 西尔弗
  《劳工的力量——1870 年以来的工人运动与全球化》   59.00 元
特奥托尼奥·多斯桑托斯
  《帝国主义与依附》   138.00 元
萨米尔·阿明
  《世界规模的积累——欠发达理论批判》   158.00 元
詹姆斯·C. 斯科特
  《国家的视角：那些试图改善人类状况的项目是如何失败的》（修订版）
                                          98.00 元

图书在版编目(CIP)数据

国家的视角：那些试图改善人类状况的项目是如何失败的／（美）斯科特（Scott, J. C.）著；王晓毅译．－－修订本．－－北京：社会科学文献出版社，2017.4
（社科文献学术译库）

书名原文：Seeing like a state：how certain schemes to improve the human condition have failed

ISBN 978 - 7 - 5097 - 6969 - 0

Ⅰ.①国… Ⅱ.①斯… ②王… Ⅲ.①国家 - 总体规划 - 研究 Ⅳ.①D035

中国版本图书馆 CIP 数据核字（2015）第 000145 号

·社科文献学术译库·

国家的视角（修订版）
——那些试图改善人类状况的项目是如何失败的

著　者／〔美〕詹姆斯·C. 斯科特（James C. Scott）
译　者／王晓毅
校　者／胡　搏

出 版 人／谢寿光
项目统筹／祝得彬
责任编辑／刘　娟　刘学谦　肖世伟

出　版／社会科学文献出版社·当代世界出版分社（010）59367004
　　　　地址：北京市北三环中路 29 号院华龙大厦　邮编：100029
　　　　网址：www.ssap.com.cn
发　行／市场营销中心（010）59367081　59367018
印　装／北京季蜂印刷有限公司

规　格／开　本：787mm × 1092mm　1/16
　　　　印　张：27　字　数：444 千字
版　次／2017 年 4 月第 1 版　2017 年 4 月第 1 次印刷
书　号／ISBN 978 - 7 - 5097 - 6969 - 0
著作权合同
登 记 号／图字 01 - 2010 - 6443 号
定　价／98.00 元

本书如有印装质量问题，请与读者服务中心（010 - 59367028）联系

▲ 版权所有 翻印必究